Rethinking
Reconstructing
Reproducing

*
―――――

"精神译丛"
在汉语的国土
展望世界
致力于
当代精神生活的
反思、重建与再生产

―――――
*

Der Deutsche Idealismus (Fichte, Schelling, Hegel) und die Philosophische Problemlage der Gegenwart

Martin Heidegger

精神译丛·徐晔 陈越 主编
海德格尔集

[德] 马丁·海德格尔 著　庄振华 李华 译　赵卫国 校

德国观念论与当前哲学的困境

西北大学出版社

本书受国家社会科学基金青年项目（项目号：12CZX038）、教育部新世纪优秀人才支持计划项目（项目号：NCET-10-0559）资助。

马丁·海德格尔

目 录

导论　当前的问题情境　/　1
　第一节　对讲座的任务的规定　/　3

第一部分
揭示当前哲学的基本趋势　/　13
　第二节　阐明人类学的趋势　/　16
　　1. 作为学科的人类学　/　16
　　2. 作为哲学的一种基本趋势的人类学　/　21
　　3. 一种哲学人类学的观念　/　25
　第三节　阐明形而上学的趋势　/　29
　　1. 当今对形而上学的预备　/　29
　　2. 论形而上学概念　/　31
　　3. 作为学院标题的"形而上学"　/　35
　　4. 形而上学史上的两个动因（Motive）　/　38
　　5. 康德对形而上学的奠基　/　45
　第四节　两种趋势在哲学之本质中的原初统一性问题　/　51
　　1. 为作为此在形而上学的形而上学奠基　/　51
　　2. 作为本己哲学活动之基本问题的存在问题　/　54
　　3. 存在问题的本源，出自对存在的理解　/　57
　　4. 形而上学史概览　/　58

第二部分
与德国观念论的争辩 / 61

第一篇　费希特 / 63

　　第五节　导　论 / 65

第一章　知识学第一部分。对全部知识学之诸原理的表述进行解释 / 69

　　第六节　对主题与方法的普遍规定 / 69

　　　1. 主题：无条件的诸原理 / 69

　　　2. 方法：建构的基本特征 / 71

　　第七节　讨论第一个——绝对无条件的——原理 / 74

　　　1.《全部知识学的基础》第一节的布局 / 74

　　　2. 第一步：保障投开的基础——经验意识的最高事实 / 74

　　　3. 第二步：投开的实施——将事实投开到本原行动 / 84

　　　4. 第三步：对在投开中揭示出来的东西进行加工——自我性的本质规定性 / 87

　　　5. 赢获第一个范畴 / 90

　　第八节　讨论第二个——在内容方面有条件的——原理 / 91

　　　1. 划分 / 91

　　　2. 第一次保障投开的基础：在其行动方式上进行对置的（Entgegensetzens）事实 / 93

　　　3. 进一步保障投开的基础：对立设置活动在其产物方面造成的事实 / 98

　　　4. 投开的实施：描述本原行动 / 100

5. 对在投开中揭示出来的东西进行加工：鉴于非我而对自我性的本质规定进行扩展 / 101

6. 赢获第二个范畴 / 103

第九节　讨论第三个——在形式方面有条件的——原理。第一部分：对这个原理的主题性探讨 / 105

1. 一个"理性的权力命令"的问题格局 / 105

2. 对任务的演绎（A）：对第三种行动中的设置活动之形式的演绎 / 109

3. 对任务的进一步规定和解决（B）/ 111

4. 检验这里提出的行动是否真的解决了任务（C）/ 115

5. 所有三个原理的总公式（D）/ 117

6. 插语：在费希特那里确定性优先于真理 / 119

第十节　讨论第三个——在形式方面有条件的——原理。第二部分：将讨论运用于根据律这一逻辑原理，并推导出第三个基本范畴 / 120

1. 根据律 / 121

2. 思的一般规定 / 126

3. 讨论知识学的理念 / 128

4. 合题的和反题的判断 / 133

第十一节　关于"自我存在"的暂行考察。对第三个原理的讨论的第二部分的结语 / 138

1. 正题判断的特性 / 138

2. 主体概念 / 147

3. 自我的有限化 / 157

4. 批判的和教条的哲学 / 160

5. 第三个基本范畴 / 166

　第十二节　强化突出与德国观念论的争辩的对象，并驳斥米施对《存在与时间》的批判 / 166

第二章　知识学第二部分。理论知识的基础 / 176

　第十三节　澄清观念的任务 / 176

　　1. 再次展示三个原理 / 176

　　2. 第三个原理包含的两个命题 / 178

　　3. 在表象的本质方面的争论。观念论与实在论 / 181

　第十四节　交互规定 / 189

　　1. 理论的知识学的指导原则中的冲突（B部分） / 189

　　2. "非我规定自我"这一命题蕴含的诸种对立（C部分） / 191

　　3. "自我规定其自身"这一命题蕴含的诸种对立（D部分） / 194

　　4. 想象力（E部分） / 201

第三章　知识学第三部分。实践科学的基础 / 212

　第十五节　纯粹活动与客观活动之间的冲突 / 212

　第十六节　挽救意向性 / 216

第二篇　对早期谢林的暂行考察 / 227

　第十七节　费希特的事业与青年谢林的显著的狭窄性 / 229

　第十八节　谢林的自然哲学 / 233

第三篇　黑格尔 / 243

　第十九节　对绝对观念论进行奠基的理念 / 245

　　1. 黑格尔的诸种开端 / 245

　　2. 黑格尔形而上学的基本意图 / 248

　　3. 一门绝对原理形式下的哲学的原则 / 254

4. 哲学运思与一个哲学体系的关系 / 257
　第二十节　对绝对者之现实性的追问 / 260
　　1. 关于未来与黑格尔进行某种争辩的方式 / 260
　　2. 作为绝对当前（absolute Gegenwart）的永恒 / 263
　　3.《精神现象学》的地位 / 267
　　4. 开端问题 / 277
　　5. 哲学作为"它那个时代的"哲学 / 285

补遗 / 289

　一般人类学 [第二节] / 291
　[第二节，第3小节] / 291
　四个问题 [第四节] / 292
　总结：[两种趋势在哲学之本质本身中的原初统一的问题][第四节] / 294
　第一部分的总结与向第二部分的过渡 [第五节] / 295
　导论 [第五节] / 296
　文献 [第五节] / 297
　扼要重述 [第七节] / 298
　非我 [第八节] / 298
　导论。扼要重述 [第八节，第4小节] / 299
　导论。扼要重述 [第八节，第5小节] / 299
　[第十节] / 300
　生存论环节 [第十一节，第1小节] / 301
　[第十一节，第1小节] / 301
　[第十一节，第1小节] / 302

[第十一节，第 2 小节] / 302

笛卡尔主义的立场 [第十二节] / 303

对第 141-143 页的总结 [第十三节，第 1 小节] / 304

费希特——批判 [第十三节，第 1 小节] / 305

[第十三节，第 1 小节] / 306

德国观念论中的自我性。辩证法 [第十三节] / 307

[第十三节] / 308

费希特——批判 [第十三节] / 309

费希特——批判 [第十三节] / 309

扼要重述 [第十四节] / 309

[第十四节] / 310

[第十四节，第 4 小节] / 311

费希特的知识学 [第十五节] / 311

过渡性的考察 [第十七节] / 312

费希特——批判 [第十七节，第 1 小节] / 312

谢林 [第十七节] / 313

[谢林与费希特哲学的比较] [第十七和第十八节；见第 186 和第 193 页] / 314

《我的体系之叙述》[第十七节] / 315

谢林——批判 [第十七节] / 316

"形式的"绝对者概念 [第十七节] / 317

审美生产（aesthetischen Produktion）的演绎 [第十七节] / 318

[第十七节] / 319

反思的立场——此在的形而上学 [第十九节] / 321

[第十九节] / 322

[第十九节] / 322

[第十九节] / 323

黑格尔：想象力（1）[第十九节，第 2 小节] / 324

黑格尔：想象力（2）[第十九节，第 2 小节] / 325

[第十九节，第 3 小节] / 326

[第二十节] / 327

[第二十节] / 328

论绝对者概念 [第二十节] / 328

"开端" [第二十节] / 330

黑格尔 [第二十节] / 331

[第二十节] / 331

增补（依据一份笔记） / 333

1. 第一节 / 335
2. 第二节，第 3 小节 / 336
3. 第三节，第 1 小节 / 338
4. 第三节，第 4 小节 / 339
5. 第四节 / 340
6. 第五节 / 346
7. 第六节，第 2 小节 / 348
8. 第七节，第 3 小节 / 349
9. 第七节，第 4 小节 / 352
10. 第七节，第 5 小节 / 354
11. 第八节，第 2 小节（第三个步骤）/ 355
12. 第八节，第 2 小节（第四和第五个步骤）/ 357

13. 第八节，第5、6小节 / 359

14. 第九节，第3小节 / 360

15. 第九节，第4小节 / 361

16. 第九节，第5小节 / 362

17. 第九节，第6小节 / 362

18. 第十节，第1小节 / 363

19. 第十节，第2小节 / 364

20. 第十节，第3小节 / 365

21. 第十一节，第1小节 / 369

22. 第十一节，第2小节 / 369

23. 第十一节，第3小节 / 373

24. 第十一节，第4小节 / 375

25. 第十二节 / 377

26. 第十三节，第1小节 / 381

27. 第十三节，第3小节 / 383

28. 第十四节，第1小节 / 384

29. 第十四节，第2、3小节 / 385

30. 第十四节，第4小节 / 390

31. 第十六节 / 394

32. 第十七节 / 399

33. 第十八节 / 402

34. 第十九节，第1小节 / 403

35. 第十九节，第2小节 / 406

36. 第二十节 / 409

附录：学院学习导引（1929年弗莱堡夏季学期讲座，赫尔伯特·马尔库塞的笔记） / 417
　　[学院学习——在世界之整体中生存] / 419
　　对洞穴神话的解释 / 423

编者后记　施特鲁伯 / 437

确定性与有限性
　　——论海德格尔的德国观念论研究（代译后记）
　　　　　　　　　　　　　　　　庄振华 / 443

导　论①

当前的问题情境

Die gegenwärtige Problemlage

---

① 本书原标题直译应为"德国观念论（费希特、谢林、黑格尔）与当前哲学的问题情境"，鉴于中译标题以简明、上口为宜，而且"问题情境"并非本书中反复出现的核心关键词，译者将标题略作简化处理，改为"德国观念论与当前哲学的困境"了。（"Problemlage"[问题情境]这个概念在正文中指海德格尔同时代的哲学面临的难题与处境，而"Problem"[问题、难题]与Lage[情境、处境]合起来可以简称为"困境"。）但在正文中，我们仍然将"Problemlage"严格译作"问题情境"。——译者注

第一节 对讲座的任务的规定

随着主题的提出，任务也得到了澄清：这是有关德国观念论（den deutschen Idealismus）的一份历史报告，紧接下来，这是对如今在哲学界得到推进的事情的一种忠实描述。

当然，已经有人提出了反驳：以如此外在的方式，这项任务是无法得到理解的。问题自然涉及**比较**。一种比较性的考察：种种差异、一致（那自然不仅仅是在哲学的学术观点方面，而且在精神史的处境 [der geistesgeschichtlichen Situation] 方面），以及内心的姿态和态度。

此外尤其要注意的是：这项考察绝非单纯的记录和查证，仿佛谈论的是两个不同的对象似的。一个比较对象是我们自身，即当今的我们。这项比较对于我们产生了影响。必须就另一个比较对象评估一下：它与我们的关系如何，我们将它带动了多远？

这项任务或许很诱人，但是，难道它不是过于审美化了吗，难道我们不是在我们的精神史处境中把自己看得过于重要了吗？难道这项任务不是在一种研究我们的当前时代，或许还研究这个时代的虚弱无能与彷徨无措的心理学中彻底了结的吗？这种彷徨无措会由于我们相对而言拟定出一整套关于它的心理学而消失吗？还是会变得越来越可怕？终究而言，只要不维持原状，就无伤大雅。难道这项比较性的考察还会产生别的什么成果吗？

首先，这要成为一项现实而活生生的任务；它不在于就这些哲学家过去曾写过些什么，他们创办了哪些杂志，以及他们与谁结婚了这些问题展开无聊的报导，而在于他们的哲学本身，更确切地说，在于这种哲学**对我们**说了些什么。

而这样一来，似乎你们①就可以免于被纠缠到各种书名和资料中去了。相反，与各种科学（Wissenschaften）必须掌握的其他许多材料相反，这里最终似乎是一个性情（Gemüt）问题。而这里的讲师甚至会想：谈谈新近出版和最新出版的那些书，然后拿它们与黑格尔（Hegel）和谢林（Schelling）比较一下（当今应该还与他们有某些共同之处），难道还有比这更容易完成的任务吗？

而这样一来，这对于双方而言都是——正如人们偶尔听说的那样——"相当漂亮的"一个讲座了。

或许我们应该在已规定的这个主题上想出别的什么使命？用否定的方式来说，最终完全有把握这样讲：绝不是什么好古的报导。也不是某种进行拙劣模仿的精神史考察那样的胡闹。但如果不是这些，又是什么呢？而之所以不是提到的这些，那只是因为它们不适合我们。

但这既不是对于意图的一种充分的奠基，也根本没有规定我们在肯定的方面应该做些什么。是设想出某种新东西吗？据说新东西比旧东西更具有灾难性，也更糟糕，因为这类东西

---

① 原文为"Sie"（您们），为尊重中文日常使用习惯，改译为"你们"，下同。——译者注

不能被有系统地设想出来。至于会在内心里产生什么样的真诚，会产生什么样直接而不做作的后果，那一定会自然生长（gewachsen）出来的。而且只是这样一种生长（Wachstum）：那里有植物在成长，而植物的成长完全来自于胚芽，准确地说是来自于一些孕育着隐蔽的力量的籽苗。为了种植，我们拥有了这种力量吗？还有，我们了解我们将它们埋进其中的那块土地吗？我们是否肩负着现实的使命？如今谁会贸贸然对这个问题回答"是"呢？但我们还，我这里说的是"还"（要是有人问"还有多久"，那就完全取决于你们了），我们还有这样的可能：向着胚芽和大地，向着现实的使命去追寻。追寻在此指的首先是将我们带到一种清醒的追问热情（eine nüchterne Leidenschaft des Fragens）中去，而绝不自欺！

如果说在已经指明的讲座主题中包含了一种真正的使命，那么我们应该如何生长进（hineinwachsen）这种使命中去，又要如何规定这种使命呢？不要仅仅为了与众不同而设想什么突围的法子，而是要把这使命近旁的东西好好思索一番。

而正如我们已经提到过的，近旁的东西便是比较性的考察；这一考察要使得当前（die Gegenwart）不仅仅保持为比较的客体，而是也成为主体，应该对这个主体有所述说。

那么就要问一问，德国观念论对我们有什么可说的。但这就包含了一点，即我们得澄清，德国观念论一般而言说了些什么。而它所说的，仍然处在那些大部头著作中，那些著作可不像古代哲学的著作一样，以残篇的形式保存下来！而这些著作向我们呈现的，并不是这种或那种学术观点，并不像一篇柏拉图对话或一篇亚里士多德论文那样呈现这个或那个问题，而是立马呈现哲学的整体（das Ganze der Philosophie），呈现体系（System）。

诚然，它们处在那些著作中。但只要它们不述说自身，它们又该如何向我们发声呢？我们应该如何将它们形诸语言（zur Sprache bringen）呢？通过阅读！我们到底还能不能阅读？我们到底还有没有让某种事物向我们述说的内在力量和准备（Bereitschaft）？我们到底还知不知道，这种准备的首要因素是什么（据说有了这种因素，准备就不再是空洞无物的了）？

而什么又叫作因素呢？我们必须从一开始就能应对这里被述说的东西，或者说，必须忙于进行这种应对。我们必须已经能在哲学家有所述说的那个方向上进行倾听，我们必须已经保留哲学家的述说所在的那个视角（Perspektive）。

如果说我们已经引出了某种本质之物的话，那么我们也只能在阅读中使著作进行述说。从哪里取得这种本质之物？而即便我们有了这种本质之物，我们又要往哪个方向去解读它呢？最后这个问题必须由讲座本身来回答。但第一个问题是目前唯一重要的问题。我们应该已经引出了对德国观念论哲学那里所关涉的重要之事的理解。我们应该从我们这里——似乎是预先这样做的——往那个哲学的时代（Zeit der Philosophie）投去某种光亮，为的是在这种光亮中首先看清那里发生了什么。

不仅比较性的考察关涉到当前，而且连这考察本身，也只有当其从当前发生出去（aus der Gegenwart geschieht）时，才是可能的；只有如此，过去才会复苏。在此已经有一点值得注意了：起初看起来像是在两个现成的乃至静止的客体之间进行的某种比较，如今也已经发生了变化。比较的一个客体，即我们自身，应该成为主体,而对主体是要有所述说的。另一个客体,只要它不进行述说,就同样不现实。(它应该对于我们同样成为那进行述说的主体。)

因而,在这个意义上,也在这个意图下,是可以首先将当前的问题情境(Problemlage)标画出来的,其目的则是为了从这个问题情境中赢得一种用以居有(Aneignung)德国观念论哲学的视角。

但为此要从何处着手呢?如果说我们应该去理解当今的问题情境,理解当代(Jetztzeit),难道为此所需要的,不是和理解从前所需要的一样多吗?难道下面这种看法不是一种巨大的错觉吗:人们身临其境甚或以身任之的当今,毫无疑问要比过去更透明易解?难道这种看法的反面不才是真理吗?

因而如果当今的诸种难题更晦暗,我们要如何从这种晦暗中,汲取我们据说要用以照亮过去的那种光亮呢?那么什么是当前的问题情境?它是不是对刚刚被思考和被写下的一切的结算(Verrechnung),关于当前种种哲学流派和学派的一幅全图(Gesamtbild)呢?如何在这里找到一个主导思想?或者我们①应该通过一次突袭,简单地决定采取某个方向?谁会告诉我们,那是不是哲学?以及是不是这样一种从德国观念论哲学内部生长出来的哲学?

我们一般而言是否应该不遵循学院哲学和大学哲学(Schul- und Universitätsphilosophie),而是遵循大众哲学(Popularphilosophie)?还是同时遵循两者?又或者两者都不遵循?

---

① 原文为"wird",疑为"wir"(我们)之误。——译者注

那么我们如何在当前站稳脚跟？是立足于那种软弱地如常推进的旧事物中吗？还是立足于那种无效地奔突而出的新事物中？

当前的问题情境：不要寻求意见和观点，而是要探寻问题，而且这些问题并不像摆在路上的一块石头，亦即并非简单地现成存在着。问题只有当被提出的时候才存在。但或许并非所有被提出的问题都是现实的和真诚的。依据什么来判断呢？

首先，在当前的问题情境下被讨论的那些问题（Probleme），一般而言是不是核心的和本质的？被提出的那些疑问（Fragen），是否并非全都是真诚的问题？难道在当前的哲学中，人们不是花了太多的精力，用了各种方式，去回答那些通常无人提出，也不关切到任何人的疑问吗？难道当前的问题情境的特色不就是它没有任何问题吗？

这样一来，盼望找到现成之物的那种尝试，就会愈发徒劳无功了。但或许那种现成之物根本就不是现实的问题，人们只是听说过那些问题，也就它们写过点什么。

难道那些核心而又在起作用的问题，不是根本就没有如其本然地明确被提出，但又变得越来越现实的问题，亦即成为一个时代的趋势和推动力了吗？这些趋势和推动力当然并非完全隐蔽的，而是规定着人们表明态度时采取的形式和得到的机遇。但如果那些问题本身都不为人所知，而且众所周知的东西不过是一种反照（这种反照当然可能欺骗人）罢了，那么这些趋势和推动力又如何能被当作那些问题的表现呢？

还有，什么叫作寻求把握住"趋势"？是不是与事情的发生（Geschehen）同行，觉察到事情的运动（Bewegung）穿透了自身，并就此着手解释并暂时性地把握这种运动？实际上正是如此，而且必须要敢于这么做。但这样一来，起初的任务中就没有太多东西剩下了。

事情最初看起来是这样的：一边是德国观念论，另一边是当前的一些有趣的哲学学说，然后在这双方之间进行某种多少有些消遣性的来回谈论。但如今，比较性的考察不仅仅是联系当前而发生的，而是从当前之中发生的。但"从当前之中"而来的考察，也只有当我们寻求把握住那些最纯粹的趋势，关涉到那向前-突进和进行显示的因素时，才是可能的；但当前的这种考察无论如何都是发自当前的。这就意味着：只要我们以当前的方式（gegenwärtig）存在着，我们就完全看不到当前；我们必须在它自身中，在它的意义上，具备未来式（zukünftig）的存在。

因而，只有从未来出发，我们才能把握历史。只有如此，历史才会形诸言谈①，而这考察也不再是任何比较，而是一种我们只需开动即可的**对话**（Zwiegespräch），——但这种对话必然是一种对峙（Auseinandersetzung），亦即斗争，这就自然与人们所谓的"科学争论"（wissenschaftliche Polemik）有着天壤之别。

现在，主题已经豁然开朗，这就让任务也凸显出来，即便不是在个别细节方面，而是在本质方面凸显出来，也是如此。而我们在此正好看出了同样的事情：一切关键的东西都在乎我们自身，也都取决于我们的自由。我们全都可以避开它，投入到旧事物的按部就班中去，也可以在新事物的翻腾不宁中去折

---

① "客体"——两个主体。

腾。我们可以做到这一点。我们甚至可以任由事情发展到这样的地步：我们在某一天洞彻到（无论是否清楚），我们一度无可挽回地放弃了我们自身，并将自身交付给了日常琐事。我们可以做到这一点，而且我们之所以特别容易这么做，乃是因为我们自身之中潜伏着某种东西，它说："事情自己就会恢复正常，平静下来。"

因为这种哲学活动对我们有什么用呢？如果说有某种事物为真，那就是这样一句话：在人的此在中，哲学没有任何用处。存疑的只有："这对我有什么用？"这个问题是对**我**提出的，还是对——倘若事情到了这一步的话——一种好奇的动物提出的？

存疑的是，一般而言我是否**亲身**在询问"这对我有什么用"。很有可能的是，当我问这个问题时，一般而言我都还没有达到我自身，也没有达到我的生存（**人的存在** [Mensch-Sein!]）。因而当人内在的伟大不在于他利用和使用事物，以及如何利用和使用事物，而在于走出自身之外并全力投入这种可能性，当哲学活动无非是让这种全力投入去发生时，那么上述的问题，"这对我有什么用"就既不是一个哲学问题，也不是一个朴素自私自利者 [？]① 本人提出的问题。

只有当我们自愿地培养自由，将我们带到我们自身这里，只有这时，从事哲学一般而言才是有意义的。否则一切就都是戏耍和老套惯例；哲学文献中一切的知识和博学都是无关紧要

---

① 原文所有。下文中除译者为了附上德文原词，或为了翻译附上拉丁文、希腊文原文而加的方括号之外，补入的方括号及其内容均为原文所有，因此不再另外添加注释说明。——译者注

的。关键仅仅在于：我们是否**愿意**从事哲学活动。

但也只有当我们有这种自由的时候，我们才有足够的装备去完成已规定了的首要任务：释放并阐明那些多少有些隐蔽，而又纠缠在一起的哲学基本趋势（die philosophischen Grundtendenzen）。据此，我们就从一种预备（Vorbereitung）开始这个讲座。

这里涉及的也不是任何哲学史，而仅仅涉及哲学活动本身。以进行哲学活动的方式与德国观念论对峙，这要求一种内在的装备（Zurüstung）。我们尝试通过下面的方式赢获这种装备，即揭示出当前的种种哲学趋势，那些趋势必定先行于那种对峙之前。

本书分为两个部分：第一部分，揭示当前的哲学基本趋势；第二部分，与德国观念论的对峙。（第一部分和第二部分比起来短得不成比例，这尤其是因为在第一部分中只是暂时被标画出来的东西的问题格局 [Problematik]，恰恰必须在那种对峙中，才能凸显出来。）

第一部分

揭示当前哲学的基本趋势

Die Enthüllung der philosophischen
Grundtendenzen der Gegenwart

我们可以把握到当前的两种哲学上的基本趋势。一种表现为**尽力从事人类学**；推动这种活动的是"人是什么"这个问题。另一种则显现为**引向形而上学**，并由"存在者（das Seiende）一般而言和整体上而言是什么"这个多少有些晦暗的问题引导。

两种趋势都源自于我们的地球上人的此在在当今所面临的整体情境，并运行于这种整体情境中。它们绝不是某些哲学学派的事情，甚或个别流派的特性和特权。相反，学院哲学还远未接触到这些趋势，或者这种哲学是从外部出发，而不是从这些趋势的问题格局的任何一种内在必然性出发，来进行探讨的。两种趋势似乎是相互平行的；它们缺乏内在的统一性，而且首先呈现为新的和偶然的。

现在是先行澄清这两种基本趋势本身，并借此照明我们自身的时候了。在此，对它们相互之间的整体关联的追问总是自动冒出来。那么现在同样是把握这种整体关联，亦即将其作为问题，并澄清下面这个问题的时候了：这样揭示出来的，基本的哲学问题格局之整体，是否有能力先行向德国观念论所从事的那种哲学活动表明，我们看到了费希特（Fichte）、黑格尔和谢林的目标和道路。然后我们必须在第二部分尝试走走这些道路，为的是在那里碰见他们，以进行哲学对话。

讲座的第一部分依此一分为三：

A. 阐明人类学的趋势。

B. 阐明形而上学的趋势。

C. 两种趋势在哲学本身之本质中原初的统一性问题。

第二节　阐明人类学的趋势

1. 作为学科的人类学

人类学（Anthropologie）意即"人类之学"（Menschenkunde）；这个表述的构成与动物学（Zoologie）——动物之学（Tierkunde）——相符。这个标题包括了就人类所能查明的一切在内。人可以被视作一类生物（Lebewesen），动物的一个种类。那么人类学就与动物学和植物学归于一类了。这样一来，当今还有一门人类学是与解剖学和人类的身体发展史协同进展的；由此它便与人种学（Rassenkunde）结成了一种工作共同体（Arbeitsgemeinschaft）。

当然，这种引向身体的、研究肉体的人类学的狭窄性，在此已暴露出来了。人的本性并不穷尽于其**体格**之中。当身体一类的东西成为研究对象的时候，一个躯体（Körpers）就已经**组织**成我们所谓的有生命之物了。一个纯粹的质料性事物虽然也有某种决定它的各部分如何连接，并决定它的各种力量和运动如何运行的整体秩序，但却与一个有着各器官的事物所产生的有机体（Organisation）有区别。一块石头是没有任何有机体的（比如某种特定的弧形隆起）。

有一种原理（Prinzip），将一个质料性事物组织成一个活着的或者说属于某个有生命物之整体的身体，人们自古以来就将这种原理称为灵魂（Seele，ψυχή，anima）①。有灵气之物，有生命之物。研究人的那种生理学和生物学乃属于人类学。但正如研究肉体的那种人类学就含有对生物学（die biologische）人类学的预先标画一样，这种生理学和生物学也在一个更高的层面上进行了预先标画。因为 ψυχή、灵魂，不仅仅意味着生命的原理，而是也意味着 animus（灵魂）、mens（心意，理智），意味着康德所谓的"气质"（Gemüt）：**精神**（*Geist*）。

关于人的生物学指向一种心理学。生命、灵魂、精神：**肉体的、生物学的、心理学的人类学**。一个丰富的场地，包含了眼下的种种事实和希望被探查到的种种整体关联（Zusammenhängen）。对眼下的存在者的理论认识是一种科学的、准确来说经验性的体验（empirische Erfahrung）。② 经验人类学：研究的是如其本然的、人眼下的本性（Natur）③，而且带着它在其中呈现自身的全部多样性形式。（经验人类学：虽然长期发生相互关联，却是分离的——如今则反过来了。）

基于对这个领域的高强度的详尽研究，但也是出于一些更本质的理由，这些分支学科涌向了一种整体性的——包含了关于"人是什么"这个问题的所有因素的——提问方式。生物学和心理学如今已经合为一体，而它们原初的统一的本质乃是那些活生生的问题之一。当然，在一切科学认识中，追问和研究的力量的产生，通常并不仅仅、也并不首先是因为相关的那个对象特别有趣；之所以对某人而言有趣，那只是因为它——不

---

① 分别为德文、希腊文、拉丁文中的"灵魂"一词。——译者注
② 数学虽然涉及现存已有的事物，但却不是经验性的。
③ 或译"自然"。——译者注

管他是否意识到，不管这一点是否可理解——事先就已经唤起了某种兴趣，而科学不过就是为这种兴趣服务的。①

经验人类学作为科学的研究，乃是人类的一种行动，但那是一种认知的意愿（Erkennenwollen），是这些人本身对对象具有的一种意愿。在最首要的意义上，人类学的对象是这样一种对象：当人不是对本身漠不关心，而是具有本质重要性时，科学就对这个对象**感兴趣**了。因为即便对自身漠不关心的人，他之所以能如此，也是因为他忽视了自身。在本身方面的这种自己－不－操心（Sich-nicht-Kümmern）并非什么都不是，而是一种完全确定的立场。人对他的本质本身产生了兴趣，不管是这样还是那样的兴趣。而这又取决于什么呢？一般来说取决于下面这一点：人只会如此这般存在，即他在此——亦即在他这样那样存在时——**总是关涉到某种事物**；他**总是决定了做某事**。他**纠缠于某种事物**，这种事物**充实**了他，或者**使之空虚**。

但是倘若心理学研究了，比如说，人的意愿和追求，或者人的情绪状况、感情和激情，那么它就会突出这件事情中的某些整体关联和运行规律。但人在此从一开始就是被作为一个灵魂**事件**（seelischer *Vorkommnisse*）之复合体来对待的。这些事件便像血液和各类胃液（Magensäfte）那般涌现于此。

尽管肉体的、生物学的和心理学的研究如此广泛地涵括了人的全部，尽管心理学在科学的意义上如此之多地详细探究了

---

① 这句话的大意是，人们研究某事物，不是因为这个事物特别有吸引力和魅力，而是因为人们研究之前就对这类事物有了一种总体性的兴趣。比如植物学家研究某朵花，不是因为这朵花特别漂亮，而是因为植物学家要研究这类花的本质。——译者注

灵魂中的精神性事物，在它们当中还是没有触及某种东西：亦即作为行动者，生存着的人从自身出发做出了、能做出和该做出什么。只有如此，灵魂生活（Seelenleben）才在此发生了、被描述和被澄清了。

这样看来，心理学恰恰没有考虑到现实的、生存着的人，而且当它盼着达到它所寻求的事物时，它必定考虑不到这样的人。它所没有考虑到的一切，却仍然在那里存在着。的确，这样的人，就是整个心理学一般而言投注了兴趣，而一切的心理学最终重又当作导向的东西。

因此，心理学必然会扩展到性格学（Charakterologie），不仅是个体性格学，更是群体与各民族的性格学。相面术（Physiognomik）和人种学的目标全都在于：不仅仅要说出人的情形如何（种族差异），更要说出人是如何对待他自身的，他能做什么，他在从事什么。

但人类学的概念也以此扩展了自身。人类之学（Menschenkunde）不再是收集有关人的本性的知识，而是调制出一种**对人的认知**（*Menschenkenntnis*），这种认知就是让人理解他人的举止；这种学问包含了一些论述，为的是探讨他人；这种认知甚至希望指出，人类在其生活方式中一般而言应该做些什么，以及他们最终能做些什么。（针对行动——πρᾶξις——的人类学；实用意义上的人类学。）

但它连这一点都不能坚持。人不仅仅制作工具和武器，创造技术和经济，人种学研究所要达到的认识恰恰还有，种种宗教崇拜和风俗在人的此在中是本质性的关键因素，但是，并非只有人种学，而是所有关于人的学问都必定看到了，人在其此在中是由我们当代人所谓的"世界观"(Weltanschauung)所规定的。这样一来,心理学只有在世界观的心理学(Psychologie der Weltanschauung)①中才达致完成,亦即在制定好人对其自身、对他人和对整个世界的基本态度时才达致完成。

那么,当一种人类学的趋势像今天这样活生生地存在时,这并不意味着,人只对作为一门繁荣的科学的心理学感兴趣,而是表明对人本身——就所谓的人所是者本身而言——的追问,在某种本己的意义上活生生地存在着。

无疑,在如今人们被激发起来的,对于性格学和相面术、笔迹学、星相学、精神分析以及对于世界观的类型学(Typologie der Weltanschauungen)的那种兴趣中,有着许多的好奇心、赶时髦之心和挖掘耸人听闻之事的想法。但单是这种兴趣,恐怕都是这种贪婪难以负载起来的。然而在根本上,人们在此却想了解,一个人本身的情形如何;这种要求是如此之迫切,使得这里广泛弥漫着一种迷茫的氛围。而这种贪婪本身的根源,就在于内心中一种自然完全隐蔽的、最终的迷茫状态。但每天都在不断增长的那种人类学知识,却以某种特殊的方式与这种状态达成了妥协。而目前的情形显得就像是,关于"人本身是什么,又该做什么"的问题好像找到了答案。

但当人们多少有些有意地如此这般追寻和追问自身时,所追寻的又不是作为这个孤立的、具有其种种特征的人的自身,所追问的恰恰是,处在与他人之关系中的、对存在者之整体采取某种立场的人是什么,处在世界中的人是什么,又该做些什么。

---

① 海德格尔在此可能暗讽好友雅斯贝尔斯(Karl Jaspers)的《世界观的心理学》一书。——译者注

2. 作为哲学的一种基本趋势的人类学

如今，人类学不再表示一个科学的学科（心理学在其中成为最高的部分），而是超出那之外，表示一种核心、广泛而本质的认识。[它所研究的]并非"人"这种特殊的生物的种种特征，而是我们所是的这种存在者的存在与时间（Sein und Zeit）。（而在急切追求这种认识的过程中，才产生出对心理学以及从事比较研究的人类之学的那种被强化了的关切。）在人类学趋势中，这种认识被人追求。由此产生了一种现象，即人们对所寻求的这种认识的要求，要高于我们迄今为止所展示出来的那部分。

但凭此我们也还没有发掘出人类学趋势中的本己之物（das Eigentliche），后者还迫使人们将这种趋势当作哲学的某种基本趋势。因为按照此前人们的看法，那本己之物无非就是下面这样一种追求，而且这种追求不难理解：**在存在者之整体的内部，恰恰选中人作为认识与启蒙（Aufklärung）的某种优异的对象。**

不仅"人的状况——也就是说，人对现实之整体的立场——如何"这个炽热的问题，以及对这个问题的回答，极为彻底地支配了当今人们的活动；而且因为对人的这种追问恰恰多多少少有意且清楚地成了核心问题，因此对现实事物——历史、艺术、自然——的一切追问反过来也被引向了人，亦即被引向了人与这些事物的关系。

表述得极端一点就是：令当今的人感兴趣的，已经不再是自然本身和艺术作品本身，而是——与此一致地，更确切地说，并非顺带为之——对自然的各种认识的方式，而且是在下面这个被强调的意义上是如此的：他追问的恰恰是这种认识自然的活动的心理学和类型学，追问的恰恰是对家计（Wirtschaft）①的这种立场的心理学和类型学。

但这里面有些什么名堂呢？人类学不仅仅是对人及其在整体中采取的立场的一种认识，而是一定要自己成为一切认识的原理。某种事物，只有当它在心理学上得到了澄清，或者在精神分析学上被阐释了，才算是被认识了。

发生的一切事情，已经不再是为其本身而发生，也不再是如此这般而成为自己的，而是已经由人类学阐释的这些不可见的触手环－抱（um-faßt）起来了。发生的一切事情，从一开始就是从这个方面显示于人的了：从哪种观点来看待这事的出现？哪些无意识的本能对此而言是本质性的？这是在什么样的灵魂构架下产生和成为可能的？恰当理解的心理学说明（Die psychologische Erklärung）不是什么事后聪明，而是心理学的视角走在了一切事情的前面；它已经决定了什么与我们有关，以及这种事物一般而言如何还能与一个人发生关系。一切事物，只有当其以这种人类学认识的方式被赢获时，才会存在，也才会具有现实性。

这种人类学的趋势的用意最终在于，在一般的意义上确定什么是现实的，什么不是现实的，什么叫作现实与存在，但也在于以此确定，什么说出了真理。

这便是在这种宏大的趋势中产生的情况；这事的发生，是我们中的任何人都无以逃避的，这并不意味着，我们完全被交付给了它；当然，通过学识方面的任何一种计划，都既不能阻止，

---

① 或译"经济"。指以人为世界之中心，世界成为人的家，世上事物便成为人的家计。——译者注

也完全不能克服这种趋势。

但因为这样一来，这种人类学趋势试图摆出权威的架势，来规定那与存在者之整体保持一致的、人的此在的整体，所以我们便称之为哲学的一种基本趋势。①

人类学趋势和人类学本身并非关于某种事物的一门学问，一个科学领域，也不仅仅是对人的实际认识，也不仅仅是特别重视人的某种学问，而是一切。它毋宁是一种根本的生存，人的此在如今运行于这种生存中，它是一种生存方式，我们只有从远处才能看清和把握这种生存方式的种种根据和无根状态（Gründe und Abgründe）②，它的种种可能性和后果。

但这种人类学趋势还没有在根本上被认清。没有任何时代像今天这样如此之多、也如此之繁复地了解人。没有任何时代像今天这样，以如此急迫而又令人着迷的方式表达了其关于人的知识。以前没有任何时代能如此轻易而又迅速地调和与传播这种关于人的知识。没有任何时代像今天这样在人这方面毫无掩饰。

然而又没有任何时代像今天这样，对人是什么了解得如此之少。人在任何时代，都不像在我们的时代这样，变得如此成问题了。因为人之成问题，不仅仅，也不首先在于我们对于"人是什么"这个问题没有任何本质性的、产生实效的答案，它的极其尖锐之处（这种尖锐性当然还没有被人们认识到）在于，我们从来都不知道应该**如何**对人进行追问。

在已经指出的基本趋势中，这种深深的不安也是其固有的。

---

① 这两者的整体关联；并非外在地关联起来——在整体上追问存在者！通过对人进行追问。

② 后者（Abgründe）也可直译为"深渊"。——译者注

一切都被引向了人，而这一切又削弱了人的本质。由此就产生了一种现象，即每一个答案当其冒出来的时候，由于它的新奇性，就作为正确答案被维持一阵子，为的是在另一天为另一个答案让位。而在躁动不安地抓取答案的同时，却又无力将其作为本质性的答案保存下来，这种现象的根源就在这种趋势的最本己的本质之中。因为心理学的阐释应该成为最终的和首要的因素，那么对人的本质的追问的每一个答案，最终和首先也只能重新在心理学上被阐释。人们认为它们产生于某些特定的灵魂态度（seelischen Haltungen）和无意识本能。而这样一来，它们在内心里也就已经被削弱了。

这种基本趋势根本就不承认，一般而言某种事物在其自身就是有分量（Eigengewicht）的。对人的本质的种种追问和回答本身，也即这种趋势逼着自己去追求的那些东西，绝不是一头消耗着自身的巨兽。一切的存在与维持，都不过使得其与其他事物一道在表面浮现一会会罢了。

只有当我们看清了一点，即这种基本趋势与它的权力（Macht）相协同，恰恰构成了这种迷茫本身，这时我们才能把握住它的本质。

但难道这不仅仅是一场时时处处都在自行毁灭的、荒芜而又贫乏的狂暴（Raserei）吗？难道这种事情不是成熟到了行将入木的程度吗？不是的。在人的此在的根源处如此这般发生着的事情，是无法通过任何一种文化批判被完成，也无法通过某种辩证的文化哲学（Kulturphilosophie）被说完和被清除的。①这是一件很根本的事情，面对这件事情，这些标准都是不合适的，

---

① 人类学批判中的积极因素：尼采，虽然那幅心理学家的形象恰恰并非真正的尼采；当今的尼采解释（Nietzsche-Interpretation）中的误解。

面对这件事情，一切新人文主义的（neuhumanistischen）、从古代或别处得来的计划都失灵，而且必定失灵，因为我们的历史还从未经历过这类事情。但——这也正是可怕之处——这种基本趋势本身造成了那种躁动不安，后者无法容许这种趋势具有其本有的那种分量。

另一方面又无法抑止的是，这种基本趋势明确地参与规定了当今的哲学，也就是说，哲学为人类学操心，因而奋力追求实现一种**哲学人类学**。

3. 一种哲学人类学的观念

从关于人类学趋势所说的那些话中很容易看出，这样一种哲学人类学不可能简单地就是此前的诸学科——逻辑学、伦理学、美学、宗教哲学——之外的一门新的学科，而是：因为一切现实之物首先和最终都被关联到人之上，那么关于人的哲学，哲学人类学，就必定将一切其余的哲学问题一锅烩。作为哲学之基本学科的哲学人类学。①

我们从中能得出什么结论呢？首先只能得出，哲学应该接纳所有被联系到人之上的本质性问题。这样做是否就将已经指明的人类学趋势归位了呢？还是这种哲学人类学仅仅暴露了这里提及的基本趋势的晦暗性呢？这样一来，那种基本趋势能否

---

① 舍勒（Max Scheler）论人类学的诸种著作。参见法兰克福演讲（Frankfurter Vortrag），第3页。——原注

也见马丁·海德格尔：《哲学人类学与此在形而上学》（Philosophische Anthropologie und Metaphysik des Daseins）（1929年1月24日于美茵河畔法兰克福所作的康德协会演讲）的手稿第3页（将在《全集》第80卷出版）。——编者注

在其关键之处发挥作用？是不是在这方面发挥作用：它规定了此在的根本发生（Grundgeschehen）——在此在的哲学活动中加以规定？换句话说：当我们在如今正在定型的哲学人类学中为哲学上倾向于人类学的那种基本趋势定型时，我们是否正确地理解了它？另外，它能为我们充当与德国观念论进行对峙时的主导思想吗？

我们根本不追问，这种哲学人类学能做些什么，以及它是如何支持上面提及的那种基本趋势的，而是首先要追问它的观念（Idee）①，以及它如此这般是否能成为哲学的基本学科。

什么是"哲学人类学"？这种观念一般而言是否得到了足够多的规定，使得它如此这般的时候，以及在其关键因素中贯彻下去的时候能对人具有启发性？它是否足够原初，使得它能充当哲学的核心？抑或是关于一种哲学人类学的观念表现了一种必然的不确定性（notwendige Unbestimmtheit）和内在的界限？

反驳：但人们可以说，当今如此大肆宣扬哲学人类学，又是为什么呢？难道先前在哲学中不是已经有了人类学吗？难道不是一切哲学活动也都围着人在打转吗？的确，在哲学中，就像在神学中一样，总是有人类学的。是的，这种神学人类学对于哲学一直都不乏重要的影响，虽然前者也由后者规定着。

可是：哲学中的人类学还不等于作为基本学科的哲学人类学。而且反过来说，关于后者的观念也没有保证，它接纳了人

---

① 这里的"观念"指系统的规定与规划，不同于古代意义上的"理念"和英国经验论式的"观念"，比较类似于胡塞尔那里的各种"观念"。——译者注

类学趋势（Tendenz zur Anthropologie），并由此有利于这种趋势，或者说，这个现象的发生还没有展现其诸种真正的可能性。

而且最后：哲学中的人类学早就已经存在了；一切都将这种"已经"（schon）拉平了。

根本还不确定的是，我们是否已经把握到，过去哲学中的人类学的情形究竟如何。而在哲学中对人的追问并非必然"仅仅"是人类学！

如今全世界都在拟定人类学，然而问题并没有因此而得到解决。或者说，如果这个问题的一切本质之处都被消除了，那么它当然算是被解决了。

一种哲学人类学的观念，它的不确定性和界限。——普遍地得到澄清的人类学。**经验的**（*empirische*）[1]人类学当然也具备一些值得注意的讨论[2]、动机和意图[3]：这是各种考察方式的一种杂乱集合，这些考察方式乃仅仅通过对象被结合起来，而这个对象仅仅以极为普遍的方式被对待（一切与人有关的东西）[4]。现在的问题是：哲学人类学，（1）它的不确定性，（2）它内在的界限。[5]

哲学人类学不可能成为哲学的基本学科；它既不可能由哲学的概念加以含义分明的规定，却又无法——据说这恰恰是它

---

[1] 先天的（a priori）！
[2] 各种特征、立场、要求、可能性。
[3] "维持生活"，"促进生活"。
[4] 这种认识的普遍性特征。它的种种预设：先天的。——康德的"实用人类学"，别的一切都含义分明（人类学教学法：灵魂机能；人类学特性：各种人格特征、性别、民族、种族）。
[5] 可比较法兰克福演讲！——原注
见前面的注释。——编者注

作为基本学科必须做的事情——首先规定哲学的各种问题本身。

那么，它虽然出自于上面标明的那种哲学基本趋势，是后者的一个产物，仿佛是那种趋势抛出来的某种东西，但它作为很罕见的结果，却恰恰没有表现那种趋势的全部本质。

可这里的关键并不是是否应该以及应该如何表现这种趋势，不是我们实际理解了它；据说关键在于，这种趋势在哲学本身之中达到了其本质性效果，而这乃是因为，它能为哲学活动做些什么，又不能做些什么，这一点已经很清楚了。

在这种趋势的基础上仅仅将人置于核心之处，并以人来贯穿一切，这样做犹嫌不够，还要反过来：他必定在本质上涉入这件事情本身中去，也就是说必定掌控它。

依此看来，要是这种基本趋势在此指示我们如何做，要是我们默默无闻地在它当中发现了一些问题，那么我们是无法通过哲学人类学找到某种解决办法的。但是该如何从这种基本趋势中汲取本质性的东西呢？在此我们有必要将这种趋势与第二种趋势关联在一起来看，前者本身已经与后者有关系了；而只有这两者在其特有的、但又很晦暗的关联状态下，才会向我们显明一个基本问题，处理这个问题就会为我们打开一个视域（Horizont），我们将在这个视域内看到德国观念论的哲学。

由此就得出：这种基本趋势的目标不仅仅在于特别重视一切属人的事物（alles Menschlichen），它还要求对下面这个问题下决断，即现实、存在和真理一般而言应该是什么意思。这就意味着，它希望在自身之中就形而上学的基本问题（Grundfrage）作出决断。这一切当然都是不确定的和在摸索中的，但这种趋势和对此提出的要求却不是这样。的确，第二种基本趋势——

形而上学的基本趋势——一般而言在今天显得在人类学趋势内部占据了优势地位。因此我们有意预先讨论人类学趋势。

第三节　阐明形而上学的趋势

1. 当今对形而上学的预备

这种趋势不仅仅隐蔽在人类学趋势之中，而且一般来说其本身很难看清和把握住。其原因在于形而上学本身的本质；恰恰当它归属于"人的本性"时，人却最远离他最本己的本质，而这种本质在当今是最值得追问的。

"形而上学"或者"形而上学的"这些表达的流行的用法已经表明，它涉及的是某种最终的事物，关涉的是超出一切之外的事物，涉及的是存在者之整体，而且去往彼处的路是晦暗的。科学认知达不到那里，而预感、直观、信仰——一些无法以合理的方式得到明确论证，又无法被展示给他人的表态方式（Stellungnahmen）——能达到。如今，每个人的确除了有各种别的看法之外，还有他的世界观（Weltanschauung）。因此，"形而上学"如今常常与世界观同义了（狄尔泰 [Dilthey] ——形而上学：哲学的世界观）。"形而上学"——"糟糕的哲学"（schlechte Philosophie）。关于一种脱离了形而上学的、科学的哲学的观念（柏格森 [Bergson] ）。

由此，当我们完全一般性地谈论某种形而上学趋势时，那么这首先意味着，对整体和最终事物的这种追问比以往更多地复苏了，并非随随便便哪一种科学的阐述都被认为是一锤定音，而任何进一步的追问都被宣称为无意义的。对这类追问的某种特定的预备（预备：重新对各种可能性保持开放，尽管是以一种不成熟而又仓促的、在今日将一切都加以吞噬的形式)。

但现在的情形是,人们停留在这种预备状态不动了,而这种预备状态本身是摇摆不定和不牢靠的;当然,这就使得人们匆匆忙忙地使出浑身解数,提出一个答案来:占星学、通神学、东方智慧学、现代化了的新教与天主教世界观都活动起来,也都想给出答案,却没有澄清那些问题本身及其权利。在此对这些问题作了某种预备,这就已经够了。这种预备的直接的必要性(unmittelbare Notwendigkeit)在其表现出来的那种形式中,已经被认为是真正的回答了。①

在哲学本身中,向形而上学的行进(Zug)表现在对伟大思想家的评价方面的一种特有的改变上。新康德主义:康德、笛卡尔(Descartes)、柏拉图(Plato)。德国观念论:莱布尼茨(Leibniz)、普罗丁(Plotin)、亚里士多德(Aristoteles);反过来影响到对康德(马堡学派)和笛卡尔(经院哲学)、莱布尼茨的评价。

这里也是如此:形而上学在被追寻,而有关形而上学的著作在被撰写,却没有彻底洞察它的本质,以及它在哲学活动本身中的起源。虽然西方哲学史很丰富,但它却是以不甚高明和十分学院化的方式被解释的。因此我们必须尝试全盘弄清楚形而上学这个概念,确切地说这是出于两个理由:(1)因为只有那样(尽管一开始还十分粗浅)才能探讨两种趋势内在的整体关联;(2)因为我们只有借助这个概念及其原初的形态,才能理解德国观念论哲学的萌芽、目标、权利和界限。

---

① 在人类学趋势中是形而上学的必要性;所有的关系都聚拢到人之中了;由此——在其内部——为整体着想。许多的:大部分的追问和回答都是以其在人类学方面说了什么而被衡量的。

2. 论形而上学概念

Μετά（元，之前）和 *ψυσικά*（物理学）。①*Ψυσικά*（物理学）：*ψύσις*（自然，物性）所涉及的这类事物；*ψύσις*——生长，生长者和已经长成者；在没有我们的协助的情况下自己就出现的那类事物，无需我们制作；我们总是已经碰到的一切存在者，我们由于出生于此，便纠缠于其中，此后我们还在它们之中生长和此-在（da-sind）（natura-nasci：出生、形成、源出、生长）。

Ψύσις（自然，物性）：存在者之整体，"自然"（Natur），但不是在它[*ψύσις*这个词]表现出"历史"（Geschichte）这个对立概念的那个含义上，而是[它据以]涵括一切发生的事情，并涵括命运的那个含义上（与*κοσμος*[宇宙，秩序]相应）。

哲学活动的出现：对*ψύσις*（自然，物性）的追问，对它关于它之所是而向我们述说的东西（仿佛那是它对自己的表露、启示）的追问；*λόγος*（逻各斯）。*Ψυσιολόγοι*（"生理学"），"自然哲学家们"（Natur-philosophen）：（1）这个词从狭义来讲是一种错乱，（2）在其本身是同语反复。

这件事情的发生是什么：它发端于何处，它的根源（Wurzel）和根据（Grund）是什么。*Ἀρχή*：开端、根据，关于它之所是和它如何是的原理。从整体上理解存在者——不仅仅了解（kennen）和叙述（erzählen），而且在根本上认知（wissen）或者说追问它

---

① 比较1929-1930年度冬季学期讲稿，第12页起更完善的表述。——原注
《形而上学的基本概念》（弗莱堡1929-1930学年冬季学期讲座），赫尔曼（Friedrich-Wilhelm von Herrmann）编，《全集》，卷29/30，美茵河畔法兰克福，1983年，第36页起。——编者注

——，而且理解为本身即属于此的存在者（σοφός）的要求：无穷尽的操心；这种操心必定由一种关注的热情（einer Leidenschaft der Zuwendung）来承担，而这种关注却是对整体而言的万物的友好（ψιλία [友爱]，ψίλος [友爱]，ψιλοσοψία [爱智慧，哲学]）。ψυσιολόγος（爱逻各斯者）必定是ψιλόσοψος（爱智慧者）。这种认识——有关存在者之整体的、有关其根据的一些原理——是对存在者之整体的根据-原理性的（grund-sätzliche）①认识（理解的意愿）。

ψύσις（自然，物性）这个词的内涵，恰恰通过哲学活动的造就，而遭到了一种关键而特有的分裂，分裂成两种含义，这两种含义从此以后就维持下去，并且在这个词的基本含义中渐成气候。

（1）彻底研究存在者之整体。作为结果，从哲学中产生出一些特定的认知任务（Erkenntnisaufgaben），一些特定的个别哲学，存在者的一些区域；存在者之整体中最巨大而有力者在天穹（星辰）中、在海洋里、在动植物的生长中表现出来。现在Ψύσις（自然，物性）被压缩到这样一个存在者之上，这个存在者已经凭自身而存在了，而且在其自身之规律性和秩序方面保持不变，它在自身之中包含了它的本质与如此这般存在（Sosein）的开端和根据；ψύσις（自然，物性）它和人的机智与人的各种计划、设置（Setzung）所确立、建立和安排出来的东西（τέχνη [技艺]）相区别；ψύσει ὄντα（依照本性存在者）——κατὰ ψύσιν（依照本性）②。

---

① 海德格尔将grundsätzliche（原则上的、根本性的）以一个连字符拆分开来，使人看到其词源结构。——译者注

② "自然"：考察自然，研究自然。——广义的Ψιλοσοψία（爱智慧，哲学）：对存在者本身的理论研究性认识。

（2）但是 φύσις（自然，物性）也在一个十分尖锐的方面，将基本含义保留下来了。某种事物——不管它是自然生长物，还是各种人力——符合其内在秩序（inneren Ordnung）时所是的东西：φύσις——某种事物的"本性"（Natur）、本质，比如"精神的本性""艺术作品的本性"。

但 φύσις（自然，物性）[①]的双重概念（Doppelbegriff）不过反映出，哲学活动显然带有一种内在而必然的双重指向（Doppelrichtung）：（1）指向存在者的普遍本质，（2）指向存在者的一些特定区域。

（1）存在者的普遍本质：一般而言使得存在者成为存在者的事物，这里不管这个存在者是一个动物还是一株植物，是一个人、一个星辰、一个三角形、一把椅子、一个数字还是一位神；也不管是这个存在者还是那个存在者，而是据说只要它一般而言是一个存在者就行。对作为这样一个存在者的存在者的追问，ὂν ᾗ ὄν（存在者之为存在者）；使这个存在者成为一个存在者的东西：存在。对存在者之存在的本质的追问。这便是从一开始就被追寻的东西：ἀρχαί（本原）。

（2）但所有这些各式各样的存在者，也不是零散并列着，而是作为一个整体、一种秩序存在着，或者具有一些交互协奏起来的秩序：ὂν καθόλου（一种普遍存在者）。而一个特定的存在者在这个整体之中对其他所有存在者起规定作用的地方，以最一流的方式统领和规定着存在者的这个整体的东西就是：τιμιώτατον γένος（最崇高的类属）。这同样是在被追寻的东西。

[①] 自然/本性（Natur）：（1）作为自然区域——其他各区域中的一个；（2）作为如其本然的每一种存在者的本质。

这样一来，哲学活动本身就有两种指向，存在者的普遍本质和存在者之整体，而且一开始就是如此，虽然这使得两个追问方向没有相互分离开，一个方向为另一个方向而存在。这种必然具有双重指向的追问活动的这种特征，在古代还需要持续几个世纪的哲学活动才能显露出来，准确来说就是在古代哲学达到其顶点的时候：在柏拉图和亚里士多德那里，这种哲学活动才首次清晰地表现出来。

πρώτη ψιλοσοφία（第一哲学）作为首要的、真正意义上的哲学，便是对一般意义上的存在之本质的追问，也是对存在者之整体的追问。亚里士多德只说了这么几句：关于两者的统一，关于如何证明它们的整体关联，我们**没**有任何经验，无论如何，没有任何这方面的东西流传下来。虽然如此，我们还是从亚里士多德那里保存下来了一些个别的研究与论文，它们朝向这两个方向运行，它们是首次穿越这两个方向，并尝试探讨那里的种种问题。但亚里士多德并未将这些研究作为著作和书加以出版，它们只是对零散的一些有关**第一哲学**（erste Philosophie）的讲演（Vorlesung）进行加工润色而成，这些讲演根本没有任何一眼就能看出的整体关联。表明这一点的一个迹象是：一切都处在研究（Forschung）和提出问题的阶段，处在作出尝试和一再起跳与萌芽的阶段。

但此外还有一些有关存在者之个别区域的讲演，比如关于狭义上的"自然"，关于天宇，关于动物，关于一般意义上的生命（人的哲学）。这些讲演表现出一种自成一体的、整体关联着的构造，其本身都更简单些。ψυσικά（物理学）：依据可通达的存在者的主要区域（原因、运动、无穷者、质料、地点和时间），对其进行的种种研究；此外当然还有一些原理和追问，它们总是普遍性的，讨论的是如其本然的存在者（das Seiende als solches）。①

3. 作为学院标题的"形而上学"

这些教本（Lehrschriften）和讲演的次序和编排，直到最后几十年——亚里士多德约死于公元前322/321年——才在他的学派内部得以完成，并且直到公元前1世纪才形成作为今后研究之标准的定本。这一过程花了大约200年的时间：在这期间哲学已从顶峰没落，它被以学院的方式驱动。在将问题（Probleme）搁置一旁的情况下，产生出一种固定的学院知识，被整理成各个专业：逻辑学、物理学、伦理学。一部全集的计划也是与此相应的：工具论（Organon）、物理学、伦理学和政治学。但是，现在在各种讲演和论文中有一些部分，它们探讨的是真正的哲学，以及关于一般存在（des Seins überhaupt）和存在者之整体的一些核心问题，却缺乏整体关联，也缺乏一个学院式标题。② 面对这些部分，人们不知道从哪里下手；人们只看到，这些部分虽然探讨的是存在者，就像物理学（Physika）一样，但却与众不同（不是逻辑学，不是伦理学，但也不是 ψυσικά [物理学]）。该把它们放到哪儿呢？无计可施之下，人们只好把它们编列到那些关于自然的著作（ψυσικά）之后（μετά, post），给它们带上了一个简单的标题叫"τὰ μετὰ τὰ ψυσικά"（物理学之后）。因而，这个标题指的仅仅是这些论文在亚里士多德的著作集之整体中

---

① 接纳传统——希腊人的伟大——实际的流传物。
② 该往哪里走？对于真正的哲学而言，恰恰没有任何专业！

所处的书籍印刷位置。

这个标题不仅没有说出内容，它反而产生于面对这个内容时的无计可施，产生于一种巨大的尴尬。"形而上学"——这个标题表示的是尴尬。一旦人们对这种尴尬和急迫一无所知了，马上就会从这种状态中产生出一种优点。不知是哪一个我们所不了解的机灵的头脑，有了一个念头，即这个仅仅表明了那些论文的位置的标题，也很好地表达了它们所包含的内容。它们探讨了普遍与整体意义上的*存在者之存在*（Sein des Seienden），也就是说，这些研究以其提问方式，走出了存在者的那些个别领域之外；在它们当中有对超出这些领域之外的某种事物的超越性追问。Μετά 在希腊文中不仅指后面（post），还指超越（trans）。因而形而上学现在成了一个说明了内容的标题，它"表示"的是第一义的哲学（die Philosophie in erster Linie）。

物理学之物：通过感性经验便可通达的事物；现在又有形而上学之物：超越感性事物的事物，超感性之物；形而上学：对超感性之物的认识。这个说明了内容的标题指的是真正的哲学，亦即对这种哲学的解释：第一哲学是形而上学，亦即超出可经验的存在者（Seiende），走向普遍和整体意义上的存在（Sein）。

只是含义上的这种剧变，从书籍印刷标题变为一个说明了内容的标题，并不具有人们无一例外地赋予它的那种中立无害性（Harmlosigkeit）。因为这样一来，对亚里士多德的这些论文的实际理解和阐释，就被逼入到一个完全特定的轨道上去了。

形而上学在前面所说的意义上成了第一哲学，亦即不仅仅是一个表示内容的名称，还是对这个内容的一种特定的阐释。但或许下面这一点彻底是成疑的，即这些论文内在的提问方式是否通过这个标题被触及了；或许这种提问方式恰恰长久被遮蔽了。（追问和问题的两个方向在以往的表现，如今成了设立两门学科的由头。）

还有，或许是时候问一问下面这些问题了：是否不仅那个书籍印刷标题，而且那个说明内容的标题也表现出了[？]某种尴尬？是否在这个方面，"形而上学"这个标题也不表示一种准确来说完全根本性的尴尬？

上面这些已经足够清楚地表明，这里——在人类精神的一笔极为重要的财富中———一个很偶然的标题，持续数千年之久地规定了事情的实质；这种规定是如此彻底，使得人们对"这个名字涉及事情的实质"这一点毫不起疑了。相反，即便是康德这样一个首次撼动了形而上学大厦的人，也这样认为："至于形而上学这个名称，不要认为它是偶然产生的，因为它与科学本身简直严丝合缝：因为 φύσις 说的就是自然，但我们除了通过经验之外，再也无法通过别的东西通达自然概念，因此随之而来的那门科学就叫作形而上学（由 μετά，超出，和 φυσικά [物理学] 组成）。它是一门处于物理学领域之外，超越了这个领域的科学。"①

对于柏拉图和亚里士多德而言完全有疑问，且推动了最内在的追问的东西，现在经过一些世纪的时间，没有得到什么本

---

① 海因策（M. Heinze）：《康德三学期形而上学讲座》（Vorlesungen Kants über Metaphysik aus drei Semestern），收于《康德著作全集》（Kant's gesammelte Schriften），德国柏林科学院编，卷28，第174页。——也可比较康德：《论形而上学自莱布尼茨和沃尔夫以来的进步》，收于《康德著作全集》，皇家普鲁士科学院编，卷3，第590页。

质性的成果，居然慢慢就成了一座牢不可破的大厦和一个体系，从此以后它一再推进新的体系建设，最终大规模地建成了德国观念论。

亚里士多德眼前的东西——一个问题的萌芽——是保持开放的；在他那里还需要论证①的东西，现在成了一些成问题的学院看法和学说，成了固定而不可动摇的看法，这种看法已先行规定了形而上学一切进一步的发展。形而上学＝"第一哲学"：对如其本然的、整体而言的存在者的根本性认识。

4. 形而上学史上的两个动因（Motive）

形而上学史很难将两个动因呈现出来，这两个动因使形而上学成了康德所见的那种形态；而德国观念论正是通过康德看到了形而上学的使命的。两个动因涉及：(1)内容，(2)方法（探讨方式）。

（1）存在者之整体。如何被阐释，又如何被倾听？——基督教的此在对世界的阐释：上帝－非神性之物。宇宙：ens creatum（受造物）；在受造物中有人，他是自由的，他永恒的使命、灵魂的救赎、他在与整全之关系中的使命。上帝、人（自由、不朽）、广义上的自然：在中世纪实际上存在着，但只是慢慢地才被清楚地划分[？]为单独的学科，或者说，它们共属于一体，summum ens（至高者），另外还有与后者相应的一些区域（类比[Analogie]）。Ens in commune（普遍物），这是存在者之最普遍的因素，是一般形而上学（metaphysica generalis）；另外还有

---

① 原文为 Begründung，亦译"奠基"。——译者注

特殊形而上学（metaphysica specialis）。莱布尼茨、沃尔夫、康德、德国观念论。

（2）操作程序；恰恰在这一点上最少能追溯到古代；$διαλέγεθαι$（"辩证法"），$λόγος$（逻各斯），ratio（理性），非感性经验。与古代相通的只有这么一点点：最普遍也最高者，"每个人都对此感兴趣"，因而最为庄严，"诸科学之女王"；近代，方法意识（Methodenbewußtsein），绝不仅仅是诸科学的事情[①]；由此也就有了最高的，亦即严格而最有约束力的、每个人都可以理解的一些方法。非经验性的、也最严格的认识和科学是数学。因而它们的方法是：出自于单纯的诸概念，出自于理性（ratio）的那种纯粹的、脱离经验的认识。关于如其本然的与整体而言的存在者的纯粹理性科学（Reine Vernunftwissenschaft）。

笛卡尔："我所说的方法，是指确定的、容易掌握的原则，凡是准确遵行这些原则的人，今后再也不会把谬误当作真理，再也不会徒劳无功瞎干一通而消耗心智，只会逐步使其学识增长不已，从而达到真正认识心智所能认识的一切事物。"（Per methodum autem intelligo regulas certas et faciles, quas quicumque exacte servaverit, nihil unquam falsum pro vero supponet, et nullo mentis conatu inutiliter consumpto, sed gradatim semper augendo scientiam, perveniet ad veram cognitionem eorum omnium quorum erit capax.）[②]

---

① 比较下面第119页。——原注

指德文原书页码，请读者依照页边码寻找，下面凡是原书注释中对参照页码的指引，均依此。——译者注

② 规则（Regula IV），收于笛卡尔的《指导心灵的规则》（Regulae ad directionem ingenii）。依据1701年的第一版，布亨瑙（A. Buchenau）编，莱比锡，1907年，第8页。

（1）确定性（Gewißheit）：确保不犯错误，（2）简易性（Leichtigkeit）：避免一切无用的、绕道的尝试，（3）收益性（Fruchtbarkeit）：不断增加知识，（4）优越性（Überlegenheit）（智慧）：达到一切可通达者（本质上作为——形而上学 [Metaphysik]①！）；知晓那值得知晓的事物（Wissen des Wissenswerten）——为的是生命的完全保障以及人类的维持。

现在，这种操作程序成了这样一种理性（ratio）的程序，不是记忆的程序，对流传下来的种种看法进行编排与比较的程序。（1）方法的必要性，（2）方法的本质：对诸对象与诸原理进行规整的秩序，准确来说是将不明朗而晦暗的东西规整为简单而清晰的东西的秩序；相互摆置，然后推导出别的东西。依据这些方法上的原理，就有了：第一哲学沉思（Meditationes de prima philosophia）。为"形而上学"奠基。②形而上学的方法在严格意义上是合理的：出自概念！出自纯粹理性的认识。③《哲学原理》（Principia philosophiae）。

由此，在斯宾诺莎那里产生了这个意义上第一个封闭的叙述。"《伦理学——用几何方法加以证明》（Ethica-more geometrico demonstrata）"。从形而上学上来看，是立于普遍形而上学（allgemeinen Metaphysik）和理性神学基础上的人。（请注意：他是德国观念论哲学的榜样，在方法方面也恰恰如此，尽管有

---

① 海德格尔这里强调的是 Metaphysik 的字面意思，强调它超越物理学。——译者注

② cogito me cogitare（我思我思这件事）——"ego"（自我）。

③ 确定性：aliquid certi（确定的某物），certum et inconcussum（确定的和不可动摇的），fundamentum simplex（简单的基础）。

一些本质差异。)

莱布尼茨占据了一个引人注目的居间位置(Zwischenstellung);在方法方面一再强调"逻辑学""逻辑斯蒂"(Logistik)[1]、普遍理论(theoria universalis)、纯粹理性认识,这些完全是在整体上将事物加以彻底规整的。

康德:"纯粹理性批判",对此前的形而上学的批判,为的是给这种形而上学奠基[2];直接——不是作为规划,而是依照事情本身——重新接纳了亚里士多德的问题。当然,恰恰是在形而上学的一些本质性和关键性的问题上,德国观念论没有理会他,而且似乎直接走向了莱布尼茨和斯宾诺莎。

形而上学成了绝对神学,关于一切知识的知识(Wissen allen Wissens),"知识学"(Wissenschaftslehre),绝对自我意识(Selbstbewußtsein)。黑格尔:"逻辑学",这个标题指的是形而上学;绝对理性之绝对科学。"因此,逻辑学要理解成纯粹理性的体系、纯粹思想的王国。**这个王国就是赤裸裸的、自在而自为的真理本身。**因而人们可以这么说:这个内容**就是在上帝创造以及一种有限精神之先**(vor),**对上帝所是的情形的叙述。**"[3](请注意:整个形而上学传统都将自身绝对化与集中于此了:上帝

---

[1] 亦译"数理逻辑"。——译者注

[2] 出自概念的一般形而上学(Metaphysica generalis)。什么样的概念?"范畴"。范畴的本质,对存在的认识。特殊形而上学(Metaphysica specialis):一个必要的假相(Schein)——先验的用法,以及将存在论层面的事物当作存在者层面的事物了。

[3] 黑格尔:《逻辑学》第一部分:客观逻辑,导论,收于《全集》(Sämtliche Werke. Jubiläumsausgabe in 20 Bänden),格洛克纳(Hermann Glockner)编,1927年起,卷4,第45页起。

——自然——人；一般而言处在存在的形而上学 [Metaphysik des Seins] 之整体中的一切，都是如此。）

衰落——如今只剩下对各种动力的一种含混的领悟，但绝不是有关那成为了第一需求（erstes Erfordernis）的东西的知识。只有当形而上学本身以及出于尴尬而被如此称呼的事物被当作问题了，而不是缩回到古代去，但也只有当问题格局僵化了的时候，这格局才会复苏。

只有康德，即便康德也如此，在核心之处他也感到没把握了，并将核心问题脱手了。然而他对于问题格局已经有了相当彻底的理解。① 四个问题。三个问题加上第四个。那两种趋势合二为一了。

但只说了"事情成为这般了"（Daß），而没有说出"事情如何成为这般的"（Wie）②。（康德自己的工作中的分裂！恰恰不是"人类学"，但也没有正面说出：**什么样的**界限，又有哪些界限。——"有限性"——然而为了避免人本主义 [Anthropologismus]③ 又要强调：不是人的理性！——"形而上学的形而上学"。这种形而上学探讨的是人，但不是作为物种的人。那么该如何探讨呢？有限性——生存——此在。此在的形而上学。）

在康德那里，问题还不曾展开，德国观念论就是对此的明证。康德本人就违逆自己的意愿，使德国观念论成为可能了。对费希特的表态——不仅仅是年岁大了造成的悲剧。也不仅仅是固执。他有内在的理据，自己却不知道。多么具有象征意义！

---

① 但形而上学究竟是在哪里成为问题的？康德——这里值得重视！
② 为照顾中文习惯，我们有时也将"Wie"翻译成"方式"，在这种情况下通常会附上德文原文（Wie）。
③ 或译"人类主义"。——译者注

众所周知，在黑格尔之后，形而上学和一般哲学极大地失去了追问力量与自信，仿佛在这次极度劳累之后，人们已经耗竭了形而上学的劲头。极为独特的是，谢林晚期的工作在黑格尔死后四分之一个世纪才出版，完全没有产生任何影响。这些工作当然不具备彻底探究的那种内在的力量和严格，这二者是翻遍谢林的著作都找不到的，而另一方面，这些工作也还是很丰富的，因为它常常提出一些突然令人很惊奇的眺望和预想。

如今的形而上学趋势表现在前面描绘过的、组建一幅完整的世界图景（Weltbild）的一些尝试中，这些尝试都是相当混乱的，而且最要命的是它们将那仅可最遥远地与德国观念论与一般绝对形而上学（absoluten Metaphysik überhaupt）之问题格局比较一二的任何一种内在的问题格局，都丢失了。

因此并非偶然的是，人们在这场形而上学运动内部所寻求的，乃是拾得一点德国观念论中的建议和指点。①

但特有的一种现象是：向这种观念论的这种回返，以及这种观念论在当今的更新，在本质上受到了克服新康德主义，亦即在认识论方面为哲学定向这一意图的规定。因此，人们在历史方面也在这种考量之下来看待从康德到黑格尔的运动。从康德**到**（*bis*）黑格尔的哲学史，应该在从康德进展（Fortgang）**到**（*zu*）②黑格尔的那个过程中得到更新。真理被黑格尔发现了，而

---

① 特别是——绝对形而上学。
② 海德格尔将"bis"和"zu"这两个表示"到"的介词都加上了重点号，前者只是一般意义上的时间流程，而后者更强调事情本身的运动及其方向，具有更强的定向含义，即表示一个多少带有某些强制性的定向进展过程。中译文无法在字面上体现这个意思。——译者注

从康德到他那里的哲学发展（Entwicklung）过程，也是从这个方位被判断的（克罗纳 [Kroner]①）。

在德国观念论其他的一些革新形态（费希特与谢林）中，也恰恰缺乏关键之物；它们不是从一种现实的、形而上学的急迫（Not）中，亦即不是从形而上学本身的急迫中产生出来的。这一现象本身没有成为问题，人们反而已经将其作为答案了，而问题仅仅在于，人们应该决定选择哪一种形而上学。

比起这些革新的尝试来，在通俗－哲学方面（populär-philosophischen）进行的那些努力②中，就更没有呈现出什么现实的问题格局了，形而上学在那里反而带着一种闻所未闻的幼稚和肤浅被呈送出来。

尽管如此，有一种趋势（Tendenz）恰恰不满足于这些储备，而又自行消失了，那种趋势本身却是要认真对待的。对于对存在者之整体的认识而言，是开放的。对于我们的基本任务而言，也是开放的——而且[?]对于这种基本任务而言，那种趋势本身是足够透明的，也就是说，它在这种基本任务中首先唤醒了一种问题格局。

但如何唤醒呢？并非不是有意地，那个发展史（Entwicklungsgeschichte）恰恰已被形诸言词，因为言词也一同规定了事情，然而更常见的是，它将一个问题格局扭转成一桩固定的学院事件与答案，并掩盖了那个问题格局。

什么问题格局呢：这言词的所谓真相是什么，在开始的第

---

① Richard Kroner，德国著名哲学史家，著有《从康德到黑格尔》，海德格尔在这一段中介绍的就是该书的观点。——译者注
② 可能指费希特的一系列通俗哲学演讲。——译者注

一阶段即亚里士多德那里取得了突破的是什么，而这一切本身又应该如何才能成为本己的哲学活动。（被反复提及的亚里士多德的追问。下面这些追问方向是什么：ὄν ᾗ ὄν（存在者之为存在者）—— θεῖον（神性之物）？它们是偶然并置在一块的，还是本身就必然共属的？但这样一来，我们就立于一个原初的基础之上了。亚里士多德：出发点是必然的，但也是暂时的。①）

那么就返回到亚里士多德，不选择康德主义和黑格尔主义，而是选择亚里士多德主义吗？绝不。这倒不是因为，亚里士多德完全没有提出问题，内在可能性的问题，即**第一哲学**之本质的问题。关键不在于亚里士多德的学术观点，而在于古代哲学本身所隐藏着的基本问题，但它之所以是基本问题，不是因为它是古代的，而是因为它是一个本质性的开端。"形而上学"——这个标题表示一个问题！现在不再表示著作的技术性编列方面的某种尴尬，而是表示事情的本质本身方面的尴尬，真正的哲学活动的尴尬。因而下面这一点不是什么解决和答案，而是问题：对如其本然的存在者之整体的根本性认识。现在，形而上学成了表示一种尴尬的标题，也成了历史性概念。

5. 康德对形而上学的奠基

我们自己必须再次征服（erobern）那位亚里士多德，以及整个古代哲学——在阐释（Ausdeutung）的过程中，以产生于后来的形而上学史之中的那种解释（Interpretation）来征服之。依照可能性来看，形而上学问题在古代已经存在（ist）了，但还没

---

① "目标"（Ziel）。

有被提出来（nicht gestellt）。此事通过康德才首次发生（geschah）。

此事在康德那里是如此这般，以及它是如何发生的，这两点当然不是立即就可以看清的。此事在康德那里还不完全明朗，对于这一点，正如我们将要看到的，德国观念论就是最有说服力的证明。德国观念论恰恰还没有接纳如其本然的形而上学之问题格局，而是借着在康德为形而上学奠基时产生出来的那些东西的帮助，自己创造出了一种形而上学；这当然是在康德参与规定的那个意义上而发生的。

在康德那里，对如其本然的形而上学的奠基还不明朗：过去50年的新康德主义就是对这一点的明证，新康德主义恰恰在下面这一点上看到了康德的解决办法的本质，即康德毁灭、消除了形而上学，并以认识论（Erkenntnistheorie）取而代之。

哲学的本质——作为对形而上学的奠基——还不明朗，或者更准确地说，只有当一种奠基本身的问题格局被详细制定出来，并且预先已被把握住之后，这种本质的真相才会被认识到。

那时自然就会表明，康德想要的究竟是什么；但也会表明他的劳作的内在界限何在，也会表明简单地回到康德①，并宣扬一种新颖的新康德主义，是不可能的。

这种现象极为普遍——倘若我们事先都没有将问题格局铺展开，那时去更新从前的某种哲学是徒劳无益的；等到铺展开之后，那种哲学自然就开口说话了。

然后，我们就在康德那里以更为原初的方式洞察到所谓的形而上学之奠基了。然后我们就撞见了某种值得关注的东西。

---

① 新康德主义的口号即是"回到康德"。——译者注

流传下来的形而上学：从纯粹理性出发，对存在者之整体的认识。康德的奠基：对纯粹理性的一种批判，亦即对我们的有限理性本身之所是，以及它作为这种有限之物所能为之事的本质规定（Wesensbestimmung）。

而这样一来，形而上学的奠基，以及以"纯粹理性批判"为名的那部著作，就以对规定如其本然的纯粹理性的事物的一般性回想作结了；这种回想探讨的是"纯粹理性最终目的的某种规定根据"①。这就要求界定清楚规定有限理性的是什么，界定清楚在如其本然的有限理性方面涉及什么问题。

"我们的理性 [并非某种不确定的 = 普遍的一般理性]② 的一切兴趣（思辨的以及实践的）集中于下面三个问题：

（1）**我能够知道什么？**

（2）**我应当做什么？**

（3）**我可以希望什么？**"③

某种理性在其自身中——在本质上——提出的这三个基本问题，这种理性感兴趣的这些问题，正是成为本己的形而上学、特殊的形而上学（Metaphysica specialis）的三个学科之基础的问题：自然——自由——不朽（至福，与上帝的结合）；这是哲学"在世界公民的观点下"提出的一些问题。

作为本己（eigentliche）形而上学的这种特殊形而上学

---

① 康德：《纯粹理性批判》（Kritik der reinen Vernunft），A804/B832。——原注

译文取自邓晓芒译本，人民出版社2004年版。——译者注

② 海德格尔所加的按语。——译者注

③ 同上书，A804起/B832起。

（Metaphysica specialis）就是哲学的真正"场地"（Feld）。在这个意义上，康德在他的逻辑学讲座——他在那里（第三部分）发展了一般形而上学概念——的导论里说道："在这种世界公民意义上的哲学之场地，可以展示为下列几个问题：

（1）**我能够知道什么**？
（2）**我应当做什么**？
（3）**我可以希望什么**？
（4）**人是什么**？"①

现在同时又出现了第四个问题。这个问题加上来的文字不仅仅是这一处，还有："但在根本上，人们可以把所有这些都算作人类学，因为前面的三个问题都与最后一个有关。"② 因而：本己的哲学，特殊形而上学（Metaphysica specialis），以及与此关联在一起的一般形而上学（Metaphysica generalis），都与"人是什么"这个问题有关；因此形而上学就与人类学有关。因而：人类学的优先性不仅仅表现于此，还表现在形而上学被回溯到它了：它是基本学科。

一种"能够"、一种"应当"和一种"可以"均归属于纯粹理性，而结果是使得这种纯粹理性为这些因素——"能够""应当""可以"——操心，这就成了它恒久而内在的问题。

一切自身成问题的"能够"，本身就是有限的，是受某种"不能够"规定的。全能者不仅仅不需要，而且根本不可能追问，

---

① 雅舍（G. B. Jäsche）编：《康德的逻辑学——讲座手册》（Kants Logik. Ein Handbuch zu Vorlesungen），收于《康德著作全集》（Kant's gesammelte Schriften），卷9，第25页。

② 同上。

他能够做什么，亦即他不能够做什么。一切"应当"都面临着一些还没有实现的使命，面临着某种"尚未"（Noch-nicht）。"可以"限制到对有资格做的事情和无资格做的事情进行限定的某个特定范围中去了。

一种理性，其本质就在于如此这般追问自身，那么它本身就是**有限的**，它**希望确认**它自身的**有限性**。依据理性的有限性，关于"它是什么"的那个问题所追问的，便是人的有限性的本质，而人正是基于这种有限性，才能成为人。

而这样一来，当今人们围绕一种哲学人类学——一切问题都被回溯到它之上了——的忙忙碌碌，便最为耀眼，显得很有道理，它现在不仅仅成了普遍的哲学人类学，而且有了明确的概念规定之依据；而这恰恰是通过康德而发生的，确切地说是在他为形而上学奠基的时候发生的。

的确，如果我们坚守康德**所说**的话，那么一切都显得如此。那样的话，现在所涉及的问题就仅仅在于，接受这一倡议，并借助多样而丰富的种种答案，集中全力追问人的本质，并在这个问题中装配起形而上学的基本问题。对人的追问被证明具有核心的必要性（zentralen Notwendigkeit）；它已经被提出了，而我们只需要寻找答案。

当然，我们已经看到，据说"哲学人类学是什么"这个问题是很清楚的，此时只要一种哲学人类学的观念还必须从哲学本身来规定自身，那么它本身就是未定的（unbestimmt），并具有某种内在的界限。而如果本己的哲学就是形而上学，那么一种人类学仅仅因为它是人类学，就完全没有能力完成为形而上学奠基的工作。但也不仅仅是这种根本性的思考才使得下面这一点成问题了：现在简单地为康德的第四个问题寻找答案，并将一切都回溯到这个问题上，是否就够了？

如果我们坚守康德所说的话，那么事情的确如此。但康德并没有讲过，为什么是如此的；他只不过说了，"人们可以"[把所有这些都]算[作人类学]，这样看来就并非必须如此了；前三个问题都"与最后一个有关"，这样看来，这只是一种可能的操作方式，在此并不存在任何必然性。我们徒劳地试图表明，康德对人类学的这种可能的角色表过态了。这种做法已经成了人类学特有的规定动作。

更有甚者，如果我们坚守与哲学家进行的某种哲学争辩唯独和首先必须坚守的东西，坚守相关的哲学中真正**发生**的事情，而不是坚守这种哲学所说的话，那么康德的第三和第四个问题的情形就会完全以本己的面貌呈现了。

进行奠基的是：一般形而上学（Metaphysica generalis），存在论之本质规定，先验哲学。超越性：存在者已经现成存在了，我们自身处在存在者中间，被交付给了……① 如何开启我们自身所不是的这种存在者呢？去到那里！自己攀登上去。就超越性进行哲学思考。人这种主体的有限性。

基本问题：人是什么？人类学。康德自己有一种这样的人类学。他回溯到他的人类学了吗，而且是在他为形而上学奠基的时候？他根本没这么做，以至于他恰恰在自己没看到的情况下，通过他的奠基工作从根本上动摇了这种人类学，并且在不知情的时候以此表明，人类学恰恰不够用——准确来说是在根

---

① 有限的诸主体。

本上就不够用。

不回溯到人类学——然而问题恰恰还在于：人是什么！

因而恰恰当这个问题应该完成为形而上学奠基的工作时，这个问题根本不是什么人类学问题！那么它是什么样的问题呢？只要康德希望为形而上学奠基，他就必然会追问人的问题，那么他是在什么意义上进行这种追问的呢？真正的问题，即追问，恰恰在这里。

由此可见：如果我们关注的是康德所**说**的话，那我们就会走向人类学——可能如此！如果我们关注的是康德那里**发生**的事情，那么一切就都成问题了，只要对人的追问作为一种追问而值得一问。

并非只有答案才值得寻求，而是首先要追问，在为形而上学奠基这一任务的何种有效的意义上，必须追问人？

因此，径直寻求对人的那种追问的答案，在任何一种众所周知的视角下进行一点无关痛痒的追问，这根本是不够的；从对形而上学之本质的追问中，也在这种追问中，产生出一个基本问题：一般而言在着眼于形而上学的某种奠基时，要如何对人进行追问？两种趋势和它们的问题！

第四节　两种趋势在哲学之本质中的原初统一性问题

1. 为作为此在形而上学的形而上学奠基

从上文可见：那两种趋势——人是什么和如其本然的与整体而言的存在者是什么，人类学与形而上学——现在在哲学本身的核心问题的统一性中揭示自身了①；不是两种趋势外在地被扭结在一起，也不是为了赢获思想局面的统一图景并以统一的方式理解当下而进行的某种混杂，而是形而上学本身的内在本质。哲学隐藏在自身之中，准确地说是在某种原初的意义上，作为统一的问题，隐藏了这两种追问。

对形而上学之本质的追问，因为属于人的本性（Natur），就引向了"人是什么"这个基本问题。这种追问只有基于"要如何追问人"这个问题——在形而上学趋势内部——之上，才是可以讨论的。很明显，对人的这种追问完全是本质性的，是最本质性的追问。

倘若我们重新注意所发生的事情，而不是康德所说的话，亦即专心于理解问题格局，那么我们将能看见关键所在。

前三个问题（特殊形而上学 [Metaphysica specialis]）回溯到了第四个问题（奠基）。为什么？（只是可能吗？还是根本就是必然的，以至于随着这个问题的提出，形而上学的成与败也成了必然？②）

在这三个问题中作为原初起决定作用的追问动机是什么？这三个问题共同的本质是什么，使得它们能在第四个问题那里赢获统一性？还有，这个问题必须如何被提出，使得它能在原初的意义上成为前三个问题的统一性？③

---

① 后来：对哲学之内在形式的追问。
② （a）提出这些问题时原初的动机；（b）它们共同的本质，使得它们能被回溯到一个问题上；（c）这一个问题——第四个问题——以及原初的问题是如何对（a）和（b）产生作用的！
③ 参见前面第36页起。

这个问题所追问的是比现成的（vorhandenen）人更原初的某种人！因而在根本上说没有任何人类学的追问已经将人作为人对待了。（那个问题追问的是什么？有限性！此在。）

有限性！他是什么，他又是谁——依照他的存在来考虑！作为此－在（Da-sein）的人！（这个问题是如何运作的——存在的本质：生存 [Existenz]——形而上学。）还有，这种追问有什么特征？此在之存在（Seins des Daseins）的本质。追问存在！形而上学：此在的形而上学。第四个问题指的不是人类学，而是形而上学的奠基：甚至是形而上学，准确来说是此在的形而上学。

只有，而且至少只有形而上学，而不是源自于它的某种东西，才能为形而上学奠基。康德在《纯粹理性批判》中所做的事情是：为形而上学奠基。因而这种奠基本身就是形而上学。的确如此！在这部著作的结束直接给他带来的那种巨大的明亮与宁静中，他说出了这一点："这种探查总是很难的。因为它包含了**形而上学的形而上学**……"①

但是现在再也没有什么了——没有什么要接管的了！但我们已受托付，而且要行动起来！而只有这样，先前所寻求的种种解释才是有权利（Recht）和有义务（Pflicht）的！哲学的义务！②

---

① 致赫茨（Markus Herz）的信（1781年5月11日后），收于：《康德著作集》（Kants Werke），卡西勒（Ernst Cassirer）主编，与科亨（Hermann Cohen）合作，柏林，1918年，卷9，第198页。也见于：《康德著作全集》，卷10，第269页。

② "把我们的一切超越的知识化解为它的诸要素"是"对我们内部本性的一种研究"，"对哲学家而言甚至是一种义务"（康德：《纯粹理性批判》，A703/B731）。——原注

译文参照了邓晓芒译本，个别译名有改动。——译者注

不是因为在康德那里如此,而是反过来,之所以在康德那里——在所发生的事情中——如此,乃是因为他敢于触碰的那个内在的问题格局的要求。而首先要看清的,就是这种问题格局本身。

没有任何对人的讨论和描述还如此紧迫,没有任何追问还如此广泛多样,唯有对人的那种追问还在向着一个方向推进,唯有基于这个方向,人才能成为人,亦即成为有限的理性生物。但这种追问本身——依照萌芽、方向和回答方式来看——首先、最终和唯独受到本己的哲学活动的那个基本问题规定:被称为形而上学问题。①

2. 作为本己哲学活动之基本问题的存在问题

这个问题——第一哲学($πρώτη ψιλοσοφία$)——有两个追问方向。"形而上学"——一个问题标题(Problemtitel)。因而问题在于:是否这"两个"追问方向是仅有的,或者说,它们是否在自身中隐藏了第三个追问方向。

更进一步:追问的这两个方向同样是本质性的,然而在它们之下却有一个等级秩序,这种秩序是依据那些预先规定了它们本身的秩序而来的。只是有一种预备关系:对 $ὄν ᾗ ὄν$(存在者之为存在者)的追问,是对 $θεῖον$(神性之物)的追问的一种预备整理(Vorordnung),这种预备整理涉及实施与完善第二种追问的可能性。因为只有当已经把握到什么属于如其本然的存在

---

① 请注意,联系康德来看:不仅作为已被规定好的学科的存在论,不仅存在者、自然,而且问题所具有的那个原初的广度,明显都是如此。与上述问题概念(Problembegriff)相关联。形而上学。可比较前面第10页起。

者（Seiendem als solchem）时，才能把握住整体而言、依照其根本性的整体关联而言的存在者。

第一哲学中的第一个问题：τίὄν ἧ̃ὄν（何为存在者之为存在者）？但仅仅将问题说出来就够了吗？将问题说出来，还不等于真正提出了它。完善拟定——依据所理解到的内在需求。存在者是什么——在存在者那里：（1）它是什么（τί έστιν）——什么－存在（Was-Sein），本质（essentia），可能性；（2）它存在或不存在这件事情（ὅτι ἔστιν）——这般－存在（Daß-Sein），实存（existentia），现实性。①

什么－存在，存在－之事：这种双重含义从何而来，其情形又如何；只是类似于有狗也有猫存在吗？进一步来看，问题一般都不是这样的。人人都这样行事，仿佛这是不言自明的。但这样做有根据吗？有什么根据呢？两次都涉及"存在"。在那里什么叫作"存在"？为什么以及如何这样划分呢？（划分的根据：有限性。）

在那里什么叫作**一般存在**？最普遍的概念？最空洞的概念？不要下定义！但问题在于，这里一般而言是否还需要一个定义。难道我们不是一上来就必须问，一般而言像存在这类事物必定如何是可理解的，又必定如何能变得可理解吗？难道形而上学的这个最原初、也最广泛的问题，不也是必定在这里才作为**问题**被赢获吗，就像对人的那个追问一样？一般而言，存在是如何被理解（verstehen），甚至被把握（begreifen）的？——这就是说，人的有限性的最内在的本质在哪里？

---

① "真－存在"（das Wahr-Sein）。

而当我们赢获这个问题时，有什么存在呢？什么叫作"赢获这个问题"？难道这只是一件关于现有的形而上学的事情吗，还是相反？那么这个问题是否必须被提出来，像存在这类事物是否必须成为可理解的？那么这个问题是从何处产生的？为什么它成为了第一个和独一的问题，虽然最初还没有被分划，还一体地隐藏在第二个问题中？关于存在者及其存在的问题从何而来，又为何会有这个问题？

在对存在的理解中，存在问题的个别化（Vereinzelung）。对存在的理解的原初性和广度。（并不仅仅是人的一种属性，并且在哲学上固执地往上攀登。）人和人的此在。前哲学的（Vorphilosophisches）神话性此在（有限性——维持——"自我维持的女神"①——但如何维持呢）。

存在问题现在作为最原初的和最广泛的问题发展起来，而且是作为一切本己的哲学活动的基础。（Tí τo ὄv [何为存在者]——作为难题而发展。什么是如其本然的存在者？什么叫作存在？对此问题的某种回答是何以可能的？从哪个方向来解释？某个存在概念的可能性！只有那时，本己的哲学活动作为概念性的认识才是可能的。）

的确，这样一来，这个问题就在对某种现有的提问方向进行极端化的道路上被赢获了。它可能有这个含义，但是——这样就只剩下形而上学的固执（Eigenwilligkeit der Metaphysik）了。人们看不到，这个问题在其抽象形式下会表现出某种本质之物。不是仅仅出自现有的哲学。这种哲学必定还有它的这个问题，

---

① 见编者所加的引文补意：哲学"作为其诸律法之自我维持的女神"（康德：《道德形而上学奠基》，收于《康德著作全集》，卷4，第425页）。

与此相应地还有其本源。(存在问题的本源。规定性问题：要将这理解为什么。存在已经在"此"[da]了。如何，又在哪里？——对存在的理解。)

3. 存在问题的本源，出自对存在的理解

（1）对存在的理解
　　（a）它的广度和原初性
　　（b）它的自明性和晦暗性
（2）存在问题的产生：
　　（a）对存在者（作为存在者的存在者）的追问；
　　（b）转-向（Sichzuwenden-zu），让迎面而来（Entgegenkommenlassen），让存在（Seinlassen），自由。
（3）存在问题的本源：不是人的随便哪个**特征**，像登山、航海、读报一样，而是对存在的理解：有限性（**遗忘**[*Vergessenheit*]）。只有从这里出发：理性及诸如此类的事物才是可理解的和可规定的。我们只是偶尔才运行在那些问题中，而那些问题长久以来都没有这么清晰了，而是在不知哪一种内在的必然性的驱使下以表面现象示人（柏拉图，《斐德罗篇》[Phaidros]）。即便有限性，也变得确定了；但这却是在存在者中发生的事情。

[对存在的理解]：但不是普遍性的、随时都现成存在的特征，而是原初地使此-在得以可能的东西：在存在者当中，这种理解本身是显而易见的；（1）但这里有一种依赖；（2）这样它就没有掌握它自身；（3）为了在一般意义上能此-在，就需要理解存在；（4）因而它（对存在的理解）源自于此在之有限性的最内在本质；但（5）这种有限性是如此之有限，以致它处在**最**

深的遗忘之中，尽管总是在"此"了。

据此看来，存在问题的根源就在此在之有限性的本质中。因为这种有限的本质，必然要从对存在的理解出发，才能实存。但只要有了这种本质，它就总是已经被阐释了。对存在的理解和对存在的直接阐释。**从何而来**？时间。

4. 形而上学史概览

着意于存在问题，来看此在（有限性）的本质。存在问题重新映入眼帘了。刚刚我们依据的是最初的和固定下来了的一些形构（Ausformungen）来说的。存在的诸种规定性。存在——理解！理解成什么？从何处出发来进行规定？

（1）一些规定性：（a）ἀειὄν（永远存在者），（b）οὐσία（实体），（c）τὸ τίἠν εἶναι（是其所是）。①

（2）进行规定的一些方式：（a）πρότερον——先天的，prius（在先）；（b）时间性的，非时间性的，超时间性的（存在问题的本源：在-世-存在 [In-der-Welt-sein] 和维持）。

时间参与了那产生于此在之有限性的最内在本质之中的事物（使之成为可能）。时间本身就是此在之有限性的最内在本质。时间作为此-在的、其有限性的原初状态（Urverfassung）。作为这种原初状态，时间就是对存在的理解的可能性条件，是这种理解在形而上学上的必然性（metaphysischen Notwendigkeit）的可能性条件。

此在形而上学（Metaphysik des Daseins），作为对形而上学

---

① 这里依照苗力田老先生（已故）的译法。——译者注

之整体的奠基。(形而上学基本问题与此在形而上学——内在的整体关联。但只要有这种此在,就总已经发生了"人类学"!)形而上学-存在论的解释(1)是对作为时间性的有限性的解释,(2)是着意于如何使存在问题成为可能的。

历史方面的回忆:在哲学(巴门尼德)中,总已经有了"人类学",当然!伦理学以及诸如此类的事物,但还是在完全不同的一种意义上。但也是:(1)人!不是从此(da)而来的!(2)不是作为时间性。① 为什么不呢?因为问题格局消失了,而且采取了完全不同的另一种形式:学院知识。后来以笛卡尔的方式,从完全不同的其他意图(确定性)出发,被改变了。我——主体——实体。到康德那里才有了转机!难道他触及时间是偶然的吗?而且时间不是在传统意义上作为直观形式而已。这一击闪电熄灭了,没有点燃熊熊大火,才是偶然的!

观念论:形而上学,但也误认了有限性!最内在的问题没有被抓住,而恰恰因此,才有了对"我"和主体的思索中极大的劳神费力。费希特的本原行动(Tathandlung)。黑格尔的精神现象学——以及作为自由的概念。比照所有的前人来看,这显然都是不可能的。然而还是出现了!特别之处是,旧的形而上学趋势还存留着。"体系"和"辩证法"②:绝对自我。掌握了有限性,将它消弭掉,而不是反过来修正制作它。

但同时也产生了一种基本洞见:有限性越是原初,越是有

---

① 在"人"和"时间性"之间插入了一页用彩色铅笔写了字的纸,还补充写道:"众所周知!""而且还"[不是**作为**时间性]。——编者注

② 不是——*διαπορεύεσθαι*(彻底讨论)。——原注

这个希腊词原意为"穿过",这里采用其引申义。——译者注

限，那么就越是抵达问题的本质。但不是下面这种看法：越是无－限（un-endlicher），就越是接触到真正的问题。这里面就表现出了对追问，以及首先对生存的某种彻底转化：这就是我们由以出发，冒险进行争辩（Auseinandersetzung）的那种问题格局。此在的有限性作为形而上学的根本事件。哲学的内在形式具有的那种实定的（positiven）①问题格局之整体。对于在作为"体系"与辩证法的德国观念论中变得极具本质意义的东西具有什么意义，哪里有道理，或者哪里没道理，要下一个决断。

形而上学作为对存在者之整体的绝对认识。在奠基的时候并非没有主体（自我），但现在恰恰冲破了有限性。精神现象学那么劳神费力，其目标恰恰在于赢获作为绝对之物的主体。一切有限性和恶的无限性（schlechte Unendlichkeit）都是要加以克服的！由此出发（但同时是"自我"和"自然"）去看待主体问题！想象力（具有绝对创造力的）：纯粹的理性机能，绝对的生产（absolute Produktion）。相应的起点和肇端（康德）。

但是，这种争辩却是我们处身其中的、前面标明的两种趋势也从其中辐射出来的那种事件（Geschehens）内部的一项实定的、原初的任务。这样，第一部分就达到目标了：揭示当前哲学的基本趋势。现在，这项工作的称谓是什么，就显得更清楚了：德国观念论与当前哲学问题情境（依照什么[Was]和如何[Wie]而言）。

---

① 或译"积极的"。——译者注

第二部分

与德国观念论的争辩

Die Auseinandersetzung mit dem
Deutschen Idealismus

第一篇

费希特

Fichte

第五节　导　论

形而上学问题。① 现在却恰恰是康德哲学首次提出了这个问题。德国观念论明显受到了这种哲学的规定；德国观念论的哲学家们知道自己是"康德主义者"和康德的成全者（Vollender）。

康德和形而上学的基本问题：**存在者**之存在；存在者一般而言，只要它是有限之人所可以通达的，也就成了**对象**。"论将所有一般对象区分为现象与本体（Noumena [Intelligibilia]）的理由"。② "现象"和"物自身"是边界概念（Grenzbegriffe）。这就表现出：存在问题以及与有限性——作为有限"自我"的主体——的整体关联。

德国观念论：(1) 在边界上（动摇有限性）与物自身（Ding an sich）的争执，(2) 绝对主体："自我"。因为现在在事实上却还是有限的③：由此才有了辩证法问题，体系问题——不是作为对哲学的单纯形式的追问，而是指引出一种完全确定地被设置好的了、内容方面的问题格局。

康德与德国观念论。这里的有限性——这里的无限性？康

---

① 新的巨人之战（Gigantomachia）！
② 《纯粹理性批判》，A235/B294。
③ 对本源的理智直观（Intuitus intellectualis originarii），亦即"理智直观"，绝对的认识。

德本身？摇摆不定！而德国观念论事实上不是直趋绝对精神的。

通过这三个人名表现出来的争辩之方向！同时也是：基本问题的本质性变换。只有从统一的方面来看这三个人名——才能达到充分的理解。

是从康德那里，以及从康德主义者们（莱茵荷尔德[Reinhold]、雅可比[Jacobi]、迈蒙[Maimon]）的讨论那里生长出来的发展过程吗？① 不，是从问题格局中跳跃而出的，这种跳跃不再是即席的：作为**知识学**（*Wissenschaftslehre*）的形而上学的问题。

对内容的普遍阐明："**一般科学的**科学（*Wissenschaft der Wissenschaft überhaupt*）。"② 哲学是一种科学。"每一种可能的科学都有**一个原理**"③，因为它的所有命题都在唯一的一个原理中整体关联起来。一个原理是这样一个命题，它（a）**先于**这种整体关联——那些命题如此这般发生的联系，（b）肯定独立于那些命题，并且（c）在相关的科学本身中不再能被证明了。

知识学有了（1）证明诸一般原理的可能性，以及（2）说出这意味着什么的可能性：**是确定的**。

但如果知识学本身是一种科学，那么它首先必须有某个原理（a）。这原理必须在知识学本身内部被预-设下来（b），并

---

① 正好极为临近他[费希特？]。

② 费希特（Johann Gottlieb Fichte）：《论知识学或所谓哲学的概念》（*Über den Begriff der Wissenschaftslehre oder der sogenannten Philosophie*）（1794年，第二版1798年），收于《费希特全集》（*Fichte's sämmtliche Werke*），伊曼努尔·赫尔曼·费希特（译者按：Immanuel Hermann Fichte 是老费希特之子，也是一位哲学家）编，柏林，1845–1846年，卷1，第46页。

③ 同上引。

且既无法在知识学内部，甚至也无法在其他的诸科学内部被证明，尤其不能从其他科学推导出来（c）。这原理在自身是绝对确定的；追问它的确定性的根据，乃是自相矛盾："它是确定的，**因为它就是确定的。**"① **因为我们一般而言有所知了**，所以我们知道它说的是**什么**；它就是知识本身的根据。②

作为科学之科学的知识学，其本身首先必须赢获其最高的原理。而费希特的操劳**起初**以如下这种双重之物为目标：A. 发展一般知识学概念，B. 表述这种最高科学的诸最高原理。后来的目标还有：C. 进一步具体的完善，D. 一些进行展望[？]的表述。

改变费希特学说（谢林！）的问题：是发展了它，还是仅仅改变了它的表述？无论如何，他的全部哲学活动在本质上都是对知识学的修订，因为知识学就是哲学本身。整体而言分为六个阶段：（1）1794，（2）1797，（3）1801，（4）1804，（5）1810，（6）1812/1813。在此期间，以及在此之外，还有其他一些"著作"。更准确地说：1794年的"知识学"是费希特本人作为书出版的唯一一种。后来他在每一次改变表述的时候，都追溯到这个版本："全部知识学的基础"。

我们想尝试一下，从这部著作出发获取对问题格局的某种理解。唯一的法子就是：在整体上一步一步地彻底思考它。所有关于它的概括性报导，都没有触及本质：即"奠基"本身的实施与明确过程。

三条道路：（Ⅰ）对全部知识学之诸原理进行的关键性讨论

---

① 同上引，第48页。
② 这是一些抽象–形式的讨论！（知识学与后来的"逻辑学"！）

的实际过程（不可避免），(II)标明进一步的一些主要阶段，(III)（考虑到黑格尔与谢林，）对整体而言封闭着的一些基本问题进行争辩性的讨论（auseinandersetzende Erörterung）。

第一章　知识学第一部分。
对全部知识学之诸原理的表述进行解释

第六节　对主题与方法的普遍规定

1. 主题：无条件的诸原理

我们听说过：任何一种科学都有一个最高原理，因而科学之科学也是如此。费希特仍然谈到了三个原理。第一个当然就是**绝对**无条件的（unbedingte）原理；另外两个虽然也是无条件的，但并非绝对的；它们在特定的意义上，准确来说在不同的意义上乃是有条件的（bedingt）。

他这样规定的根据，乃在于一个一般原理的本质："原理本身应当含有的，以及应当分配给科学中出现的其余全部命题去说的东西，我称其为原理与一般科学的**内在内容**（innerm Gehalt）；它应当将同样的东西分配给其他那些命题的那种方式，我称其为科学的**形式**。"① 每个原理都有所属的内容和形式。最高的、绝对无条件的原理乃是照内容与形式来看无条件的原理。第二个原理是照内容来看有条件的原理，亦即照形式来看是无条件的。

---

① 费希特：《论知识学或所谓哲学的概念》，收于《全集》，卷1，第43页。

第三个原理是照形式来看有条件的原理，亦即照内容来看是无条件的。这三个原理便将那无条件确定的（unbedingt gewiß）东西说尽了；这三个原理所特有的统一性（"三个原理的统一性"！这种统一性所表述的东西！）

知识之知识的诸原理（Grundsätze des Wissens des Wissens）：它们表达了知识之本质的，以及"一切人类知识"[①]的基础；使得这本质和知识得以成为这般的东西。因此很重要的是，只要这些原理是最确定的，就不应将它们仅仅理解成一些命题，而是要从它们本身所表达的东西，以及在它们之中和与它们一道表-现出来的东西着眼来理解它们。[②]（并非这些作为命题的原理，而是它们所表达的东西：本原行动，自我[③]的本质，自我性[Ichheit]。）

知识本身在其作为知识的**存在**之中：**知识-存在**（Wissen-Sein）。一切知识都是"思"（Denken），一种我-思（Ich-denke）；知识是一种我-知（Ich-weiß）。（请注意：康德："知识"和"思"的概念：我思某事物，我表象。）

这个自我行动着；知识-存在，一种我-行动（Ich-handle），**行动者**是一个自我，这个自我恰恰在这种行动中存在着，他是什么，他又是如何存在的；在行动、思中它获得（erhandelt）自身；

---

① 比较同上书，第50、57页。
② 不等于：内容！虽然1794年的《基础》很关键，它却恰恰很容易误导人。
③ 费希特这里的"自我"并不一定等于你、我、他这一个个具体的人，而是表示一种从自身出发为事物奠基的机制，海德格尔在原文中写成大写的"Ich"，译文中译作"自我"，而对于具体的经验性的"我"，海德格尔写成小写的"ich"，译文中译作"我"。但像"自我意识"（Selbstbewußtsein）一类词组中的"自我"，则不属此列，依然遵从通行译法。下同。——译者注

他是他的活动（Tätigkeit）、他的作为（Tat）的产物；他在行动中就是他的作为，行动中的作为：作为－行动（Tat-handlung）①。请注意：与作为－事实（Tat-sache）②类比：广义上指完结而被制作好了的**物**（Ding）。"自我"则反之：作为－行动。"本原行动之存在，乃是因为我让我的自我内在地行动。"③（作为－事实：分离开来之后，作为结果而自为地现存存在。作为－行动：不"仅仅"**在**行动**中**、且**作为**④行动而存在，不仅仅没有分离开来，而且在行动中成为如其本然的作为之存在。）

据此看来：最高原理在知识－存在的根据与可能性之处表现了它，亦即表现了最原初的作为－行动，表现了"自我"的原初本质。（是人还是上帝？那取决于所说的是有限性还是无限性。）"自我"虽然是我自身，但这个自我并非正好作为这一个自我，而是作为一般自我的自我，每一个自我的自我性。

2. 方法：建构的基本特征

再次从原理的本质出发：不是"证明"（beweisen），从其他事物中推导出来，而是在其本身之上指明（aufweisen）；并非

---

① 去掉连字符之后一般译作"本原行动"。——译者注
② 去掉连字符之后一般译为"事实""实际情况"。这里强调的是，即便事实，也是一种作为的结果；但偏向于静态，已经与那个作为相分离了。——译者注
③ 贝格尔（Siegfried Berger）：《论费希特未出版的一种知识学》（Über eine unveröffentlichte Wissenschaftslehre J. G. Fichtes），马堡，1918年，第15页。（马堡大学哲学博士论文，1918年10月1日，纳托尔普 [Natorp] 推荐。）
④ 请注意，这里的"作为"是介词，而前面那些用连字符组合起来的词中的"作为"是名词或动词。——译者注

演示－出（de-monstrieren），而就是演示（monstrieren）、表明（zeigen）：不是考虑（Hinblick）到其他事物，而就是洞察（Einblick）进它自身之中①；表明：作为一切知识的基础；从作为作为－事实（als Tat-sache）而现成存在的知识本身出发，并且在知识的作为－事实中指明它最原初的作为－行动。

请注意：本质之物作为可能性条件，成为基础。它已经"存在"，而且在我们的知识中必须不断地被探讨；它并非现在才等着去实施，甚或去"建构"，而是相反，它已经存在于所有知识中了——我们绝非没有思考过它。

但是，我们首先恰恰将这种本质之物，当作个别知识，以及在个别知识中被意识到的东西来对待了。在喧哗的知识面前，我们恰恰没有洞察到原初之物；据此来看，我们总是面临知道得太多和思考得太多的危险：我们总是还[？]在思考那并非急等着要思考的东西。因而要尽可能少思考！在哪个意义上？

从知识的事实（Tatsachen）出发，并披沙拣金，直到抵达那不可不思考的东西为止，后者揭示出，它就是在所有思想中必然已经"是"被思及了的东西。方法在于，"倾尽精力去把握行动"②。

更明确地说，方法就是：建构（Konstruktion）（在康德和一切哲学中——ὑπόθεσις [设定，预设]！）。"建构"并不意味着随意设想和臆想，"编造"点什么，而是一种投开（Entwerfen）：

---

① 因此关键就在于，什么被着手做了，又是**如何**被着手做的：作为－事实。

② 费希特：《自然法权基础》（Grundlage des Naturrechts），《全集》，卷3，第5页。

它的基本特征在于揭示（Enthüllen），以自己的方式让－看到（Sehen-lassen）。

投开（Entwurf）：（1）**什么被向着……投开？什么在投开中被采纳了？投开**的基础。（2）**向着哪里投开去？投开的视域**（*Entwurfshorizont*）。（3）投开的基础与视域的整体关联：**投开维度**（*Entwurfsdimension*）的整体。（4）作为建构（Konstruktion）的那种投开总是已经在某种**预先投开**（*Vorentwurf*）中运作了；我们自己或多或少明确地在这种预先投开中运作；这种预先投开必须事先作为整体被显明出来，亦即作为对那种建构的保障和界定；（5）对于建构而言必须要做的是：跃入那种预先投开中——就像那种被掌控和被执行的投开一样明确。①

从知识的事实（Tatsachen）到作为－行动（Tat-handlung）。知识－思－判断－命题。从哪些事实出发？"从命题出发"，而且是从"无从反驳地"给予我们的②任何命题出发。"需要更多"！做个选择：选出这样一些命题，从它们那里出发，可以走最短的路。

知识的哪些事实被安置为起点了？起点自然是由已经被看到，也必然被看到的目标规定的。着意于三个最高的原理：从三个"逻辑"命题出发（同一律、矛盾律和根据律）——这不仅仅因为它们是最高的，而且因为它们是这样的一些"思"的原理。（作为命题的命题之形式；设置 [Setzens] 的方式。）

---

① 请注意，从第4点开始，海德格尔区分了日常的投开（通常叫作"规划"，即作为人为建构的投开）和原初的投开（海德格尔叫作"预先投开"），后者是前者的前提。——译者注

② 哪一种明证性（Evidenz）？

第七节　讨论第一个——绝对无条件的——原理

1.《全部知识学的基础》第一节的布局

在一个一般性导论之后，在十个分命题中开始了真正的讨论，这些分命题又被进一步细分；接下来的就是一种总结性的阐明和历史方面的回忆。十个分命题本身因而又共属一体：从第一到第五个是投开的基础，从第六到第七个是投开的实施，从第八到第十个是对在投开中被揭示的东西进行加工完善。只有在连贯地完成和经过阐释之后，内在的整体关联才能被人看清。

2. 第一步：保障投开的基础——经验意识的最高事实

第一个分命题

在对诸原理进行讨论与澄清时，涉及的问题是在作为（Tat）上把握自我，也就是说，在下面这些方面把握自我：在根本上，通过命题的设置而被付诸行动的是什么，又是如何被付诸行动的；这样一来，这种行动本身也就被理解了。斯特芬（Henrich Steffen）在听过费希特的讲座后这样报导："他说，我的先生们，请总结一下自己，请走入自己，这里谈的绝非任何外物，而是只谈我们自身。"[①] 首先：只用跟着同去。

从一种普遍被承认的知识之事实（Tatsache des Wissens）出发。投开的基础：如下事实，即绝对已经有某种事物被设置了。

---

① 转引自梅迪库斯（Fritz Medicus）：《费希特生平》（Fichtes Leben），莱比锡，1914年，第58页注。

任何一个说出"A 是 A"这个命题的人,都不仅仅是在人云亦云,而是在理解:A 是 A。此外,我们不仅仅知道了 A 的"是 A",而且与此一体地,还知道了:这个被设置者(命题)完全被鉴别出来了,这个被设置者,乃是一种本身(对于其自身而言)确定的设置的结果。

附论:关于命题(Satz)、设置(Setzung)与存在(Sein)

"命题"以及"设置"都有双重含义:(1)被设置者,命题所谈的事情,A 的"与某物等同";(2)设置活动,命题的成立方式,这种等同的确定程度。

设置(命题)与存在。这是关键的讨论。以这种讨论 [我们赢获了] 对下面这一点的第一次提示:这里涉及的是存在问题,虽然谈的是知识、思与知识之知识(Wissen des Wissens)。(至于为什么恰恰如此,这是后面要论证的。)

费希特对语言的这种用法取自康德,而康德则取自传统形而上学。设置以及 positio("实定的"[positiv])根本不是逻辑学概念(作为判断的命题),虽然它与逻辑学有关联,但它是一个形而上学－存在论的概念;ponere:放置、让－放置、让－在面前－放着、让－现成－存在、让存在;存在(Sein)与是－真(Wahr-Sein),话语(肯定的 [positiv]——否定的 [negativ])中的真理。

由此,在康德那里,我们恰恰是在本己形而上学(特殊形而上学 [metaphysica specialis],更确切地说是神学 [theologia])的某种核心问题格局那里,碰到了设置以及位置(Position):在证明上帝存在的可能性那里。那里的问题是:这种至高者(summum ens)的**存在**。在先前就写过:《展示上帝之存在的唯一可能的证明根据》(1763);而《纯粹理性批判》中谈的是:论上帝存在的本体论证明的不可能性。

这里只用阐明位置(设置)概念,以及它与**存在概念**的整体关联。费希特:A 是 A;"是"——逻辑上的系词。

(a)这个"是"——依据逻各斯($λόγος$)、话语中的连接(纽带)这个含义——将谓语连接到命题的主语之上。这个"是"作为逻辑上的谓语:A 是 b、c、d,等等。但是:这个"是"在这里"还不"是"上面提到的那个意义上的一个谓语,而只是设置谓语,**在关系的意义上**将谓语设置到主语之上的东西"。(设置者,设置活动。)这个"是"——**关系意义上的设置**(相关的,发生关系——而且是作为主语与谓语之间的关系)。康德在早前的著作中这样阐明这种关系意义上的设置的概念:"现在,某种事物可以被设置为单纯具有关联的,或者换种更好的说法,和某事物(etwas)的关系(respectus logicus [逻辑关联])就被当作某物(einem Dinge)的标志,而这样一来,存在就是这种关系的位置,它就是在一个判断中的连接概念(Verbindungsbegriff)。"①(连接与判断:逻辑上的系词。费希特。)这里的本质是多重的:(1)"存在"(是) = 关系的位置,(2)位置——设置 = 思——被思考。

(b)这个"是"——但也被思考成"上帝**存在**",亦即绝对的"**存在**"——现在表达了:实存着,在此存在(实存,此在,"现实性")。这个意义上的"存在","不过就是某物……在其本身的位置"②。单纯的位置,亦即仅仅就这个位置而言,不是看某

---

① 康德:《展示上帝之存在的唯一可能的证明根据》,收于《康德著作全集》,卷2,第73页。
② 康德:《纯粹理性批判》,A598/B626。

种事物与某种事物的关系，而是绝对在其本身的某种事物，不是在关系的意义上设置某种标志（Merkmals）。由此就有了这样的话："被考察的不单纯是这种关系，而是自在而自为地被设置在其自身的事情（die Sache），因而这种存在就像定在（Dasein）一样多。"①

这个"是"（存在）有双重含义：（1）这般－那般地－存在（在关系的意义上的设置），（2）现实存在（不折不扣的、绝对的设置）。但由此产生的是，一般设置（位置）与存在是同义的。②"位置或设置概念完全是简单的，而且与一般存在概念为一。"③ 设置＝命题＝存在。根据－命题（Grund-sätze）④的问题和根据－存在（Grund-Sein）的问题，在其本质之中的存在的问题。"设置"＝被设置者和设置活动。现在何谓**存在**？既不是这二者中的一个，也不是另一个，而是**在设置活动中被设置者的被设置状态**（Gesetztheit des im Setzen Gesetzten）。

要是没有了这些整体关联，就根本无法理解知识学，首先是无法解读出它的问题（Problem）来，不要解读成认识论之类的东西，而要解读成形而上学。

联系费希特来看：这个"是"——这个"自我**存在着**"（das

---

① 《展示上帝之存在的唯一可能的证明根据》，收于《康德著作全集》，卷2，第73页。

② 逻辑学中的"poni"（被设置），比较沃尔夫（Wolff）：《理性哲学或逻辑哲学》（Philosophia rationalis sive Logica），第406节。

③ 《展示上帝之存在的唯一可能的证明根据》，同上引。——但关于可以比较鲍姆加登（Baumgarten）那里对posito的论述，关键是第34节及其后诸节关于ens的讨论。

④ 去掉连字符的时候一般译作"原理"。——译者注

Ich *ist*)，"自我是"（Ich *bin*）——具有多重含义，而这恰恰是问题之所在。

这个"自我**存在着**"：它实存着。

自我是自我：它是这个，是那个。（a）这般那般地存在：有一些存在着（从存在者的意义上讲：此物 [Ding] 这般那般首先被照明了）；（b）如此 - 存在（So-Sein），亦即在其内容与本质方面如此存在（此物是这般的，是这个，是那个，亦即是一棵树）。依此来看，谓语就是"是"：（a）存在者意义上的谓语，（b）存在论意义上的谓语（我们将把这些含义挑出来，准确来说就是在其存在中的事实，在其存在中的作为 - 行动）。①

在费希特那里，现在一切都还混在一起，而且在谈论设置和命题的时候也是如此；不仅仅在他那里有这种现象，而且在形而上学的基本问题格局中也存在着这种含混不明的现象。

"A是A"，A=A。"是"——逻辑上的系词——说的是等同吗？命题的设置：现在行动露面了吗，我们设置了什么，又是如何设置的？ A = 在其等同方面而言的A。但这意味着什么？意味着我们在某种事物的等同方面，设置了这种事物。

明显遭到了抵制：有人要求一个证明。我们该如何应对？我们说：这个命题是**绝对确定的**，以及没有任何**进一步的根据**了。

---

① 可比较费希特：《全部知识学的基础》，《全集》，卷1，第85-328页，这里的问题见第96页注。——原注

海德格尔手头用的样书是梅迪库斯编的新版《基础》，莱比锡：弗里茨·埃克哈特出版社，1911年。这个版本以第二个经过改进的版本（耶拿与莱比锡，1802年）为基础。在页码方面，海德格尔采用的是新版本中由梅迪库斯附带给出的《全集》卷1中的页码。——编者注

当我们这么说的时候,我们便归给自己某种东西:那种绝对地设置某种事物的机能(Vermögen)。我们说自己,准确来说,我们每个人都说自己:我能将某种事物设置为无需任何进一步根据的,设置为确定的,亦即绝对的。

A 讲的是:某种事物被绝对地设置了。① 过渡:但是,这样一来,这里是什么被设置了?绝对没有任何进一步根据的、作为先天之物(Apriori)的自我。难道当我设置 A,并确信这种设置的时候,不是必须以 A 为取向吗?我应当如何设置那没有任何进一步根据的 A?作为对每一个人而言的确定性的这种设置不是纯粹的任意而为。然而实质上,我只能设置 A,即只能将它设置成在人面前而让自身被人设置的事物——当它**存在**的时候。这样不就得出第一个分命题的反面了吗?即我在这种设置中恰恰受制**于 A 之上**?可是这样的话,一般来说,我设置了 A 吗?

第二个分命题

在这种绝对的设置中被设置的是什么?(现在重要的是:关于设置与存在。)"A 是 A"并不意味着:"A **存在**",它是一个 A。要是我们以 A 指木制的铁、圆的方,那么在"A 是 A"中并未说出,木制的铁实际现成存在着,而只是说出了,木制的铁 = 木制的铁。这个"**是**"有两重含义:A(木制的铁)**存在**,现成存在着;另外,"**是**" = **是这个**,**是那个**②,被前-置(vor-gestellt)③ 为这个。

---

① 作为一个如此这般之物(但不是作为A)的被设置者。
② 但以此并未被穷尽。
③ 去掉连字符后通常译为"被表象",海德格尔这里利用了"表象"的词源含义。——译者注

命题"A 是 A"恰恰将"A 是否现成存在着"这个问题搁置不论了。它仅仅设置了：**如果** A 存在，**那么**它就是 A。①这样被设置起来的是什么？是这个"如果－那么"吗？不，而是：在那个**如果**和这个**那么**之间的某种必然的**整体关联**的**持存**。这种必然的整体关联是绝对地、没有任何根据地被设置起来的，而且不是那个 A。不是人们知道其这种那种属性的那个 A，而是人们已经知道的，只要**它**被设置起来，它就会具有的那种特征（A 可能存在，也可能不存在）。在这个"如果"（Wenn）和那个"那么"（so）之间的这种特定的、必然的整体关联，费希特临时称之为"X"。

第三个分命题

在这个被设置起来的 X 中被设置的是什么？而且，A 是如何相应地、即在何种条件下被设置的？这个 X 被绝对地设置起来了：那么这个 X 本身是什么？"如果－那么"：是什么将这一点表达出来了？当我们设置那种特定的如果－那么－整体关联（Wenn-so-Zusammenhang）时，我们设置了什么？

如果我设置 A，**那么**我就设置了 A。在如此这般的设置-A 的活动（A-Setzen）中，我遵循的是那个如果－那么，这就是说，那个如果－那么（X）就是引导如此这般的设置-A 的活动的那个规则（Regel）。只要我设置了 A，那么我从一开始就已经设置了那个如果－那么－整体关联，而且是这样设置的：我使我自己立于那个如果－那么之下，遵循了它。X 作为对 A 的设置活动的规则。

---

① 如果 A "存在"——作为绝对位置的"存在"？亦即如果 A 是存在者，亦即作为 A-存在（A-Sein）的 A "是" A。

当这个 X 被立下规矩（即它是绝对被设置的），亦即**我**在没有任何进一步根据的情况下设置 X，亦即**我**设置了这规则时，我就给**我**自己定下了这条规则，我将它设置成对**我**有约束力的。

如果我现在设置 X，那么在设置规则的时候，我就一同设置了：一种可受这个规则调节的事物。"如果……"，这就是说，一般而言如果**某事物**存在，那么它就**是**某事物。在设置如此这般的规则时，我就将某事物设置成某事物了。"X 只有在联系到某个 A 时才是可能的。"（卷 1，第 94 页）（比较第二个分命题！A 是在这个行动的形式的条件下被设置的。）

在设置那规则的时候被设置的是：某事物存在，亦即某事物作为某事物存在。某事物在自身性（Selbigkeit）中与自身一道，**作为其本身的**某事物，**作为某事物的**某事物。（同一性 [Identität] 在此已经被预设 [vorausgesetzt] 下来了。）

在设置 X 的时候，A-存在（A-Sein）就被设置了；并非 A 现成存在着，而是 A 的 A-存在被设置了，而它可能现成存在着，也可能不现成存在。这个 A-存在是在 X 被设置的条件下存在着的（"A 存在着"！）。

但 X 作为所谓的绝对规则，亦即在自我中、且通过自我而被设置的。与"存在"一道，只要 A-存在在 X 中实质上被一同设置了，那么 A-存在就同样在自我中被设置了。

第四个分命题

如果自我设置了这个 X，以及这个 A，那么在根本上而言，与这个 X 一道被设置的是什么呢？① 如果这个"A 是 A"在自

---

① 当 A=A 时，同样"自我是自我"。

我中被设置了，那么与这个命题一道被设置的是什么呢？被设置的是：在自我中"某事物存在着，它自身总是同一个，总是一个而且刚刚是这一个"（卷1，第94页）。在如此这般的自我中被设置的是：某事物的这一个 - 存在（Dasselbe-Sein）。由此，那被设置者，那个X，也就这样被表现出来了：自我 = 自我，自我是自我。在自我中，如其本然的自身之物（Selbiges），亦即自身性（Selbigkeit），被设置了。

第五个分命题

X被绝对地设置了。事实！毫无疑义地被设置了。X意味着：自我是自我。因而"自我是自我"这个命题被绝对地设置了，但这就是说，适应于X与A的关系而被设置了：自我被绝对地设置了。①**"自我存在"**——绝对地，不是在存在者的意义上，而是：作为一个存在者的自我的存在，被这个自我本身——亦即从这个角度来看——绝对地设置了。

从"自我是自我"（X）到"自我存在"（A）。自我存在 = 纯粹的自我意识，关于如其本然的、恒久持存的设置者的知识。设置自身——自我 - 存在。

"A是A"与"自我是自我"。第一个命题是一般命题；第二个命题只说了一种情况，即刚好 A= 自我。绝非："自我是自我"这个命题"有完全不同的另一种含义"（卷1，第94页）。当A在这个条件下被设置的时候，A是A；与此相反，"自我是自我"则是无条件的。②

---

① 请注意：联系第七个分命题来看。
② 然而条件是自我性（Ichheit）；在我的本质中的我自身。——自我是像一般条件这样的事物的可能性。

设置－自身的活动（Sich-Setzen）：从无到有地创造自身？不，是作为一个自身的存在（Sein als ein Selbst）。当然！不仅含义模糊，而且很成问题，因为一切都被设置到作为"我行动"（Ich handle）的"我思"（Ich denke）这个顶端上了。自身－关联（Selbst-bezug）——然而旧的存在论以及逻辑学恰恰一道被带入了。自我和命题！

自我是自我：在这里，**自我**不是在什么条件下被设置的；因为自我就是设置活动，而且就是设置-X 的活动（X-Setzen）。因为自我就是设置"一般的如果－那么（Wenn-so）"（X）者。只有当"**自我**"有所设置——X——时，"**如果**"才存在。自我是可能性，它在绝对的意义上使得如果－那么得以可能。

当然，这个 X 是绝对被设置的。那"**我存在**"是一个事实。并非"我存在着这一情形"（*daß ich bin*），即将我作为一个现成存在之物固定下来，而是事实（Tatsache）——确定性：我绝对地存在，这就意味着，这里的"是"中的存在（Sein）的意思就是：**我设置自身。自我性是自我的根据。作为自我自身的自我。**

"**我存在**"是"最高的事实"，它在"A 是 A"中成为起点事实（Ausgangstatsache）。

注意：A 是 A；在此被设置的是：自身性存在。

自身性存在，这就是说，属自身的某事物（etwas Selbsthaftes）存在

（某事物与**自己本身**等同）。

属自身者存在，这就是说，某个自身（Selbst）存在。

自身存在，这就是说，某个自我（Ich）存在。

自我存在（Ich ist），这就是说，我存在（Ich bin）。

但由此或许并未证明，也并未被人要求来证明我存在**这一点**①，而是证明，在"A 是 A"这个知识的事实中，"最高的事实"，"我存在"，是基础。"现在，经验意识的事实是，我们必须认为 X 是绝对确定的；因此也有了如下命题：我存在——X 即基于此"（卷 1，第 95 页）。

但这样一来，我们就要一直坚守事实！任务：走向作为 -**行动**！由此看来，仅仅通过分命题一到分命题五，投开的基础就被阐明了，而且充分而具体地被保障了。

3. 第二步：投开的实施——将事实投开到本原行动

第六个分命题

"我们回到了出发点"（卷 1，第 95 页）。回到了这个命题：A 是 A。但现在是作为得到了保障的事实。被投开到……？

命题是什么？一种判断活动。"但按照经验意识来看，所有判断活动都是人类精神的一种行动。"（卷 1，第 95 页）②这种行动的基础是 X，绝对被设置者：X = "**我存在**"。③但这个绝对被设置者——被奠基于自身之上者——是人类精神的某种特定行动的根据，也是人类精神的所有行动的根据，由此才有了人类精神的纯粹特征④；活动本身⑤的纯粹特征，亦即行动、设置的纯

---

① 即指我实际上存在，我事实上存在。——译者注
② 举动、作为——这种作为的特征。
③ 这种行动本身作为设置活动，是一种说 - 是的活动（Ist-Sagen）。理解存在！由此必然需要给出规则！
④ 特征——比较康德那里关于一个作用因的因果性规律的论述，康德：《纯粹理性批判》，A539/B567。
⑤ 举动 = 作为作为 - 行动的作为（Tun = Tat als Tat-handlung）。——作为一个行动者的存在者之存在的本质（Wesen des Seins des Seienden als eines Handelnden）。

粹特征,就是绝对-被设置(Schlechthin-Gesetztsein),亦即通过自己本身来设置自我。

对自我的设置(命题)就是这自我的纯粹活动。自我设置了自己本身,它作为自我-设置活动而"存在"。"**我存在**":自我-存在尤其是行动与作为;独一的本原行动的表现。(我存在:这"**是**"一种存在;这种存在 = **自我设置**。——"我存在"作为最高的作为-事实 [Tat-sache];这种作为、这种举动的特征不是一种事实,而是行动。——["我存在"的]存在:设置**自己**。)

设置的活动,它的设置活动的存在方式是:作为-行动。这里谈到的是哪个自我,又是如何谈论自我的?通过这种投开,我们去往何方?

第七个分命题

就像在第六个分命题里一样,我们这里也在进一步实施投开的过程中,回到了基础(第一至第五个分命题)之上,但现在不像在第六个分命题里那样回到"A 是 A",而是再加以强化,到达了锻造基础之后得到的东西哪里:**自我是自我**(第四和第五个分命题)。这样,从本己的基础出发,投开真正得到了完成。这就是说,现在一定明确了的是:这个命题说了什么,它当中的真正内容是什么。

"自我是自我"——这个命题显得像是一种空洞的同一性。"A 是 A"的运用;只是这运用使得"自我"似乎成了直接被给出的、也最确定的某个可能的 A。

首先要通过论说的方式,说清楚这个命题的内容:**自我是自我**。这个命题的全部三个词语和概念都有某种完全确定的含义;当人们从这个角度如此粗略地理解这个命题时,他们什么都没理解。**我**——作为**自我设置的活动**（Sichselbstsetzen）——存在，这就是说，是作为一个如此这般存在者的自我的本质；亦即具有自我之特征的这种存在者的存在的本质，就是自我设置。

但这个命题也可以反过来读，那样的话，它说的就是：只要像自我这类的事物是一个存在者，它的本质就是设置自己的活动（Sichsetzen）。（在两个命题中，"是"[Bin] 现在说的并不是：我事实上实存着，而不是不实存。它说的是："作为自我的、我的本质"存在着，我是有**本质**的，而且我**是**这种本质。）

在两种情形下，所表达的都是：自我的本质在于一种绝对之物中，亦即仅仅在于**自我**-设置的活动中，亦即仅仅在绝对者中。但这个绝对者本身就具有自我-特征：自我在其自我性方面是绝对的。

将"我思"作为事实进行的投开，这里涉及一种本原行动，亦即涉及绝对主体（das absolute Subjekt）。"**一个事物，如果它的存在（本质）仅仅在于将自身设置为存在者，那么它就是自我，就作为绝对主体而存在。**"（卷1，第97页）

产生的结果：自我是作为本原行动的自我性（＝形式），亦即绝对主体（＝内容）。①

但这里的"绝对主体"说的是什么呢？这一点根本没有说清楚，而我们现在也还不希望进行什么争辩；在这里只提一点，即常见的对费希特的解释在这一点上有分歧和摇摆：有的说绝对主体＝上帝，有的说绝对主体＝经验性主体的最终条件。但

---

① 并非简单地是这个论题的内容，也是指被设置的方式（Wie gesetzt），亦即这种本质带有的存在论问题（绝对无条件的原理——实际上作为根本问题）。

第一种阐释并非随意而为,即使站不住脚,却也成其为一个问题(Problem)。追求无-限性(Un-endlichkeit)的趋势。第二种阐释看起来很切题,但恰恰完全没有规定。

两种阐释都误认了真正的问题,这个问题当然必须从费希特本身出发,才能被发展出来:(a)条件-存在(Bedingung-Sein)、"本质"(不定式)①、自我之自我性的种类;(b)那由此被给出的、比有限者之本质"更高者"的种类(它在有限性中成就其本质,但并不进一步走向无-限者);(c)有限性及其本质(不定式)。

因此,问题要先搁置起来②,而这里首先要考察的是,费希特本人是如何在第八到第十个分命题中摊开在对第一个原理的讨论中得到的成果的。或者通过解释这几个分命题,至少能把难点显露出来。

4. 第三步:对在投开中揭示出来的东西进行加工——自我性的本质规定性

第八个分命题

经验性的自我是本原行动;只有当它设置**自身**时,它才存在,它存在着,它设置着**自身**,这就是说,在这个意义上,它是"自身",亦即**为了**自身;它的存在归它所有,而且是以本质性的方式。

某物现成存在着。这种现成存在归它所有吗?它还**存在着**

---

① 此处及下一处在"本质"后附以"不定式"的限定语,表示这两处的"本质"均不应当作名词,不应被理解为一个现成的存在者,它们是一种活动(wesen作动词时往往出现在诗中,通常亦译为"存在",这里可理解为成就某种本质的过程)。——译者注

② 费希特在此并非毫无理由地说到了"阐明"(《全集》,卷1,第97页)。

呢！不，对于某个现成存在者的现成存在，我们既不能说这种存在归它所有，也不能说它不归它所有。①对于一个现成存在者而言，一般来说不存在这样的可能性，即这种存在对于相关的存在者而言还有什么重要性。一般来说，"**对于**"这个现成存在者而言，根本就没有这种存在，而**对于**自我－存在而言，它的存在是要去拥有的，而且处在其自我－存在状态下的自我是必然要这么做的，这是为了自身，而且必然**只是**为了自身，这就是说，另一个自我的存在从来都不归它所有。

自我是这样一个存在者，这个存在者接纳了它的如其本然的存在，接纳它所是的那个存在者的存在的活动发生了，这就是说，作为接纳者，它是作为一个**自己**的这个存在者。这种存在必然是——依其本质来看——一种为了……的存在（ein Sein für ...），而这种为了……的存在的情形是：**每一个存在对应一个自我**。

自我－存在意味着：我必然是只为我自己而存在的。这话很容易招致误解，而且被解释得很可笑，倘若人们不是从哲学上将这个命题理解成一个关于自我之存在的命题，[而是代之以]理解成一个关于这个或那个存在着的我的命题②的话。在后一种情况下，这个命题就意味着：我是单独的，亦即立于我自身，而一切其余的事物都与我无关；我事实上可以单独地为了我自

---

① 在——归……所有（zu eigen）。——原注

这里的"归……所有"遵从了通常德语的译法，海德格尔强调的是"是……的本己之物、本己特征"的含义，但如果依此译成"是……本有的"或"是……本己的"则太生硬，故不取。——译者注

② 即关于现成存在着的经验性的我，关于你、我、他等等这一个个具体之人的命题。——译者注

己而生存（那个"大的自我"）。甚或意味着：我必然是唯一的生存者。

属于自我-存在的是：**自身性**。凭着这一点，在投开的结果中似乎有一个进一步的因素被打开了。

第九个分命题

又是从作为本原行动的自我出发，而且如今是在考虑到第八个分命题的情况下！考虑到自身性：那个命题在内容和形式方面有同样的无条件性！自我是自身性，亦即自我之存在，它的本质不是可以简单地被从自我那里抽象出来，不是我们可以当作普遍的规定性归给它的某种东西，而是它的这一本质，自身性，**就是它**。① 自我的本质，对于这个自我而言，不是，也从不仅仅是一个本质观察（Wesensbetrachtung）的对象，而是它的存在的任务。

为了能成为自我，它就必须**在自我性中**存在，亦即成为这个那个本质。（"本质"[不定式]：**成为那本质自身**，而不仅仅是"有"一种本质。—— 一般而言，为了"存在"而属于[？]"本质"。**它成就其本质**，是它所是者。）

这本质就是在某事物自身中使该事物得以可能者，是它内在的根据（是它的绝对因素）。因此：我是绝对的，因为**我存在**；这就是说，因为我作为**自我**而存在，而且作为自我而成为我的**本质**（从我的存在之根据而来，并且在这个根据中存在，如我存在那般）。②

---

① 这样一来，这本质就是它本身，正如另一个非自我的（nicht-ichliches）存在者从不与自己相同一一样；与"自己"相同——这根本不用说。

② 它的可能性的根据就是作为"自我性"的它自身。

结果：自我**是**它的自我性，它成就它自身的本质。（自我不是这个那个因素，而是**它的本质**。"我以绝对的方式是我所是者"（卷1，第98页）。但我所是者——自我——的存在使得我是我所**是者**，因为**我**是它。（它的本质是它的存在。）我是自我，这就是说，自我－存在依其本质而言，就是像自我这样的某种事物的根据。

第十个分命题

A=A：X 以绝对的方式存在，自我以绝对的方式存在，我以绝对的方式存在。

我＝自我－存在、自我性；我＝自我设置（Ich setze）；**因为我是自我**，亦即是"自我设置"，以绝对的方式是我，与被设置——存在（das Sein）——一道并在被设置中。

绝对主体：不是说它是无限绝对者，而是说，作为自我的自我－性（Ich-heit），在与自我的关联下，是本己的、首要地进行奠基的本质（＝内容）。"本己的"及如此这般的：只要存在就意味着设置－自己－本身（＝形式）。

一切**人类**知识的第一个原理！（人类——自我－性）

自我性是对**自身性**的绝对设置。某事物－存在作为它自身，什么－存在（Was-Sein）作为某个如此这般的事物：实在性（Realität）。

5. 赢获第一个范畴

（1）A=A 以及它与"**自我存在**"的关系；这就为那个命题奠基了。

（2）如果"自我"被抽去了内容，而只有单纯的形式被思考，那就只剩下逻辑学的原理，就只有关于空洞的同一性的定律了；但即便如此，也有同一性，自身的自身性。

关于存在者之存在的主要论题。什么－存在和这般－存在。存在是**在自我中**被设立的，而**在自我之外**，它便什么都不是了。

（3）以绝对的方式进行设置的活动：被设置的状态（Gesetztheit），某事物的什么－存在（essentia [本质]），实在性（positio [位置]——positiva vera [实在的真相]）。

（4）历史因素：迈蒙（Maimon）、康德、笛卡尔、斯宾诺莎、莱布尼茨。（在最广义上的"设置"：**任何一种相待**（*Verhalten*），而且要考虑到，它是**对**……的相待。）

第八节 讨论第二个——在内容方面有条件的——原理

1. 划分

第二个原理仍然还是一个原理，因为它——在形式方面——也是无条件的。但作为有条件者，它只能——因为不然的话就没有任何东西先于它了——受到第一个原理的限制；而且因为第二个原理在内容方面有条件，故而第一个原理的内容必定限制了它。第一个原理在其内容方面是第二个原理的条件。但第一个原理的内容在于：自我是绝对主体，自我性在绝对的意义上为一切设置提供了条件；自我，亦即"自我设置"，是在绝对的意义上被设置的。

内容：一种原理告知了别人**什么**；如其本然的被设置者。
形式：设置活动的那种**如何**（*Wie*）、那种方式；这里是无条件的。
方法：只要问题涉及原理的显明，这里的方法就显然具有和第一节中同样的特征,即从一种事实出发,并投开到本原行动——处在本质中的自我性——上去。然而这里在第二节中已有所不同了,因为本原行动在含义方面更广泛[？];自我的本质,开拓了这个维度之后,费希特如今已经运行在这个维度中了。依据第一个原理来看,这里的情境已经有所不同了;自我性从第二个被承认的事实出发进行的投开,如今已经受到在第一次投开中得到保障的东西的束缚和引导;本原行动如今仅仅是被分解,再也不是首次被赢获了。

第二个原理是有条件的,因而是可以推导出来的吗?但当受到另一事物限制时,它就不是必然能从那个事物推导出来的了。

但应当注意的是:绝不要从第一个原理中推导出第二个原理。"因此,就像在前面一样,在这里,我们也是从经验意识的某种事实出发的,并以同样的方式,出于同样的权利来对这种事实进行操作。"(卷1,第101页)——(十一个步骤,最后加上一个结束语。)

原理在形式方面是无条件的,因而第二个原理的情形就是:如其本然的行动之如何(Wie)。哪种行动是新的作为-事实的基础?自我性和本原行动是如何在这种新的作为-事实中表现出来的呢?在第一至第六个步骤中,这种特性是从事实出发而被看待的,那种事实依照第一节来看,当然已经被承认为本原行动了。此后的第七至第八个步骤:如其本然的被获得者,但还总是从事实出发而被看待的("行动的产物",而且整体上是照形式和内容来看的);第九至第十一个步骤:从这个事实出发,对自我性的可能的和必然的进一步解释。(请注意:联系第五个步骤,要划分出:(1)行动在整体上的**产物**,(2)在结构上属于行动之**如何**的,它的视域的**如何**①,(3)在从整个行动中"抽象"出来后得到的如其本然的东西:"否定"。)

从第一节出发要坚持的是:自我性就意味着,以绝对的方式设置自己本身=将一般自身性设置为自我。

2. 第一次保障投开的基础:在其行动方式上进行对置的(Entgegensetzens)事实

第二个原理在形式上是无条件的,在内容上是"有条件的"(但却是先天意义上的有条件)。A 是 A,-A 不 =A(-A ist nicht = A)。费希特有意没有写成:-A 不是 A(-A ist nicht A),因为"不是 A"(ist nicht A)有两层意思:

(1)非是(istnicht)②:A;(该层含义强调否定)
(2)是:非 A(nicht A)③。(该层含义强调相同)

第一个步骤

预先规定第二个被完全澄清的原理:-A 不 = A,A 的反面非是(istnicht)A。不要求任何证明。

---

① 为行文顺畅计,下文中也将"wie"酌情译作"方式"。——译者注
② 这里和下文中,海德格尔为了阐明含义,利用了校对规则中删掉间距的做法:在要弥合的缝隙(这里即指"ist"和"nicht"两词中间的缝隙。——译者按)的上面和下面都加上一个表示连接的弧线。——编者注
③ 这里没有上下双弧线。但可以比较下面第三个步骤下对如下两者的区分:
(1)-A非是(istnicht):A;
(2)-A是:非A(nichtA)。——编者注
编者这里是要提醒读者注意,这里正文中的"nicht"和"A"没有合并成一个词,而在第三个步骤下,二者合二为一了。——译者注

第二个步骤

倘若一个证明是可能的,那么它显然只能从 A=A 这个原理中寻得。

第三个步骤

这样一个证明是不可能的,这就是说,那个命题(第一个步骤)是一个原理。在多大的程度上,"-A 不 =A"的某个证明是不可能的?费希特间接地从"A=A"这个命题中得出了"-A 不 =A"的不可证明性。假设后一个命题可以从前一个中得到证明,那么这就意味着,后一个命题可以追溯到第一命题"A=A",这就是说,它证实自己是一个具有"A=A"这种形式的命题。①

但难道这种做法的可行性不是有目共睹的吗?我也可以把"-A 不等于 A"(-A nicht gleich A)这个命题写成:

-A 等于非 A(-A gleich nicht A)

-A=-A

(A)=(A)

这就是说,如果 -A 被设置了,那么 -A 就被设置了(X)。因而第二个原理还是具有第一个原理的形式,这就是说,它被从第一个原理中推导出来了。

只是,我们真的从第一个原理中推导出了第二个原理吗?我们做了什么?换了一种写法而已!但这意味着什么?我们进行了这样一种改写,使得第二个原理如今等同于第一个原理了。在多大的程度上等同?在它们的**一般命题形式**方面。

"-A 不是 A"(-A ist nicht A)有两重含义。费希特是在"-A

---

① 可以从……中得到证明,可以追溯到……!

非是：A"（-A istnicht：A）的意义上写下的这个命题，现在却被写成了："-A 是：非 A"（-A ist：nicht A）；这就是说，仅仅着眼于下面这一点，即一般而言有个命题在面前，关于某事物说了什么事情（这里只有逻各斯 [λóγος] 的逻辑形式了），这样一来，我们就对"-"（反面）和"非"（nicht）根本不感兴趣了，这就是说，我们根本就看不到第二个命题的特殊之处了；这种特殊之处，那个"不是"，以及那个"-"（反面）就都成了同义的，也就是说，那种特殊的设置（"**不是**"），和那被设置者（"-A"）恰恰被略过了。

我们不仅没有从第一个原理中推导出第二个原理来，而且我们根本就没有推导出它来，因为从一开始我们就错过了它的特殊之处，我们将那个 -A 当作了 A，当作了一般的某事物，却恰恰没有当作 -A。而这恰恰是第二个原理的新颖和特殊之处，这也就是必须被推导出来的东西。

第四个步骤

-A 必须被设置，而且必须追问的是：-A，如其本然的反面，是在单纯行动之形式的何种条件下被设置的？如果第二个命题可以从第一个命题推导出来，那就必定可以从第一个命题中推导出使得 -A 成其所是者，亦即那个设置活动的方式，这种方式是**一种对立设置活动**（*Entgegensetzen*）。

但从"A=A"，从对某事物简单朴素的设置活动中，是无法推导出如其本然的对立设置活动的。的确，对立设置活动不能从朴素的设置活动中推导出来，不能使得它——这种设置活动的**对立设置活动**，**在这种方式下**（*in diesem Wie*）的设置活动——在自身之内恰恰与朴素的设置活动相对立而被设置了；**作为**对立-设置活动，**它自身**就是与设置活动相对立的。

但这就表明：如其本然的对立设置活动，**在对立的方式下的设置活动**，是在绝对的意义上被设置的。它并不源自于设置活动，而是与设置活动**同等原初的**；它无非被从某种先于它的设置活动中被推导出来。

据此看来，我们要做的不是回溯到第一个命题上去，而是相反：在自我的种种行动之下有一种对立设置活动，而且依据它单纯的形式来看（在设置它的活动的方式方面）在绝对的意义上是可能的，这就是说，它不处在任何条件下，它是一种绝对的行动。

异议：还是可以从设置活动中推导出来的，因为在设置活动中出现了一个被设置者，而与此相对立的就是对立设置（Entgegensetzung），在后者中被设置者只是一种特定的对立之所向（Wogegen）；但这不是上面那个意义上的对立设置活动（Entgegensetzen），而是相反（比较第五个步骤）。

第五个步骤

而通过这种绝对的设置而被设置的是什么呢？如其本然（亦即属于作为意向对象 [Noema]① 的行动这种形式）的被对立地设置者（Entgegengesetzte），一般的对立面，被对立地设置者，只要它是一个**对立地**-被设置者（*Entgegen*-gesetztes）。（它的被设置 [Gesetztheit] 的方式，而不是被设置者本身；在这里首要的本质方面是，它是以绝对的方式被设置的。）

作为对立面之物（Gegenteiliges）的对立面之物，亦即考

---

① 或译"意向内容""意向相关项"。——译者注

虑到对立的情形，乃是在绝对的意义上存在的——因为，而且仅仅因为自我的一种绝对行动。"一般的被对立地设置的状态（Entgegengesetztsein）乃是在绝对的意义上被自我设置的。"（卷1，第103页）

难道对立设置活动在绝对的意义上是无条件的吗？既是，又不是！人们还可以说：恰恰对立设置活动是有条件的。（上面的异议又冒出来了。）如果我不先将A设置下来，我是绝不能设置-A的。因而对立设置活动就预设了对我进行设置时对立之所向（Wogegen-ich-setze）的先行设置活动。

第六个步骤

的确，对立设置活动作为设置活动，乃是有条件的，也就是说，在对立设置活动一般所是者，即在设置活动和行动这方面，它受到另一个行动的限制，亦即在**什么**（Was）这方面是有条件的，而且之所以如此，乃是因为它在**如何**（Wie）这方面是无条件的。

但现在应该讲清楚的是，这意味着什么：对立设置活动作为设置活动是有条件的。（1）它处在一般设置活动这个条件下；（2）而且这种设置活动乃是在一个完全特定的意义上的，亦即从现在开始如此这般地揭示自身为认同（Identifizierung）的那种设置活动：（a）自我的自身性，以及（b）如其本然的被设置性（Gesetztheit）的自身性；（3）在设置活动与针对已被设置者的设置活动（Entgegensetzen zum Gesetzten）中，在意识方面的整体关联。（这里对第四个步骤的注释——比较卷1第102页及其后——与第五个步骤一道成为关键！值得注意的是：恰恰是这个本质因素顺带地表现出来了。为什么？费希特感兴趣的是确定性和体系形式。其内容在根本上是"康德式的"。意识的同一性：

（1）关于进行表象的自我的意识与关于作为**属于他者的东西**而在表象活动中被表象者的意识；（2）A 被设置了，-A 被设置了，在此 A 的相同性（Gleichheit）就被坚持到底了，"**自我**"的同一性；（3）从设置活动向对立设置活动的过渡。——先行－居有 [Vorhabe] 设置起自己的那个自我的自身性，以及它的自我性。）

请注意：由此一来，在第二个原理开始的地方对自我性的阐明也就清晰起来了；但还没有说到关键；但现在赢获的东西被固定用于理解否定性（Nichtheit）、被对立设置的状态（Entgegengesetztheit）了。

3. 进一步保障投开的基础：对立设置活动在其产物方面造成的事实

第七个步骤

到现在为止，已经谈过的有行动方式以及属于这种方式的、如其本然（进行前－置[①]的设置活动）的被设置性；现在要谈的是它的"产物"[②]：-A。这里又一次需要划分：形式与质料，亦即作为对立设置活动的设置活动的相关物。

形式说的是：如其本然的被设置者，亦即具有"与……（任何一个 X）相反""……（任何一个 X）的对立面"这种特征的某种对立设置活动所设置的东西。质料说的是：这个在对立设置活动中被设置者是对立于某个特定的 A 而被设置的，因而它，

[①] "前－置"是按照字面意思翻译"vor-stellendes"，去掉连字符之后通常译为"表象"，海德格尔这里依然是利用词源结构来让读者看到，这里的设置活动既是"表象"，也是"前-置"活动。——译者注

[②] 比较上面的第70页。

那个 -A，就由此取得了它的规定性；它不仅仅是一般的对立面，而是：它不是某个特定的事物。

（对某事物的设置活动总是处在某种方式 [Wie] 之下的；在这种方式之下进行的设置活动从一开始就通过这种方式规定了可设置者。这种方式即是可设置者之被设置状态的方式——"……的反面"，但这样的方式还不等于这里涉及的被设置者本身。）

第八个步骤

只有当我了解 A 的时候，我才真正知道 -A。-A 的设置从内容来看是有条件的；我无法从如其本然的对立设置中，从"对立"这种形式中推论出这种内容。

请注意：到此为止，我们都还是在对对立设置行动的事实、本质和本性进行普遍性讨论。作为设置之方式（Wie）的对立设置活动在绝对的意义上存在。

现在，据说对一种完全被澄清了的对立设置活动的事实的指点，仅仅构成了向着本原行动中之对立设置活动，亦即向着属于如其本然的自我之本质的事物的那种投开的开端。

难道这样一来，某种事物——设置活动、自我之行动——一般而言就成为可能了吗？而且我们还听说：它作为自我，以绝对的方式设置了自身；但对立设置活动在内容方面是有条件的；但还没有解决的一个问题是，它是否**在绝对的意义上是有条件的**，也就是说，是否**在事实上是有条件的**。关于这个问题，在对立设置活动的本质内容上的有条件性方面，什么也没有说过。存在着一种依照可能性来看**绝对的对立设置活动**，而这又不妨碍它的有条件性。这样的一种绝对的对立设置活动就是本原行动。

有条件性并不排斥绝对性，这就是说，绝对性并不等同于无条件性。在"绝对之物"（先天之物）内部：条件和有条件者。

4. 投开的实施：描述本原行动

第九个步骤

只有当对立所针对者本身是一种绝对被设置者时，那种对立设置活动才作为本原行动而存在。存在着这样一种对立设置活动吗？很明显，它就是"自我"本身；只有自我才是在绝对的意义上被设置的。

但对立于自我而被设置者是 = 非我（Nicht-Ich）的。

-A 不等于 A

非我不等于自我①

第十个步骤

"-A 不等于 A"这一已被澄清的事实有多么确定无疑，那么作为本原行动的绝对的对立设置活动就多么确定无疑地成为**这种**对立设置活动的基础；从前者推导出了后者。本原行动的这种对立设置活动，亦即设置非我的活动，在形式上是绝对无条件的，在内容上是绝对有条件的。

第十一个步骤

这样，一切人类知识的第二个原理就被发现了："在应被归于自我的一切事物中，那些反面的因素必定因为单纯的对立设置（Gegensetzung）而应被归于非我。"（卷1，第104页）

请注意：只要这里不仅发生了误读，而且费希特自己的言

---

① 这三个命题的标点符号，原文如此。——译者注

说也有多种含义，就有必要在这里作一种清楚的阐明。

5. 对在投开中揭示出来的东西进行加工：鉴于非我而对自我性的本质规定进行扩展

我们曾普遍性地说过，对诸原理的阐释[贯彻了]自我之自我性的投开。因而第二个原理涉及了自我性。只是这个原理却涉及了非我！然而这里涉及的非我，不是把自我当作存在者，然后与之进行对立的另一个存在者，而是自我性的本质特征。因而要更详尽地谈谈**非我性**（*Nicht-Ichheit*）！

非我是在绝对的意义上被设置的。作为非我，它在绝对的意义上被对立地设置了（entgegengesetzt）。作为非我，它对立于自我而被设置了。作为绝对被设置者，它就是在自我中被设置者（亦即为了自我而被设置者！）。

像如其本然的某个被对立设置者这类事物，归属于自我的本质；作为自我的自我，与某个**对立之所向**（*Wogegen*）恰成对照。这个对立之所向并非已经是那非我性的（nicht-ichliche）存在者本身了，而是一个**视域**（*Horizont*），作为自我的自我**进入**这种视域，方能**对待**某物。

"自我在绝对的意义上设置非我"绝不意味着：自我创造性地建立了它自身所不是的某个存在者，并随意规定什么存在或者不存在；而是意味着：如果自我设置活动（Sich-Setzen）澄清了如其本然的自我之存在，那么自我对立设置活动（Sichentgegensetzen）就表现了某种自我存在的（Ich-Seins）特征。非我的本质，即那以归属于自我性（Ichheit）的方式在自我性上澄清了对立之物者的本质，这种本质就在如其本然的设置活动中，亦即在表象活动中。对……的前－置活动就是：某种事物让自身被遇到，让自身迎面而来。

非我：绝非这个或那个迎面而来者，而是在如其本然的自我中被维持的、迎面而来之物的**活动空间**（Spielraum）。

我们将非我的本质仅仅把握和理解为进行设置－表象的自我的这种特征，因而这恰恰不是通过下面这种途径来实施的：我们，比方说，将那绝不具有自我特征（Ich-Charakter），并且不是非自我性存在者的存在者，一同取来，加以比较。在存在者的意义上，诸种非我是：石头或植物、动物——被自我表象者。所有的这些东西合起来，它们的共同之处，就是非我！

费希特在第二节末尾明确地批评了"这种解释的肤浅性"（卷1，第104页）。他完全是紧随康德问题之后说（用普遍的方式表达）：如其本然的一个对象是什么，这一点我们"从任何对象那里都不能了解到"（卷1，第105页）。当我鉴于让对立的活动（Entgegenstehenlassen）（对非我一类事物的对立设置活动），并着眼于诸对象本身时，看到的还是这么多的对象立于其自身，还是看到它们这个样子，那个样子，但那时看到的仅仅是作为对象的、它的本质，它的"对象性"。非我＝对象的对象性。①

自我在绝对的意义上设置某个非我＝那自我依其原初的本质来看就是让对立的（gegenstehenlassend）。"这正如我如果表象任何的某物，就必定将它对立于表象者而设置起来一样。现在，在表象的客体中，当然能够而且必定有着任何一种X，通过它，这客体揭示自身为尚待表象者（Vorzustellendes），而不是进行

---

① 费希特不清楚。

表象者（Vorstellende）：但我不能从任何对象那里了解到下面**这一点**，即有 X 处于其中的任何事物，都不是进行表象者，而是一个尚待表象者；仅仅为了能设置任何一个**对象**，我必定已经知道这一点了；由此说来，这一点必定先于我自身——表象者——中的一切可能的经验，就已经原初地在那里了。"（卷 1，第 104 页起）

反之，要在非我的问题格局那里了解，对自我‑性（Ich-heit）的那种追问表明了什么：这里也不是在心理学‑人类学的意义上预设一些自我，并将它们的共同之处抽象出来①，而是在原初的自我‑存在（Ich-Sein）中，从本质上把握这种每次都很本己的自我‑存在，在作为（Tat）方面进行把握——在它的行动之方式（Wie）中。（关于替代的基本问题。联系康德来看费希特那里的开端。德国观念论的整个问题格局都不是原初的。在存在问题方面以及此在的形而上学方面来看，都不是原初的。）

6. 赢获第二个范畴

由此，在对立设置活动这第二个原初行动这里，正如在绝对的和单纯无条件的设置活动（Setzen）那里一样，有着我们在此事先就已理解了的**那个事物**：对立者、对立、非（Nicht）②、否定性（Nichtheit）、否定范畴（Kategorie der Negation）。"从质料性（materialen）命题'**自我存在**'中，通过将它的内容抽象掉，产生了那个单纯形式性的和逻辑性的命题：A=A。通过同样的抽象，从当前已列出的这几个段落中产生了命题'-A 不

---

① 而是将非我性（Nicht-Ichheit）一同保管下来！
② 或译"虚无"。——译者注

=A'，我将把这个命题称作'**对立设置活动定律**'（*den Satz des Gegensetzens*）……人们最终完全从特定的判断行动（Handlung des Urteilens）中抽身而出，而只盯着被对立设置到非存在（Nicht-Sein）之上后所产生的结果的那种形式看，这样人们就有了**否定范畴**。"（卷1，第105页）

这里正像前面一样，有一个范畴被获得了（康德：判断与"范畴"，观念）。绝对的设置活动，而且是自我的**自我－存在**（*Ich-Sein*）：某事物（etwas）的什么－存在（Was-Sein），实在性；如今在对立设置的情形下便是："对反性"（Gegenteilheit）。①

实在性与否定，可比较鲍姆加登（Baumgarten）：《形而上学》第34节起、第36节；当然这里还完全是在前康德的、逻辑的意义上而言，对问题还没有任何洞见（超越性）。第34节：被设定为是A，或者被设定为不是A的东西，是确定的（Quod aut ponitur esse A, aut ponitur non esse A, *determinatur*）（可比较《知识学》第3节）。第36节：那以规定的方式而设置进任何东西之中的正是规定。它们或者积极并且肯定，如果真是如此，则此种规定就是实在；它们或者消极，如果真是如此，则是否定（Quae determinando ponuntur in aliquo (notae et praedicata) sunt *determinationes*, altera positiva, et affirmativa, quae si vere sit, est *realitas*, altera negativa, quae si vere sit, est *negatio*）。

否定＝非存在（Nichtsein）。绝不是作为行为（Akt）的否定活动（Negieren）！存在问题和自我。也是在这个范畴的意义

---

① 设置活动
被设置者本身
在设置活动中被设置者的方式（"着眼"）。

上，接下来几个段落中才可能有清楚的洞见。

自我性已经成了更关键的因素。当然，首先是以比较异样的方式。为什么这里除此之外还有着矛盾律（Satz des Widerspruchs）——对立-设置活动定律（Satz des Gegensetzens）——的发端呢？这里已经很清楚地关联到超越性了，而且不是在形式-逻辑的意义上。矛盾律乃是基于本原行动的基本规定：在绝对的意义上设置对立的活动（Setzen des Entgegen）！①——逻辑意义上的设置活动在发端之处的人为性（Künstlichkeit），然而还不尽如此。只要这里并不必然成为发端之处，那就存在着人为性；只要有着对象性——存在，就有道理！

第九节　讨论第三个——在形式方面有条件的——原理。第一部分：对这个原理的主题性探讨

1. 一个"理性的权力命令②"的问题格局

第三个原理在内容上是无条件的，但要注意的是：形式上的有条件性也是一种绝对的、先天的有条件性。导言是很独特的："以每一个步骤……我们接近了一切都在其中得以被证实（erweisen）的那个领域。"（卷1，第105页）费希特想进入这个领域；他似乎容忍了不可被证明的事物（das Unbeweisbare），就像容忍一种无可避免的事物一样；他想满足于此，或者更准确地说，尽可能地证明之——尽管只是在形式方面。

在第一个原理中，根本没有任何可证明的东西，在第二个

---

① 有限性。
② Machtspruch，亦可译作"绝对命令"。——译者注

原理中，对立设置活动这一行动是不可被推导出来的（形式），第三个原理是"几乎普遍能进行某种证明的"（卷1，第105页），在内容方面则不能。

第三个原理首先在形式方面是特定的（有条件的），而这自在地就包含了一种更严格的可证明性；其次，它受到**两个命题**的规定，由此看来，它的证明根据就更丰富了。

引人注目的是，费希特的兴趣恰好落在了这种有条件性上，而且内容方面的无条件性、不可证明性①——几乎被视作某种宿命之物了——正好就被容忍了。

而费希特事实上在这里——联系第三个原理在内容上的无条件性来看——陷入了某种特殊的窘境；换句话说：他在这里至少看清了他所涉及的事情的问题格局，而且似乎为了避免不堪重负，他还将考察的整个着力点放在了证明活动、可证明之物上。"因此，我们从引导出任务的一种演绎出发，而且尽可能地追踪这种演绎。"（卷1，第106页）——与此相反，令我们感兴趣的，则是那——在费希特的意义上——不可证明的东西，而费希特那里的一切可证明性都间接地汇聚到这不可证明的东西之上了。

虽然在第一个原理中也有一种无条件的内容，但那里它与形式是一体的！（开端：自我设置自身。）但这里的什么（Was）——被设置者——却是陌异于如何（Wie）的，费希特并没有正视这种陌异性，反倒好像用证明活动遮蔽了它。这个 [如何（Wie）] 是可证明的；这样一来，差异就显露出来了，而如其本然的内容

---

① 见前面！

自为地是陌异的。

方法：从形式上看，也是从事实到本原行动，亦即揭示自我性之本质。然而，且慢！费希特在这里不是像在第一和第二节里那样，引入了一个普遍被承认的逻辑命题，以便将这个命题作为事实，由它出发；他却在得到第三个原理之后将该原理与一个流传下来的定律——逻辑上的根据律（可比较卷1，第111页）——关联起来，以便表明，这个原理就像其他那些逻辑定律一样，只能从知识学的诸原理出发才能证明。

对第三个原理的阐明和规定本身是在没有和逻辑上的根据律相联系的情况下发生的；但第三节中的讨论也不是断裂式地径行插入的，而是因为在这里一切"几乎普遍地"已经能被证明了，那么就从第一和第二节中将问题导出来了。

第三个原理在其形式方面是有条件的。它可以从此前的部分中被推导出来，这**正如**它必须在由第三个原理表达出来的行动（Handlung）中被探讨（gehandelt）一样。费希特是这样表达的："**行动的任务**……一定是由先行的两个命题给出的。"（卷1，第105页）

行动之方式——它应当据以行动的那种方式——是一项任务；但这项任务的"解决办法"是不可被推导出来的，这就是说，该行动为了解决这项任务而做的**事情**是不可被推导出来的。这种解决办法轻易就产生了，而且是无条件的。"后者的产生是无条件的，而且是在绝对的意义上，通过理性的某种权力命令而产生的。"（卷1，第106页）

一种"理性的无条件的权力命令"——这是什么？前面从未谈过这类命令，虽然已经大量地谈过绝对的设置，谈过无条件的行动。(值得注意的概念,理性完全不是这样被引入的!)

理性的权力命令:要注意这种陌生的东西,而且由此看出,如此这般在费希特的整个演绎中突出表现出来的东西,并不是一个单纯的、逻辑演绎所无法解决掉的残余(Rest),而是整个问题格局的关键。

在前面讲述诸原理时,我就有意暗示了关键性的问题格局,也暗示了下面一点,即我们恰恰必须在费希特没有特地加以探讨、似乎只是**顺便**触及到的东西中,寻找他的哲学活动的本质内容。到处都是如此!

首先是讲述。问题:讲述在形式方面有条件、在内容方面无条件的原理。行动的形式是有条件的;行动之方式、任务,由前两个原理预先标示出来了。突出这种预先标示,以及对这项任务加以演绎,"是我们要尽力而为的。要往前继续推进它是不可能的,这无疑将向我们表明,我们应该在那里中止它,而且必将令我们诉诸产生于该任务之中的、理性的那个无条件的权力命令"(卷1,第106页)。

在不能取得任何进展的地方,就必然要诉诸无条件的权力命令。(同样是现在诉诸它!那么此前呢?费希特没有讲清楚,此前是不是也诉诸它!——为什么我们必得诉诸它?在什么条件下?——何种内容成了任务?揭示自我性。)

布局:整个第三节分成两部分,即(1)卷1,第106至第111页,(2)卷1,第111至第123页。第一部分是主题性讨论,第二部分是应用到逻辑的诸原理上,还有对诸原理的一般性考察,历史上的种种讨论,以及对进一步的构造的展望。第一部分分成四个小的部分:(A)对任务的演绎;(B)对任务的进一步规定和解决；(C) 检验一下，这里提出的行动是否真的解决了任务；(D) 全部三个原理的总公式；无条件地和绝对地确定的事物的尺度。

2. 对任务的演绎（A）：对第三种行动中的设置活动之形式的演绎

对任务的演绎（行动的形式）——直到同一件事情不能再往前推进为止。请注意：这里有些耗费洞察力和论证；只有进程中的本质之物才是重要的（第五个步骤）。从已提出的前两个原理出发进行的推断。第一和第二个原理迄今为止都是"并列"的，却也归属于自我性；二者都是自我之本质（Wesens des Ich）的本质规定、统一性。它们的整体关联如何？由此产生什么？

费希特从第二个原理出发。对立设置活动在形式方面看是一种绝对无条件的行动，又在绝对的意义上受到被设置的自我的限制。非我在绝对的意义上对立于自我而被设置，这就是说，非我在绝对的意义上被设置。①

第一个步骤

只要非我被设置了，自我就**没有**被设置。只要非我被设置，自我就**完全**被否弃了。② 现在，作为被设置者的非我**在自我中**被设置了，因而恰恰是在非我被设置的时候，自我没有在自我中被设置。

第二个步骤

只有**自我**——它可以被对立设置——被设置时，非我才能

---

① 不是被解释者设置的。——在绝对的意义上被对立设置 = 虚无。
② 页边有个问号。——译者注

被设置。非我在同一个意识中如何必须被设置？在留住自我，亦即设置自我的活动中（留住设置者和对立之所向[Wogegen]）。因而只要非我被设置了，自我就在自我中被设置了。

从绝对地设置非我的行动中，亦即从第二个原理中，产生了两个相互对立的结果。

第三个步骤

自我**没有**被设置，自我必然被设置；[两种情况的条件都是]只要非我被设置了。对立设置就处在第二个原理中，因而这个原理就否弃了其自身。

第四个步骤

这第二个原理的自我否弃的条件是，被设置者被那被对立设置者否弃了。这就意味着，自我否弃的条件是，它自己是成立的；它否弃自身的条件是，它持存着。它在自己的条件下否弃了自己，这就是说，它没有否弃自身。第二个原理否弃了自己，它又没有否弃自己。

第五个步骤

若是第二个原理的情形如此了，那么也会波及第一个原理。随着"自我＝自我"，在自我中被设置的一切，属于自我性之本质的一切，也都被设置了。现在，非我被设置了；但随着这种设置而来的却是自我否弃和自我不否弃（Sichnichtaufheben）。因而自我既设置自身，也不设置自身；因为这是由自我性的本质决定的。

所有的这些推断——两个原理既否弃自身，又不否弃自身，相互针对对方否弃自身，而且每一个都在自身中既否弃自身，又不否弃自身——[意味着]：如其本然的设置活动在自身中是彻彻底底地自相矛盾的,不是同调的(einstimmig),而是本质上不同调的(unstimmig)。在自我中,绝对没有任何同调性(Einstimmigkeit),没有任何可固定下来的、如其本然的自身之物(Selbiges),没有任何同一性。——如果那些命题都是正确的,那就没有任何同一性了。自我性的诸原理恰恰否定了它的本质。

总结来说,有两个推论:(I)自我毁掉了其本身。(II)自我与其本身是相同的,然而又恰恰在最内部被与其本身对立设置起来了。

现在,同一性却是"我们的知识的唯一绝对的基础"(卷1,第107页)。如果说知识应当存在,那么同一性从一开始就得被保存下来,不可以被否弃。但这种否弃产生于那个推论,产生于那些原理本身。那些原理是正确的,因而必须对推论加以考量。两者都是要加以保存的:同一性以及推论之正确性。

自我和非我相互针对对方否弃自身,自我性在内部瓦解了。(或者是诸原理瓦解了,那么就会造成颠覆;或者是同一性瓦解了,那就"什么都没有了"。——这样一来,它们——双方都被设置了——就得维持住,而不能毁掉自身。)

由此,任务就被规定下来了:必须找到这样一种形式的行动,使得那些推论能成为正确的,尽管那种被它们削弱了的同一性也得保持下来。被找寻的行动 X。

3. 对任务的进一步规定和解决(B)

对这个任务的进一步规定,就把讨论引向了答案(Antwort)及其必要性。(九个步骤:第一至第四个是进一步的规定,第五至第九个是解决。)结果:诸原理存在着,而且是在如其本然的自我性中存在着；得将这些原理协调起来。

第一个步骤

诸原理在意识中存在，所以 X 也在意识中存在。

第二个步骤

"在意识中"存在者，亦即属于自我意识、属于自我性者，乃是那些本原行动、原初行动的一个产物。

第三个步骤

但这些行动乃是对自我进行设置的一种活动。倘若没有了 X，对非我的对立设置活动就不可能了。因而 X 本身就是一种原初行动的产物。被寻求的这个原初行动（它的产物就是 X）=Y。

第四个步骤

任务：Y 要作为如下这样的一种行动而被赢获，这种行动同样在自我和非我中被设置了，但却不因此而否弃自身，而是：所有的原理、行动在意识之同一性中都是一致的。

第五个步骤

这里应当按这种方式发生的是什么，带来解决方案的是什么，这一点是"无论如何都无法"（卷1，第108页）从形式中阐发出来的。由此看来，一次"实验"（Experiment）（出处同上）就是必要的了。这意味着：要如何安置 X 和 Y，才能使得自我和非我作为在绝对的意义上被设置者，被设置为一致的？或者说：要如何设置 Y，才能使得 A 和 -A、存在和非存在、实在性和否定性被"协同思考"（卷1，第108页）？

倘若同一性和自我应当存在（Ⅰ），但这两者却是两个被对立设置的原理（Ⅱ），那么被对立设置的双方的统一性是如何可能的（Ⅲ）。

第六个步骤

对于每个人而言都不言自明的是：结合（Vereinigung）不会排斥自身，而是会将自身**限制－进去**（*ein-schränken*），亦即会在将自身限制－下来（be-schränken）的同时，将自身保持在一种局限（Umschränkung）之中。①（这种自－明性 [Selbst-verständlichkeit] 是权力命令吗？）

实验：如果 X 意味着"限制范围"，情况会如何？倘若 Y 是一种限制进去的活动，那么 X 就是诸种限制范围。

异议：在形式方面很确定的行动之所为，它所做之事，就是一种限制进去的活动。但这种所为，即内容，却也是以分析的方式从实在性②和否定性中被发现的。不！（1）通过前两个原理被给出：两个概念；（2）通过第一个原理被给出：同一性，这就是说，它们应当被结合起来（在自我性这个预设之下）。

实验：但这样做只能让人知道，必须寻找一个如此确定的解决办法，却不能让人知道这种解决办法是什么；毋宁说：行动的内容被"我们精神的一种**特殊的**规律所规定"（卷1，第108页）。

第七个步骤

X= 限制范围。这里有些什么？应该被限制的，不仅仅是一般限制范围，还有实在性和否定性。

---

① 海德格尔在这里使用了如下符号：用")（"表示"排斥"，又用"（）"表示"限制-进去"。——编者注

② 海德格尔不经意地将"实在性"（Realität）错写成了"关系"（Relation）。可比较费希特：《全集》，卷1，第108页。——编者注

第八个步骤

实在性受到否定性的限制，这意味着"并非完全否弃，而是只否弃一**部分**"（卷1，第108页）。处在限制范围和限制活动中的是：**可分性**（Teil-barkeit）、**可定量性**（Quantitätsfähigkeit）。这便是被寻找的X，而且由此一来，Y就可以被规定了。通过Y行动，自我以及非我都在绝对的意义上被设置为可分的了。

第九个步骤

"**自我以及非我被设置为可分的了**"（卷1，第109页），这就是说，设置自我的活动就是将事物设置为可分之物的活动（Teilbar-Setzen）。

自我性：可分的、被分划了的、被限制了的被设置状态。将事物设置为可分之物的活动就是具有"既－又"（Sowohl-als-auch）这一特征的设置活动。自我性在本质上是一种既－又，既是这样的，又在根本上不是这样的；既是自我，又是非我。

这种限制活动就是Y行动。这一行动——联系对立设置活动来看——并非随后发生的，因为只有当对立-设置活动在自身之内就是进行限制的活动时，这种对立设置活动才是可能的，否则就成了毁灭。但这一行动也不是先行到来的，因为它的被实施，恰恰是为了使得对立设置成为可能。限制活动**在**对立设置活动**之中**，并与对立设置活动**一道**而发生；这种对立设置活动在自身内就是一种进行限制的活动。这就意味着：对立设置活动对于它所设置的事物，恰恰并未予以毁灭，而是也将其保持下来了；对立设置活动虽然是**对立设置活动**，但它作为这种活动，同时又是一种进行保存的**对立维持活动**（Entgegenhalten）。**否定活动**（Nichten）不可以成为任何毁灭活动（一种非-设置

活动 [Nicht-Setzen])。

4. 检验这里提出的行动是否真的解决了任务（C）

解决办法：从根本上保持同调性（Einstimmigkeit），并使同调性成为可能。哪里曾有不同调的现象？A！这就是说，回到 A 去！现在，在一般的对立设置活动和设置活动都被理解成进行限制的活动时，是否在结论中出现的种种不同调现象和推论结果就都被消除了呢？

第一个步骤

由此得出：只要非我被设置了，自我就没有在自我中被设置；自我毁灭了其本身。非－设置活动（Nicht-Setzen）——对立设置活动（Entgegensetzen）如今意味着保存活动。

从非我据以被设置的、实在性的那些部分来看，自我没有被设置；但它不是在绝对的意义上没有被设置，而是恰恰 [被设置了]！与此并不矛盾的是，只要非我被设置，自我也就必须被设置。因为设置非我的活动恰恰是在"为……而进行保存"这个意义上的一种否弃活动，而在这里，那个"为……"就被设置成自我了。只有现在，那被设置的自我和被设置的非我才成了**某事物**，亦即作为如此这般**确定**之物而存在了。

先前：(I) 自我在绝对的意义上设置了自己；这里出现的**无异于**绝对的与自己相同性（Selbigkeit mit sich selbst），纯粹的同一性——可以指一切，但也只说出了这个自我，而没有分划表达（Artikulation）。(II) 针对这个绝对自我，在绝对的意义上进行对立设置，这就是说，在绝对的意义上消灭这个自我，亦即消灭一切，这样做 = 绝对虚无。存在（纯粹的、形式的一般同一性）和虚无为一。

现在：通过限制才有了**某种事物**（ens）①。因而自我并没有销毁自身，但它作为自我－存在，同时是同一性和对立！

第二个步骤

自我应当与自己相同，但也被对立于自身而被设置了（自我性在自身——对立于自身而被设置）：同一性和对立。基于设置活动如今的这种规定，这一点是如何可能的？自我－存在＝设置自己的活动、自我－设置的活动（Sich-Setzen）和设置活动：进行限制并加以保持的对立设置活动。自我［不仅仅］与自己相同，它作为自我，还一直与自己对立而被设置了；只要自我－存在在自我设置活动中被设置下来，同一性就被设置下来了。而针对这种一般同一之物，有某种事物被对立设置下来了，这就是说，在这种同一之物中，那被限制的自我恰恰保持和保存下来了，而这自我又将一种非我对立设置下来了。在对立设置活动中，它没有否弃自身，而是恰恰保存了自身；在自我保存的活动中，它将自身保持在同一性之中，亦即设置自身为同一之物的绝对根据，亦即设置自身为绝对主体了。

被限制的自我对立设置了自己，

被限制的自我保存了自己（维护于自身性之中），

被限制的自我将自己设置为同一性之根据，

被限制的自我将自己设置为与绝对自我相对立的自我。

"而这样一来，一切对立就被结合起来了，无损于意识的同一性。"（卷1，第110页）

---

① 海德格尔自己在"etwas"（某种事物）之后附上对应的拉丁文。——译者注

5. 所有三个原理的总公式（D）

"衡量无条件而绝对地确定之物的尺度，如今被详细阐明了。"（卷1，第110页）它可以被表达为如下公式："**自我在自我中，与可分的自我相对立而设置了一种可分的非我。**"（卷1，第110页）（1）自我 = 自我进行设置，亦即在自我中；（2）自我 = 自我进行对立设置；（3）自我进行对立设置 = 自我——在自我中——限制了自我。这就意味着，自我就是作为在根本上进行限制者的自我，而这又意味着，它是被自己限制的。**有限化到自己之内**（*Verendlichung* in sich selbst）的做法，就属于自我之本质，亦即属于自我性。（限制的活动同时又是囊括在内的活动。）

第三个原理才完全而本己地给出了在自我内进行设置的活动的本质：不是")("，而是"()"。

只有在这种设置活动中，同一‑性（Ein-heit），不仅仅作为自身性（Selbigkeit），而且作为**整体性**（*Ganzheit*），而且尤其是**有限自我**的整体性。那种进行限制的、将非我对立设置下来的活动，绝不意味着：将非我作为某事物绝对外在于自我之外设置下来，而是反过来，这种对立设置活动恰恰是一种进行保存的、向自我驰去的活动，而且根本上如此。

请注意：现在已经很清楚的是，在我们解释第二个原理，在进行对立设置活动时，我们一直——正如我总在强调的——在抢先说话①，也就是说，我们说得太多了。这里可以表明：我

---

① 解释的方法。

们现在才能反过来清楚地看到，我们在规定第一个和第二个原理的时候真正必须如何言说，只要我们在一定程度上应当跟着言说费希特自己的命题。（先前有个一般性的评注：尽量不要顾及一种危险，即总是讲得太多。①）

我们原本不可以说自我属于非我，而只可以说非我在绝对的意义上对立于自我而被设置了。只要自我包含了同一性的一切因素，非我就是绝对的虚无。

可是，只要如其本然的自我是进行对立设置的，这里就表明，非我属于自我。由此看来，费希特在第一个和第二个原理中所作的尝试，便是按纯粹的方式思考下面的一点，即这样一来什么东西根本无法被人思考；而第三个原理中表明，这种做法是不可能的。（如今要达到这方面的洞见是极为困难的，因为费希特努力要做的事情是，以原初的和单纯的方式思考下面这一点，即这样一来什么东西不再被人思考。）

换句话说：这[第三个原理]在内容方面给出的东西，并不是演绎出来的和被赢获的，而是总已经被预设了。关键的一点，即应当如何理解一般的设置（理解为"限制"），乃是基于理性的一种权力命令（Machtspruch）。我们对这种权力（Macht）无能为力，我们反而必须服从于它，我们甚至必须求助于它，必须承认自己被托付给了它。

设置活动——与此一道的还有自我性——的本质是有限性。（费希特对这一结果的基本立场。插语：对于理解下文很重要。）

---

① 可比较前面的第54页。——编者注

6. 插语：在费希特那里确定性优先于真理

费希特在讨论第三节的时候所走的路绝不是一种推导，绝不是从虚无中赢获自我之有限性，而仅仅是让人意识到，已经有了什么。

但是——而争辩从这里开始了——费希特将所有的重点都放在了这条路上，也放在了奠基（Begründung）上，而没有放在如其本然的已经有的事物上，亦即放在那里包含的基本问题上：这——有限的自我，已经有的事物——是**什么**，亦即它那时**如何**是既有了的。费希特认为确定性（Gewißheit）优先于真理——而这又是作为知识学的形而上学的基本特征。费希特关注的并非真的事物（das Wahre）是什么以及如何存在的，而是它是否足够确定以及它的确足够地、绝对地确定了这一点。（笛卡尔，与康德的关系；这种先验统觉之所以可能，乃是因为在康德本身那里，主观演绎就进行得很糟糕。）问题恰恰在于，鉴于已经有的事物（自我的有限性）来看，这样一种绝对的确定性和奠基一般而言有没有道理？它们是从那自行规定为 [？] 真（Wahrsein）者的事物的本质而来的，还是从某种陌异于事情与经验的 [？] 理念，从某种科学之绝对理想而来的？

费希特是这样看待他的种种讨论的意义的："超出这种认识之外，就没有任何哲学了。"（卷1，第110页）超出哪种认识之外？第三个原理，规定了人类的自我性的本质的第三个原理："但任何一种彻底的哲学，都回溯到这种认识为止了。"（卷1，第110页）

但问题是，是否要像费希特这样进行回溯，以及是否要像费希特这样停留于此，并由此出发？

对人的本质的追问是核心的追问，这一点我们已经看到了；但真正的问题恰恰也在于，这种追问必须如何被提出。

费希特是一条道路，他也将问题格局尖锐化了，只要如今一种追问的可能性（Fragemöglichkeit）变得具体了（这里显出了与康德和其他人那里的追问可能性的区别）。

然而如今这只是对我们的问题格局的整体关联以及对那样的主题的追忆（Erinnerung），我们恰恰在讨论费希特的考察方式时，才不会遗漏那主题。

在我们进入争辩（这种争辩总已经潜藏着了，而且露面了）之前，首先要讨论第三节的第二部分，这一部分同时也结束了对诸原理的考察。但我们首先将由此更清楚地看到，对（1794年版的）知识学的诸原理的这种考察，对于德国观念论的整个问题格局恰恰具有什么意义。

第十节　讨论第三个——在形式方面有条件的——原理。第二部分：将讨论运用于根据律这一逻辑原理，并推导出第三个基本范畴

这个部分在九个小部分中包含了对知识学之理念与形式以及它与以前的哲学的历史渊源的更一般的考察，也包含了对它自己的开端的关键阐释。因为如果此事应当在绝对无条件者中发生，那么对知识学的理念本身的讨论，就只能从知识学本身中被赢获。

这就意味着：三个最高的原理不仅给出了对知识学之特

定内容进行推导的基础,而且还界定了主题,也规定了作为一种科学——而且是科学之科学(Wissenschaft von Wissenschaft)——的知识学的可能性形式。

费希特在如此这般对知识学进行详尽加工之前,以一篇"论知识学概念"的论文为先导。在这篇论文中,他似乎只是教条地发展了知识学的概念。援引了被预设了的知识概念、"我知"(Ich weiß)概念、作为"一般自我"概念的"我思"概念,尤其是援引了逻辑学的诸形式规则的概念(这些规则规定了一切如其本然的思想)后,那里可能被思考的是知识学的主题或者诸种非哲学的(nicht-philosophische)对象。

但现在在诸个别原理那里得出的一点是,逻辑学的诸公理作为形式的(formale)规则,其本身是从界定了自我性本身之本质的那些质料的(materialen)原理中推导出来的。

这样,费希特就以对第三个逻辑原理的讨论——推导——而开始了第三节的第二个部分,为的是过渡到对思想的一种一般性考察(第一至第四个步骤),并由此得出知识学之特殊思想的诸种规定性。这种思想之所以特殊,乃是因为恰恰在第一个关键原理中没有证明(bewiesen)任何东西,只有一些东西被揭示(aufgewiesen)了。只有现在才可以反过来看清楚,这话意味着什么。"从现在开始,应当在人类精神的体系中出现的一切,都必定要从已提出的东西中被推导出来。"(卷1,第110页)

1. 根据律

第一个步骤

先前通过撇开原初的、"自我设置自我"这种设置活动所给出的内容不管，得出了"A=A"这个公式。这个公式并未为那种内容奠基，因为它作为设置之规则，在自身之中是从设置活动的本质出发而得到奠基的，而这种设置活动必然是一种"我设置"。

相应的，从第三个原理"自我以及非我都以可分的方式被设置了"（卷1，第109页）中，同样抽象出了一种逻辑规则。这样一来，费希特就触及了"人们此前称为**根据**律的那个逻辑定律"（卷1，第111页）:A 部分地 =-A，反之亦然。这就显示出："每一个等同之物都在'=X'这个标记下，与它所等同之物相对立而被设置了。"（卷1，第111页）"每一个被对立设置之物都在'=X'这个标记下，与它所对立之物相等同而 [被设置了]。"（卷1，第111页）被对立设置之物在其中被设置为等同，而等同之物在其中被设置为对立的那个事物，就叫作根据（Grund）。——根据：设置在关系－设置（Verhältnis-Setzung）的意义上被引向的那个事物。（关系？）

等同于被对立设置者而进行设置（Entgegengesetztes gleichsetzen）：关联起来（beziehen）；它在其中发生等同现象的那种事物，就是关联（Beziehung）的根据（**关联根据**）。

对立于等同之物而进行设置（Gleiches entgegensetzen）：区分（unterscheiden）；它在其中被对立设置的那种事物，就是区分的根据（**区分根据**）。

关联活动－区分活动（σύνθεσις-διαίρεσις）：任何一个如其本然的陈述，亦即一切设置活动，都是"可分地"进行设置的活动（"Teilbar"-Setzen）。可分地进行设置的活动意味着：**以关**

系的方式**或**以关联的方式，并非在绝对的意义上进行设置。可分地进行设置的活动在其本身就是关联活动（σύνθεσις）和区分活动（διαίρεσις）。（费希特这里有了一个狭义的"联系"概念：在关联到一起 [Zusammenziehens-auf] 的意义上。）

费希特以对根据的这种讨论，最初完全运行在传统的轨道上，这个轨道首先是从莱布尼茨开始固定下来的。"根据"首先被归于判断、陈述活动和设置活动。关系：主谓关系（das Subjekt-Prädikat-Verhältnis）。

请注意：在这个意义上，康德最初在他 1755 年的博士论文《对形而上学认识之诸第一原则的一种新探讨》（Principiorum primorum cognitionis metaphysicae nova dilucidatio）中同样见缝插针地讨论了根据问题和根据律："**规定**（*Bestimmen*）就是设置一个谓语的活动，随之就排除了它的对立面。联系谓语来规定一个主语者，就叫作**根据**。"① 根据：规定者，而且是规定主谓关系者。"根据概念依据其通常的涵义，在主语和谓语之间**产生** [重点号为作者所加] 了某种特定的结合和连结。"②

这里可以很清楚地表明："根据"被联系到"命题"上，而且它涉及的是如其本然的主谓关联（die Subjekt-Prädikat-Beziehung）；主谓关联要联系到它，才能合法地贯彻下去。每个命题都必须有一个根据。这是对命题概念的一种阐明。（但这样

---

① 《对形而上学认识之诸第一原则的一种新探讨》，收于《康德逻辑学与形而上学短篇著作集》（Immanuel Kants Kleinere Schriften zur Logik und Metaphysik），第二版，弗兰德（Karl Vorländer）编，第一部分：1755-1765 年著作，莱比锡，1905年，第11页。

② 同上引，第12页。

一来却只提出了一条规则，这条规则以一整个问题世界 [Welt von Problemen] 为基础。①）

沃尔夫（Christian Wolff）：经由**充足理由律**我们明白那些可以通过它被理解的东西，为什么某物存在（Per *Rationem sufficientem* intelligimus id, unde intelligitur, cur aliquid sit）。② 存在（Esse）——是真相（verum esse）——真理（veritas）——关联（connexio）；当然，这里理解得更广，也更宽泛了。这个问题就不探讨了。

第二个步骤

只是在费希特对根据律的讨论中，现在有某种新的因素浮现出来了。虽然他称其为一个**逻辑**定律，也就是一个规范着一切须臾不可离之思想的定律，作为逻辑定律，它仍然有着无限的效用；但是费希特却将这个定律限制起来，并说："逻辑上的根据律受到上述质料性原理的**规定**，这就是说，它的有限性本身是受限制的；它只对我们的一部分知识有效。"（卷1，第112页）这就意味着，它的效用是有某种条件的。（因而，并非所有知识都是逻辑的，并非所有知识都是一种"设置活动"，一种判断活动。——这意味着什么！设置活动，判断活动。逻辑学，旧的存在论！）

在费希特的阐释之下，这个定律说的是：被对立设置者和被等同设置者，只是在某一种标记（Merkmal）之下才被

---

① 可比较作者的《论根据的本质》，《纪念胡塞尔》（《哲学与现象学研究年鉴》增册），哈勒，1929年。

② 《第一哲学或存在论》（Philosophia prima sive Ontologia），第56节，法兰克福/莱比锡，1736年，第39页。

对立设置和被等同设置。唯有在一般意义上相异的诸事物被设置为等同的或者对立的之时,亦即唯有在一般的差异之物(Verschiedenes)如其所是地那般被给出和被设置时,唯有存在着如其本然的多样之物、可区别之物(Unterscheidbares)、可联系之物(Beziehbares)时,这个定律才有意义。倘若存在着这样的事物,不可等同于它或者针对它设置任何东西(这种事物①在其本身就根本排除了一切可区别性[Unterscheidbarkeit]),那么关于这事物的"判断"就不受根据律管辖了。这种判断不仅事实上没有被奠基,它如其所是地可能根本没有任何根据。(那时它还可能是一个判断吗?)它"没有任何根据,而是其本身为一切被奠基者指定根据。这类判断的对象就是绝对自我"(卷1,第112页)。关于绝对自我的情形,是在具有第一个原理之特征的那些命题中被判断的。现在,只要第三个原理——从演绎的角度出发来看——是被推导出来的,但这种推导同时又是在进行规定和限制,那么被推导出来的事物的效用也就随之限制了自身。根据律因为归属于那被推导出来的第三个原理,其本身就是被限制了的。

但此处涉及的是在与推导问题和演绎问题的整体关联下被说出的一切,而没有考虑到这里被揭示出来的东西。或者仍然说到了一些?绝对自我!我们已经看到,费希特在现在的一般性讨论中,从第三个原理出发,回到了一般自我问题;而且必定会显明的是,第三个原理的内容在多大的程度上为了自我的本质规定而得以贯彻,对这种本质规定进行奠基和规整(Ordnung)的理想也在多大

---

① 它已为主语和谓语被预先确定下来了。

程度上保持了优势，以及在演绎次序（Deduktionsordnung）上居于首位的事物，是不是这本质规定的突出因素。

费希特在过渡到对无根据的（grundlosen）、但恰恰因此也最高的判断进行进一步的讨论之前，还进一步规定了设置行动的结构——正如它现在通过第三个原理产生出来那般。

2. 思的一般规定

第三个步骤

这里首先出现的是一种更偏于术语方面的讨论，但这种讨论对于洞察德国观念论之辩证法与康德判断学说及康德传统之间的整体关联，却是极为重要的。

如果在被比较之物中探寻的是对这些被比较之物进行对立设置、进行区分的东西，那么这种行动就是一种反题式（antithetische）行动——ἀντί（对反）：对立设置的根据将被察知；这种行动所设置的，便是在这当中为 ἀντί（对反）奠基的事物。

这些判断通常被称为"分析"判断。这就表明：在某种如其本然的表象内容中的内部因素，突出了总是在区分活动、对立设置活动和对差异之处的洞察活动中发生的事情。（相互－拆－开[Aus-einander-nehmen]、相互区分：διαίρεσθαι。）

费希特为这种设置方式选择了"反－题的"（anti-thetisch）这个名称，为的是表明，分析的操作程序乃是一种如其本然的合－题的（syn-thetischen）操作程序的对立面；换句话说，为的是表明，一切分析总是已经预设了一种综合。康德本人当然也已经清楚地说过：知性（Verstand）不能析取（"分析"）出它事先没有置入（"综合"）的任何东西。只有当我先行合－置（zusammen-halte）（σύν）了之后，才能进行对－置（gegeneinander-halten）。

对立于反题操作程序而被设置下来的因素（Das dem antithetischen Verfahren entgegengesetzte）在于，它在被对立设置者（被比较者）中探寻的是使得那些被设置者等同，使得它们一致和归拢起来的东西；因此这因素就是综合的因素。从逻辑上的设置形式来看，诸反题判断是进行否定的判断，诸综合判断是进行肯定的判断。

第四个步骤

但这些逻辑行动相互之间的关系如何呢？它们是作为两种形式简单地并存，还是在它们之间存在着一种完全确定的关系？很明显，在这一点上需要下决断的仅仅在于，我们得回溯到这些逻辑形式的根源上，回溯到诸原理及它们的关系上。

第三个原理清楚表明了，如果没有对立设置行动，被对立设置起来的双方就不可能在某个第三方中结合起来。这种结合在自身中包含了一种结合活动（Verbinden）。对于逻辑上的诸种设置形式而言，由此产生的结果便是："如果没有一个合题，就不可能有任何反题"①，反之亦然，"如果没有一个反题，就不可能有任何合题"（卷1，第113页）。因为反题就在于，在等同者中寻找被对立设置者。但等同者却是事先被设置为等同者的；在对问题的反思中，这一点已经被撇开不顾了，而等同存在（Gleichsein）则被简单地接纳了。而合题则在于，在被对立设置

---

① 需要注意的是，"反题"在本书中有时指和正题形成对立的反命题，有时还指正题与反命题之间的对立，读者需要根据语境进行鉴别。——译者注

者中寻找等同者；只有在先行的对立设置中，被对立设置的双方才是其所是。

亚里士多德：　反题　　合题
　　　　　　　区分　　结合
　　　　　　　διαίρεσις　*σύνθεσις*

经过对设置之诸逻辑形式及其相互关系的这种一般描绘之后，费希特过渡到讨论设置问题以及它在那个主导问题的整体关联中的种种基本形式。

自我问题，自我性的本质规定（知识学）；但这种自我性却与形而上学这个基本问题处在整体关联中。要是人们在当下没有看到这种整体关联，那就不好理解，为什么费希特现在在第五个步骤中突然谈到康德对先天综合判断的可能性条件的追问，以及他自己着意于形而上学这个基本问题而对此进行的种种讨论意味着什么了。

3. 讨论知识学的理念

第五个步骤

费希特说："康德在《纯粹理性批判》的顶点提出的那个著名的问题：先天综合判断是何以可能的？——如今以最普遍和最令人满意的方式得到了回答。我们在第三个原理中，在被对立设置的自我和非我之间（借助于双方的被设置下来的可分性）进行了一种综合，这种综合的可能性不再被进一步追问，这种可能性的根据也没有被提出；它在绝对的意义上是可能的，人们在没有任何进一步根据的情况下就有权进行这种综合。一切其他应当能成立的综合，都必定基于这种综合之上；它们也必须在这种综合之中，并与这种综合一道而被进行：而且正如这一点得到证明一样，下面这一点得到最有说服力的证明，即它们和那种综合同样有效。"（卷1，第114页）

由此，费希特首先联系他的知识学而说了下面的意思：(1) 知识学不仅包含先天综合判断，纯然以先天的方式执行的判断（至少在知识学的理论部分是如此：第四节）。(2) 这些判断的可能性基于第三个原理，而且是在这个原理包含了另两个原理在自身之内的情况下，这就是说，在对以可分的方式被设置的自我与非我的基本综合之中。

但费希特以此澄清的是：通过论证知识学的第三个原理，形而上学的基本问题就被决定下来了。因为康德的那个著名问题正是后者。

康德在《纯粹理性批判》提出的那个著名的追问……在多大的程度上？作为他的问题的公式（Formel）。这个问题就是：形而上学的可能性。"形而上学"——首先是一般形而上学（Metaphysica generalis）（存在论），存在论方面的知识的可能性，关于先于一切经验的、对存在者之存在的认知的可能性。"可能性"：关于先天的存在（das Sein a priori）的那种自由运行着的 [?] 知识，关于存在的综合性知识。① 追问的意义——问题的公式！在这种追问中包含了什么？尽管费希特并没有如此来看待！

费希特的立场：他看到那个著名的追问以最普遍和最令人满

---

① 比较讲座的第一部分。

意的方式得到了回答,这就是说,到那时为止,对这种追问的回答都不够普遍,也不够令人满意,甚至康德那里也是如此。(现在不必说,费希特当然是先验哲学家。)对于费希特而言,康德还太"经验化"了,还没有采取纯粹的、系统的演绎。在康德看来完全有利于先验哲学体系的因素,在费希特看来也得付之于批判。

当然,费希特追求的是第三个原理的可能性根据。这是理性的权力命令,我们诉诸这种命令。而这又再次表明,这种根本性综合的可能性不容进一步追问了,没有任何根据被提出:"它绝对是可能的,人们有权进行这种综合,无需一切进一步的根据"(卷1,第114页)。"人们"——每一个作为人的人!又是不言自明!费希特是否比康德更普遍和更令人满意地解决了问题,这是存疑的。

请注意:或许很容易理解的是,情况的确如此,但仅凭这些,还没有澄清人们的上述权限。仅凭这些不足以确定,不可以,也不必追问这种综合。费希特所不了解的问题恰恰在于,在这里要如何进行追问。这个问题据说必须被问及,亦即在如下前提之下:这个问题——知识学本身为这个问题而被采纳——被充分加工了。但费希特立足于封闭的演绎体系的构造之上。(在康德和费希特两个人那里,都有对人的追问。我们知道!这甚至也是成问题的!)

第六个步骤

一切综合都必须被囊括于那根本性综合之中。由此就为知识学指明了道路。它们的任何一个命题都必定包含一个综合。(方法!)

依据上述意思:这里总已经有了一个反题,但这个反题却不是作为反题而存在的；我们从反题行动中抽身而出，而总是只将它的产物当作出发点；这个出发点就是"指明被对立设置者"（卷 1，第 114 页）；这便是向合题推进了。只要一切合题的关键都在于那个"最高的综合"（卷 1，第 114 页），那么被对立设置的各方也就必定处在那里。由此，在这里，诸种综合的出发点总是在那个基本综合（作为理智 [Intelligenz] 的有限的自我性）之中，这些综合所搜寻的乃是余下的那些被对立设置了的标记（Merkmale）！（只要一般而言自我－性 [Ich-heit] 在诸种设置中给出自身，并将一切多样性因素纳入诸种对立设置之中，那么它的内容是不是会越来越多地耗竭？）一直"到我们抵达被对立设置的各方为止，它们不允许自身被进一步地完全结合起来，并借此过渡到实践领域中去"（卷 1，第 115 页）。通过"事情本身"（die Sache selbst），这个进程被"规定"了，也可以预先防止错误。

请注意：费希特的方法的特征在此已经显而易见了，这一特征对于黑格尔也是很本质的。从反题到合题的进展以及由此产生的进一步的反题，并不是一个从另一个中纯粹形式性地被演绎出来，而是这种演绎总是先行考虑到那个基本的综合，考虑到那个基本综合中的因素。虽说这个论证在叙述和形式上看是演绎性的，然而它从一开始就是明智而富有启发性的，而不是一个盲目而随意延展的命题链。（当然并不是一些被触及了的东西；也不是一些对象；但这里的辩证法却很具有**意向性**，而且它是在种种意向性交织物 [den intentionalen Verflechtungen] 中开始的，由此一来，事情本身也是在运动中开始的。比较第七个步骤的（b）：根本性陈述的特征。）

第七个步骤

（a）体系。反题和合题，但双方都是在正题（Thesis）——亦即如其本然的自我性——的基础上才成立的。这个正题在绝对的意义上被设置了，而且这样一来似乎就成了一个维度（Dimension），它们双方的对立设置与结合就在这个维度中发生。在这个正题中：体系才"站得住脚和得以完成"（卷1，第115页），才有了这个领域的同一性和完整性。它必定是一个**体系**（第一个原理），而且必定是**一个体系**（第三个原理）。先行居有（Vorhabe）绝对的同一性，而且在同等原初的意义上也有了：被对立设置者。第一个原理（正题）包含的必然性是，**一般而言要结合为一体**——即一般而言应该存在着一个体系。第三个原理包含的必然性是，**要以特定的方式结合为一体**，这是体系的**形式**。这样，关于知识学之体系的理念，就从它的诸原理——安排这些原理的那种方式——本身中发展出来了，但同时又是逻辑形式本身。（正题的基本含义；从这部分的第一和第二个步骤中都可以看出来；关于根据的**逻辑**原理被限制了；并非一切知识都是"逻辑的"。）

（b）反题和合题作为区分活动与联系活动，全都有其根据。对被对立设置者的区分活动乃着眼于等同性（区分的根据）；作为等同者之间的联系乃着眼于对立性（联系的根据）。

这些反题与合题都是关于自我之自我性的陈述，因而不是关于一个物（Ding）、一个现成者（Vorhandenes）的陈述。只是关于如其本然的自我的基本陈述是正题，反题和合题都运行在正题内部。因此它们分有了这个基本陈述，这就是说，它们的陈述特征受到那个基本陈述的规定。

在正题中，没有被对立设置者之间的任何关系，而只有绝对的设置。在没有任何主谓关系的地方，就没有任何根据的可能性（Möglichkeit des Grundes）。正题是一个无根据的（grundloses）判断。一个这样的判断，它在一般意义上没有表达任何主谓关系？无论如何，没有这样的一个判断，在其中，等同者已经以同样的方式被设置于人们面前了。但那样的话，还能谈论一个判断吗？而如果有这样的判断，那是什么意义上的判断？

关于正题的、原初的和最高的判断的问题，明显只能这样来解决，即我们要看清楚，这个判断的对象应该是什么：自我，而且是如其本然的自我；因而这个自我恰恰以它自己的存在方式，和所有其余的存在者都区别开来了。而当"A **是**这个那个"在一切判断中被表述出来时，这里的"是"必定相应地有某种特殊的含义。

但由此一来，关于正题判断的问题就尖锐化为对一般的如其本然的那种自我－认识（Ich-Erkenntnis）的追问，而且是对有关自我性的认识（对人的本质认识），对揭示出自我的过程中的那种特殊真理的追问，而且这里也是着眼于对形而上学进行某种奠基。

4. 合题的和反题的判断

而且越是在费希特首先——依据知识学的整个布局，以及它对奠基及其确定性的那种兴趣——将这种追问当作一种"逻辑的"问题，当作关于一类特殊判断的问题来讨论的时候，我们就越是必须从一开始就正确地加以解读——在我们的解释意图（Interpretationsabsicht）的意义上：（1）在自我性的这种建构中应该被揭示出来的是什么？（2）此外，那种特殊的自我－存在（Ich-Sein）在多大的程度上大白于天下了？（3）费希特在多大的程度上看清了问题格局？

费希特首先从两个例子出发。他谈到了日常形式下的一个合题判断和一个反题判断，为的是随后反过来取出正题判断。此外，我们即刻要加以重视的，不仅仅是各个判断的形式，还有它们所针对的事物。（1）鸟是一种动物。（2）一种植物不是动物。（鸟、植物——这些存在者都不是我们本身。费希特在这里明显是有意选择了这类事物，但它们不是具有自我性的事物。因为反题和合题作为自我－判断 [Ich-Urteile]，都被包含于正题判断中了；所以这种正题判断就不是通过与具有自我性的那些合题判断和反题判断划分开来，而得到界定的。——合题：关联判断 [Beziehungsurteil]；反题：区分判断 [Unterscheidungsurteil]。）

如果这些判断应当得到证明，那么就有必要回溯到它们的根据之上；而且我们还听说，这两种判断方式相互之间是有关联的。在所有的关联中，都先行存在着一种区分，反之亦然。

在第一种判断中，我们有了一种**关联判断**。在这里很明显的是，可关联性（Beziehbarkeit）的根据才是关键，对此进行了反思；对于区分的根据，要对其进行抽象（撇开不顾），但这并不意味着它是无所谓的。先行已有的存在者应当成为陈述句的主语，乃是着眼于它那如其本然的动物性而被规定的（"出自具有动物之生气的质料"；卷1，第116页），而着眼于此来看，上面提到的"鸟"就被当作动物来谈论了。但是，这里又不顾及各种不同的动物之间特殊的差异，不管是两足的还是四足的，不管是哺乳动物还是鱼类。

区分的根据并不**充当**奠基者,然而它在奠基中也必然是有份的。不管以什么方式,区分都被一同设置下来了,即便仅仅是为了不被纳入考虑之列,为了能撇开它不管,为了在这种撇开不管之中……也突出关联的根据的奠基功能,并让后一种根据明显地起作用,也是如此。因而,区分的根据并不是无所谓的,因为它参与规定了事物,鉴于此,人们才去评判那些被设置为关联根据的东西(不像狗、猫、鱼、昆虫还有……)。

在第二种判断中,我们有了一个**区分判断**。在这里,可区分性的根据是本质之物;对此进行了反思,而关联的根据则被抽走了(并非没有顾及它)。先行已有的事物——植物——被规定了,而且是否定地、鉴于如其本然的动物而被规定的,并使得这种规定如今成了一种排除。但这又表明,同一个事物依照内容(动物性)来看,在作为根据的两个判断中被奠基了,而且是以各自不同的方式。动物性如今成了区分的根据;在此没有顾及关联根据,也就是说,没有顾及那两者——植物与动物——的一致之处。这种一致之处被设置下来,目的恰恰是在它内部完成区分。判断希望表达的不仅仅是,"动物"这个规定不适用于一种植物,正如植物不是一个"数"一样,而是要表达,植物虽然是生物,是一种有机物,却还不是任何动物,这里没有顾及一般有机体,没有顾及动物与植物在其中被等同设置的那种事物。这种等同设置虽然被撇开不管,却恰恰由此给出了区分的规定性。

与此相对,我们现在看看正题判断:它既不是反-题判断,也不是合-题判断;既不进行关联(与其他事物进行等同设置),也不与其他事物进行区分;既不"反",也不"合",一般而言并不与其他事物发生关联，亦即不与这样的事物发生关联：它就像判断所针对的那个事物一样，如此这般作为另一个事物现成存在着。这种"针对"意味着：一般而言并不考虑与该事物本身不同的另一个事物，而是只考虑如其本然的该事物本身，就作出了判断。这里也不存在将有可能成为关联根据或区分根据的其他事物纳入考虑的任何可能性。但这两种根据就穷竭了根据的所有形式。

但当正题判断①就是陈述某种物的某事（eine Aussage von etwas über etwas）时，那么它是否还在**逻辑**形式上被关联到根据之上了呢？但问题恰恰在于：它是**如何**被关联到根据之上的？

这些判断被关联到根据之上的方式，以及与此关联的、它们的可奠基性（Begründbarkeit）或无根据性（Grundlosigkeit），也都取决于这些判断所针对者，亦即也取决于它们所针对者是什么，又是如何存在的（自我和自我－存在）。

这些正题的、无根据的（grundlosen）判断被突出于其他所有判断之前，而且是在绝对的意义上如此。但一般而言，我们已经在事实与本原行动之间的区分中了解了这样一种突出②；非自我性的（nicht-ichliche）和自我性的（ichliche）存在者。

在前面提到的关于非自我性的存在者（它是我们碰见的一个他物，我们本身所不是者）反题判断和合题判断之中。碰见的这种事物就是那些陈述的一个可能的针对对象（主语）。

---

① 但一般而言为什么会有一个"判断"（"S"→P）呢？
② 对这种判断的突出从何而来？——那种"针对"。这种形式每次都是对存在者而言的；这种存在者本身就像被附加给予（hinzugegeben）的一样。这样一来，这种被给予（Gegebenheit）本身——就像存在着一样。

在正题判断中，自我就是针对的对象。对如其本然的自我的预先规定。当我们思考如其本然的自我（对它还没有任何述谓[Prädikation]），因而只说出"自我"时，这种"陈述活动"的特征，就已经随着对这个针对对象（主语）的"预先规定"被突出了。

自我，亦即"自我是……这样那样"。我们无法真的说出，自我"存在着"；而是当我们事实上从对我们每次说出"自我"时所意谓的事物出发进行言说时，那么那种可能的陈述就随着"自我是……"这样的说法一同深入下去了。①因此费希特说："这类[正题]判断中原初的最高判断就是'自我存在'，在这个判断中，还根本没有就自我陈说任何事情，谓语的位置反而为对自我的可能的、无穷的规定而被空置了。"（卷1，第116页）

从这个评论来看，首先就有一点完全清楚了："自我（Ich）是……"所说的并不是我（ich）现成存在着，我实存着，并不是我存在着，而是成了对我所是的……的一种不完整的陈述（"自我存在"不等于：作为故我在[ergo sum]的我在[sum]）。

进一步来看："自我"总是已经意味着"自我存在"，这就是说，在言说自我（Ich-Sagen）时，总是已经包含了我在这种称呼中在本质上对于它的这般那般的存在（So-und-so-Sein）的理解。在言说自我时，我已经意指了我的自我-存在（Ich-Sein）。（自我 = 自我是……、曾是、将是或者诸如此类。）

由此可见什么呢？自我并不意味着我可以将其这种或那种属性加以确定的一个现成之物，而是我以这般那般的方式所是

---

① 自我——指的是作为自我（Ich）、作为陈述所针对的对象的我（mich）——……是。

的我自己——仅仅在下面这种意义上，即我在我的存在方面对自己这般或那般加以决断。我必然要在我的存在方面对自己这般或那般加以决断，即便我全无所谓地随波逐流，也是如此；在这里，不作决断也是一种决断行为。

但是难道我不是也有许多并不出自于某种决断的情形吗？决断、采取某种立场、无所谓；我放任自流的事物；**事情**如何在我身边发生：所有这一切都仅仅在一种自我－存在中"存在"。（决断、不决断以及无所谓这三种状态的辐射范围和隐蔽性。）

我的存在从来就不是一种现成存在，而是被交付给我，成为我的使命。自我的存在是这般和那般的一种**应当－存在**（Soll-Sein）——是事情这般或那般地关涉者。

第十一节　关于"自我存在"的暂行考察。对第三个原理的讨论的第二部分的结语

1. 正题判断的特性

我所是者（Was ich bin），依其本质来看总是一种我－**如何－存在**（Wie-ich-bin），亦即我自己对我自己的能在（Seinkönnen）持何种态度。关于自我和自我－存在的那些命题，亦即在"自我存在"中能包含的一切本质性的谓语，并没有就一个现成之物说出什么：后一种言说和言谈活动说到的恰恰是人自己不是的东西，说的是别的非"自我性"存在者所是的东西。这种特有的言谈的特征在于，它将某种东西归于别的事物了（κατηγορεῖν [说出，述说]—— κατά [朝下面]：落到别的事物之上，**从自身分离**而到达别的事物之上）。这些关于存

在的规定（Seinsbestimmungen）意指的是那类只能在归属活动（Zuschreiben）中通达的（zugänglich）存在者，我称这些规定为**范畴**、范畴性陈述。与此相反，对于自我——它如此这般**存在**，它总是仅仅作为"自我存在"而成为自我——言说什么，从来都不意味着将这个存在者当作不同于自己的某个他者，而把某种东西归于它；一切"我这般那般地存在"这类的说法反而意味着，我使自身立于我的这项那项使命中，我在我这般那般的生存活动中理解自身，这就是说，我这般那般地生存。在存在方面对于自我、对于人的此在的种种规定，在根本上不是任何范畴。我称它们为**生存论环节**（*Existenzialien*），但这样做不是为了引进一个新词，也不是为了赋予一组范畴以一个别的称呼，而是为了从一开始就挑明一个问题，即一般而言这里谈的并不是范畴。

在这里，在"自我存在"这里，哲学至少不能回避存在问题。所有的生命哲学——尤其是狄尔泰的——在真正哲学的意义上都劳而无功，这一现象有其深层次的根据；它们在核心维度上完全是半生不熟的①，而且从未抵达德国观念论的问题格局的尖锐之处，当然德国观念论也没有提出这样的追问。人们将这个问题脱手了，当他们在旧的意义上设想存在论，并由此得出如下结论时，根本就没有把握住问题：因而我们所谓的"生命"就被一切存在论排除在外了。恰恰相反：如果说这里有一种突出的存在方式，那么整个存在论问题从根本上就要重新提出了。

然而——这一点恰恰极为关键——**两次都关乎存在者之存**

---

① dilettantisch，亦译"业余的""半瓶醋的"。——译者注

在。而因为这种存在者的存在总是根本不同的，所以接下来所有的陈述都具有根本不同的特征了。在所有关于人的陈述中，这个"是"（ist）都获得了一种完全不同的意义；但它总还正好意指某种**存在**（Sein），意指"生存"的突出方面。

但因此，现在值得重视的恰恰是，我们还在说"人是乐意的、敬畏的、贫乏的[？]，如此等等"；这就是说，我们靠一些关于人的陈述过活，这些陈述在形式方面看恰恰与那些关于现成事物的陈述无从区别；漠然混同于后一类陈述。

但事情为什么会这样？根据在于人的此在本身。问题在于：在任何情况下，当这样一些陈述本身应当被完成，甚或应当在其特性方面被规定下来时，我们就无法从那种命题形式脱身，必须被追问的是，那里的"是"所指涉者是什么样的存在。若是没有了人的**存在**这个问题格局，那么不管本己的，还是非本己的那些关于生存的陈述，就都不可理解了。（现在看看费希特！从判断、正题出发，而且一切都引向体系。仍旧如此。）

关于"自我"的那些本质陈述（Wesensaussagen）——包括在"Ich bin"（自我存在）这个命题中——从来都不是"Ich ist"（自我存在）①，而且这里恰恰是在一种新的切身的（ureigenen）意义上讲的。但"自我"在这里指的总是：在**我的自我性**中的我（ich in *meiner Ichheit*），但在这种自我性中，**我成就了我的本质**（*ich wese*）。"自我"在一种突出的意义上是主体。（**绝对主体**概念要从这里出发来理解。关于它不＝上帝，可比较卷1，第277页。）

---

① 两个表达方式的区别是：当我们把自我当作一个物时，使用第三人称单数形式"ist"；当说话者以本己的方式成为自我时，使用第一人称单数形式"bin"。但中译文无法体现这一点。——译者注

在正题判断中,"主体"(不是客体)作为(命题中的)主语而存在,在正题判断中,(命题中的)主语作为主体(不是客体)而存在。

现在,即使费希特完全在知识学的框架下和在传统逻辑学的主导下看待有关自我的陈述的问题,也就是说,即使自我的存在这个核心问题隐退了(作为整个问题格局的真正根源),这种讨论问题的方式却还是显示出对整体的一种深刻洞见。

费希特强调,在关于人的那些陈述中,"自我并非总是真的"成了"逻辑主语"(卷1,第116页),这就是说,那些陈述并非总是具有"自我存在/是"(Ich bin)①的形式,比如"人是自由的"(Der Mensch ist frei)。一个相应的判断是:"身体是有广延的"(Der Körper ist ausgedehnt)。照逻辑形式来看,这个判断是一个肯定判断,两个概念在这个判断中被结合起来了。从内容来看,"人是自由的"这个判断也可以被理解为肯定判断,亦即合题的 - 进行关联的判断,但同样可以被理解为否定的,亦即反题的 - 进行区分的判断。

作为肯定判断["人是**自由的**"]:人属于自由的生物一类(比较一下"鸟是一种动物"这个判断)。这里的关联在于"属于……一类";判断的根据必须就在这种关联之中,而那个根据必定是:关于一般的自由生物的概念,以及关于作为一个如此这般之人的人的(des Menschen als eines solchen)概念。但这个根据是不可被指定的;一个自由生物的类别无从指明。从外部来看,它是一个合题判断,但它没有任何根据。(费希特在这里还没有即刻证明,为什么这样一个根据是不可被指定的,以及为什么

---

① 请注意:这里是关于自我的一个本质陈述。

这样一个类别不可被指明。）

现在，这个命题却也同样可以被理解为反题判断，亦即否定判断："人是自由的"，但这也就是说，并非处在自然必然性规律（Gesetz der Naturnotwendigkeit）之下的所有其余的生物都是自由的。如今，在合题的命题形式下，主谓关系的根据是一种区分根据。根据就是必然之物和非必然之物之间的区分，亦即必须表明：这个根据不在于非必然之物的概念，也就是说，根据在这里不在于人的概念，而在于被对立设置的那种生物的概念。

总结一下：在两种情况下，或者这样，或者那样，都必须回溯到人的概念上。这个概念乃是出自于人的某种本质规定，而且这里是出自作为一个自由生物的人的规定。但为什么不可被指明为被奠基者呢？

但从康德出发被规定的那种思索乃是基础：自由不是我可以从那些叫作"人"的现成事物中抽离出来的任何**规定**（*Bestimmung*）。而这又进一步意味着：自由概念不是这样一个概念，即在本性上一般而言就能界定一类属于其下的物。事情与人格（Person）！（不是任何关于类和种属的逻辑学；"本质"。）

只有当我明显地在某个从根本上被自由[1]规定了的存在者的特殊的自我 - 存在中居有该存在者时，我才接触到了自由的真相。但自我 - 存在总是"我存在"；我如此这般存在，而且在如此这般存在之时，在我的存在方面对我进行着理解，此时我就在根本上从一切现成事物中被突出出来了。人不是其他各种现

---

[1] 名词。——译者注

成事物之侧和之中的一个现成事物，使得我现在能对这些现成事物进行比较，即能着眼于其他现成事物而对人进行规定。但这在本质上却是费希特眼中追寻根据的方式（Weise des Grund-Suchens）。

但下面这话是什么意思："'自由'这个谓语适用于人"？对于费希特而言，这首先意味着：人是绝对主体，这就是说，纯粹着眼于他本身来看，他就是他之所是。在其作为自我的本质方面，他在其自我性中被关联到他本身。作为这样的主体，他明显处在自我-存在、自我-言说之中，在那里，自我并不像一个现成事物那般表象其自身，也无法像那般表象其自身；绝对的主体，而且不是任何可表象的事物，亦即[不是任何]现成的事物。人作为自由的生物，一般而言与现成事物没有任何共同之处，因此也就不存在进行对立设置的任何可能性。

费希特这样表示："人是自由的"这一判断如果被当作合题判断或反题判断，就没有任何可能的、可指明的根据。但现在对某种根据进行考量的可能性却必然属于反题判断和合题判断的本质，因为它们是从诸种被设置者之间的某种关系出发进行言说的：主语和谓语。

如果这里在本质上没有任何根据，那么"人是自由的"这个判断就绝非反题判断，也绝非合题判断。但这却意味着：那么对这个判断进行的命题式表达（这种表达清楚无疑地传达出了这类判断的形式）就绝不是合适而充分的。

这里就表明：那么这个命题尤其不能被理解成关于现成事物的某种陈述。我们——我们中的每一个人——毋宁必须这样来解读这个命题：人，亦即每一个我（ich），都是自由的。（自由是如何"属于"我的。"占有"的方式。)

但这样一来,这里就有一种**本质**区别了吗?然而只是这样一种区别,即为了赢获这个判断的对象以及主语,我们不向外看,即不进行前-置(vor-stellen)①,而是向内看;然而向内看的话,每个人总是在其自身内的。

只是这样一来就完全理解不了关键所在了;因为在上述情况下,那个判断就是有关某个心理事件的这样一个判断,就是一个心理学的陈述了,它根本上在任何方面都与有关各种物的判断无法区分。自由,以及我的自由存在(Freisein),根本不是在我身上现成存在的任何特征,我的自由存在反而总是仅仅存在于我解放我自身的活动(meinem Mich-selbst-Befreien)中。这就表明:我在根本上从未发现过作为现成特征的自由,亦即我的自由存在,它反而规定了一种能存在(Seinkönnen)和应当存在(Seinsollen)。我的自由存在并非在我身上被给定了的,而是作为使命被交付给我了。但这种被交付给我的存在恰恰是作为自我,亦即作为"我行动"(Ich handle)的、我的那种特殊的存在。(但这一使命却不是一种应当和一种飘荡在我头顶的价值[Wert],这种被交付了使命的状态反而是作为生存的我的存在的特点。"我"自己就是那里被交付给我的使命。)

由此显明了一点:自由不是一个普遍的规定,我首先可以在这种规定上将我与其他人进行比较,为的是随后将我们归属于这个概念之下,将我们规定为自由的,并作出上述陈述。自由不是任何可以着手加以考察的谓语,我拾取这个谓语,为的

---

① 在去掉连字符的情况下,通常译作"表象"。——译者注

是将它**附**加到自我之上；自由的存在（Freisein）反而在本质上是我的存在的使命。自由并非作为一个可以被补写到其他事物之上的谓语而存在于面前，它不是任何范畴。"自由范畴"既是对自由，也是对范畴之本质的一种根本误解。

因而：它不会说**出**任何事物，作为自我的"我"反而只言说了我的自我－存在，而且我只在自我－存在中进行这种言说。（这种言说 [Sagen] 乃是"演说"[Rede] 的一种基本形式；而后者又作为现成语汇意义上的"语言"[Sprache] 而存在。）特殊的自我－存在——作为"我存在"——规定了这种特殊的言说方式：即它不是说出某种别的事物的意义上的任何陈述活动，亦即在根本上不是任何"范畴"。（只有这样，才能在费希特的根本意图方面理解他；由此出发，绝对主体概念才变得更清楚了。）

"我是免于……的（…frei von）"所说的无非就是自我，就是"自我－是（Ich-bin）……"，这就是说，这个判断"无限地"保持了 [?] 开放。作为自我－存的"我"：处身于自由存在之特别具有自我性的使命之中。费希特是这样表达这个意思的：在我们面前，自由作为理念被"树立为最高的实践目标。人应该自己去无限地接近那本身不可达到的自由"（卷1，第117页）。

在源初正题的意义上的、关于自我的一切命题，都无限地开放着；这种说法明显表现了一点，即自我不仅仅是有限的，因为它有界限，而且它的有限存在（Endlich-Sein）是很特殊的，这恰恰是因为，它的存在的非封闭性构成了他对存在的一般把握的一个本质环节；这就使得生存总是意味着**将自身维持在**作为最本己的能在之可能性的**那些可能性**中。（自我－存在是开放的，这就是说，"我存在"的存在意义（Seinssinn）意味着**我处**

身于一些可能性中,我总是可以这样那样地掌管这些可能性;处身于它们之中,便是进行一种"这样那样的选择"的必要性。自我的开放性首先意味着:生存就是**能在**。)

而现在我们已经更清楚地看到这些正题判断所特有的不可奠基性了。它们之所以不被奠基,不是因为不能为它们找到根据(或许它们很可能有其根据),而是因为它们本身的存在就使得那种为它们寻求某种奠基的意图很荒谬,而且误认了它们的本质。因为为它们寻求奠基就意味着将它们作为封闭的陈述放下来,以便随后进行奠基。但这些正题判断如其所是,根本不是封闭的;它们在本质上就使得人们无法对它们——作为已完成者——追求某种奠基。

它们成为无根据之物,并非因为我们无法为它们弄来它们真的必定具有的那个根据;它们在如下这个原则的意义上是无根据的,即真正说来,它们不可能具有在奠基的意义上的任何根据。我故意说在"奠基"的意义上,是因为正如我们看到的,这里根据的本质被理解得极为狭窄,费希特本人根本不可能遵循它(可比较第八个步骤)。

只要"自由"这个谓语适用于人,他就是绝对主体,这就是说,只有当我将人理解成绝对主体时,我才能把握住那种陈述的意义。

如果现在这些正题判断的特有之处显得更清楚了,那么我们反过来才以此更接近费希特那里的"绝对主体"概念的意思了。我们曾看到:这个概念可以有不同的含义,即(1)上帝,(2)具有表示简单自我(einfachen Iche)的那个"类属"的意义上的自我性的生物。两种含义都站不住脚。它们来自一些外来的、流传下来的概念,它们不是从正好被费希特考察的那个问题格局中来的。因为，首先，问题涉及一些存在论的命题，关于自我之自我性的一些本质命题（自我性：并非在存在者的意义上的、那个陌异于人的上帝）；但其次，问题也涉及**自我性**（*Ichheit*）的、亦即某种存在（这种存在根本不同于诸种物）的一些本质命题。但流传下来的那些本质命题至今所涉及的都是存在者、现成之物（比较柏拉图：理念！）。

当然，我们不可在此企图将这个概念以及费希特的意思化解成完全透明的东西。相反，它彻底是成问题的。但这里适合于看清这个问题，从而才看清对下面这个问题作出决断的根据，即为什么费希特的那些尝试必定无以进展（steckenbleiben），而且它们那些完全异质的问题圈（Fragenkreisen）还相互交织起来。

2. 主体概念

现在我们首先从正题判断问题中发展出了"绝对主体"概念，那些判断在自身中唯独被关联到如其本然的自我性之上。正如在任何一种解释那里一样，在这里——而且恰恰是在这里——我们也必须超出费希特之外。

从术语方面来看，首先必须重视的是"主体"这个表达式。这个问题必然说来话长，因为这个表达式有着很根本的含义，尤其是对于黑格尔而言，更是如此。主体概念是核心概念。作为"主体"的人、此在。①

---

①比较1928/1929年冬季学期初学者讨论课的记录：《康德的道德形而上学奠基》。也可比较1927年夏季学期的《现象学基本问题》，马堡大学1927年夏季学期，冯·赫尔曼（Friedrich-Wilhelm von Herrmann）编，《全集》，卷24，美茵河畔法兰克福，1975年。

我们首先是在双重含义上使用"主体"（Subjekt）这个表达式的。人们长久以来就在如此使用它，而且康德和德国观念论甚至恰恰在某种意义上意识到了这一点。

这双重含义从对立概念来看就很清楚了。（1）与**谓语**相区别的主语乃是陈述所针对者：命题、判断中的主语；作为判断的一部分、命题的一个环节的主语。（"无主语的命题"：下雨了 [es regnet]。至于这类命题被称作"无主语的命题"是否有道理，这个问题暂且按下不表。）（2）与**客体**相区别的主体：现在"Subjekt"（主语/主体）指的不是判断的一部分，而是"自我"、自身、这个人格（Person）；由此才有了"主体之物"、"主观"观点、各人的个人看法。（"一个颓废的主体""主观的身心感觉""客观的鉴定结果"。）作为自我的主体。

这两种含义中哪一种是原初的含义？两种都不是；但它们有着共同的根源。

Sub-iectum：被投到底下者①，因而也是位于底下者（ὑποκείμενον）。它就成了存在者本身的名称——如我们在日常经验中碰到的那般：广义上的诸种物（植物、动物、人）；而且我们对**存在者**的经验，还使得我们是在各个存在者的变化之中留意到它们，甚至部分存在者只有作为变化之物才引起我们注意。在特征与对待（Verhalten）的变迁中，存在者保持为同一个。这个提供基础、而且如此这般总是**坚持到底**的事物——这是"Subjektum"概念所指的意思。因而这个术语标明了存在者之存在，而且是在广义上**作为现成之物**的存在者的存在，这个现

---

① "被投开的状态"。

成之物坚持到底，保持不变，一直在场（οὐσία），这就使得变迁之中有了某种保持不变的因素。它是一个存在论的概念，而且与人们所说的"实体"（Substanz）是一致的：承载偶性的东西（id quod substat accidentibus）。（双重含义：（1）第一实体 [substantia prima]，（2）第二实体 [substantia secunda]。）"自"为存在：居于"自身"中且不（像"属性"那样）需要一个他者（……的属性）。在古代，主体 = 实体（subjectum=substantia）。在黑格尔那里就反过来了！

只有从这里出发才能理解，为什么"Subjektum"概念会从一个存在论的概念变成一个逻辑概念，又从一个逻辑概念变成一个语法概念，以及是如何发生这两种转变的。

认识活动和致力于阐释的规定活动（deutende Bestimmen）在它于日常对待诸种物的态度中，以及于这类有关存在者的论说的那种最简单、然而又很完备的形式中，谈论这些物的时候，它就看到了它的基本形式：逻各斯（λόγος）意义上的"陈述"（λέγειν τι κατά τινος [就某事物陈说出什么]，καθ'ὑποκείμενον [依据那位于基底之处者]）。

117

在对某事物的某种情况的陈述活动中，真正的内容是：某物的诸种特征，乃是不变之物之上的变换之物。这样一来，**基础性的存在者**就在如下意义上成了主语：不是某物之诸特征的"基础"，而是原原本本的、就这物所说的事情的基础，即谓语的基础。

由此一来，就赢获了一种根本性的"扩展"，亦即对存在论的主体概念的一种根本性的扩展。因为一个谓语的基础无需成为存在论－存在者意义上的某个基础。一个命题的主语无需在存在论的意义上成为一个实体。我们也可以就并非在变换中一直保持不变者，而恰恰就变迁本身说点什么："诸种特征的变迁慢慢地完成了"。现在"变迁"成了主语，但不是存在论意义上的subiectum，而是subiectum被当作逻各斯（λόγος）的一部分，亦即成了"逻辑的"主语。而只要进行判断的思想是在命题中进行表述的，就产生了命题中的主语概念，亦即语法上的主语概念，这个主语概念与逻辑主语概念还不太一致。可以比较："人是自由的"和"我是自由的"。① 请注意：事实上，在历史上的产生过程中，所有这些都是一体出现的：对存在者的态度、思与言说（存在论的——逻辑的——语法的）。

要确定的一点是：作为判断和命题的一部分的"主语"这一表达式的含义，回溯到了存在论的基本含义之上，尽管这种存在论的基本含义只得到了极为粗浅的规定——长久以来都是如此。康德才进行了第一次跳跃！（莱布尼茨！）确定这次跳跃，也是为了说清这个表达式的两种含义的起源：主语／主体（Subjekt）＝自我、人格。

Subiectum，基础，首先与作为自我的主体根本无关。相反，因为存在者被理解为现成者，主体（实体）就是诸种物。而我们如今指派给现成的诸种物的客体概念，恰恰起源于"主体"，起源于"主体性事物"，起源于自我。客体就是立于一个自我、一个"我思"——"我表象某物"——对面者。在"客体"这个表达式中，恰恰存在着与作为自我的主体的某种特殊关联，而subiectum这个名称首先恰恰与自我无关。

---

① 比较前面的第110页。

Subiectum 与实体，亦即广义上的自为存在之物，在某种意义上，这些物要成为其所是（per se：通过自身、为自身），根本不需要别的事物。因为一切特征都需要某个它们得以依附其上的基础。但自从基督教世界规定了西方形而上学以来，存在者——亦即诸实体——的特性（Charakteristik）就走上了一条一语双关的 [?] 轨道。因为如果上帝之外的一切存在者都是被造的存在者，亦即在存在方面是依赖性的，那么严格来讲就再也不能说存在者是一种"自为地"持存着的存在者，是实体了。（更准确地说：经由自身 [per se]——被自身 [a se]。）那么唯一的实体，即唯一的 subiectum，就只有上帝了；而反过来：上帝超越实体（substantia），是超实体（supersubstantialis）。（被自身 [A se]：上帝不存在于实体之类属中 [Deus non est in genere substantiae]。托名迪奥尼修斯 [Dionysius Areopagita] 语。）

但只要这个概念仍然充当了一般的存在论概念，而且应该被确定为这种概念，那就有必要进行某种区分。受造物在某种意义上是相对的主体（relativ Subjekte），虽然不是绝对意义上的实体；主体，亦即与绝对实体、绝对主体相区别的有限主体。

可能要注意的是："subiectum"这个概念在这里具有的完全是古老的、原初存在论的（ursprünglich ontologische）含义。将实体区分为无限实体（substantia infinita）和有限实体（substantia finita）的这种做法，恰恰在笛卡尔那里出现了：上帝（Deus）；以及两种有限实体，两个基本的类别，思维之物（res cogitans）和广延之物（res extensa）；有思想、有意识的物，和具有广延的物；精神之物和质料之物（在某种意义上可以比较康德那里的：人格 [Personen] 和事物 [Sachen]）。

现在在第一部分中，在标明西方形而上学发展史的整体关联下暗示了一点①，即这个发展史的关键不仅仅是将存在者理解成受造者，也包括一种方法上的理想：数学认识的确定性。由此，笛卡尔才在《第一哲学沉思集》中尽力寻找一种无可怀疑的基础：形而上学的出发点，它站稳脚跟的地方，它的立身之处，它立基之处。无可怀疑之物就是这样在对怀疑的考察中产生出来的：自我存在（ego sum）；我思（cogito）——自我（ego）——思维之物（res cogitans）；但这却意味着那些有限实体（substantia finita）（有限的基底 [subiectum finitum]），我自己就是这种有限实体。这种 Subjektum 现在成了形而上学 fundamentum（基础）。它得到了一个称号，但这就意味着，自我（das ego, das Ich）变成了突出的 Subjektum。（在形而上学的方法方面很突出的 subiectum、fundamentum 是自我。方法上的主体概念：在**回溯**基础的过程中产生的，并引导着方法之奠基的**立－基**者 [Zugrundeliegende]）。

自我如今似乎得到了占用这个称号的特权，这就是说，Subjektum 如今从一般的存在论概念（= subiectum）变成了一个"方法上的"、而且涉及形而上学之方法的概念。这个实体扮演的突出的角色，即一切追问都从其出发，而且一切事物都被关联到它之上，便使得一切非主体性的事物如今统统都叫作"客体"了。（自我是本己的主体，这使得主体如今反过来只能叫作"自我"，而且一切立于其对面者，如今都被视作非自我性的存在者了。——方法上的主体概念如今赋予自身一种独一无二的内容。

---

① 比较前面的第30页起。

主体＝"自我"（Ich），作为不能被怀疑者（id quod dubitari non potest）的自我（ego）——这一点从属于此。——但在形式上才只有**一条**路线；但是因为主体就是"自我"，如今也有了进一步的一种进行规定的可能性，在这种可能性那里，第一种含义，即"逻辑的"含义可以起作用了，而且可以与方法上的含义结合起来。自我作为突出的本质意义上的Subjektum，同时也是判断中的主语。）

但在这个"方法"概念中，古老的存在论概念保持下来了：作为自我的这种subiectum同时也是作为实体的subiectum。直至康德；这里走出了一个新的步伐，它被笛卡尔的"我思＝我思我思这件事"（ego cogito=cogito me cogitare）预先塑造了。这种自我是一种突出的Subjektum、本己的主体，而且作为这种主体，作为自我，它总是全面了解它**自己**。

主体是自我意识，而且本质上不是偶然如此，而是这种全面了解（Wissen-um）隶属于自我概念，从这里出发，现在就有了关于作为**自身**的自我－主体（Ich-Subjektes qua *Selbst*）的概念。

现在，这表明了什么呢？自我是全面了解自己者，是那种已经很突出的subiectum，后者本质上思考自身。但思考就是判断，就是进行述谓（Praedizieren）。这种突出的subiectum就是判断和述谓活动在本质上所思考者，亦即是一种突出的判断主语（Urteilssubjekt）。它最内在的本质就包括成为判断的主语，而且它本身还是一切判断的起源和可能性。这种判断主语不是通过判断活动才被找到和碰到的，而是就在判断活动本身之中——在绝对的意义上。

这样一来，这种存在者（我们称为"自我"，而且我们每个人自身就是这种存在者）就将主体的两种（亦即三种）含义结合到自身之中了。它是作为判断之"对象"的主体，而且本质上如此；而且它是下述意义上的主体：在一种突出的意义上既有的、有限的实体。由此，"自我"就得到了突出的"主体"的称号。

在正题判断中被陈述的是一个（语法意义上的、逻辑意义上的）主语的情形，后者原本就是"主体"，即在绝对的意义上如此；它在自身就是主语，这就是说，并非只是在与他者（后者成了具有自我性特征的谓语）的关系中（以相对的方式）才成为主语的：**绝对主体**。① 开放性（Offenheit）。（这里说的不仅仅是判断的最初的对象，还包括进行判断、并**与它的种种述谓有某种突出的关系者**。"我思"——统一性：仿佛**包含了一切如其本然的、可以加以述谓的事物**——"存在者"。——是 - 主语（Subjekt-Sein）就意味着：拥有诸种谓语，后者是关于这种统一性的知识，是从属性的和归属性的。）

对于理解这个概念很关键的是一种双重之物（ein Doppeltes）：（1）在赢获形而上学的某种绝对确定的起点时，对自我之优先地位的洞察。（2）自我的特征，即它在自我 - 存在中被一同思考（mitgedacht），此时它原本就是判断 - "对象"。

而如果我们回想起主体概念的根源（依据这个根源来看，它便是一个存在论的概念），那么下面这一点就会显现出来：在近代的这个主体概念的发展过程中，在主体的问题格局中，这种追问完全被遗忘了，而且这种追问主要在于存在论层面上的

---

① 比较第11节b的增补（Beilage）；见下面第243页起。

陈述活动。只要主体充当了直接的、而且以确定的方式被给予的自身，并充当了绝对的判断主语，而这种规定性唯独只限定了主体的问题格局，这就意味着：一般而言，追问并未依照作为自我的主体这一特殊意义被提出来。

相反，推进到问题格局之核心的是下面的追问：如何能确保自我成为确定的起点，以及自我以何种方式才能在绝对的意义上意识到其自身？

自我是自我－意识（Selbst-bewußtsein），结果便是意识的特征排挤了自我存在和自身存在（Ich- und Selbstseins）的特征，而且除了其他意见之外，有一种意见流行起来，即自我意识作为意识，提供了能规定自身之自身－存在（das Selbst-Sein des Selbst）并引领对这种自身－存在之追问活动的一种真正的可能性。恰恰是在那里，必须反过来追问一下：自我－意识在多大的程度上**归属于**自我的**存在**，以及必须如何理解这种意识－**存在**（Bewußt-*seins*）①的**存在**特征——这样就使得**自我－存在**与一切其他存在者不同的特殊之处突出出来了。（作为"意识"的"自我""自我意识"如同将"自我"规定为"主体"的做法一样，并非理所当然的。要看到陌异的事物！与此形成对立的是此－在！）

将人理解成"自我"的这种基本观点，以及对自我的规定——规定为意识、自我意识，又将这种自我意识规定为绝对主

---

① 这里的中译文实属勉为其难，因为海德格尔将"Bewußtsein"（意识）拆分成两部分，强调后半部分的"sein"（存在），中译文只好另加"存在"二字。——译者注

体——构成了德国观念论的形而上学必然走向辩证法的根据。①因为自我在其自我性中，亦即作为针对非自我性事物（Nicht-Ichlichen）进行的对立设置活动的、自知的（sich wissende）统一性，是一个包含了正题、反题和合题，即包含了辩证法的三个步骤的整体。（存在者及其存在。正题是自在的，反题是自为的，合题是自在而自为的。"自"：自我－主体。——如其本然的"自我性"。——**实体是主体**，以及可规定性的框架。）

这种辩证法不是任何特异于其他手法的任何特技、任何操作程序；它不是任何个人的——比如黑格尔的，以及类似的其他人的——秉性，而是形而上学的问题苗头（Problemansatzes）具有的内在必然性，只要形而上学愿意在笛卡尔的起点的基础上，经过采取具有特定方向的某种立场，到康德的先验哲学这里形成体系，就是如此。另一方面，辩证法的成败也取决于形而上学的问题格局的这个苗头。

在德国观念论内部居于统领的地位，这表现出将自我理解成绝对主体这种基本看法，也就是说，这个自我最终是**在逻辑意义上被理解的**，而这又意味着，这种形而上学将自己与下面这种基本追问——一切形而上学从可能性上来看都基于这种基本追问——隔离开了：对人的此在之存在的追问。只有从人的此在之存在出发，对一般存在的那种普遍而根本的追问才能被提出；这就是说，只有在对此在（主体）的某种特定的洞察的基础上，以及在对一般存在（遗忘）进行"追问"的基础上，才能被提出。恰恰在这里，在最坚决地为形而上学费心的时候，

---

① 那种可能的规定就是从这个自我中得来的。逻辑学在此。

一般存在消失了!

而因为这样一来,人的此在的问题就变成了绝对主体之辩证法的问题,也就是说,因为对此在之存在的追问并非在原初的和纯粹的意义上是主导性的追问(它是由对存在的追问本身主导的),因此与此一体的那种追问,即对人的此在之有限性的追问,就没有走上正轨。

从我们现在达到的对绝对主体概念的界定出发,那么费希特就"批判的体系"的特性所给出的那个作为结语的标记(Kennzeichnung)就很好理解了。从康德开始的、与先前的一切教条的哲学之间区别开来的那种哲学所具有的批判特征何在呢?在此之前再提一次:正题与反题、合题形成对立,但现在反题和合题也归属于纯粹的正题了!

3. 自我的有限化

费希特对知识学之特征的描绘集中在对正题判断,即无根据的判断的突出上,这种判断与反题判断和合题判断,即可以奠基的判断形成对立。我们已经指出过,这里的根据是在传统的狭窄意义上讲的,它被联系到主谓关系之上;我们也指出过,费希特实际上是无法将这种狭窄的概念推进到底的。而这样一来,他就说:"因而对于在任何意义上确定了的正题判断而言,无法提出任何根据来;但人类精神在进行一般正题判断活动时所采取的操作方式,就被它自身奠基于对绝对意义上的自我的设置活动之上。"(卷1,第118页)

正题判断活动在其本身是被"奠基"于如其本然的设置活动之中的。"**这种**奠基"是与反题的和合题的奠基有所不同的。

而现在费希特又再次尝试阐释这种区别，在此有某种本质之物显现出来了，也就是说，反题和合题如今归属于纯粹正题（并非关于某些事物的判断，而是关于如其本然的自我性的判断）了，当然完全是以逻辑的探讨和体系的理念来包装的。

反题的基础是等同设置（Gleichsetzung），而且是在一个**更高的**概念（作为金属，金和银有区别；作为有机物，植物和动物有区别）中进行的设置，因而是在进行奠基的合题中进行的设置，在合题那里，我们攀升到进行奠基的诸种共相（Allgemeinheiten）的秩序之中。

合题的基础是在一个**更低的**概念（鸟——动物；鸟——哺乳动物）中进行的对立设置；在这个进行奠基的合题中，下降到一个更低的概念。

但这适用于非自我性事物领域中的那些反题和合题。但那些先天的反题判断和合题判断，也就是说，在如其本然的自我性中被设立的判断，即联系自我性本身而被设立的判断的情形又如何呢？在这里，正题、反题和合题的整体关联的基本形式，表现在三个原理中。作为绝对主体的自我并不是其他诸种被表象者之中的一个被表象者（ein Vorgestelltes）。并非另一个被表象者针对这个被表象者而被设置起来，而是他者，非我，如其所是地归属于自我，具有自我性特征。而作为这种归属于自我的事物，他者并非分离到外面去被设置起来，而是停留**在自我之中**，被设置为等同于自我。（一切对立设置和进行关联的统一 [beziehende Einigung] 都**在自我之中**，而且是为了自我的。）

反题和合题**在自我之中**、并**为了**自我而发生，这就是说，它们并不致力于到外部抓住某个更高者，作为它们的类属，达到某个本质上**非自我性的事物**。不然,在非自我性事物内,在反题中就有作为向某个更高之物的攀升活动的、进行奠基的合题了。与此相反,这里涉及的反而是对立设置;对立设置并不攀升,而是**下降**。自我本身——在其作为对立设置活动的自身设置活动(Sichsetzen)中——被**降低设置**(herabgesetzt)到一个更低的概念(这个概念具有可分性)中去了。只是这种降低设置使得与非我进行的部分意义上的等同设置(teilweise Gleichsetzung)成为可能了,这就是说,对自我进行的分划的对立设置(eingeteilte Entgegensetzung)就是"可分的实体"("主体");在如其本然的这种分划的对立设置中,就有被设置于对立设置之中的自我与非我。对自我本身这种的**进行降低设置的**设置,发生在绝对的、不受限制的主体之中,并通过这种主体而发生。

它有限化了自身,而且为了能如此这般有限化自身,它本身还必须成为绝对主体。但费希特当作核心问题的,并不是有限化,以及在绝对主体这一理念中的有限性问题,他反而依照他定向于体系与确定性的理念(Idee des Systems und der Gewißheit)的做法,认为绝对主体绝对不允许再进行任何进一步的回溯。"绝对自我"不是由任何更高的东西规定的。

一旦赢获绝对主体(就像在那三个原理中一样),借此就达到了一切奠基都必须回溯于其上,也只能回溯于其上者。但这种为一切事物奠基者,也正是在绝对的意义上为了一切事物的奠基活动,而且在一切事物中都被给定了,只要一切奠基活动——在合题-反题的意义上——都是一种"自我在奠基",而且使得自我之自我性构成了正题、反题和合题的可能性根据。(绝对者的理念,以及由此而来的无限者的理念——不受奠基、正题、知识、逻辑学的限制！——绝对主体：一切回溯都必须追溯**到其上者**，最确定**者**，最初的一些命题**基于其上者**，在其中，而且通过它，才有了一切其余的东西。——"绝对的"：在绝对意义上的最初者，而且是在体系的奠基方面。——最确定者是哲学的核心之物，作为奠基的权威机关而被给予；"进行奠基的"，不是任意的。）

4. 批判的和教条的哲学

如今我们已经作了充分的准备，可以在完全的意义上规定知识学的本质了。费希特认为自己是康德的成全者（Vollender），康德将自己的事业称为批判的，以区别于**教条**的哲学。费希特拾起了这种区别，而且如今从他的问题格局出发来探讨这种区别，这就是说，从作为知识学的哲学之体系的理念出发。①

"只存在着两种体系，批判的体系和教条的体系"（卷1，第121页注）：观念论（先验的，在费希特的解释下）和实在论（形而上学的）。通过对这种探讨进行进一步的解释[而显明的]不仅仅是费希特的立场，还包括费希特、黑格尔和谢林之间的争论曾运行于其内的那个框架。

通过区分批判的和教条的哲学，问题涉及的就不是对两种哲学立场进行的某种随随便便的一般性描绘了，而涉及两种仅有的可能的立场，而且涉及两种体系的区别以及这两种体系的可能性之间的区别。这里想说的是：哲学的本质从一开始就取决于，哲学是如何，以及从何处出发，整体地、一体地和绝对

---

① 比较知识学的第一个导论（1797年），《全集》，卷1，第417页起。

确定地被奠基的。倘若没有洞察到下面这一点,即在"体系"这个名称之下,确定性这一理念乃是主导之物,那么关于两种可能的体系的探讨就无法理解,也就找不到使得这种考察容易理解的那条界限的依据了。(体系正式成了形而上学的体系——对存在以及存在者整体的追问——只要形而上学属于人的本性,而不是对基本立场的任何随意的构想,不是许多哲学家中的某一些人的单纯立场,而是一种根本性的事件和形而上学本身的诸种内在的可能性;这不是偶然的,而且由此我们才了解了形而上学的相关的权利和意义,它的这种意义唯有当其种种界限被认识之后,才得到充分的了解。——未言明也未被认识到的是:对存在的理解归属于此在。但在这个问题上当然需要建立一个完全不同的问题格局了。)

在这方面,就需要阐明种种关联,为此也就需要补充描绘一些特征了。

诸种体系

教条的	批判的
物	自我
存在者(ens)	自我(ego)
实体	主体

超越的	内在的
自我在存在者中被设置	存在者在自我中被设置

教条($Δόγμα$):意见($δοκεῖ$),坚守那些普遍地在每个人即刻的表面印象中显现出来的东西,这些东西本身一般并未受到

质疑,对于每个人而言都成了标准,而没有进一步的根据(教条 [δόγμα]:决议,对于所有人都具有约束力的条例、定理、信仰中的信条);教条的:坚守一种直接确定的、似乎最自然的基本信念。

教条的形而上学体系:对于奠定与建构对存在者之存在以及存在者整体的整个认识而言,其基础在于显得最不言自明和最自然的那种东西。但这种东西就是具有了规定性的存在者本身,而这种规定性则导致了下一个不断保持着自身的观点。存在者:物的总体——自然物、植物、动物、人制作的物、人本身、精灵、诸神——全部存在者;而它的存在恰恰就是这种物性(Dingheit)。(只不过是将如此这般现成被给定者,以及那种自然的观点 [der natürlichen Auffassung] 加以**普遍化**罢了!)

一切一般存在者以及被当作存在者的事物,都落于这个概念的范围内了。请注意:我们还听说过,存在者的基本范畴——正是奠基活动——就是原初意义上的 subiectum,实体。

对于面前之物的、原初的不言自明的考察方向被坚持到底了。它规定了存在者之可能的整体关联的框架;但这个框架又通过诸实体之秩序(Ordnung der Substanzen)以及它们之间的相互推导,规定了**最高实体**。有限之物与这个最高实体之间的关系是不一样的,在这里也并非本质之所在,这里关心的只是体系及其基础的基本结构。认识的方式与方向。(应当以及能够在那里、以何种方式着手对存在者之整体的追问。)

批判的:κρίνειν,分离,分开,在……之间进行区分,在……之间作出决断,驳回一个而坚持另一个,这就是说,并非简单地接纳,而是要通过彻底的区分、检验,并在检验中决定朝哪些方向寻求根据。形而上学体系中的批判：并非简单地坚守意见（δοκεῖ）、表面现象，而且仿佛这表面现象还如此这般不言自明和自然，而是在进行区分的时候检验：什么？对于建构存在者之整体而言，什么作为充分而现成的统一性根据（Grund der Einheit）首先而且在绝对的意义上被纳入考量。（认知的方式。）

自从笛卡尔以来，近代哲学看到（下面这种现象在多大的程度上有道理，这还是存疑的），直接信任对诸种物的那种被认为很确定的知识的做法受到了动摇（在存在者的意义上）。当然，在绝对无可置疑的意义上，只有自我被给予了（ego）；但作为"我思"，这个自我现在是在存在者之整体中进行前－置（vor-stellt）① 者。在如此这般进行表象的时候，它就囊括了存在者之可能的整体，囊括了在认识中可以通达的事物。（笛卡尔：怀疑，可怀疑的存在者，思维之物（res cogitans）。康德：真正的批判，亦即在肯定的意义上道出"自我""意识"这个出发点的权利和必要性。）

因而"批判地"呈现出来的框架就是自我本身，而且是奠基工作的第一位的和最高的权威机关，并且还不是随意地、仿佛任意地接受的框架，而是通过批判的检验首先被设立的那个可能的体系的框架与根据。

因此自我（ego）就作为主体，而且作为绝对主体、最高主体而存在了；它不可被进一步奠基。"这里有着**批判的**哲学的本质，即一个绝对自我被设立起来了，它在绝对的意义上是无条件

---

① 通常在没有连字符的情况下译为"表象"，海德格尔这里同样是为了强调"vorstellen"（表象）一词的词源义。——译者注

的，而且不可受任何更高的事物规定；而倘若这种哲学可以从这个原理中连贯地推论出来，它就成了知识学。如果反过来，这种哲学就成了**教条的**，这种哲学或许被与自我本身等同，或许被与它对立地设置起来；而这又发生于在更高意义上应存在的（höher seinsollenden）**物**（*Dinges* [*Ens*]）的概念中，这个概念被设定成既是完全任意的，也绝对是最高的。在批判的体系中，物是在自我中被设置者；在教条的体系中，物是自我在其中被设置者：批判主义是**内在的**，因为它在自我之中设置一切；教条主义是**超越的**，因为它还要超出自我之外。只要教条主义是连贯一致的，斯宾诺莎主义就是它最连贯一致的产物。"（卷1，第119页起）

由此，区分的核心显露出来了，争辩的方向也被规定了。

在**批判的体系**（批判主义）中：物，诸种物，作为**在自我中**被设置者的物性，归属于自我领域者。这个自我囊括了一切，并致力于自身之内。这个体系从自我出发，并保留在自我那里，使得一切存在者都被当作保留在自我之内的、内在的。——不清楚的是：这是存在者意义上的，还是存在论意义上的内在性。（批判主义：存在者在自我之中被设置。——这里就奠定了如下信念：从事实来到设置！）

在这种情况下，教条主义是幼稚的，对存在者、对诸物未持批判态度的，也就是说从批判主义的角度来看是这样的：出离了自我——超越的。自我本身是某事物，它是在物之中，亦即在其他诸种物之中被设置的。（教条主义：自我在存在者中被设置。——这里盲目地诉诸诸种事实。）作为最高的形构（Ausformung），斯宾诺莎虽然是依照笛卡尔行事，也受到了笛卡尔的规定，却还是在前批判的意义上做的，而且是真正教条的体系，这种体系在某种确定的意义上可能已经构成了"批判主义"的反面；一般体系学（Systematik）的典范。

那么现在为什么要决定**选择**批判主义呢？乍一看，它们两者中的每一个都同样有道理，每一个都排斥另一个；在两者之上没有任何更高的权威机关。是什么给了批判主义优先权呢？根本意图在于：体系，绝对的奠基！批判主义明确追问根据，而且贯彻了向根据的回溯，而且是绝对确定的回溯，回溯到使得一切奠基成为可能者。（正题：它指的不是单纯诉诸某个存在者，而是将这个存在者当成创立者和奠基者！当然，那么怎么做呢？）

教条主义：虽然也关心整体和根据，但它不再追问"为什么存在者（ens）、物成了最高者"，不再指定任何根据；与此同时，"自我"成了本身绝对可以理解的事物，成了一切都在其中被讨论的事物。如果说教条主义寻求和希望找到某种绝对居于首位的统一性（Einheit），"那么它就会同样停留在意识中被给定的同一性那里，而且不会急于构想出某种更高的东西，没有任何事物促使它寻求这种更高的东西"（卷1，第121页）。（在这里，笛卡尔的立场就完全清楚了：最初被给定的是如其本然的意识以及它所固有的内容，有了最初这一步，就不再进一步了，就停在那里！）

由此一来，就讲出了知识学的基本立场，只要它将自身理解成批判哲学的真正体系。它的问题格局的基本方向，但仍然不是整体。① 在下文中才能看到，这种立场是如何进一步规定自

---

① 该句子原文如此。——译者注

身的。有限性。

5. 第三个基本范畴

所有这些都是对第三节、对第三个原理的讨论，随着这个原理，也完成了向知识学的详细阐述的过渡。在描写第一个和第二个原理时，分别赢获了一个范畴：实在性和否定性，什么－存在（Was-Sein）和不－存在（Nicht-Sein）。现在也赢获了第三个基本范畴。

设置活动的基本形式，设置为可分之物的活动（Teilbar-Setzen），这不是指在绝对的意义上 [设置] 某个什么（Was），也不是指在绝对的意义上不 [设置]① 某个什么，而是以其中的一个来界定另一个。这种界定首先赋予了规定（determinatio，黑格尔那里的规定性与此不同）。根据前文：前两种形式**降**至第三种形式，而且只有在第三种形式中，才得到其真正的规定功能；否则它们只是被孤立开来的抽象物。

第十二节　强化突出与德国观念论的争辩的对象，并驳斥米施对《存在与时间》的批判②

在我们基于对知识学第一部分（对诸原理的讲述）的解释，而过渡到努力对接下来的诸多具体问题进行一种概观之前，现在我们还想强化突出的，是与费希特以及一般德国观念论进行

---

① 同上。——译者注
②[写在一张附加的纸片上]：与米施在《哲学指南》（Philosophischen Anzeiger）上发表的批判的争辩。

的争辩的对象。①

因为恰恰是在这个关键的苗头上，在费希特的这种自我描绘中，最清楚地确定了这种必要的争辩的视角（Perspektive）。已经有了多方面的暗示，但还没有在整体上加以说明。

这种争论所在的视角，界定了本讲座第一部分的范围：形而上学问题和对人的追问。通过接下来对争辩之场域的确定，当今的问题格局也就可以确定下来了，它可以显露出来了。请注意：不是达到随便哪一个新的、固定的观点，从那个观点出发可以将先前的种种观点挤下去，而是——倘若这样做有道理的话——取得一种必要的、源于形而上学本身的根本发生过程的问题格局，首要的是取得一种问题格局，而不是取得一种一清二楚的立场，这种立场已然完成，而且可以世世代代宣扬下去。问题就是关键，由此出发可以理解本质性的事物；它绝非任何死的知识或一种新的意见。

现在可以比较一下：米施（Georg Misch）的《生命哲学与现象学》②。在这个地方和这里的整体关联下，我们不会进行一种反批判（Gegenkritik）；为此就要涉及一些方法上的问题，而这

---

① [写在一张附加的纸片上]：第三节第二部分：对于这些段落、对于知识学（第五节！）、对于德国观念论的根本意义。

② 米施：《生命哲学与现象学——与海德格尔的一种争辩》，发表于《哲学指南》，第三年度，1928/1929，第267—368页。——编者注：海德格尔是依据单行本给出的页码。单行本的标题是《生命哲学与现象学——狄尔泰的路线与海德格尔和现象学之间的一种争辩》，发表于弗里德里希·科亨（Friedrich Cohen），波恩，1930年，最近一次面世是第二版（1931年）未经修订后的重版，见科学书业协会（Wissenschaftlichen Buchgesellschaft），达姆斯塔特，1967年。

些问题是《存在与时间》第一部分有意加以回避的。但从别的方面来看,米施的争辩还是触及了一系列需要探讨的核心问题,这样的探讨可以为我们整个的讨论带来丰硕的成果。(逻辑学抑或存在论。康德的先验逻辑是"存在论"!这不是任何言辞之争。)

米施的争辩具有特别的意义,这是因为它试图使狄尔泰的整体立场产生作用,并使之对当今的问题情境发表意见。

我对狄尔泰的肯定是毫无疑义的,有时甚至评价得过高了。事实上,我是从狄尔泰所希望的东西出发来看待他的,尽管他还远没有达到他所希望的东西;但即便他所希望的东西,从根本上看对于整个问题来说还是不够的。这里开始了一种对立(Gegensatz),这种对立现在达致争辩(Auseinandersetzung)。

当然,米施在没有意识到的情况下,一定在关键点上已经放弃了狄尔泰的立场,其目的是在一般的意义上使之与我的问题格局进行争辩!当他谈到我的种种研究中的"形而上学特征"时,就是如此。① 因为这恰恰是狄尔泰的工作中最晦暗之处:形而上学(世界观)概念、孔德(Comte)、实证主义,在不同情况下,狄尔泰对事物的看待方式就极为不同。

回想一下,形而上学这个问题概念(Problembegriff):对如其本然的存在以及存在之整体的认识。之所以是个问题,乃是因为存在和认识都是成问题的,还是一项任务。并非因为亚里士多德和柏拉图将这项任务提了出来,因为它在哲学史上存在,才有了这项任务,而是反过来:它之所以存在了,乃是因为它属于"人的天性"。

---

① 比较米施,同上书,第10页。

而当存在任务时，那么只有原初地被展开了的时候，它才被理解为这样的任务；ὄν ᾗ ὄν（存在者之为存在者）——存在问题，对存在的理解。对存在的理解是生存的可能性的基本条件，它不是偶尔碰到的随便什么东西，仅仅因为我们在命题中说了"是"而被涉及，而是反过来：只有当我们已经缄默地理解了存在时，我们才能这么说话，倘若我们没有理解存在，我们甚至根本不能缄默。

对存在的理解——人的有限性；在这个方面对人的追问。这样就产生了对问题的极端化——并非接受古代哲学中的某种意见——一种自成一体的、根本的问题格局：对一般存在的追问，将一般存在当作在对人的此在之中的有限性的追问中的奠基因素。不是对人和生命的任何一种随便的追问，而是受到基本问题的引导，后者甚至恰恰通过人们对它的加工表明，它不是在理论上被构想出来的、写在存在论的教科书中的任何问题，而是此在本身的最深刻和最隐秘的问题。

米施在这里含混不清；他一开始说那是一个理论问题，后来他明显又放弃了这个异议。但他运行在站不住脚的对立之中。我们再也无法从逻辑之物中以纯粹的方式发展出哲学来了（即便我们一直回溯到印度人和中国人那里，也是如此），我们的此在的历史性（Geschichtlichkeit）反而恰恰在于，它必定与那已经无可挽回地发生了的、形而上学的诞生处在争辩之中。因此恰恰要从这里着手，但这并不意味着进入理论上的问题格局。米施太过习惯于在作为严格科学的哲学的种种居于统领地位的苗头所构成的框架内，来看待我提问题的方式了。

在存在问题之原初根源的方向上对这一问题进行的分解，

导向了此在的时间性（Zeitlichkeit），这就使得形而上学的基本问题被表述为存在**与**时间的问题。

如果人们不是从这个标题之所为（wofür），亦即从在这个标题之下被呈现为问题的东西出发来理解它，而是似乎以历史的方式来解读它，顾及到在根本上应该被克服的东西，那么它很容易就会与我们前面辨识为一般的形而上学问题格局中的两种基本可能性的东西相汇合。

通过下面这些名号所表现出来的对立：存在者（ens）——自我（ego）。这里一方面表明了存在者及其存在，另一方面表明了自我、自我意识，或者——正如在狄尔泰那里一样——经历（Erlebnis）、生命、人的生命，后者不归属于存在问题。① 为 ens（存在者）设置的是存在，为 ego（自我）设置的是时间，后者被理解为人的生命的时间性。尝试将存在与时间这两种"相互争执的趋势"统一起来②，将存在论确定为目标，并"接受生命哲学"③。

    ens（存在者）—— ego（自我）
      存在 —— 时间（"生命"）
      存在论 —— 生命哲学

但这里涉及的不是对 ens（存在者）与 ego（自我）之间的这种既有的对立进行某种调和。从这样一种调和中又会产生什

---

① 比较米施，同上书，第3页起。
② 米施，同上书，第5页。
③ 米施，同上书，第6页。

么呢？它必定还是让它的两个部分 ens（存在者）——ego（自我）留在那里，并为它们寻求某种更高的统一性。而首要的问题是：以这种方式进行调和，有什么根据和什么必要性？不是将它们聚拢起来，给以同等权利，而是表明，它的两个部分中的每一个都**不**是原初的，指出它们成了**问题**，由此将它们统一起来的那种企图从一开始就进退失据了。坚守那历史上流传下来的存在论已徒劳无益，反而恰恰应该表明，这种存在论完全没有成为关键的问题，表明这个名字所涵盖的东西一般而言还不是它所意指的东西。（ὂν ᾗ ὄν —— 作为存在者的存在者，"这就是说，正如海德格尔翻译的那样，'着眼于它的存在'"①。他没有给出更好的或更糟的译法，而是已经突出了基础性的、原则性的问题。）

接受生命哲学也是徒劳无益的，反而恰恰应该向它表明，它同样没有触及它最本己的主题所要求的那种问题格局，表明它本身将存在的一个问题格局（eine Problematik des Seins），即人的问题格局，预设为它自己的可能性了。（但即便那样，也不＝基础存在论。——这里也不是；"对此在的生存论分析"——这不仅仅是一个"在方法上装备齐全的概念"②，而是又提出了对人——"生命"——进行动机与导向已完全确定了的某种追问的问题；并非简单的"生命"-哲学。）

两个部分都有疑问了，而这种疑问又源自于一个根基极深的问题，即存在问题与作为时间性的此在的问题之间的整体关联。（但这里格外重要的是问题的**失－基** [Ab-grund]③。但这并未使

---

① 米施，同上书，第3页。
② 米施，同上书，第6页。
③ 去掉连字符时一般译作"深渊"。——译者注

得人们将它弄成谈论的对象，因为那样的话它就消失了，它只有在一个具体发生着和运转着的问题格局中，而且为了这个问题格局，才开启自身。）

$$
\begin{array}{ccc}
\text{ens（存在者）} & \longrightarrow & \text{ego（自我）} \\
? & & ? \\
\text{形而上学} & \longrightarrow\ ?\ \longrightarrow & \text{人类学} \\
& \text{存在与时间} & \\
& \text{超越性} &
\end{array}
$$

不是将 ens（存在者）与 ego（自我），将存在与时间等同起来，而是考察双方之间的那个"与"的问题格局，并且使得双方并非与历史上流传下来的那种对立重合在一起；不仅仅两个部分成问题了，而且问题的核心恰恰就是那成问题了的两个部分的整体关联。由此看来，事情并不在于，比如说，对生命哲学中的存在论进行奠基，也不在于反过来将生命哲学引向存在论，基本的意图恰恰在于表明，当哲学的基本问题被把握到时，是不可能这样进行追问的。（米施当然尝试过把一切都装配到生命哲学中去，而且还希望为这种生命哲学分派一种新的逻辑学，米施对这种新的逻辑学的正面描绘——狄尔泰所谓的"哲学的哲学"[Philosophie der Philosophie]——当然不值一提；只是他的一个暗示要提一下，即这种新逻辑学必定运行在康德的先验逻辑的方向上。这里就像在狄尔泰那里一样，有着一种十分粗糙而不明确的、经过了施莱尔马赫 [Schleiermacher] 的调和的与康德的联系，这种联系事前并没有通过着眼于主导性问题而与康德进行的某种争辩,而获得奠基与规定。诉诸康德的先验逻辑的做法是最糟糕的,因为成问题的恰恰是,这种逻辑本身意味着什么;它(1)本身并未自成一统,而(2)恰恰是在与先验感性论结成一体时找到本己的存在论及其奠基的!)

通过确定历史上流传下来的存在概念以及相应的存在论中的假象问题(Scheinprobleme)[？],而将 ens(存在者)与 ego(自我)强行拉到同一个屋檐底下的做法,也同样是极为暴烈的;就像费希特那种反过来的做法一样的暴烈,即将一切都奠基于自我——亦即生命哲学——之上。但问题并不在于,将一切都拉到同一个屋檐底下,因为这里根本不存在任何屋檐,而且因为它首先并非完好无损地在什么地方了,随时可以遮风避雨,我们反而应当看到,历史上流传下来的有关 ens(存在者)的那种教条哲学之所以教条,不是因为它没有突出自我,而是因为它没有在根本上提出存在问题;我们也应当看到,批判哲学乃是超越于批判之外的(hyperkritisch)(不是原初意义上批判的),因为它的批判不是从存在问题,而是从认知问题和确定性中生出来的,而真理问题和存在之根源(Ursprung des Seins)的问题只是间接地、经过中介后被重新赢获的;应当看到,恰恰是在这种被拔高了的批判的基础上,它无法知道它的那种批判的立场中彻底教条的因素是什么,它没有将如其本然的自我－存在当作问题,而是从意识出发进行解释,正如狄尔泰从经历出发来解释生命一样。(在这里,米施错得最离谱;他没有看到,笛卡尔的立场恰恰也在狄尔泰那里起作用了,这就是说,一般而言这种立场在当前并未被克服,也没有受到质疑。像舍勒(Scheler)、哈特曼(Hartmann)等人那样,认为通过转向某种认识论上的实在论（erkenntnistheoretischen Realismus），问题就得到了解决，这种看法是错误的。米施将与我的问题格局进行的争辩带到了一个完全不合适的层面上，他错误认识了胡塞尔的纯粹意识的现象学与对人的此在进行的那种基础存在论的追问之间的基本区别；并不是一个抽象，另一个具体，而是根本不同的两种提问方式，但这并不排斥对胡塞尔的诸种方法进行富有成效的吸收。）

倘若人们已经决意从历史方面阐明存在与时间问题所源出的那种唯一的对立，那么就应当看到，这个问题的两个部分是如何——以不同的方式——迫近对存在的追问的，看到这种追问本身恰恰是现实的问题，亦即无法因为对应于某个不充分地、从未明确地被提出的问题而产生的某种答案而消失。——我无法帮助自己；人们求助于任何一个历史上的问题，都无济于事，而且据说还这样 [……]①，就像 [……]②。

对于问题的澄清，就讲这么多：在《存在与时间》中要做的事，并非针对其他各种观点，而使某种观点胜出，或者为某个方向的权利进行辩护。对于我们的特殊任务——与费希特以及一般意义上的德国观念论进行争辩——而言，从前面所说的话当中，得出了本质性的结果：在那里作为一个形而上学体系的两种基本的可能性而被列出的东西，反映出形而上学史的一段特定的、非偶然的进程。但这绝不是说，绝对要从这里提取一般体系的诸种基本的可能性；相反，事情表明，这两种可能性力求被回溯到一种原初的问题整体格局（Problemzusammenhang）上去，

---

① 这里有一个词无法辨识。——编者注
② 这里有两个词无法辨识。——编者注

而对于后者，也不能说它就是最终的和绝对的东西。

我们已经看到，费希特消除对立的方式是在 ego（自我）中消化 ens（存在者）的问题。这看起来就像是存在问题直接被回置到自我——此在、时间性——问题上了。它给人的印象就是如此，而且成了一切的对立面（Gegenteil）。

因为对自我的自我性的规定恰恰不是在对存在的追问的引导下产生出来，而是产生于对如何为一种绝对确定的知识奠基的关切。而存在的问题格局，就被一种知识学的问题格局吞噬了。对自我的自我性进行规定的那种方式，历经千辛万苦也没有将形而上学问题带到其原初的基础上去。对自我性进行规定的这种方式，却在费希特界定那种对于存在的问题格局而言极为关键的、对自我的根本把握——那种趋势——的过程中表现出来了。

从知识学的第二和第三个部分的具体展现过程来看，这一点就十分清楚了。

第二章　知识学第二部分。理论知识的基础[①]

第十三节　澄清观念的任务

1. 再次展示三个原理

发端。——赢获了维度和领域：自我性，通过三个原理来重写。目标是什么？会发生什么？形而上学！存在者之整体应该被建构；并非从自我中推导出如其本然的现实之物，而是表明，现实之物、非-我的现实性存在于自我之中，以及如何存在于自我之中；在自我之中——依照自我性来看待它的本质。自我性的一个特征当然是，它将自身降低、亦即有限化和限制到它的设置活动、亦即知识中去了。自我性的纯粹从事于限制的那种自我设置活动的整体，应该被放到眼前，为的是看清楚，被说成[？]是属于这种设置活动的被设置状态，无异于现实之物的现实性。

发端——更准确地复述，并直接从第三个原理中推展出真正起证明作用的演绎。

二个原理：

[①] "思辨的哲学"（卷1，第155页），"人类知识理论"（卷1，第226页）。——第三部分：实践科学的基础。

I. 自我在绝对的意义上将自身设置为自我，自我是……自我；自我在绝对的意义上是我所是**者，因为**我存在；回过头来看，现在已经更尖锐了：自我是……；**如何**！

II. 有某个非－自我在绝对的意义上被与自我对立设置起来。自我的设置活动，**自我－存在**，在其本身就是**对立设置活动**；在自我中有着与某事物区分开来的状态。作为被区分状态的这种**存在**，不是一种特性，而是属于自我之存在。我**如何**存在。

III. 在自我中，自我针对可分的自我，对立设置起某个可分的非－自我。自我－存在是将某物设置为可分之物的活动（Teilbar-Setzen），自我的被限制就属于这种活动，亦即作为非－自我的被区分状态、被限制状态。

现在我们可以更鲜明地把握第三个原理与前两个原理之间的关系了，而且在解释方面有所推进，因为我们说：在第三个原理这里被阐明与被证明的是，自我的设置活动是一种在进行限制的同时又被限制了的活动，以及它如何是这种活动。反之，第一和第二个原理则应该标明，一般自我是什么，以及它依照其本质就使得在它之中有一种一般的**被限制状态**存在。说得更明白些：如果说在第三个原理中表明了，自我在其自我－存在中将自身有限化了，那么第一和第二个原理则表明，自我之有限性的可能性是如何处于自我的本质中的。

但只要一切存在者都处在自我中，并且通过自我而存在，因而没有任何事物是从外部进入自我之中的，那么不仅有限性的可能性，而且有限性本身也处在自我之中。而现在要表明的仅仅是，它是如何以及作为什么而处在自我之中的。

依据费希特，"有限性"指的是：设置活动的可分性，既被限制又在进行限制的设置活动。只有当设置活动如此这般成为像对立设置活动这样的活动时，它才是可能的；因为只有那时，某个事物——针对另一个事物——才被限制。

因而自我中的有限之物被揭示出来，就使得自我中的被对立设置者显露出来了，而且这被对立设置者还处在自我的设置活动本身之中。但当这种被对立设置者显明了自我性的基本特征，亦即那种通贯性的（durchgängige）同一性[？]与统一性、同调性（Einstimmigkeit）时，它只是它之所是，亦即归属于自我-存在；这就是说，被对立设置的各方只有在下面这种情况下才被揭示为具有自我性的，即它们被推入自我的同调性之中，亦即——以费希特的方式来说——对立各方被统一起来。

由此，知识学的进程就由它自身设立的任务标明了。（综合：分析，亦即照费希特来看的反题，必定先于它。基本的综合：作为绝对对立者的自我和非我，ego[自我]——ens[存在者]。）它必定在第三个原理那里起步，并首先查看一下，这个原理是否以及如何包含了被对立设置者。事情将表明，第三个原理的被阐发出来的内容，预先规定了知识学的整个进一步的**内容**，也预先规定了演绎的进程。

2. 第三个原理包含的两个命题

第三个原理说的是：设置活动（Ⅰ）作为对立设置活动（Ⅱ）是进行限制的活动（Ⅲ）。对立设置活动就是对自我和非我的这种对立设置活动。自我和非我相互都可以被对方限制（比较卷1，第125页）。"自我"总是意味着：自我设置自我，而且自我还对立地设置非我。由此看来，在第三个原理中就有着两个命题：（1）自我将非我设置为受自我限制的；（2）自我将自我设置为受非我限制的。

设置为受限制的，这总是意味着：规定（bestimmen）。由此就有了第一个命题：自我规定了非我。但应该如何就此进一步进行言说呢？这个命题一般而言是否有某种可操作的（ausführbaren）意义？迄今为止，非我的确只是绝对被对立设置者，亦即绝对被对立于自我而设置者。如果说自我就是一切，一切都包含在自我中了，那么非我＝虚无。（首先：在什么都不存在的地方，就没有什么能被否弃的。）但虚无却没有为规定提供任何着力点；在它当中没有任何实在性，没有任何什么（Was）。根本无法设想，在什么都不存在的地方，一种什么‐存在（Was-Sein）如何能被否弃。

因而只要在非我中没有设置任何实在性，第一个命题就是毫无用处的。虽然它被包含在第三个原理中了，但目前来看却是成问题的。它是从第三个原理中不假外援地被**推导**出来的，而且这不是因为它在第三个原理中回溯到在那里本身还基于一种权力命令之上的东西之上。（如其本然的限制的事实。）在什么意义上？在它的形式上：被规定，有条件的；在内容上：无条件地解决任务。内容（比较卷1，第144页）。（权力命令：并非哲学家一己的权力命令，而是——哲学家只不过将这一命令揭示出来而已——属于理性的本质。比较卷1，第144页。）

第三个原理所包含的第二个命题的情形如何？这个命题谈的也还是非我吗？这个命题，费希特说，被推导出来，这就是说，它包含了这种已经被设置在如其本然的自我之中的事物。自我

(a)设置了自己——绝对的实在性;它设置自身(b)为受限制的,也就是说,设置自身为可以受……限制的;(c)自我通过非我而设置自身,而后者一般而言被设置在自我之中,处在对立设置之中了——依照理念来看。

处在第三个原理中的这两个如此不同的命题,每一个都为了自身而给知识学的一个本质部分奠基。第二个命题可以被推导出来,它为知识学的理论部分奠基,这就是说,这个命题的布局给出了理论知识的结构("思辨哲学")。第一个、还成问题的命题,为知识学的实践部分奠基。这样一个部分的可能性本身是成问题的,只要它还是上面被提到的那种命题。

只要第二个命题是可以推导出来的,它便因此而在体系中,亦即在整个可能的推导中,回退到第一个命题前。在体系秩序(Systemordnung)的这个意义上,知识学的理论部分对实践部分具有某种优先性(在可思议性、确定性的次序方面)。但照事情本身来看,实践的机能(Vermögen)却优先于理论的机能。

理论的机能并未使实践的机能成为可能,而是反之,实践的机能使理论的机能成为可能。理性依照其最内在的本质来看是实践的(比较卷1,第126页)。比较一下康德!但这里同样要注意的是:问题恰恰在于,如果说在费希特和德国观念论这里,一般而言体系绝非无关紧要,绝非罩在这上面的什么框架,而就是事情本身,那么体系的秩序就会本质性地影响对事情的解释。这就意味着:理论的知识学先已立于可思议性(Denkbarkeit)之中,在自身中包含了有关理性的某种观点(理论的,可思议性)。如其本然的自我性的确定性的问题。

在包含于第三个原理内的两个命题中,第二个是以这样的面目发端的，即它为理论的知识学奠基了；这就是说，在已标识出来的方法的道路上将它所包含的东西摊开来，就是任务之所在。对反题的分析。

3. 在表象的本质方面的争论。观念论与实在论

自我将自己设置为受到非我规定的。

任务：说尽这个命题中的一切对立设置（诸种矛盾），并消除这些矛盾（比较卷1，第128页）。必须赢获设置与对立设置的同调性；这种消解必须以自我维系的方式被给出；一切都以它为导向。

但这种同调性无非就是可以无矛盾地思议。在如其本然地自身确定的自我的框架内的**可思议性**，就是一切命题之真理的标准。换句话说：那个已发端的命题，亦即在这个命题中隐藏着的那些矛盾，在哪些规定和条件下是**可思议的**？旨在找出"唯一剩下的思想可能性"（卷1，第220页）。这种可能性本身是什么？"**在我们的精神中原初地出现的一种事实。**"（卷1，第219页）这种思想的可能性，被证实为唯一的，它证明了——鉴于自我的那种进行预设的存在（同调性！）——那种事实的**必然性**。权力命令！（这种[事实]只有通过建构的尝试，才能被人**意识**到，但它自身不是被发明和创造出来的。这就意味着：这种辩证法和建构在根本上是对自我之**事实性**（*Faktizität*）的阐明，阐明其为存在着的事实性事物。——但在知识学内部，它不能显得像是单纯诉诸诸种事实，**证明**总是有必要的，即证明那些事实就是事实。比较卷1，第220页！——因而本原行动还具有事实-特征，或者说它是未经澄清的和没有被发现任何问题的。)

但当那个命题被指明为可思议的，而且被当作归属于自我的诸种设置之统一性时，我们赢获了什么？一般而言，那个命题就自我说了什么？无非是：自我在进行前-置（vor-stellend）①。这意味着，它以自我的身份在对待某种被规定为非我的东西。对那个命题之先天的可思议性的证明，类似于指明如其本然的表象的可能性。

康德："我问自己：我们当中有人所谓的表象与对象之间的关系，其根据何在？"②（注意这个问题的形而上学意义！）

从自我的本质出发，对表象、亦即对表象的本质进行澄清。换句话说，理论的知识学，亦即有关理论知识的知识，其主导性问题就是：已经被界定了的自我，其本质必须如何进一步地被规定成如下这般，即在自我中，表象活动作为自我-存在的某种本质持存（Wesensbestandes），其可能性是可以理解的？

为了能彻底理清费希特那里相当错综复杂的种种观察，人们就必须这样来化解那个主导性问题，并持久地关注它。在标明这些观察的几个要点之前，我们首先要弄清楚的是解决这一任务的种种可能性以及如何澄清表象，为的是把握住知识学的这个部分的真正内容，而不必顾及系统展示的方式是如何的。

如果说"表象"在这里被理解成表示一般理论机能的名称，那么依据哲学传统，明显就得在此讨论一种基本现象了。（表象，感知 [perceptio]，与存在者的基本关系。形而上学——体系。）

---

① 去掉连字符时一般译为"表象"。——译者注
② 致赫茨（Markus Herz）的信，1772年11月21日，收于：《康德著作集》，卡西勒（Ernst Cassirer）编，与科亨（Hermann Cohen）等人协作，柏林，1918年，卷9，第103页；以及《康德著作全集》，卷10，第129页。

哲学的可能的提问方式，必须按照表象被着手澄清的方式呈现出来。现在我们听到：两种可能性，教条的和批判的，前一种将一切都归入诸种物，后一种将一切都归入自我。甚至恰恰必须在理论知识学的问题上，产生这两种体系的可能性。因为在澄清表象的时候，问题涉及的恰恰是澄清表现了自我与物之间关系的某种事物。在这里，两个的确绝对地规定了两个体系的区域，碰撞在一起了。我在进行表象：我与某种物产生了联系。这种联系应该如何被澄清？在进行这种澄清的时候，应该通过哪条道路？费希特对这个问题采取什么态度？（比较卷1，第155页起）我与规定我的物发生了联系，表象了它。——表象与表象活动。

预先被给定了的、要加以澄清的事实状况：自我、物、两者之间的联系。现在对于澄清的方式而言极为关键的是，要加以澄清的事物本身、这种事实状况，一般而言是**如何**被理解的。我们可以将这种事实状况当作某种现成之物：现成的自我，现成的物，两者之间现成的联系，亦即一种物的整体关联（Dingzusammenhang）。作为事实整体关联（Tatschenzusammenhang）的事实状况。但这就是教条的体系的基本态度。被这种基本态度预先规定的，是什么样的澄清之路？在事实状况中的情形是：物规定了自我。但在事实的领域中，规定活动（Bestimmen）即是造成某种后果。非我、被表象者，被把握成自我之中表象活动的原因。这个自我及其表象活动，依赖于诸种物的作用整体关联（Wirkungszusammenhang）。这种自我是真正的实体（Substanz），自我中的一切表象活动却只是一种偶性（Akzidens）。表象活动仅仅来自这种作用整体关联的恩典（Gnaden）。非我作为物性的东西（das Dinghafte），也是整个表象的根据。非我作为实在根据（Realgrund）。

教条的立场，将要澄清的东西和进行澄清者设置在现成事物中，设置在对于教条的意识而言唯一**实在的东西**之中。由此看来，这种立场就是一种教条的**实在论**（最极端的形构：斯宾诺莎的体系）。这个体系之所以可能，仅仅因为它从根本上放弃了下述努力，即在任何意义上于澄清表象时撇开被表象的物本身，并恰好追问如其本然的表象者；这种体系在根本上是从非表象性的东西、从如其本然的物性的东西出发来澄清表象的。费希特在这个意义上说：质料的（materiale）斯宾诺莎主义是"一个体系，它以可能的最高的抽象——对非我的抽象——的缺陷为前提，并且因为它没有提出最终的根据，就完全是未经奠基的"（卷1，第155页）。

"表象"这个名称所标明的事实状况，却也可以被当作某种本质上具有自我之特征的事物；**表象活动**不是一个现成的进程，而是某种"**我进行表象**"；它在其本身是自我的一种**行动**（Handlung）。如今，要加以澄清的东西被设置在这个维度中，不是存在者（ens）的维度，而是自我（ego）的维度。不是作为作为－事实（als Tat-sache），而是作为本原行动（Tathandlung）。

但在作为表象活动的这种对待（Verhalten）中，关键之处恰恰是，非我在进行规定。非我作为进行规定者，还是必须**被纳入到进行澄清的事实状况之中**去。换句话说，如果说表象如今被理解为属于自我－存在的，那么**在表象中**的非我应该如何被理解呢？如果说对立的立场如今被坚持下来了，那么如其所是的非我，就不是一个物了。非我"在表象之外没有任何实在性"

（卷 1，第 155 页）。它之所是，并非作为实体，而是反过来作为自我的一种属性而存在的，这种属性如今扮演了最广义的实体的角色。它之所是，仅仅作为**在自我之中，为了自我**而被表象者而存在；非我并非实在 - 根据，而是观念 - 根据；作为单纯的被思者（Gedachte）而进行规定。

由此看来，这个立场是观念论。在这种观念论中在进行最高的抽象；它将一切非自我性的东西都当作物性的东西，弃之不顾，而只着眼于作为进行表象者的自我，以及如其本然的、它的表象之物，广义上的"观念"（Ideen）。正如费希特明确评说过的，作为观念论，这个立场"完满地被奠基了"（卷 1，第 155 页），也就是说正好——从笛卡尔出发来思考——以绝对的方式被回溯到如其本然的自我之上了。

然而，这种观念论并未澄清在表象问题上应当被澄清的一切，即**感受**（*Affektion*），"一种表象由之而产生"（卷 1，第 155 页），然而这却是从外部来侵袭自我者，而不是来自自我的恩典。（难题：为了澄清表象而需要采纳的那种**推力**，凭何而来？比较卷 1，第 218 页！——表象的产 - 生 [Ent-stehen][①]。表象活动**由何而被规定**。依照它的本意，乃是对被表象者的**前 - 置** [*Vor*-stellen]。）

就像实在论将自身安置在诸种物之上一样，这种观念论同样极端地似乎只将自身安置在自我之上了，因此它也是教条的。这就是说：单是从自我出发，而不进行任何进一步的规定的话，这还不能保证批判的立场。虽然批判的体系必然是观念论，但

[①] 这里的翻译是勉强为之，"ent-"为"去掉"的意思，"stehen"为"立"的意思，海德格尔强调这两部分的词源含义，但两者凑在一起在中文中就不通了，故译文不采用直译。——译者注

问题在于，这是在什么意义上讲的。

在这两种立场似乎尖锐对立的地方，考虑到那个主导性的问题，这种判决必定公然落空。"由此看来，实在论与观念论所争论的真正的问题乃是：在对表象进行澄清时，应该采取哪条道路。"（卷1，第155页起）（这就是说：是从物到自我，还是反之？中间道路！比较卷1，第173页！）

但现在事情会表明，在理论的知识学——它恰恰将表象的可能性当作主题了——中，这个问题没有得到回答。因为这个难题仅仅被奠基于这样一个命题，这个命题与它的反命题一道，构成了第三个原理的基本内容，但那个反命题却是实践的知识学的根据。观念的可能性的难题只有在知识学的实践部分中才能化解。

但这样一来，是不是理论的知识学一般而言对于表象的可能性就没有任何贡献了呢？那么它在其广阔而繁杂的种种演绎中讨论了一些什么呢？绝不亚于下面这一点：两条路都是正确的（然而没有哪一条路解决了问题），在某些条件下，第一条路，实在论，是正确的；在被对立设置的另一些条件下，第二条路，观念论，是正确的。（但这两条路是由何而被规定的呢？）

但从费希特的体系出发来看，这意味着：**人类的理性**，亦即一切有限的理性，被设置为与自身相矛盾的[①]；这种理性陷入了某种循环。

作为进行表象者，自我显示出，理性陷入与其自身的冲突了。一个显示出这种冲突与循环的体系，才是批判的观念论，"康德

[①] 在多大的程度上？可以比较后面通过发展主导性的论题而得到的成果！——绝对的诸种可能性——极端的！固定下来，然后只需停在那里不动！

最连贯也最完备地提出了这种观念论"（卷 1，第 156 页；比较第 178 页）。

这样一来，是否就触及了康德的批判中的核心难题以及康德的观念论的本质，这个问题还不清楚。费希特完全是在自己提问的框架内看待康德的，这一点是清楚而必然的。问题仅仅在于，费希特的立场本身是否还极为切近于他和康德所共有的那个核心的难题，使得康德的观点显明了关键之处。

这里又再次表达了辩证-逻辑意义上的体系建构，这种建构粉碎了现象，而没有使之在原初的饱满状态（ursprünglichen Fülle）中生效，这样做为的是从它自身出发来规定问题格局。（但这不是一个关乎单纯的看到与没看到的问题。只有受一个难题引导，我们才能看到些什么，并保持这种状态。）

这种理解，即在表象的本质中存在着一种冲突，只有在如下条件下才是可能的，即将实在论与观念论标举为有约束力的做法被接受了（ens[存在者]—— ego[自我]，作为固定的出发点），这就是说，一种原初的苗头和最初作为生存论环节的那种对超越性、对存在论意义上的超越性的体验被忽略了，为的是事后才作为解围之神（Deus ex machina）被引进来。但之所以有这一切，乃是因为知识学这类的东西不是从存在问题及其必然的扎根之处生发出来的。

只是在这里，对于我们而言，费希特对难题的解决才是本质性的，依据前面所说的意思，在这种解决的特征方面是没有任何疑问的。费希特瞄准的是康德本应加以突出的那种理性的冲突，为的是消除这种冲突。那么基本论题就成了：当自我的同调性和统一性还保存着，也就是说，当那唯一得到奠基的和可以奠基的**观念论**立场被保留时，冲突与不同调就不可能支撑下去。

但在这种基本信念——即"自我的绝对存在不能被放弃"（卷1，第156页）——中还包含更多的内容。这就是说，这种冲突的化解必定是明显偏向于观念论而发生的；只是观念论不能是任何教条的观念论。

因为这种观念论恰恰无法澄清**表象活动的本质**，作为**自我性**的行动，它恰恰**受到**表象者规定。但这就是说：澄清恰恰需要这种行动，这种受规定、受限制的行动。这种活动作为一种受限制的、亦即**被削弱的**行动，必须得到澄清，而且必须正好以观念论的方式，亦即从自我出发而被澄清。"自我的被削弱的活动从自我本身出发被澄清；这种活动的最终根据必定被设置在自我之中了。"（卷1，第156页）（从自我本身出发澄清感受；它的可能性！——需要澄清的事物在多大程度上更尖锐，也更原初？存在论差异。就像自我一样，在此它作为超越性保留下来了吗？——这个体系结构的框架，在对第三个原理的表述中就已经有了。以演绎的方式推展任务。解决方法：证明某个权力命令的必然性与唯一的可能性。）

至于这是如何发生的，这一点首先是由实践的知识学表明的，但这种知识学的问题必须首先由理论的知识学来预先规定，这就是说，首先必须被表明的是，在多大的程度上，在澄清表象的时候，这两条道路——实在论的道路和观念论的道路——在某种意义上都是必要的。表象的本质之中的那种冲突必须由此得以显明。只有当被对立设置者相互对立地被设置起来时，双方之间的一种充分的统一才得以贯彻到底。这种解决办法所实施的事情，在其本身必定是一种被对立设置者（比较卷1，第172页起；卷1，第178页）。

第十四节　交互规定

1. 理论的知识学的指导原则中的冲突（B 部分）

费希特提出的包含了理论的知识学之主题的那个命题是："自我将自身设置为受到非我规定的。"自我是进行表象者。（比较第三个原理中包含的另一个命题："自我将非我设置为受到自我规定的。"）

（比较第四节的布局：从一般之物到特殊之物 [A-E]！——这种方法值得注意的地方是：在每次所达到的综合中，在中途一切都被正确地 [统一起来了]，但恰恰在结尾之处却都是成问题的！比较卷1，第143页！这样一来，通过所产生的种种矛盾以及对这些矛盾的种种综合，冲突只是被往后推了。再一次提到真正的和最高的任务："正如自我能直接对非我起作用，或者非我能直接对自我起作用一样，双方也应相互完全地被对立设置起来。"（卷1，第143页）两种基本立场——笛卡尔：思维之物（res cogitans）——广延之物（res extensa）。在存在论-形而上学上是偶然的；只是在这种教条论（Dogmatik）的基础上有了一种体系的演绎法（Deduktionismus）罢了！——双方没有统一起来的任何可能！这意味着什么？在存在论上尚未澄清，漠不关心；在方法上也是如此！）

任务在于澄清表象，亦即将表象的本质中的冲突加以展开，亦即将包含在前面提出的那个命题中的种种对立加以展开。分析这个命题，就意味着：将包含在它之中的种种对立加以突出（反题）。

自我——非我（前者受后者规定）；自我不是进行规定者，它毋宁应当受规定。因而：（1）"非我规定了自我"——这个自我只有在进行自身设置活动时才是自我；只有当它在绝对的意义上是活动的情况下，它才是自我，而且如此这般地可以受到……的规定；由此，在正题中同时也作为**自己**——通过……；（2）通过绝对活动（absolute Tätigkeit），"自我规定了其自身"。

完全一般性地说：第一个命题说的是"自我是受动的"；第二个命题说的是"自我是主动的"。（这里的活动与受动是在一般意义上讲的，而不是从知识学出发被规定的。）一个加以肯定的，乃是另一个加以否定的。因而它否弃了其自身；但如果说意识的同一性应当保存下来的话，那么受动命题就不可以自我否弃。（这恰恰是一些决定性的思索！）然而，现在意识的同一性已然被设置了（第一个原理，等等）。另一方面，它应当加以否弃的那个命题在意识中也已经现成存在了。因而问题的化解也只在意识中现成存在，只要这种意识刚好也现成存在。（自我必须相应地被规定！）

依据第三个原理，根本是通过设置为可分之物的活动（Teilbar-Setzen）来化解问题的。这就意味着：非我**部分地**（zum Teil）规定了自我，而自我也部分地规定了其自身；一部分是活动，一部分是受动。但是：双方应当被当作一体，而不是被当作某种无关联的并列。自我被规定：**在它当中**实在性被否弃了，亦即**在它当中**否定性被设置下来了。但在它当中被否弃的那种实在性却在非我中被设置下来了。一般而言：在自我被规定的情况下,它才将自身设置为进行规定的。在它规定自身的情况下,它才设置自身为被规定的(bestimmt-werdend)。规定活动是**交互规定**。(一方与另一方**交换**,反之亦然;到那边去 [hinüber]——到这边来 [herüber],但这两个步骤是**一同**发生的。另一方在进行规定,但是此时这一方却将自身规定为与另一方对立的。——"自我只能将自身设置为,它是受非我规定的……同时它也将自身设置为进行规定的;因为在非我之中进行界定者就是它自己的产物……"卷1,第218页。)

如果说表象的本质、它的可能性,处在这个交互规定的方向上,那么归属于观念,也归属于自我的就有:**交换**。(比较上面提到的"循环",如今成了交换,但在此却是"限制"。比较黑格尔的"变易" [Werden]。)或者说,Determinatio(规定)如今本身已经成了一种更受规定之物(bestimmtere),虽然依旧是个难题。

当然,"主要的困难"(卷1,第131页)还存在(障碍-澄清),"绝没有显著地"(卷1,第131页)得到解决,但却显著地赢获了方法。但说到解决,还有许多要提的:交互规定(综合所要先行具备的必要特征),化解了表象中的冲突。而这个概念本身必然"受到某个特别的附加条件"(卷1,第131页)的限制。(恰恰是基本的综合:自我削减、有限性、想象力、时间性。)

在理论的知识学的指导原则中包含的两个命题:(1)非我受自我规定。(2)自我规定其自身。

2."非我规定自我"这一命题蕴含的诸种对立(C部分)

被对立设置的命题中的第一个。比较第四节 C,标题:"通过被对立设置的命题中的第一个所包含的诸种对立的交互规定而进行综合。"（卷1，第131页）它所包含的诸对立有：(1)非我应当规定自我，亦即否弃自我之实在性的一个部分；这就是说，它必须**在自身中**包含自我应当否弃的那个部分。非我在其自身之中具有实在性。(2)但一切实在性都被设置在自我之中；非我对立于自我而被设置。一切非我都是否定。非我在本身中没有任何实在性。（"非我在其自身之中具有实在性"和"非我在自己中没有任何实在性"这两个命题相互否弃。第一个命题否弃了其自身。但同时也否弃了意识中含有的一切！恰恰有鉴于此——那个"是"及**其**存在——才首先产生了**同一性**。）

但是，现在第一个命题成了理论科学的一个首要命题，这门科学在第三个原理中，这个命题在第一个原理中都是：意识的统一性！这种统一性必须被保持，尽管冲突也必须被解决。

但难道我们不是已经通过交互规定概念解决了冲突吗？可惜交互规定概念只说出了：在自我中成为否定性的东西，在非我中就是实在性，反之亦然。首先存在的实在性以及据说要被称作否定性的东西，首先完全被放任不管了。（在被揭示的这种对于诸种规定性和范畴的漠然中表现出对它们的强制，表现来自外部的根源，而只有这时才会出现对这种企图的、在辩证法上精准-切割的拒绝行为。①）关于交互的次序（比较卷1，第141页），还没有进行任何规定，次序也根本不能从交互规定这个单纯形式上的概念中得出。自我是实在性，而非我也是实在性。实在性概念本身是双义的。为了拯救意识的统一性，这种双义

---

① 比较下面第159页。

现象就必须被消除。

自我是一切实在性的源头（Quelle）（比较第一个原理和实在性范畴）；自我－存在＝自我－设置活动，活动。一切实在性都是活动着的。一切活动之物都是实在性。(Ἐνέργεια [现实性，实现]——ens actu ["现实之物"]。)

这里应将活动概念当作纯粹的：(1)没有任何时间条件,(2)没有与客体发生任何关系。活动的"与……相关"应该被避免。虽然想象力总是维持着这种"与……相关"，但并不注重它。（纯粹的作为 [Tun]——不是从过程看，不是从结果看。）

活动的反面是受动（Leiden）；这里也是如此：(1)不是对痛苦的感觉,(2)不是时间条件,(3)没有任何肇因（verursachende）活动（纯粹的忍受……）。活动的反面，而且是量上的否定和受动：一般感受。"自我存在"中，没有直接被自身设置活动（Sichselbstsetzen）规定的一切，就是受动。（自我所不是者，仅仅存在于交互中，因为自我将行为与受动相交换。受动：某种听任。）

现在，自我的绝对实在性必须被保持住。倘若自我处在受动状态中，亦即活动受到了限制，那么同等程度的活动（实在性）就被转让给了非我。

如今，冲突得到了解决：非我**本身**没有任何实在性，但只要自我在受动，它就具有这种实在性，因为这样的话它就经转让有了活动。只有在进行感受的条件下，非我才具有实在性。（不行动＝让其他事物起作用，忍受。受动：作为经转让而负有实在性的状态。非我——感受者。——问题：实在性应当向着何处被设置？）

随着矛盾如此这般地被否弃，就有某种新的因素被揭示出来了：如今不再是简单的、不确定的意义上的那种交互规定了，更替和混淆不再是无关紧要的了。交互规定如今作为**效用（因果性）**产生出来。（在自我中**应当**①有否定和受动，在非我中应当有实在性被设置下来。比较卷1，第145页。）

活动被归于其上，因而也不是受动的那种事物叫作：原－事（Ur-sache）②，原－实在性（Ur-realität）。受动被归于其上，因而也不是活动的那种事物叫作：受作用者，没有任何原－实在性。双方结合起来就是："作用"（Wirkung）。（人们永远不应当将受作用者称作作用。）

3. "自我规定其自身"这一命题蕴含的诸种对立（D部分）

自我将自身设置为受规定的——规定了其自身。（a）自我**规定了**自己。它是进行规定者，它活动着。（b）自我规定了**自己**。它是受着－规定的（Bestimmt-werdende）、受规定者、受动者（leidend）。因而自我是同一个既活动着、又受动着的行动。只有如此这般才能化解下面这一点：它通过活动来规定它的受动，反之亦然。

一种受动如何能被设置在自我之中？根本不是外来的。受动和活动为一。受动只是分量小一号的活动。

我思（Ich denke）：（1）作为活动的表达：我行动（ich handle）；（2）作为限制、受动的表达。所有其他种类的存在都被排除掉了。（自我通过活动来规定它的受动，反之亦然。）对

---

① 当有某种绝对命令存在时，则是"必须"！
② 去掉连字符时一般译作"原因"。——译者注

自我的任何一种可能的述谓——"自我是……"——都是一种限制。通过这种述谓，自我被纳入某个划好了界的范围内。比如：存在、实在性——整体的；如果说思（Denken）应当成为可能，那么自我就必须被限制；它行动，它削减了其自身。倘若**这里的自我**在这些情况下没有去行动的话，它就不可能成为自我，反之亦然。因而在思中有着：限制（受动）和活动，被联系到对象之上。

自我：（1）在进行规定，只要它将自身设置到作为实在性之绝对总体性的绝对自发性（absoluten Spontaneitä）中去；（2）受规定了，被设置到某个特定的范围中去了，只要从设置活动的绝对自发性那里抽离开来看。

作为包含了一切实在性之整个四周（Umkreis）者：实体（Substanz）。作为被设置在某个并非绝对确定的范围内者：偶然的。它在自我中是一种偶性（Akzidens）。

只有通过在绝对的四周内设置出一些可能的范围来的活动，自我才能成为实体；只有如此，才会有诸种实在性、行动方式、存在种类（Arten zu sein）。反之：如果没有实体，便没有任何偶性。

实体：将总体来看的一切交互现象都考虑到了。偶性：被规定者，它与另一个交换者进行交换。

但这里要注意的是：实体并非存在者层面上的任何位于底层者（Zugrundeliegendes）、持留者、存在者（康德），"不是任何被固定者……，而是一种单纯的交互现象"（卷1，第204页）；（然而这样规定是不够的！）

在实体中，除了诸偶性外，就不包含任何进一步的东西了。依据对它——实体——的某种完备的分析，除了诸偶性之外，再也没有任何别的东西了。无法设想一种"持存的基质（Substrat）""可能的负载者"（卷1，第204页）。每一种偶性，亦即自我的每一种举止，都是"**它自己的**，以及**被对立设置**的那种偶性的负载者"（卷1，第204页）。自我的总体性在于"某种**关系**（Verhältnisses）的完备性"（卷1，第204页）。

作为效用（因果性）和作为实体性的交互规定（Wechselbestimmung）。两种交互规定。实体-偶性-关系乃是从交互现象出发的，然而每一个因素都是整体。——康德的范畴表。这个范畴表的人为之处（Das Künstliche），以及费希特联系这个范畴表所做的事情的人为之处。仍然如此！质：实在性，否定性，限制性。关系：依存性与自存性（实体与偶性[substantia et accidens]），原因性与从属性（原因与结果），协同性（行动者与受动者的交互作用）①。

因而就有两种综合。它们澄清了什么？什么都没澄清，如果它们被分离开来看的话；这就是说，对立依然存在，甚至恰恰因为它们而更尖锐化了；它变得更深远了，两端相互被推离开了（比较D部分结尾处的阐明；卷1，第144页）。

在我们追踪最后一个步骤——对最广泛地相互挤压的两端的那种主要的综合——之前，（重新）起主导作用的那项任务应该（再次）被规定，而且这就使得我们现在就可以展望任务的解决了，这种解决只有在实践哲学中才应该和能够被给出。

这就表明：对立论题的解决具有交互规定的普遍特征；两个种类：因果性和实体性。即便在这里，也明显可以发现与康

---

① 中译名参考了邓晓芒译本，见康德：《纯粹理性批判》，邓晓芒译，北京：人民出版社，2004年，第71-72页。——译者注

德范畴表的一种部分而言相当表面化的关联,但事实上,有一点是首要的①,即诸种范畴规定被运用到自我与非我的关系上,这些规定从其整个的根源来看,产生于诸种事物的领域中,并保持适应于这个领域。虽然费希特通过"交互"这一特征(交互性关系),看起来好像赋予这些关系以巨大的广度和运动性;可是在康德那里的关系范畴中,交互规定也被塑造为第三组范畴。比较一下质的范畴:限制性,否定性,断定性(Position)。同样不容混淆的是,费希特在叙述交互规定的这两种形式时,他的做法并非前后一致和显而易见的,而这一点在这里却并不重要。

更重要的和关键性的是另外一点,而且是双重的:(1)实体性关系的优势地位,(2)来自于同一种存在论上的根源的那种否定性所具有的特色("真正的和最高的任务")。

(1)对于自我之自我性的特色起着核心作用的,是实体理念,这一点不再令人惊奇,因为我们明确指出过,主体概念最初完全没有被关联到自我性的存在(das ichliche Sein)上去,只是出于一切完全特定的动机,才开始扮演这种特殊的角色。此外,"置于基础之处"这一基本含义却总是保留下来了——即便变得很苍白,而且被认为无需进一步追问了;这样一来,恰恰自我成了绝对的可奠基性的领域。(尽管置于基础之处的做法并非某种核心和负载者具有的那种物性的现成存在,而正好是如其本然的交换的保持,交互现象之完备性的保持与在此意义上的持存。)

在将自我与非我之间的关联规定为实体性时,现在主体概

---

① 参见前面第155页。

念的这个特征就完全显现出来了。但这样一来，这种关系现在就被理解成这种交互规定的关系了，这就意味着：在某个方面是偶性者，其本身可以反过来成为实体。

第一实体（Substanz primär）：提到一切交互现象时都普遍地被想到＝绝对主体，自我，如它被它的那种自我性的、亦即并**不**相对于另一种事物而言的、亦即绝对的活动所设置的那样。这种并不－相对于什么事物而言的、非－有限的、无限的自我，却受到对它的述谓的限制，而且作为如此这般受限制者，就成了一种有限的自我。这种通过"我表象……"或"我追求……"之类的述谓而进行的限制，总是也受到与非我的关联的规定；这种关联状态是真正在进行限制的因素。

因而可以如此这般来理解这项任务：绝对的自我和相对的自我、无限性和有限性应当被统一起来。"但这样一种统一本身是不可能的。"（卷1，第144页）而且这样一种统一的完全的不可能性最终必定会显现出来；这就是说，下面这种必然性会显现出来，即对立双方中的某一方必定退却。但这只能意味着，面对无限性，有限性败退了。因为有限性本身还是具有主体特征的，这就意味着：有限性必定被否弃，"无限的自我必定只作为一（Eins）、且作为全（Alles）而保持下来"（卷1，第144页）。

在这种"必定"（它在此作为必然之物出现）中，在将有限性扬弃到无限性之中、将非－行动（Nicht-Handlung）撤回到自我的绝对活动（die absolute Tätigkeit）之中的这种要求中，在这种要求中，我们必定可以听出理性的绝对的权力命令：即如其本然的自我性的那种要求。

在这一点上已经反复指出过的是，这不是随便在哪都能看到的，而是费希特特有的。在费希特那里，只有在这个名称之下，在某些特定的条件之下，它才显现出来，而他本身并没有穷尽整个作用范围，也根本没有规定主体的本质。一切哲学都是对理性的权力命令的显明（Offenbarmachen）、结合与融合。（哪种权力？如何做？这话的意思必定会自行显现出来。）

哲学家并不发出这种权力命令，他只是指出它："因为非我不可在任何意义上被与自我统一起来，所以一般而言不**应该**有任何非我存在。"（卷1，第144页）

但在这个权力命令中，也有**关于**非我性事物（Nicht-Ichlichen）之本质的一种权力命令：它是不应该存在的。但这样一来它就可以是下面这种事物了，即不-应该-存在者（对于自我而言），它还是必须，而且恰恰必须**以某种特定的方式存在**。（实体关系。一切非自我性事物都是偶性；它必定在某种特定的意义上含有实在性。——要注意费希特本人在 E 部分中是如何**扬弃**这两个种类的，因为它们不够用来理解意向性 [Intentionalität] 和超越性 [Transzendenz]。因而费希特恰恰将目光投到了这种基本现象之上。绝非偶然的是，他接下来就**触及**想象力惊人的能力这个问题了。——主要不是被某事物规定的状态，而是**自行**去进行规定。在面前存在着什么。材料！）

费希特以某种并非偶然的对比，来阐明绝对自我和相对自我、无限性和有限性、自我和非我之间的关联：光明和黑暗。为了将它们一同呈现出来，我们举个黄昏的例子，黄昏本身总是表现了光明和黑暗的某种同时存在。双方之间的矛盾总是一再被推延，这就是说，这矛盾保留了下来。而要化解这种矛盾，只能如此：光明和黑暗一般而言并不被理解为被对立设置者，而是被视为仅有程度之别。"黑暗只是极小量的光明。——自我与非我之间恰恰就是这种关系。"（卷1，第145页）

在这里，我们看到了第二个因素：处在自我与非我之关联中的那种否定性，如今更明确地作为量上的事物、可以量化的事物而存在了；第三个原理中已经对这一点有所暗示，虽然在那里还完全不易理解，也完全是随意而为。

但是如今的情况是：如果说对立在根本上而言会垮台，那么它并不存在于根本不同类的事物之间。非我不可以与自我不同类，虽然与其有别。这样一来，剩下的就只有下面这一点了：如果没有了任何质上的区别，就只有一种量上的区别了。

恰恰在这里，显得特别清楚的是：鉴于自我与非我的这种关联，那些可以动用的范畴就被用来澄清问题，也在寻找一条出路，这条出路在面临一切不足之处时还能提供某种解决方案。换句话说：这种关联本身没有被追问，并依此来界定某些特定的性状（Charaktere），而是反之，这种关联是在流传下来的、看起来很绝对的一些概念中被界定的；在它力有不逮的地方，权力命令以及该命令的要求就上来帮忙。当然，下面这种想法是极为错误的，即人们可以简单地指责费希特或者其他一些哲学家说，他们没有看到某些特定的整体关联，也没有鉴于这一点在现象学批判中有多么常见，来原初地规定这些整体关联。在此人们没有想到的是，仅仅看到某些事物还是不够的；的确，一般而言，只有当问题（Probleme）存在时，这种"看见"才是可能的，才是有保障的。只有凭借问题之力，某个区域才会对视线开放；反过来看，这个视线已经被规定为与问题同在的，双方是不可分的；这就是说，这里的情形，远比将事情归于某种方法论的公式的做法更丰富，也更本质。

只有考虑到下面这一点，费希特的努力——在对表象内部的冲突进行加工的方向上，也在扬弃该冲突的方向上——才是可以理解的，也才可以充分显露其内容，即他已经，以及在多大的程度上受到一种本质洞见的引导，尽管这种洞见没有充分被澄清，也没有在整体上被充分［？］理解：**本原行动**。由此他才一再努力持留（anzuhalten）演绎的进程和规定那在一般意义上起主导作用的**前瞻**（Vorblick）。

4. 想象力（E部分）

此前的种种沉思导向了两类交互规定：因果性和实体性。在这两类交互规定中，首先表明了一种可能性，即自我**同时**既进行规定，又被规定了。因为规定与被规定为一（交互关系）。（下面这两个问题得到了回答：到哪里寻找实在性？受动是如何发生在自我之中的？（然而还是不同的！）——结合起来，并同时发生，自我 [ego] 与存在者 [ens]：将它们统一起来的是想象力。比较卷1，第213页起。）

但难道"自我将自身设置为受到非我规定的"这个命题并未因此得到澄清，难道这个命题的统一性并未因此被挽回吗？不，费希特说，矛盾依然存在（比较卷1，第148页）。自我与非我之间的交互关联的这种可能的持存虽然被澄清了，但这样一来就使得这两种**关系**及其交互特征无法说明和澄清表象中的关键因素了。

这也就是说，还需要什么呢？仅仅是自我在被规定的同时进行规定①，还不够，还要有：进行规定者应该如此这般**对于自我**而言，被设置为被规定的了（als bestimmtwerdendes gesetzt sein）。在被规定的状态下，自我应该**自行**设置；在进行规定的时候，它应该**受到**如其本然的非我的规定。换句话说：这种交互关系绝不是几个盲目进程之间交替出牌，而是**一种关系**，这种关系具有**自行** - 对待的特征（den Charakter hat des *Sich-Verhaltens-zu*）。②因而：这种交互是如何对待如其本然的自我的呢？这种综合必须首先赢获现象（Phänomen）。

但费希特依照其方法，是通过这两种交互规定之间的某种对比设置（Gegeneinandersetzen）来寻求解决的。（1）自我 - 存在（Ich-Sein）作为从自我本身中产生出来的事物，其本身就是独立的活动，是绝对的行动。（2）自我 - 存在作为有限的、受限制的存在，却也是一种受动，这种受动本身只在与作为（Tun）进行交换时，才是其所是：交换 - 作为与受动。"**独立的活动……受到交互 - 作为和受动的规定；反之，交互 - 作为和受动也受到独立的活动的规定。**"（卷1，第150页）

自我的这种独立的活动，在其本身就是这种规定了某种交互现象的活动。自我 - 存在：被关联到交互现象之上的自行 - 设置活动（Sich-setzen）。自我在交互活动中维持自身。它既非绝对自为的某种自我 - 实体，亦非在其旁边似乎自为地有那个物存在，而是自我在其自我 - 存在中仿佛飘荡在自我与非我之

---

① 似乎是作为我们在一旁注视到的客观的、物性的（dinghaftes）交互关系；一种对于任何有理智的生物而言都存在的交互关系。

② 自我（Ich）——受到（durch）……；于我而言（mir）——从何而来（von-her...）。

间。它并非在两块固定的、事先就已被设置好了的界石之间**飘荡**，作为自我，它反而恰恰是**形成了**这种"之间"的事物，恰恰是在它的飘荡活动中让这种"之间"得以存在的事物。

但是，它是在它的种种规定、亦即它的种种对待（Verhaltungen）中形成的，这就使得它在绝对的意义上总是已经将这些规定和对待结合起来了，并留住了它们。

自我不是被相互设置在一起的种种过程的大杂烩，这些过程此起彼伏（活动——受动；不是一个砍掉另一个，而是相互并列和前后相继），而是它在自身中自行推进。它"一直保留着那渐趋消失的偶性，直到它拿那种使该偶性受排挤的因素与该偶性进行了对比为止"（卷1，第204页）。

被对立设置者之间的统一性这个理论知识学的基本问题，现在仿佛突然间得到解决了；先行的种种辩证的讨论都应当致力于此，过渡还是很有力的，尽管**照事情本身来看**和**在历史方面来看**并非偶然。

交互现象之中的这种坚持（Durchhalten），亦即自行保持着的交互活动，依照费希特的观点来看，是通过自我之最奇妙的机能而成为可能的（比较卷1，第204页）。它是**想象力**。由此就进来了某种因素，这种因素此前似乎并未在自我 - 存在的萌芽之中被预先规定下来，很是异样，但康德在他的《纯粹理性批判》中还是诉诸这个因素，而康德的目的恰恰就是为了阐明费希特同样以自己的方式在竭力尝试的那种东西。只是如今一切都被拧折和填塞到那种逻辑 - 辩证的……①中去了，然而同时

---

① 这里有一个词无法辨认。——编者注

也步康德之后尘，借雅可比（Jacobi）之助，瞥见了这种机能。

想象力是在系统展开表象之可能性的演绎工作（Deduktion der Möglichkeit der Vorstellung）的框架下被看待的。它是作为**化解性的综合**（lösende Synthesis），即作为对自我之同一性和体系之统一性的挽救，而进来相助的。

这里尤其表现出，费希特和他的时代对待康德的遗产时是多么独立自主，多么随心所欲；借助于它，他们自由地进行建构，为的总还是在此发现某些本质性的东西。看看这些令人惊讶的句子："这种几乎总是被误解的机能，就是在绵绵不断的诸种对立中结成某种统一性的机能——就是进入那些必定相互否弃的环节中间，并以此将双方保持下来的机能；——它就是使得生命和意识，尤其是作为持续的时间流（Zeitreihe）的意识成为可能的唯一事物。"（卷1，第204页起）——"……只有对于想象力而言，才有时间。"（卷1，第217页）时间流的时间。——在当前的体系中得到证明的是，"我们的意识、我们的生命、我们的那种对我们而言的存在，亦即我们的存在，作为自我，这些事物的可能性乃是奠基于想象力的那种行动（Handlung）的"（卷1，第227页）。

一些令人吃惊的句子，出自对康德的回想；从未在形而上学问题的整体关联下，把握和发展具体的问题，而只是充当了贯彻和维持体系的工具。但是，一切都被如此这般匆匆写就，这一点也许并不仅仅因为费希特放弃了对这种技能进行某种更透彻的分析，因为某种随时都能被补充进来的东西，而是因为在他那里，在一般的体系发端（Systemansatzes überhaupt）的基础上，核心问题缺失了，只有从这个核心问题出发，解释才是可行的。（看来想象力在德国观念论中具有核心的意义。的确，它被加上了更重的担子，却没有相应地对它进行更原初的奠基，亦即在形而上学问题的整体关联下为它奠基。这种总体关联在康德那里当然是有的，然而是隐匿的，是德国观念论的那种方式无从看到、也无从把握的。——最近，在对观念论的描绘中，多次被人们指出，被认为是某种不同寻常的东西，但那只是在人们从新康德主义的阐释的视角出发来看待康德的时候发生的事情，那时批判的关键问题并未被理解。）

这并非根本的区别，仿佛和费希特、谢林的那些更有天赋的做法比起来，康德是个更顽固的劳动者和手工业者似的，事实是：康德哲学的根本性与重量，其重心在于一种更原初的、因而本身也更从容的提问方式。

知识学的理论部分的直截了当的结果就是：表象的可能性回溯到了想象力。当然，依据前面所说的一切，这并不是最终的和真正的结果，因为一般的理论知识学无法给出解决办法。这里表现出："在我们的科学的实践部分中，那种技能被归结到某种更高的机能上去了。"（卷1，第218页）

我们要问的是：为什么以及在多大的程度上，恰恰是想象力开始构成对冲突的综合，也就是说，在什么意义上，它是构成了那种"之间"的、真正的交互现象？

我们尝试在对理论知识学的某种最终的描述中回答这些问题。在这里，基本问题又一次出现了。（新的发端，然而却更接近核心问题了：阻断 [Anstoß]。）指导原则：自我设置了其本身为受到非我规定的。任务：澄清自我的那种自身在进行规定的被规定状态（des sich bestimmenden Bestimmtwerdens），澄清作为**自我性事物**（*ichliches*）的交互-作为和受动。绝对活动与交互-作为之间的关系，这种绝对活动**是交互活动**。

请注意：这样一来，对体系以及体系演绎的建构与描述，恰恰唤起了这样一种印象，即似乎一直在产生新的内容，这根本不符合事实；事情毋宁是，总是用不同的措辞在表达同一个问题；五花八门的术语，总是在说同一个意思。因而现在费希特在第四段的结尾就这样说道："主要的区别就在**总括**与**融合**之中；在那之后，我们将最深刻地探究那个已经提出的命题的精神，那时我们再思考将这双方统一起来的可能性。"（卷1，第212页）（说明一下："总括"[Zusammenfassen] 是从自我出发得到的统一：我进行表象，将自己关联到某事物之上。"融合"[Zusammentreffen] 是从事物出发得到的统一：与某个自我一同现成存在着。这两者在某种程度上都在表象中出现了。这两种共同 [Zusammen] 因其本质而共属一体。）

这里我们对任务看得更清了，此时我们便可这样来表述：在表象的问题上，关键在于一种总括与一种融合进行合并（Zusammennehmens）的可能性。——两种综合的综合；两种交互规定的综合。

问题在于：作为总括与融合的两种"共同"之间的"共同"。然而这个综合的问题绝非均衡的，在双方分配了同样分量的。因为双方之间的"**共同**"在根本上还是从自我出发而得到的一种共同，亦即一种总括（Zusammenfassen）。换句话说：进行总括者，其自身就是进行融合的某一方。它应当在无损于另一方——那个事物——之独立性的情况下，处于优势地位，而且在这种优势地位中，并且恰恰通过这种地位，让非我成其所是，将非我所特有的实在性赋予和分配给它。

另一方面，如果说表象活动的本质恰恰应当留待澄清，那么就要重视那种**阻断**（Anstoß），也就是说，在表象活动中，进行表象的自我恰恰被划界了，而且划界是在对自我之活动**进行某种阻断这个条件**下发生的。对于**这个条件的可能性**，应当从自我出发进行澄清。

它必须以何种方式成为进行总括者，由此才会在一般意义上产生某种阻断，由此才会产生界限？应当被划界者，在这方面恰恰必须**不仅仅**是在界限面前，并通过该界限而存在者。但这里的关键却不是任意的一种界限，而是自我的那条本质性的、绝对意义上的、由非我划定的界限。面对这样的界限，一般来说，自我是更多的，亦即是可-划界的（begrenz-bar），而不像看起来那样仅仅是未经-划界的（unbe-grenzt）、未定的（unbestimmt），即走向"无限之中"的（卷1，第213页）。

由此，依照总括的本性来看，它必须在划界之后，才成为可能。因为只有如此，非我才能**对于某个自行-划界者**（Sich-Begrenzendes）表明自身，亦即被前-置（vor-gestellt）①。只有当总括在自身就成为交互现象——交互-作为与受动——时，它才能如此这般地进行总括，使得如其本然的进行融合者被总括起来，亦即使得那与自我发生融合者表明自身是这般的，即作为**融合的一方被融合-起来**了，作为**进行阻断者现成**存在了。

划界成为可能＝在被规定的状态（Bestimmtwerden）下成为无限可规定者：**在有限中的无限存在**（*Unendlichsein in der*

---

① 在去掉连字符的情况下，该词一般被译作"表象"。——译者注

Endlichkeit），亦即在双方之间进行的持久的交互活动，一种交互-存在，这种交互-存在在无限和有限之间的这种冲突中，作为自身以交互方式进行着限定的那种交互现象持存着。"自我在自身之中和与自身进行的这种交换就是**想象力**的机能，因为自我同时以有限和无限的方式设置了自身——这种交互现象似乎存在于与其自身的某种冲突之中，而且由此再生产了（reproduziert）其自身，因为自我要将不可统一者统一起来，如今试图将无限者接纳到有限者的形式之中去，在被击退之后，又将无限者设置在这种形式之外，而在同一个环节中却又试图将它接纳到有限性形式之中去。"（卷1，第215页）

这便是对想象力机能之结构的那种在逻辑方面已被掏空了的、并以辩证的方式被形式化了的标画，康德曾远远更为尖锐、也更为丰富地，将这种机能看作自发性与接受性、活动与受动的统一。（当然，这里恰恰没有保留这个说法！）

想象力不是某种特定的交互方式，而是如其本然的交互活动，是这种活动本身。它是**漂浮**（Schwebens）机能，"它自身没有任何固定的立足点"（卷1，第216页）。它漂浮在规定与无规定（Nicht-Bestimmung）的中间、有限者和无限者之间；"只有理性在设置某种固定的东西，这是因为只有它才将想象力固定下来了"（卷1，第216页）。

但费希特仅仅在设置与对立设置、规定性与无规定性（Unbestimmtheit）的框架与视域下看待想象力的交互与漂浮特征。[①] 而这个框架恰恰妨碍了他在形而上学的真正问题这一主导

[①] 逻辑学与形而上学。

思想中，去追问想象力的原初本质；康德也没有做到这一点，虽然是出于另外一些原因。

一种透彻的考察可以表明，纯粹的想象力本身扎根于作为时间性（Zeitlichkeit）的时间之中，而且从那里出发获取其本质。费希特在生产性的想象力中看到的这种交互与漂浮特征，只有从时间出发来看才是可以理解的。

但形而上学问题格局的这整个原初的维度对于康德和费希特而言还是相当隐晦的，因为对主体之存在，以及对如此这般的自我之存在的追问，并未在形而上学基本问题的主导下被明确而极端地提出和树立起来。另一方面，这里至少可以推测，"存在与时间"的这个问题格局就像一道闪电在那里出现了！内在的必然性。

170

只是对于费希特而言，主导着战场局面的，乃是绝对知识和确定性的理想，与此相关的还有通盘统一起来的设置、对立设置与扬弃（辩证法）的理想。而只有由此出发，我们才能理解，为什么费希特似乎必须诉诸作为拯救性机能的想象力。依据康德，它同时既是自发的，又是接受的，既是活动的，又是受动的，亦即在自身内**被对立设置的**。

但任务在于，要澄清一般的自我与非我之间的对立设置。首先不应忽略的是，这种绝对地被对立设置的事物应当如何被统一起来。但为了把握我们的一般精神中的**种种状况**，对立的双方都是必要的。自我：我在行动，在表象，在追求着什么；但只有归结为想象力，亦即归结为一种在自身内就存在着对立的机能时，才能把握这些活动。"我们看到，带来毁灭人类知识理论之可能性（die Möglichkeit einer Theorie des menschlichen

Wissens）这种危险的那种事态，在这里恰恰成了使得我们能够建立起这样一种理论的唯一条件。"（卷1，第226页）

这就是说：这种绝对被对立设置者本身就是生产性想象力的可能性条件；没有前者，就没有后者。生产性想象力并未化解冲突，它只是这种冲突最集中的形式，它本身就奠基于这种冲突之中。因为这种机能在根本上就是交互现象与对立（从形式上讲），因此它才可以在某种程度上接受那种基本的综合，当然也是没有澄清这种综合的。

请注意：但这样一来，已经得到的成果——生产性的想象力、漂浮、交互现象——就彻底化为乌有了，而且还表明，费希特完全不重视这一点，他重视的是别的事情（体系的完满奠基！）。理论知识学不是被其自身驱赶到自身之外，而是被先已存在着的、关于绝对确定性和绝对奠基的理念引出自身之外的，而那种理念本身又是受到下面这一点规定的，即自我被理解为"自我行动着"，被理解为实践的自我。

理论知识学无法澄清表象的可能性，这就是说，两条澄清的道路——观念论与实在论——都是必要的，然而观念论还是保住了优势地位，主导着问题的提出本身及其解决。

问题的解决是观念论的，因此这就表明：表象的本质中成问题的因素乃是那种阻断，亦即对自我"起作用的"非自我性事物的实在性。这种起作用的事物、这种原因的效用，它的实在性，只有从自我出发才能得到澄清。（何谓"**从自我出发**来澄清"？这种"从……出发"本身必然正好规定了这种澄清的方式、它的**意义**。）这就是说：作为根据（Grund）的原因（Ursache），乃是作为某种观念根据的**实在**根据（实在之物的根据在观念之物中——比较卷1，第174页起）。——（基本任务：对自我性的理解。人！）

自我设置了非我，一种受动，一种非-设置活动（Nicht-Setzen）。①这样被非设置者（so nicht Gesetzte）乃是实在之物。某种事物"是"被非设置在自我中的（真实地 [realiter]），这就是说：自我不是在自身中设置它的。这种非-设置活动，以及**它**所设置的事物（*sein* Gesetztes），便在自我的设置活动中是其所是。在设置活动中被设置的一切，在思考活动中被思考的一切，在费希特这里就叫作**观念之物**（比较卷1，第226页）。

自我就是观念根据，是实在根据的真正根据，而实在根据不是任何别的东西。

这里似乎只是澄清了，当那种阻断存在时，在它存在的情况下，它如何能被挡住。但一种阻断存在着，以及自我是进行表象者，这些现象并未、也不可以被奠基于作为进行表象者的自我本身之中。这样一来，只要指导原则（Leitsatz）在与它的对立面的统一中被推展出来，亦即只要它的对立面本身，因而还有实践的知识学，没有被推展出来，那么这个指导原则就仍然是支离破碎的。

---

① 依据这里的文意，下一句话中的两个"非设置"应被合起来理解为一个动词。——译者注

第三章　知识学第三部分。实践科学的基础

第十五节　纯粹活动与客观活动之间的冲突

比较一下前面整个知识学的布局！通过展示第三个原理，更准确地说，通过对诸原理进行的讨论的整个结果，显得很清楚的是：自我和非我相互规定。设置活动就在进行对立设置的过程中进行着限制：规定活动。

[各种对立：]（1）自我将自身设置为在规定着非我的。（2）自我将自身设置为受到非我规定的。后一个命题允许进行一种推导，尽管它还不能完全讲清楚非我，只能显明：在自我的本质中要求的是**非我之实在性的事实**（das Faktum der Realität des Nicht-Ich）。（设置－受限制状态的活动 [Eingeschränkt-Setzen]，受动：把实在性托付给……的活动；但这种活动只是一种交互－作为 [Wechsel-Tun]。"交互现象"！）由此证明了非我必然归属于自我，这就是说，它在其本身之中就被关联到自我之上。由此赢获的是在讨论第一个对立－命题（Gegen-satzes）① 时缺乏的东西。因为没有了理论的知识学和它所证明的东西，非我根本就不能被揭示出来。如果自我应当将自身设置为规定着非我的，那么

---

① 去掉连字符时一般译作"对立"。——译者注

它最初是没有任何可规定因素（Bestimmbares）的。如今这种可规定因素在其可能性方面得到了保障，但它的起源恰恰还是成问题的。(非我的歧义性——在首次讨论对立设置活动时就有了这种歧义性，比较第二个原理。由此，从根本上说，理论的与实践的知识学的问题之间的关系并非完全和在统一的意义上显而易见的。)

而如果我们正确理解了第一个命题（据说它应当成为实践的知识学的指导原则），那么在讨论这个原理时，或许恰好证明了，自我本身在它的**自我**设置活动中是**如何**规定了非我，成了非我的根源的。

先行进行一下把握（Vorgreifend）[？]，因为不管是否看起来像下面这样，以及在某种程度上的确**像下面这样**，即非我在绝对的意义上摆在了自我面前，依据知识学的诸原理都可以变得不再如此，原因是，一切存在者，包括非我的存在，只有当其**在自我之中**、**通过**自我和**为了**自我而被设置下来时，才能**存在**。(非我的歧义性:(1)非我在绝对的意义上是他者。(2)非我仍然只是自我的一种"修正"，归属于自我。——这种归属性使得 ὄν [存在者] 的独立性恰恰是通过它才显现出来，是由它来保障的。)

"非我"是费希特特有的一个名称，表示与自我（ego）对立而存在者：存在者（ens），物自身（Ding an sich）。依此看来，第一个原理就包含着物自身之起源与本质的问题，这就是说，表象的问题恰恰出离理论哲学，进入实践哲学的问题区域之中，只要第一个原理应当成为实践哲学的指导原则；这就是说，物自身的问题乃是一个实践哲学的问题。它是实践哲学的问题，

173

这一点从字面上看只是大略地预示了：规定了其自身与一切其他事物者，在绝对的意义上设置了自身者，自我在整体上设置自身的活动，它的行动，如其本然的实践（πρᾶξις）。

方法是与理论的知识学相应地被描画出来的：正、反论题的展开，扬弃与统一。"但存在着一种讨论它的更简要、并且在这方面同样完备的方式。"（卷1，第247页）

个中根据，我们很容易就可以弄清楚。因为包含在第三个原理中的两个对立－命题之间的平行性越多，如今依据理论的知识学的贯彻情况来看，这种平行性就越少。因为在理论的知识学中赢获了某种东西，它就像知识学的全部内容那般归属于自我，就自我性进行陈述。恰恰当一切都取决于体系的进程和体系的连接时，实践科学是无法超越如今赢获的东西之外、跃回到开端的，反而必须顾及已经达到的成果。但这又意味着什么呢？（并非理论的部分没有成为先导，仿佛相互没有关联似的。）

在表象本身中存在着冲突；阐明该冲突之本质的道路；但这种可能性没有消除，即便消除了，那时也恰恰证明了表象活动必然归属于自我。这就表明：自我受到非我的规定；它是**理智**（*Intelligenz*）（理智 [intellectus]、知性、理论的判断活动、认知活动）。在完全没有考虑到如何对待表象中固有的冲突的情况下，作为表象活动，作为自行受到非我规定的活动（sich Bestimmenlassen durch das Nıcht-Ich）的这种理智，就被作为归属于自我性的事物，被对立于自我之本质而设置下来了。

理论的知识学显明了一种对立，这种对立在过去一直都表现出来了，但直到现在才尖锐得无以复加，而且理论的知识学所显明的这种对立并不是理论自我（des theoretischen Ich）内部的那种对立，而是理论自我（理智）与绝对自我（dem absoluten Ich）之间的那种纯粹活动。（表象活动与一般的自我性相矛盾；另一方面，它在其自身又是归属于自我的。）

受限制的自我和不受限制的自我之间的冲突，这是真正的反题（Antithese），是"主要－反题"（Haupt-Antithese）（卷1，第247页）。

如果说自我应能在维持同调性的情况下成为自我，那么这种冲突就必须被化解。"统一的手段"乃是自我的"实践机能"。迄今为止，这种机能只是被假定的；它必须被证明。这只有在表明了下面这一点的情况下才是可能的："倘若理性不是实践的，它自身就不能成为理论的：倘若人没有某种实践的机能，他也就不可能有任何理智。"（卷1，第264页）

如今我们才算看清了这两个部分是如何扭结在一起的：不是实践知识学完成了理论知识学，而恰恰是理论知识学证明了实践知识学的必要性及其优先性。

因而有必要展开那个主要－反题，并以此来到自我性的核心之处，来到有关它——知识学——的知识的核心之处。（理论自我——绝对自我；受限制的——不受限制的自我；有限自我——无限自我；客观活动——纯粹活动。双方都是客观的活动，但却是在不同的意义上如此。相应的：以有限的方式设置自身和以无限的方式设置自身。）

（1）自我作为理智，是依赖性的。虽然在表象活动中，这种表象活动的方式是被自我设置的，但"一般自我是理智"，"自我在进行表象"**这一点**，却是由另一种因素设置的：**阻断。必**

须从某种至今还完全未被规定的非我那里发生某种阻断。

（2）自我完全是独立的。作为自我（它之所是以及它存在的方式），它是一种自我 - 存在，亦即一种自我设置活动。

我们也能这样理解这种对立：自我是客观的，亦即一种**有客观关联的**（objektbezogene）活动，而自我又是**纯粹活动**。自我是理智，而自我又是一般自我性，并作为这种一般自我性而存在。

这种对立必须被扬弃。这种扬弃成为自我具有通盘的自我规定的明证。主要 - 反题的化解之路何在呢——简言之，主要 - 反题的关键就在于某个自我是理论性的？纯粹活动与客观活动之间的冲突的扬弃！

第十六节　挽救意向性

这种 [客观的活动] 似乎在自我 - 本质中带来了某种困扰，因为它被联系到了非我之上。因而冲突的扬弃就 = 非我的扬弃了吗？但这将与整个知识学的第二个原理相悖，依照那个原理，对立设置归属于自我。因而应当扬弃的不是非我，而是作为理智的自我对于非我的依赖性。但是如果理智的本质保持为、而且必须保持住对非我的这种关联性，那么进行表象的自我对于非我的依赖性就只能这样来消除，即非我，如其本然的、进行表象的自我**所依赖者**，其本身是依赖于自我的。（扬弃如其本然的对……的表象活动的依赖性！然而这就意味着毁坏意向性了！因而不能这样做，而是要在维持意向性的条件下，仍然将如其本然的被表象者作为**自我**性事物揭示出来，也只有这样，才能挽救和规定意向性。）

但这就是说：自我本身必须规定那迄今尚未规定的非我——一种阻断被归于非我了。但这就是说：非我——联系作为受动者的理智性自我（das intelligente Ich）来看，非我在表象关系中恰恰应当成为原初 - 事情（Ur-sache）①、活动——作为受到规定者，现在其本身就应当成为一种受动，而且使得在它之中被否弃的那种实在性被设置到自我之中去了。如今非我应当成为作为绝对者的自我之**产物**。如其本然的非我，必须将活动委之于绝对自我。如其本然的非我是什么？**进行抵抗者**（Widerstehendes）。

进行表象的自我的依赖性被扬弃了，这样一来，自我的绝对性与纯粹性，它的本质，也就被挽救了，此时那**尚待表象的**（vorzustellende）非我就直接受到自我规定，但那进行表象的（vorstellende）自我由此同样也间接地受到自我的规定，因而不是受到非我的规定。

因而，化解冲突的**要求**就是，自我应当与非我建立因果性。这是由自我的本质而来的。这个要求肩负着化解冲突的任务，但它在其本身中就包含着某种冲突。与它形成对抗的一点是：自我无法与非我建立任何因果性。因为非我在那时恰恰会终止，而且本身会成为自我。但是，自我本身——第二个原理——将非我设置为与自我对立的了。因而这种非我就不能被扬弃，倘若应当保留自我的本质的话。

因此，从自我的本质中就得出：一切都必须是自我；还得出：

---

① 在去掉连字符的情况下一般译作"原因"。——译者注

对立设置必须存在。因而，冲突就存在于自我-本质本身之内了。得遇上某种调解才能解决。在哪两方之间调解？在如今总是不断冒出来的、无限的、不受限制的自我，和有限的、受到限制的自我之间。

倘若自我的无限被设置状态（die unendliche Gesetztheit）就是像它的有限被设置状态**那种意义上的**某种设置活动的话，那么这种冲突就是不可化解的。因此就需要追问：自我在什么意义上是无限地被设置的，在什么意义上是有限地被设置的？鉴于单纯的自我设置行动，自我-无限-设置活动（Sich-unendlich-Setzen）与自我-有限-设置活动（Sich-endlich-Setzen）之间的区别何在？

无限-设置活动：这样的设置活动并没有撞上某个终点（ein Ende），而是回到了作为主动活动者的其自身之中：纯粹的活动，它没有任何客体（Objekt）；数学上的一个点，在那里没有任何方向存在，而且一般而言也没有任何要区分的东西（比较卷1，第273页）。

有限-设置活动：撞上某种东西，在那里，设置活动有了一个终点，遭到了抵抗。这就意味着：设置对象，设置客体、客观之物。在客观活动（objektiven Tätigkeit）的本质中就包含了一点，即它遭到了抵抗。

现在，这种活动在两方面——无限与有限、纯粹与客观——中应当保持为一；双方之间必然有"统一的纽带"存在。这只有在如下条件下才是可能的：自我通过纯粹的活动（reine Tätigkeit），将自身规定为客观的活动。自我规定（Sich-Bestimmen）为客观活动（这在某种意义上也就使得客观性成为可能了），本身成为客观的（自我规定为非我——**抵抗的可能性**）。纯粹自我在客观的意义上运作，客观的活动者也在客观的意义上运作，因而"在客观的意义上"就有了不同的意义，而且这就使得，这种差异性恰恰构成了双方之间的统一。

这就意味着：无限的活动，在它的那种客观性的方式下，就是有限的设置活动的客观性活动的可能性条件。纯粹的活动就是关联活动（Beziehen）的条件，没有这种关联活动，就不可能有设置客观之物的任何活动。客体是进行抵抗者。因为纯粹活动也如此这般使得像一般抵抗者这类事物得以可能了。一般而言，当这种活动在其本身具有某种特定的特征时，它就只能被抵抗了。

然而这种无限的活动作为无限的活动，还是可以不指向某种特定事物的。它不可受某个进行界定的他者规定，然而却可以进行设置，这样它即便不设置任何特定的事物，却还是使得一般对象（Gegenständnis）得以可能了。只有当无限的活动具有**奋进**（*Strebens*）的特征时，它才主导这种一般对象。（指向……，但不**追求**……；自身指向……，使得如其本然的**所指向者**恰恰在自身指向活动 [Sichrichten] 中**形成**。从自身出发，将自身规定为使得抵抗得以可能者，这就意味着：奋进；无限的奋进，向其本身奋进，纯粹只奋进！）

自我的纯粹活动是无限的奋进。作为回到自身之中的绝对的活动，它也奋力保持其本身，这就是说，它奋力追求的是，一切都在自我之中、并作为自我而被设置。

但只要无限的活动在奋进，那么在它之中就显示出一种非-等同、某个他种事物（Fremdartiges）。这种在奋进中对立存在，并应当在奋进中被克服的他种事物,**抗拒着**(widerstrebt)纯粹自我,亦即抗拒着纯粹自我的那种奋力追求——追求成为绝对同一的。

作为奋进的纯粹活动,是一种设置活动。在此被设置下来的是什么?不是某种现实之物、确定之物、有界限之物,而是当一切实在性都绝对被设置在自我之中,亦即没有任何事物被对立于自我而设置的时候,将会存在的东西。(一种在绝对的意义上进行回避,或者准确地说对此漠不关心的事物,是绝不可能被触及的。相反,奋力追求的是:所指向者——尚未存在,又将会存在者,但只要自我在进行奋进,它又存在着。关键在于:尚未存在,又将会存在者;应当存在,但从不充分存在者。)

但只要有某种事物在本质上对立于自我而被设置下来(第二个原理),那个在绝对的奋进中被设置下来的东西,就是当……的时候将会存在者,同时也是应当存在者——观念世界。

无限活动的绝对的奋进将观念世界设置成这样一个世界,任何现实世界都应当与这个世界相一致。但现实世界本身却只能如此这般地存在,即作为这个特定事物,作为当一般自我无限向前地奋力追求时以抵抗的方式存在者。(自我是进行规定者。)

纯粹活动的奋进乃是针对某个纯粹**想象出来的**客体而发生的,而有限的——客观的——活动针对的是某个现实的客体。由此,诸客观特征的种类上的不同也就得到了证明,但与此同时,双方之间的内在整体关联也得到了证明,亦即纯粹活动对于非我的绝对的因果性得到了证明。非我并未——在存在者的意义上——被设置为现实的客体,被设置的乃是一般客体性(Objektivität)的**可能性**。

只有在一种条件下，即当自我的纯粹活动在这个意义上对非我起着作用的前提下，无限自我和有限自我之间的统一性、亦即自我的同一性，才能被挽救；这就是说，作为一种客观的、理论的自我的自我，其存在的证据乃是通过实践的自我被挽救的。**实践之物**的本质，必定是在被要求的这种因果性以及这种要求本身之中显现出来的。

关于如今作为某种洞见跳出来的东西的证据，乃是通过间接证明的方式被找到的。这个证明过程也是知识学的方法依据知识学的整个布局所要求的。但是对于**绝对因果性**、亦即对于这种奋进的要求的一种直接的、发生方面的（genetischer）证明，必定是可能的（比较卷1，第271页起）。（当我们再次撇开各种证明及其具有的确定性不看，而只看在此明确被说出的内容时，那么依照先前说过的，我们看到的就是自我性在其本质方面所揭示出来的东西。）

超出某个客体之外的某种活动之所以成为某种奋进，这恰恰是因为它超出了**那个客体之外**。为了使这种奋进能成为其所是，某个客体必须已经现成存在。换言之：一个客体、抵抗者，只有在奋进的基础之上，亦即在**自我超出其自身的活动**的基础之上，才能存在；这种超出活动必定只能奠基于自我之中。

完全一般性地说："但是倘若一般非我能在自我中设置某种东西，**那么这样一种外来的影响的可能性条件就必定在自我本身之中、在绝对自我之中**，先于一切现实的外来影响就事前被奠基了；自我必定原初地和绝对地在自身中设置如下可能性，即某种事物对它产生影响；它必定在无损于它的自行绝对设置活动的情况下，似乎对另一种设置活动保持开放。"（卷1，第271页起)(由此产生出什么?就像实践性"自我"的概念那样?)

因而在自我本身中,已经有了差异;在它之中会遇到他种事物,与它本身有区别的事物。它之中的他种事物——然而在某种意义上又是同类。

自我的本质 = 活动;异质之物(das Heterogene)必定具有这种特征,如其不然,它就应当被归结到自我。如其本然的活动不可能是他种的,它最多只是以他种方式奠定了它单纯的**方向**。纯粹的活动无限地超出着(hinausgehend):只要有对它的阻断,那么它就被**驱回**到其本身之中去。这种事与自我是**相悖**的。

只是有一点要追问一下:纯粹的活动无限地超出着,然而也作为纯粹活动回到自身之内,如此一来,它就是一切实在性本身了——这就是自我之本质的要求。但它也必须将自身设置为被其自身设置的(als durch sich selbst gesetzt)。

但在这个意义上,对于阻断也有要求,那就是:自我不应当将无-限性(Un-endlichkeit)延续下去,而应当被驱回自身之中;这就是说,它应当对自身进行反思,它是否现实地在自身中容纳了一切实在性。由此一来,**它便开放了自身**;借此它就**带着**绝对性**理念**(Idee der Absolutheit)进入了无限。(通过这种"自为",通过如此这般地被设置,它就设置了如下**可能性**,即那种不通过它而存在的事物,也在它之中存在了。在自-为-存在中,它开放了自身。——恰恰不是自身-指-向,而是自身性。)

在这种反思中存在着:那种自身**超越到**……**之上**去;而且一切实在性**是否**存在,都取决于它了;对立设置、区别、对立它①作为其本身而开放了自身,并且在此知道自身就是那应当存在者。它在其自身性的根本之处就是实践性的,而且由此具备了与外面的某种事物的本质关联。

这个他者(Andere)从未由外而内地进入自我之中;自我所具有的东西,都是从其本身出发而具有的。这种被对立设置者、他者,具有将自身设置到运动中去的功能,为的是能够行动。(这个他者仅仅被感觉到,而不是被认识到。它是实践的机能——向着实在性的驱动——努力加以塑造者。)但行动就是它的实存活动(Existieren);在那里存在。

从自我的**此在**(Dasein)来看,它是依赖性的:它存在着;相反,在它的此在的**诸种规定**中来看,它是绝对独立的、自由的。"当我们最初能够掌控自由的一般性机能时,我们在哪一点上找到我们自身,这不依赖于我们;我们从这一点出发直到永远所描绘出来的那个序列,无论扩展到何处,都完全依赖于我们。"(卷1,第279页)

知识学是**实在论的**;它采纳了这种独立地现成存在的力;各种有限禀性作出的行动的基本条件。知识学是**先验的**;在无损于作为被设置者的那种实在之物的情况下,被设置者还是必须从自我出发而被澄清的。"一切从其观念性来看,都依赖于自我,但从实在性方面来看,自我本身却是依赖性的;但是,如果不同时是观念的,就没有任何事物对于自我能成为实在的;因此,在自我之中,观念根据和实在根据 [Ideal- und Realgrund] 为一,而且恰恰为一。"(卷1,第280页)

---

① 指前文中所说的那种超越活动。——译者注

非我要从多方面来观察。而自我与这种具有双重面向的非我（（1）实在之物自身，（2）作为在观念性之中进行着奠基的实在之物的实在性）之间的交互作用，就是"意识的最终根据"（卷1，第282页）。①（这种独立的实在性没有**现成**存在的任何环节，都不是实在的；同一种实在性在其中没有被**表象**的任何环节，都不是观念的。）

自我可以将自身设置"为受到非我限制的，如若它没有反思下面这一点的话，即它本身就在设置那个进行限制的非我；它可以将自身设置为本身就在限制着非我的，如若它反思了上面这一点的话"（卷1，第281页）。

有限的精神必定设置某种"绝对之物"；但这种绝对之物，它之所是与它存在的方式，"仅仅**对于这种有限精神而言才在那里**"存在（卷1，第281页）；"对于"它"而言"：（1）它（为其自身之故而）忙于此，（2）只有它才可通达（才被给予）。——自我**为了**自身而设置自身；而它所设置的一切都"为了"[它]（第一个原理）。

物自身是**为了**自我、**在自我之中**，而又**不在自我之中**的："这是某种矛盾，然而它作为一种必要的理念的对象，却必须被设定为我们的一切哲学运思的根据。"（卷1，第283页）

两种体系（实在论与观念论）之间的中点：批判的观念论、实在的-观念论、观念的-实在论（中途，亦即既非这一个，亦非另一个，而是使得观念论占据优势）。

在这种矛盾（存在论差异、超越性）中，"在内中飘荡"！

---

① 存在论差异！

创造性的想象力的事情:"人是必须以这种精神,还是可以不用这种精神,就进行哲学运思,这一点取决于这种机能。"(卷1,第284页)

基本的关切:整个人都应当在其自我性方面来把握自身(比较卷1,第176页和第284页两处的注释)。"法国大革命、费希特的知识学和歌德的迈斯特(Meister)是这个时代最伟大的一些趋势。"施莱格尔(Friedrich Schlegel)《雅典娜神殿断片》(A216)。[①]

[①] 施莱格尔:《刻画与批判I》(Charakteristiken und Kritiken I)(1796—1801),艾希纳(Hans Eichner)编辑并撰写导论,收于:《批判版施莱格尔文集》(Kritische Friedrich-Schlegel Ausgabe),卷2,第198页。——编者注

第二篇

对早期谢林的暂行考察

Zwischenbetrachtung über den frühen Schelling

第十七节　费希特的事业与青年谢林的显著的狭窄性

以主导性的问题为定向：形而上学（形式的问题概念[Problembegriff]）——知识学。（真理：在确定性理念[Idee der Gewißheit]中通行。在特定的发生方向上的确定性：笛卡尔、康德。由此预先决定下来的，是什么样的真的东西[das Wahre]？这种真的东西又是如何被预先决定下来的？）

形而上学的基本问题：对存在的追问和对人、有限性、超越性的追问。人当中的此在，使得所有本质特征都在根本上被纳入考虑，而且规定了问题格局。处在本质可能性之充实状态下，也处在完全不同调的那些特征之坚实状态下的完全的**在-世-存在**；并非只要追求大而全，无一遗漏，问题反而在于，此在的本质与概念在本质上是别样的，而费希特的概念所具有的那种确定性，太过极端、太形式化了。"同调性"——"形式化"，但由此得到的只是一片**鬼火**（Irrlicht）！

费希特的想法与此相反："自我"，而且是"自我进行设置"（统觉：康德、笛卡尔）；体系、确定性，而不是真理，既不是完整的此在，也不是优先强调存在者之整体。（真理仅仅存在于体系之端倪、确定性的贯彻之中——这是对问题格局的一种完全确定的削减，不是在相对的、量的意义上的削减，仿佛某些部分被遗忘了，就不具有充实性了，而是将归属于此在本身之真理的某种本质性事物削减了。）

虽然行动、作为具有绝对的、通贯的特征，但是问题在于：它是如何联系"自我"与世界，而自行产生出影响的？

知识学越是教导一种实在论，与实在之物的关联和这种实在之物本身就越没有被充分理解。为了从广义上的这种现成之物出发，这种现成性已然成了非我性之物的一种特性，从根本上说，这种特性已经被过多地附加给非我性事物了，而且这种做法并**没有**强调成为费希特那里的关键、也构成了实在之物的实在性的那种因素：那个因素即非我应当被克服，它**存在**仅仅是为了**应当不存在**。对非我的态度绝非在原初的意义上让这种存在者存在；虽然有受动，有委托，但从一开始就是如此，而且只在这个范围内如此，而且唯一的意图乃是为了被克服。（非我不仅仅是（1）他者，ἕτερον[他者]，οὐ ταὐτόν[不是同一个]，也是（2）那——从自我出发来看——**不**应当**存在者**，μηὄν[非存在者]。——甚至没有让康德的自然概念产生影响，这种做法与对《纯粹理性批判》的误解以及将其解读成一种**空的实践**的做法相符合。）

关于这种非我性事物的重心是否并不主要落在其自身之上这个问题，在费希特所发挥的端倪中根本就没有出现过。而且尤其是在他的提问方式与体系学的框架下，那个仍然很根本的问题被排除掉了，即这种自身据有其重心的存在者，最终甚至在本质上**参与**规定和支撑着自我的**存在**。

这个自我处于它自身之设置活动的那种孤立的专横独断（Selbstherrlichkeit）之中——在自身中——（笛卡尔的边界立场！），这种专横独断还能加以对待的就只有一种对立

（Gegenüber）了，而且这种对立是应当被**征服**的，因为它与自我－存在形成了**对立**。

以更一般和更不确定的方式来说：知识学的体系仅仅涵括了理论和实践的态度；理论的态度是普遍的，而"实践的"态度则掏空（Entleerung）了如其本然的设置活动和设置－其－本身的活动（Sich-selbst-Setzens）（它自身应当完全成为这种活动）。处于其自身的本质和运转之中的自然，完全没有任何地位，而作为行动与塑造的基本形式，同时也作为自行与世界进行对峙的活动的艺术，也**不在那里**。这不是说，仿佛一切都在将现有的事物结合起来的意义上，事实上被装入体系之中了；这在原则上说的是，关联到可能性来看（在多大的程度上原初地和足够丰富地开始了，为的是……）。

康德 [与此相反，并未将他的哲学限制在] 理论理性和实践理性的批判 [之上]。判断力批判：艺术和有机的自然。恰恰因为费希特自己诉诸康德，并声称要完成康德，以更系统的方式理解康德，恰恰因此，知识学的立场就显得被窄化了——单是这一点，就已经与康德形成了对立。这种局面极为尖锐，以至于现在恰恰是《判断力批判》（Kritik der Urteilskraft）开始对同时代人产生影响，并且成了共同规定浪漫派之发展的一种因素。但这不仅仅是、且首先不是一个对体系进行补充的问题，以及面面俱到地完成康德的批判的使命，而是此在本身对费希特的暴力发起防卫。当然首先不是在进行某种反抗的意义上，而是在某种必要的补充的意义上。

这种现象在青年谢林进行的各项工作中发生了。他以其犀利的方式成为第一个理解了费希特——这在根本上总是意味着从自身出发去研讨同样的一些问题①——并首先完全与他同行的人。但在谢林那里，也首先产生了——这部分是在《判断力批判》的阻断作用之下，并在特殊的神学－神话学问题上②——要**补充**知识学的那种渴求。从1797年后，逐渐由此生长出来；可以在《论世界灵魂》（Von der Weltseele，1798年）中最清晰也最广泛地看到这一点。这个标题就已经宣布了首先无法在任何意义上与费希特的立场达成一致的某种**基本立场**，尽管费希特后来也在某种意义上做了这样的尝试，那种尝试导致了两人的决裂（当然还远没有以如此深地扎根于自身的问题格局的方式被人们理解）。

尤其对于谢林本身而言，补充很快就成了反对。但这并不是说：对于他而言，自然哲学成了一般哲学的核心，换种更好的方式说，成了从根本上规定哲学之整体的因素。

这里首先只是鉴于谢林哲学运思的基本特征，在一般意义上对它进行某种标画。看看某种转变（Wandel）是如何由此——联系基本的问题格局来看——出现的，看看这种转变又是如何**参与**规定了黑格尔的提问方式的。除了费希特的阻断和康德的影响之外③，自然作为特定的权力（Macht），艺术作为进行

---

① 《论某种哲学形式的可能性》（1794），《论作为哲学之原则的自我》（1795），《关于教条主义与批判主义的哲学书信》（1795），《阐明知识学的观念论》（1796与1797）。

② 1792年博士学位论文，（《旧约全书》），《以批判的和哲学的方式尝试澄清有关人类之恶的最初根源的那些最古老的哲学运思》（Antiquissimi de prima malorum origine philosophematis explicandi tentamen criticum）。（神话！这里还存在着事后掩盖住早先已经达到的某种认识的做法。神话哲学。《论神话、历史传说与最古老世界的诸种哲学论断》，1793年。）

③ 斯宾诺莎主义，谢林，普罗丁，浪漫派。

创造性赋形（Gestaltung）的基本趋势，这两者越是有力，人们就越是不可以将谢林限制于此，也越是不可以将他引到这样一种公式上。这种公式通常是：自然哲学与美学。两者均未触及他的秉性与哲学运思的核心。尽管他们三个人——费希特、谢林、黑格尔——全都出身于神学，他却是在最强的意义上如此的，从表面很少能看出这一点来（神话学，神话！）。费希特、谢林、黑格尔：（1）每个人都以其自己的方式成为三个人之整体；（2）每个人都以其自己的方式为一种原则性的奠基。①——谢林的生活中的种种内在方向所具有的力度与分裂性，与费希特和黑格尔形成了对比。

第十八节　谢林的自然哲学

当我们考虑到前面提到的著作《论世界灵魂》的完整标题时，与费希特的整体关联以及那种补充的方式就同时显明了。《论世界灵魂，关于更高的物理学的一种假说，以澄清一般有机论（Organismus）。附及对自然之中的实在之物与观念之物之间的关系，或基于重力与光的原则之上的自然哲学之诸首要原理的发展的一种探讨》（1798）。

这里要重视三重问题：（1）关于一般有机论的理念；（2）自然（"非我"）之中实在之物与观念之物之间的关系；（3）关于更高的物理学的假说。

---

① 关于对谢林的特性的描绘，[可以比较] 诺瓦利斯（Novalis）、弗里德里希·施莱格尔（Fr. Schlegel）、卡洛琳（Caroline）[那里关于他的一些书信中的观点]。

第二个问题

我们从（2）出发，因为那里有某种众所周知的东西，这种关系正好是知识学的难题。知识学依照它在原则方面的发端方向，将这种关系看作了设置与对立设置之间的这样一种关系，或者更准确地说，看作它们的综合。简言之：实在之物与观念之物之间的关系作为应当**在自身中**包含了整个实在性的**自我之中**的这样一种关系①。如今关注的则是：**在自然之中**的实在之物与观念之物之间的关系。由此就有了完全不同的一种发端方向。看起来知识学的起点和维度被放弃了。考察完全**走出了自我之外**；它对非自我性事物本身**设身处地**，虽说它从未将后者理解成多于非我性事物的东西（因而总是在与自我的关联中理解它），而是仅限于如此理解它。

如今甚至完全没有涉及如下问题，即这种做法在多大程度上成功了，以及它的成功使得知识学及其账册（Buch）都被放弃了，而仅仅致力于阐明这种提问方式的意图。

这种提问方式希望将"考察"提高到"作为一个**整体**的自然的理念"。②此处表明，无机自然与有机自然之间的对立应当在这种考察中被否弃。长久以来阻碍了自然科学之进步的、机械论与有机论之间的那种对立，应当被抹掉了。依据谢林的看法，这是通过**一般有机论**概念而发生的。

---

① [自我之中的]"非我"。
② 《论世界灵魂》，收于《谢林全集》（Friedrich Wilhelm Joseph von Schellings sämmtliche Werke），第一部分，斯图加特与奥格斯堡，1856年起，卷2，第348页。

第一个问题

机械论一般而言没有任何自为地持存的东西，而仅仅是对有机论的否定。在没有任何有机论的地方，也就没有任何机械论。相应地就产生了一项任务，即规定一般有机体（Organisation）的理念。

谢林说："我认为**有机体**一般而言无非是被截断的原因与结果之洪流。只有在自然没有阻断这条洪流的地方，后者才（按照直线）奔涌向前。在自然阻断了它的地方，它就（按照圆形）回到其自身之内。因而并非原因与结果的一切**相续**都被有机论概念排除了；这个概念仅仅指这样一种相续，它**在某些界限之内闭合地**回流到其自身之内了。"①

谢林从原因与结果的某种连续出发，因而他这里还是存在着在某种意义上从形式上看很机械的自然概念：当不受阻断地沿着直线往前流动时，就是机械论；当被阻断并转回自身之内时，就是一种有机论。这种自然概念由此并未将原因与结果的一切相续都排除掉，这就是说，它绝不与机械论相矛盾。有机论是某**一**种特定的相续：在某些界限之内闭合，回流到其自身之内。

但这里首先显明的却是谢林想要得到的东西——一般有机论——的反面。因为有机论如今恰恰是机械论的一种特例：那种被阻断的、回流到自身之内的机械论。

但谢林说，要从哲学上证明，要无限地推进某种一般的机械论是不可能的；一种不受限制的机械论将在某种彻底失败（schlechthinnigen Mißlingens）的意义上自行毁灭，这就是说，只要没有了任何规定性与限制，就一无所成。世界只有在其**有**

---

① 同上书，第349页。

限性中才成为无限的。"世界"——自然之整体——必须被阻断，这就是说，它是一种一般有机物，并且如此一来，其本身就成了机械论的条件，因此也就成了机械论的肯定性因素。同一种原则将无机自然与有机自然连接起来。"生命""就是有机物谋求其同一性的一场持续的斗争"。① 古人的说法就是：作为"世界灵魂"。（重力与光。对生命的洞察——从内部来看是对立相向的——从外部来看 [？] 是黑暗。②）在这个原则下对自然的呈现，其主导思想乃是一种对立：吸引和排斥，否定——肯定。这个原则呈现出处在统一与冲突之中的奋进之力（die strebende Kraft）。——比较康德《自然科学的形而上学基础》（1786 年）：一般的自然之学是存在论；特殊的自然之学（四个主要部分）包括运动学（Phoronomie）、动力学（Dynamik）（吸引力与反作用力）、力学（Mechanik）、现象学（Phänomenologie）（作为现象的运动之被给予性 [Gegebenheit]）。

要表明下面这一点，无需进行什么广泛的讨论：这里谢林是将知识学的形式构架（das formale Gerüst）置于自然中了；很明显，谢林的自我－概念具有的形式结构就是设置——对立设置（设置——否定），而且这种结构并未被推进到无限，成为无

---

① 《自然哲学体系第一纲要》，《谢林全集》，卷3，第161页注1。
② 比较谢林：《论世界灵魂》，《谢林全集》，卷2，第369页："重力之黑暗和光照之明朗才首先协同产生了生命之美的外观，并完成了物（Ding），使之成为本己的实在之物（我们暂且这样说）。——光照便是在自然之无所不在的中心（Centro）之处对生命的洞察；正如通过重力，诸物从外部来看为一，同样，在光照中，它们在某个内部的中心点上统一起来了，并且因为光的那个焦点更完满地、或者说更不完满地处在它们本身之中，从而相互之间内在地临现了（gegenwärtig）。"——编者注

规定的，而是受到了规定和限制。自我本身被它那种受到限制的、与非[我]的关联驱回到其自身之中去了。自我的统一性与同一性——同调性与冲突。（自然本身越是成为对立面，依照这种建构的可能性来看，下面这个问题就越是不会凸显出来，那就是，即便当对"自我"的解释很合理、也很必要时，这种解释是否充分，这种解释本身是否不仅仅是"逻辑的"。此在本身并不是完全由存在者支配的。既不是非我，也不是自在（Ansich）；只有再对传统的那种对立进行反思：思维之物——广延之物。）

　　从根本上讲，这一点是值得留意的，因为这种处理方式乃是谢林自然哲学的特征。更准确地说：谢林没有看到，即便在非常轻描淡写和大而化之的情况下，他是如何从费希特的自我概念的一种完全确定的、逻辑的（正如我们所知的）特征中，取来了作为有机物的自然之整个结构的。

　　第三个问题

　　谢林希望以这种建构赢获了更高的自然本身，而且是从这种建构本身之中赢获来的。在方法方面的比较之下，这就意味着：正如凭借知识学的第一个原理，整个自我性的本质从一开始就如此这般地被设置下来了一样，自然也应当在自身之内、且从自身出发而被规定。①

---

① "自然哲学家探讨自然，就像先验哲学家探讨自我。"（《自然哲学体系第一纲要》，《谢林全集》，卷3，第12页）

作为客体的自然：	作为主体的自然：
持留	活动
被规定与被阻断	不可阻挡地前行
产物	生产力
被生出的自然（natura naturata）	创生的自然（natura naturans）

但这首先只是出于下面这种不确定的预感,而被设想为对费希特的必要的补充:在知识学中,实在之物明显没有得到它本应得到的、充分的重视。在没有弄清楚知识学特有的那种问题格局的情况下,自然——谢林以为是在自己的意义上——在生产性的想象力中被建构起来。"补充"意味着:观念论不应该被否弃。(尽管已经在某个方向上进行某种批判了,正如费希特本人也试图说明"自然"那样——即"自然法权"著作,谢林将这些著作称为"最荒诞的胡话"。[①] 换句话说:人的哲学(Philosophie des Menschen)不同于知识学。可以比较《一种自然哲学的理念》(1797)。——根本性、批判性的评论。自然与此在,超越性,主体 - 客体。)

自我类事物(Ich-Wesen)的活动(Tätigkeit),如今就成了自然本身的运动(Bewegung)。只要自然是非自我性之物,它就不能行动(handeln),但仍然有所**作为**(tun);只要它的作为不是原因与结果的任何单纯的序列,而是回灌到自身之中("塑造"),那么由此就可以产生出某种东西:活动和运动不是行动,而是**创造**(Schöpfung)。

谢林试图将那时的自然科学的一些新知识以及浪漫派自然哲学中出现的一些观念充实到这个图式(Schema)中去,或者更准确地说,用它们与这种图式一道来建构自然之整体。起初,他还完全运行在康德的两极图式之中(诸种对立乃是本质因素),直到后来,关于综合的追问变得越来越显眼了,而自然体系的形式结构同样采用了像费希特知识学中的自我 - 结构那

[①]《自然哲学体系纲要导论》,《谢林全集》,卷3,第273页。

样的三分模式。（重力、电、化学反应过程——正题、反题、合题，而且一切都是从作为诸一般对立之间的同一性的**整个产物**[Gesamtprodukt] 出发而来的。这种似乎还没有发展出来的同一性被化解到诸种对立中去了，不是被化解到个别产物中，而是被化解到**生产性过程**的双重性 [Duplizität] 中去了。）

但恰恰由此，即凭借对首要的同一性与统一性的追问，谢林被推出了最初的立场之外。他越来越多地使自然哲学向知识学（先验哲学，或者更准确地说，自我哲学）对齐。自我的各种行为（它们的活动与整体关联展现了知识学），乃是一些在自然中实存着的行为。"自然只 [是] 对于我们的知性而言才可见的有机物。"① 不仅实在之物是通过观念之物而为人所知的，而且"观念之物又 [必须] 从实在之物中产生出来，并从实在之物出发而被说明"②。两种科学为一，而且它们只是被对立设置的两个方向而已。③

但事情甚至没有停留于此；并行（Gleichordnung）随即走向了先验哲学对自然哲学的从属（Unterordnung）。自我类事物（Ich-Wesen）本身只是整个有机体（Organisation）内部的一种有机物（Organismus）而已。因此，观念论之所以有理，乃是因为自我类事物的进程（这个进程是由自我类事物展现出来的）奠基于自然本身之中。观念论建构具有的规律性（Gesetzlichkeit）并非被附加于自然之上的、与自然并列的某种东西，而是作为自然之最本己的有机体的规律的、从自然本身中生长出来的东

---

① 《自然哲学体系纲要导论》，《谢林全集》，卷3，第272页。
② 同上。
③ 比较上面关于两种自然的那个注释。

西。莱布尼茨！（就自然进行哲学运思＝创造自然，将它设置到生成过程中去，而自我本身则只是这个生成过程的一个产物。——但要注意必然性与自由。）

由此首先得以显明的，就是谢林那里的发端方式（Ansatzes）充分起作用了。机械论已经在根本上被从这种发端方式中排除出去，而一种形而上学的唯物主义（metaphysischen Materialismus）也被排除了，然而此时这种将自我化解到自然之中的做法却令人踌躇（自由——命运）；有某种违背谢林本人的基本看法的因素出现了，尽管他起初完全为一种完整的自然建构而心醉神迷。

在谢林那里，自然的问题极其强有力地生发出来，然而它在本质上却又发生在费希特知识学和先验哲学这个相反的方向上。① 他还在同时代人的框架内，在他不得不从中成长过、目前正在其中成长着的那个范围内，在应当被排斥的东西的范围内，进行哲学运思。他那里最原初的和本质的因素总是已经在那里了，然而还不自由。（燃烧之点是：同一性问题，同调性！绝对者！）

只有卡洛琳（Caroline）才使他找到了他的自我，亦即在他之中开解了哲学运思之整体。这不是说她给了他一些特别的念头和理念，而是说她仅仅通过她的生存的直接压力，这种压力超越了习俗、道德主义（Moralismus）和时代的趣味，也超越了凡夫俗子，而她的伟大的生命是与他一道完成的："而这整个宇宙微不足道，或者说，我们在内心里认为自己是永恒的。"（1800

---

① 在讲座手稿上，这一行的上方在谢林和费希特两个人名之间有一个进行比较的图表。这个图表被放在"增补"部分了（见下面第253页 [译者按：原书页码，见本书边码]）。——编者注

年10月）①

在这位女士为他创造的新空间——仅仅通过她的此－在——内，他成长起来，也变得强健了，可以创造哲学之整体了，当然，这个整体只有到后来，才在他那里生长出来，并迫切地进行塑造。从写给谢林的一封信的一行文字中，可以看出这位女士本身所处的地位。②

在谢林本人看来发生着什么？他在《我的哲学体系的叙述》的"回顾"（Vorerinnerung）中表露心迹："我多年以来都在尝试从两个完全不同的方面，自然哲学和先验哲学，来叙述我认之为真的同一个哲学，在那之后，现在我看到自己受到当前科学的情境驱迫，不得不先于我所期望的时间就公开提出体系本身，这个体系是我所作的各种不同的叙述的基础，我也不得不将迄今为止仅仅保留给自己，或许只与少数几个人分享过的一些东西，介绍给对这个对象感兴趣的所有人。"③

自然哲学与先验哲学或自我哲学的并行，要回撤到共同的基础之上去。在叙述的方式上，他自己"以斯宾诺莎为楷模"④。⑤

---

① 卡洛琳：《早期浪漫派书信》（Briefe aus der Frühromantik）。依据怀茨（Georg Waitz）进行了增补，施密特（Erich Schmidt）编，莱比锡，1913年，卷2，第5页。
② 比较上一个注释[？]（译者按：原文如此）。
③ 《谢林全集》，卷4，第107页。
④ 同上书，第113页。
⑤ 神（Deus）——广延之物（res extensa）——形体（corpus）——思维之物（res cogitans）——理智（mens）；样态（modi）（亦即上帝表现之本质。第二部分，定义 [expressionis Dei essentium. Pars secunda, Def.]）——原注
海德格尔手头的副本上写着：斯宾诺莎的《伦理学》，斯坦恩（J. Stern）的新译本，并附有导论性的前言。莱比锡，1887年。——编者注

而且在这里,那种本质性的力量仍然没有大白于天下,这只是一个必要的过道(Durchgang),后者纯粹从方法上来看,在概念的穿透和问题格局的拟定方面还落在最后面。

在这个问题上,黑格尔已经在幕后另有谋划了。他在毫不动摇的沉静与信心下成长起来,与谢林那种激动不安和跳跃式的写作和推进形成了对照。

第三篇

黑格尔
Hegel

第十九节　对绝对观念论进行奠基的理念

1. 黑格尔的诸种开端

费希特和谢林。费希特本人在给莱茵荷尔德（Reinhold）的回信中强调的是绝对同一性具有的核心意义。但他深信，这种绝对同一性在他的第一个原理中被找到了；这就是说，这门科学不是一种伦理学，而是涵括了行动的自我与自然。

相应的，谢林最初很有依据地要求：综合不能是具有行动之本性者（der handelnden Natur）的无限进程，反而有限者与无限者只能处在**永恒**（Ewigkeit）之中，后者本身直接作为**现在**（Jetzt）而存在。错误的看法是：仿佛他的体系就解决了问题。①

两个人都不是从外部来看待其立场，认为那种立场仅仅完成了部分的工作，而是都在他们的那部分中看到了整体，而且他们相互都认为对方有必要回到这个整体上来，如其不然，观念论的那个发端就要起作用了，也就是说，绝对观念论应当成为现实的。

在这当中，第三方加入进来了，他最初还相当不引人注目，几乎只是作为报导费希特与谢林之间的分裂的人而出现的：黑

---

① 自我——非我
　　主体——客体
　　人——自然
　　（历史）

196 格尔,《费希特与谢林哲学体系的差异,联系莱茵荷尔德概论19世纪初为止的哲学之状况的论文,第一册》(1801)。[1]

他大约比早熟的谢林年长5岁,长期深居简出;30岁的时候,才有了这头一次文字上的发表。同一年里,在谢林的协作之下,他在耶拿(Jena)取得了执教资格。起初他们一同商讨哲学问题。在谢林的同一哲学(Indentitätsphilosophie)之前,他已经赢获了他的体系的**草案**(*Entwurf*),不是外在地作为某种综合,而是——在那些商讨的冲击之下——有着同一个根源。他早先就已经静静地追踪过观念论的变易过程。[2] 但这里当然是很关键的成果(Wurf),不仅仅在广度和深度上如此,而且在钻研的彻底性和严格性上也是如此。

然而就事情而言:黑格尔是如何看到差异,又在哪些地方指点过如何克服这种差异的?这就意味着绝对观念论的真正奠基,这种奠基在黑格尔的《逻辑学》中完成了(卷1,1812;卷2,1816;第一部分的第二版,1831)。

197 黑格尔一开始同样也强调,在费希特和谢林所发表的东西中更多地透露出来的,是努力"回避或掩藏这种歧异,而不是

---

[1] 除了上面提到的著作之外,发表于谢林与黑格尔的《哲学批判杂志》上的耶拿时期的全部论文包括:(1)《论一般哲学批判之本质,并特别讨论这种批判与当前哲学状况的关系》;(2)《普通人类知性如何对待哲学——表现于克鲁格(Krug)先生的著作中》;(3)《怀疑主义与哲学的关系……》;(4)《信仰与知识,或主体性之反思哲学,康德、雅可比与费希特等诸种哲学形式的完备性》;(5)《论对自然法权(Naturrecht)的科学探讨方式、它在实践哲学中的地位,以及它与实定的法权科学的关系》。——对所有这些问题的更宏大的概述见于《精神现象学》的前言!

[2] 参见,比如说,荷尔德林(Hölderlin)在1795年1月26日写给黑格尔的信(《荷尔德林全集》,岑克纳格尔[Zinkernagel]编,卷4,第204页起)。

对此清楚的意识"①。②

这里要给出的不是对两种体系的叙述,而只是黑格尔本人当作原初的和核心的任务而**着手做**的事情,他还部分地认为,他是与谢林完全一致地在看问题。在这个意义上,谢林就已经在黑格尔的"精神"这个基本概念的方向上,从理论上解释了绝对者(das Absolute),这种绝对者是一种全然的淡漠(totale Indifferenz)。谢林的淡漠!"同一个公式的重复!"③"将这些东西[有区别者和有规定者]统统投入到空洞的深渊中去"就成了"思辨的考察方式"。④谢林只是在与黑格尔的现象学形成对立时,才现出其真面目!因而在这里,他们并未同行。⑤

---

① 黑格尔(Georg Wilhelm Friedrich Hegel):《费希特与谢林哲学体系的差别》,收于《黑格尔全集》,周年纪念版,共20卷,格洛克纳(Hermann Glockner)编,1927年起,卷1,第33页。——原注

译文参考了宋祖良、程志民译本,见黑格尔:《费希特与谢林哲学体系的差别》,北京:商务印书馆,1994年。——译者注

② 布局:回顾(卷1,第33-38页),当今的哲学活动中出现的一些形式(卷1,第39-76页)。个别段落极尽嘲讽,也极具启发:(1)诸哲学体系的历史观;(2)哲学的需求;(3)反思作为哲学活动的工具;(4)思辨与健康的人类知性的关系;(5)在一种绝对原理的形式下的某种哲学之原则;(6)先验直观;(7)理性的悬设(Postulate);(8)哲学活动与一个哲学体系的关系。——两个主要部分:费希特体系的叙述(卷1,第77-121页),谢林的哲学原则与费希特的哲学原则的比较(卷1,第122-144页)。结论:莱茵荷尔德对费希特哲学与谢林哲学的看法(卷1,第145-168页)。

③ 黑格尔:《精神现象学》(前言),《黑格尔全集》,卷2,第21页。

④ 同上。

⑤ 海德格尔的意思是说,黑格尔在写作《差别》一书时,就在自己没有完全意识到的情况下,与谢林有了分歧,而不是在《精神现象学》中才与谢林有了分歧。——译者注

可是，难道现在恰恰是黑格尔的种种考察本身成了相当形式化的和形式主义-纲要性的吗？但这只是错觉：无论是在他自己更具体的世界方面，还是在他所设想的东西方面。

我们（着眼于那个主导性的问题：绝对观念论，形而上学问题格局的尖锐化）考察三个方面：

（1）论文的基本意图，以及一般意义上黑格尔形而上学的基本意图。（2）在一种绝对原理的形式下的哲学的原则。（开端问题，奠基。）（3）哲学活动与一个哲学体系的关系。（整个场地。）——（对于黑格尔来说，这一切都不是纲要和形式性考察，而已经是绝对者和无限知识 [der unendlichen Erkenntnis] 的问题格局了。）

2. 黑格尔形而上学的基本意图

处境。费希特：同一性——最高原理[①]；谢林：同一性——自然。难题在于**绝对同一性**，亦即绝对者之中、并通过绝对者才有的同一性。因此就有了：将自身交托给绝对者；只有**在向它提升的过程中**，哲学**思辨**才成为其所是。在意识中**建构绝对者**，并牺牲意识的一切有限性。

思辨：纯粹而普遍的理性施加于其自身的活动。理性唯一而本己的兴趣：扬弃诸种对立（绝对主体——绝对客体；理智

[①] 海德格尔将"原理"（Grundsatz，按照字面意思直译是"根本命题"）一词的后半部分"Satz"（单独来看是**命题**的意思）加了重点号，显然有强调"根本命题"的用意，但中译文无法体现出来，因为原词的前后两部分之间没有加连字符，因此这里没有按字面意思直译，仍然保留"原理"的译名，也没有加重点号。——译者注

——自然）。但要正确理解这一点：理性不是、也不可能是反对如其本然的对立设置与两分（Entzweiung）的，因为后者乃是"生活的一个要素"①；它所反对的是将这些被对立设置的事物绝对固定下来的做法。（仅仅是要素吗？还有，"绝对者"是否包括更多的内容？或者恰恰还更少？不作任何固定——因而要来回往复 [hin und her]，"有限性"，"相对性"？然而还没有如此！绝对的相对性 [Absolute Relativität] 要走向绝对者本身，这是进行扬弃的原则。）

黑格尔就这样认真对待起绝对者与绝对认知（Erkennen）来了。他想摆脱片面的实体，不管这片面的实体是自我，还是自然；但绝对同一性当然并未使双方消失，仿佛绝对者不过就是在单纯消除的意义上完全否弃了一切的对立设置活动（一切牛在其中皆为黑色的那场绝对的黑夜），而是在三重意义上的扬弃活动，这三重意义在黑格尔那里已经十分清楚了：（1）排除——tollere，（2）保存——conservare，（3）提升——elevare。②——（绝对的同一性不是绝对的淡漠，而是规定性之总体。）

绝非偶然的是，黑格尔是从对康德的某种暗示（Hinweis）出发的。这种暗示同时既进行赞同，又进行否定。只要观念论的原则能在康德那里被找到，就赞同之；只要批判的（先验的）观念论不向绝对迈进，就否定之。随着观念论向那里发展，亦即通过黑格尔，与康德的对立首次在根本上昭示天下了，这就是说，这种对立取得了一种完全确定的形式。

---

① 《费希特与谢林哲学体系的差别》，《黑格尔全集》，卷1，第46页。
② 比较关于绝对者概念的"增补"，见下面第265页起。

只要在康德那里，有限性还是基础和活动空间，那么上面这一点就意味着：现在发生了向绝对认识（das absolute Erkennen）的过渡（Übergang）（更好的说法是**跳跃** [Sprung]）：思辨。（绝对者在独特的意义上从绝对认识出发；绝对认识这一理念的建构——思辨。如今：康德／黑格尔。）

黑格尔这样说康德："在范畴演绎原则中，这种哲学是真正的观念论；而这个原则 [先验统觉，'我思'，诸范畴] 由费希特在纯粹而严格的形式下加以强调，并称之为康德哲学的精神。"①"在那个知性形式的演绎之中，思辨的原则，主体与客体的同一，得到了最确定的表达。知性的这种理论由理性提到超乎命名（Taufe）之上。"②

在这里，以相应的方式，就像费希特那样，康德被从下面这个问题公式出发解释：先天综合判断是何以可能的？这里"真正的理性理念（Vernunftidee）被表达出来了"③，但在规定性和普遍性方面还不够。现在的关键是，黑格尔本人是如何理解康德那里的观念论原则的。

黑格尔的解释：在这个公式中有着这样的理念，即不同类的事物**先天地**、亦即绝对地是**同一的**，这就是说，S（特殊之物——在存在的形式下）和 P（普遍之物——在思的形式下）是同一的。这种设置活动的可能性就是理性：理性恰恰就是这种不同类的事物的同一性。人们的视线穿透平淡的范畴演绎，瞥见

---

① 同上引，《黑格尔全集》，卷1，第33页起。
② 同上引，《黑格尔全集》，卷1，第34页。就此可以比较："信仰与知识"（1802）：A. 康德哲学，《黑格尔全集》，卷1，第294页。
③ 比较"信仰与知识"，《黑格尔全集》，卷1，第296页。

了这种理念——"在那里,统觉的原初的综合统一显露出来了"①。

而在这里,黑格尔本人现在比费希特更清楚地看到了先验想象力扮演的角色。(但恰恰在这里,问题的本质在于如何对待自我:自我是陪同者,还是作为机能的"自我",而且这种机能奠基于先验想象力之中。②费希特作了准备,他指出了这个方面。然而黑格尔的方式更原初。他自己在研究费希特之前的学习。"摇摆"被带到了原初的统一;费希特还停留在"交互"——作为(Tun)与受动,主体——客体。黑格尔恰恰不是在自我的有限性方面,而是在相反的方向上,在同一性问题这一主导思想下来探讨自我本身的问题的。)

只有当原初的综合统一从想象力出发 [被理解] 时,人们才能理解先验演绎。③——这是我本人可以从黑格尔那里抄写来的一些关于想象力的命题!而恰恰在这里,最尖锐的对立变得清楚了,争辩的场地也规定好了。

黑格尔瞥见了想象力,因为他探求并看到了绝对同一性的问题,但正因为如此,想象力本身对于他而言无非就是理性——"显现在经验意识的范围内"④。

黑格尔是从理念出发,从作为有限现象的想象力关于绝对者的知识出发进行言说的。如果说这些形式上的区分还能说出一些东西,而且允许比较的话,那么我的提问方式就是:作为原初具体之物(ursprüngliches Konkretes)的想象力要回溯到时

---

① 同上引,第297页。
② 比较同上引,第300页。
③ 比较同上引。
④ 同上引,第301页。

间性，而理性的建构①仅仅是从这种时间性出发而弄出来的空洞的抽象，但不是实在性。当然，对想象力的瞥见，也产生于某种**深层次的**②问题格局———一般存在的问题格局。③

但这样一来，我们如今也就看清了黑格尔与康德之间发生根本对立的那个点：理性（Vernunft）本身不再是真正的问题，更准确地说，如今它被"以知性（Verstand）来探讨"④了。同一性"在其自身那里……消失了"⑤，它如此这般变成了不合适的问题。它在一个"次要的"层面上被理解。而"绝对的后天性（Aposteriorität）"还残留着。⑥非-同一性被提升为绝对的对立。理性之物被从理念那里挪开了。

[对于黑格尔而言，康德哲学是]对认识机能的一种批判，是落回到有限性之中了，是对主体性、而不是对绝对者的一种认识。与英国经验论同列。⑦

这里便是对康德的**认识论**解释的真正发端之处，新康德主义不仅在哲学陷入窘境之时采取了这种解释，而且还通过德国观念论强化了这种解释———这一点极少为人所重视。（这里恰恰证明，即便黑格尔也没有把握住基本问题，甚至证明他无法把

---

① 畅行无阻，也就是说，没有受到如其本然的形上学的根本问题的规定；毋宁受到了绝对确定性理念（笛卡尔）的引导，或者说吸引；骤变为绝对者的确定性（黑格尔）。

② 比较黑格尔对这个问题公式的解释。

③ （德国的问题格局只是这个问题格局的分支———笛卡尔，体系。）

④ 《费希特与谢林哲学体系的差别》，《黑格尔全集》，卷1，第34页。

⑤ 同上引。

⑥ 同上引。

⑦ 比较"信仰与知识"，《黑格尔全集》，卷1，第295页起。

握基本问题。)

这种齐同(Zusammengleichen)[?]——因而当他反对康德时,本质性的因素恰恰在康德那里浮现出来了(德国观念论**反对的**正是这一因素):一种孤立的主体性理论。

对于黑格尔而言,基本的意图产生于他对康德采取的立场:从范畴演绎(以逻辑的方式)而来的形而上学问题;克服和驱迫知性的有限性,以达到绝对的认识,而且这不仅仅是在费希特的意义上,而是在对费希特与谢林的立场进行克服时做到的。这就是说:**知识的概念**变得比费希特所能对其加以开展的程度更极端了。

在费希特那里,自我=自我,自我是自我本身,但这就是说:自我是无限开放的;奋进与应当——一种无限性,仅仅否定地对待有限性,亦即作为尚待消除者。

这种实践的知识虽然是作为自我性事物的自我性同一性(ichliche Identität),但恰恰不是有关**同一性**——无限性和有限性的被扬弃——的知识。它还停留在主观的主体-客体(subjektiven Subjekt-Objekt)的片面性上,亦即停留在自我性的反思上:一个部分被消灭了,另一个部分(自我)被提高到了无限之物;自我因为设置其**本身**,而变得更高;因而"自我"终究而言是**一个反思的称呼**。

与此相反,真正的知识是"有限者与无限者的这种有意识的同一"[①],(关于如其本然的这种区别的知识,也就是说从它的根据出发进行规定)。反思必定使其本身成为对象,而在那里,

---

① 《费希特与谢林哲学体系的差别》,《黑格尔全集》,卷1,第52页。

它"最高的法则"就是"它的消除"①。只有这样,它才能成为**理性**。思辨的知识不再停留在反思那里,它也不是超过反思,而是在对最高的同一性进行直观之时,将反思接纳到自身之中。思辨的知识必须被理解为直观与反思的同一。(然而黑格尔在这里说道:(费希特的)正题与反题在其同一性、即在合-题中,绝非任何"设置"——命题。)

由此,第二和第三个问题已然复苏了,应当对其加以探讨。

3. 一门绝对原理形式下的哲学的原则

从形式上看,体系②是由诸种概念与命题构成的一个有机的整体。它最高的法则不是知性,因为知性仍然停留在它所设置的事物的对立设置活动(Entgegensetzen)中,而它的主题恰恰总是边界(Grenze)、区别。体系的最高法则是理性,它将矛盾者统一起来,是绝对者。

但恰恰在这里可能被要求的是,这个绝对者在适度地组织起**它**恰恰归属于其中的那个体系时,作为最高的绝对原理现成存在了。"但这样一种要求已经在自身中带着它的无效性了"③,因为每个命题在其自身之内都是由反思所设置的某种东西,仅仅是受到限制的和有条件的东西,受到某种被对立设置者的限制,因此就不是绝对的了。总是有二律背反,而反思从来都无法在绝对综合中把握这些二律背反,也就是说当这个命题应当

---

① 同上。
② 体系(System)——合-位(Syn-stasis)——综合(Synthesis)。如其本然的体系只有作为绝对的同一性,才是可能的。
③ 同上引,《黑格尔全集》,卷1,第61页。

作为命题而对**知性**有效的时候,便会如此。

由此,黑格尔在根本上反对费希特 1794 年知识学的第一个部分;但这样一来就克服了那里发展起来的体系理念。

批判的第一批主要的步骤及其积极的意图:绝对者表现在一个原理中,而且正如在费希特那里表现在最高原理之中那样,那个最高原理在形式与质料方面都是无条件的,亦即在两个方面是相同的。但这样一来,非等同性(Ungleichheit)就被排除了,亦即受到这些步骤的限制。原理不是绝对的,它仅仅表现了一个知性概念、一种抽象物。

但也可以说:形式和内容不一致,分析的方面和综合的方面不一致。黑格尔想到的是第三个原理,因为诸种二律背反都是矛盾的;但由此得不出任何在形式上受到矛盾律(Satz des Widerspruchs)辖制的命题(Satz)①。或许得到的是命题,但它不是任何原理(Grundsatz);或许得到的是基本－命题(Grund-satz)(涵括更多的东西),但它不是任何命题。

体系的本质②并不被表现于一个对于思(Denken)而言应当成为绝对之物的命题之中。想要得到这样的命题,那就是一种"妄想"③。尤其是当体系恰恰要表现出绝对者本身,亦即表现那作为更高的统一性而成为主体与客体、自我与自然之对立的基础者的时候,当我们要以扬弃的方式进行把握的时候,更是如此。

---

① 或译"定律"。——译者注
② 康德:"但我将一个体系理解为各种知识在一个理念之下的统一"(《纯粹理性批判》,A832/B860)。——对总体性的想象——调节的(regulativ)!
③《黑格尔全集》,卷1,第61页。

绝对的综合应当被表现出来。一个命题——反思——必定是绝对的综合中的一（Eins），必定分裂为两个命题：在其中一个表现出同一性（合题），在另一个表现出反题。

A=A，纯粹的等同，将非等同性抽离掉。（命题——但这样一来恰恰是片面的。）它被对立设置撇－开（ab-gesehen），但不是被其扬弃。这就是说，这种抽象的统一中并未表现出理性。理性还要求，不要简单地消除、消灭对立设置。因而 A 不 =A，或者 A=B。这里将纯粹的同一性抽离掉了。当然，只要这种非－同一性被想到了，那么那种同一性也就似乎在某种思（Denken）中，以命题的形式被想到了，但不是在命题的内容方面，而仅仅是在思的执行（Denkvollzug）方面，"仅仅在主观方面"。①

两个命题相互限制。如果第二个命题被表达出来，使得第一个命题被联系到它之上，那么它就是"通过知性对理性进行的最可能的表达"②。（反题中达到的同一性，但不是真正的。）知性并未认识如其本然的二律背反，那么它并未达到理性。第二个命题绝非与 A=A 形成对立的任何新命题；它[知性]在 A=B 中仅仅看到了 A=A 的一种重复；它并不将非 A 看作一种全新的因素。但如果二律背反被认为是从形式上表达了完整的真理，那么理性就已经将知性置于自身之下了。

B 完全独立于单纯受思规定的那种状态（bloßen Bestimmt-

---

① 反题

同一性

② 《黑格尔全集》，卷1，第64页。

sein dur das Denken），对思而言它是"单纯现成的"。这种现成之物对于那恒久的 A=A 而言，必定是"碰巧"发生的；必定碰巧发生的这种出人意料性代替了一种原初的等同性。

绝对者在形式上显得是一种矛盾。①（这里便是祁克果[Kierkegaard] 的那种吊诡之处的根源了。但这也表明了对黑格尔形而上学的整个问题格局的接受。只有当祁克果是黑格尔主义者，并保持这种身份时，他的立场才是有意义的和有道理的；那么，他针对黑格尔的争辩——从哲学、存在论－形而上学上来看——就仅仅是一种滑稽之举了。）必须意识到这一点；只有从绝对同一性出发才是可能的：理性。

4. 哲学运思与一个哲学体系的关系

只有在看到了最高原理不可能表达绝对同一性时，真正的体系理念（Idee des Systems）才产生。否则体系就只是个假象；整个哲学真正获得了一种固有的特征。

如果说**一切**都应当蕴藏在最高原理中，而且人们甚至在费希特的意义上在描述了体系之后回到它之上，那么人们就可以逐步地一手将那已被还原的多种多样的事物重新给出来。倘若将一切都系于最高原理，那么从根本上说，人们将一无所获。

由此表明：一般而言，事情与对绝对同一性的单纯索求根本无关，特别是当这种索求带有一种灾难性的错觉的时候，尤其如此。②假象：（1）以这样的索求，就能穿越重重障碍，达到消除一切固定的对立设置这一原则，（2）达到被限制者与绝对

---

① 有限性！
② 针对谢林！

者之间的关联。(单纯重复一个公式!)

由此一来,哲学就得到了某种普遍的满足!据说会意识到的,准确来说,现在意识到的**是什么**?从它的内容来看是偶然的,被给予了,又消失了。一般来说,这种哲学运思的内容在自身之内没有任何整体关联,没有任何客观的知识总体性(Totalität des Wissens)。

与此相反,哲学运思的目的在于关心如其本然的内容方面的多样性,由此也将与绝对者的整体关联设置下来;知识的总体、科学的某个体系,必须被展现出来。这样一来,各种各样的关联就不再显得偶然了。"哲学运思不究心于营造体系,它不断地逃脱种种限制——它更多的是理性在奋力追求自由,作为理性的纯粹自我认识,这种认识已然对理性很有把握,对自身也很明了。自由的理性与它的行为为一,而它的活动又是对它本身的一种纯粹描述。"①——"理性的自我生产。"②

真正的思辨在其体系中没有完备地将自身表达出来,体系哲学(Philosophie des Systems)与体系并不完全重合,这都是有可能的;存在着消除种种反题的趋势,然而绝非向着最完备的同一性的彻底-推进(Durch-dringen)。

教条主义:(更高的[?]概念)只有当不断受到条件的限制时才能达到,并且只能被提升到绝对者那里去(因而恰恰涉及费希特吗)。———一种教条主义;因果关系,错误的同一性。有力的统一。一个将另一个收于帐下,另一个变为臣属了;"但真正的思辨可以在最为歧异地相互詈骂为教条主义与精神歧途

---

① 《黑格尔全集》,卷1,第71页。
② 同上引。

（Geistesverirrungen）的那些哲学中间找到"①。

绝对者在现象中呈现出来，但不是为了否弃这种现象，而仅仅是为了明确地"建构同一性"②。真正的思辨关系（Verhältnis der Spekulation）是"实体性关系"（Substantialitätsverhältnis）③。（只是实体性关系的真理在于绝对者的**主体性**。）

作为现象，非我——并非依赖者、**不应存在者**；真正的合题（Synthese）"绝非单纯的应当（Sollen）"④。在费希特那里，绝对的综合不是自我＝自我，而是"自我**应当**等同于自我"⑤。主体－客体只是从主体出发而来的，因而是一种主体性的主体－客体。这里可见黑格尔对费希特采取的基本态度以及他的争辩的视点（Gesichtspunkt）。⑥（要是黑格尔不这样说的话，他就不是黑格尔了。）

现在，真正的同一性，也就是说真正思辨的体系概念，是什么样子的呢？为了将主体与客体的真正的同一性设置下来，**双方**都得被设置为主体－客体，理智与自然都得如此；每一方自身都能成为某种特殊的科学的对象。（哲学的科学 [Philosophische Wissenschaft]。）

理智的体系：诸客体在其自身而言什么都不是，自然的持存只在"意识"中；下面这一点被撇开不顾了，即客体是一个自然，而理智作为意识，是受到自然限定的。

---

① 《黑格尔全集》，卷1，第72页起。
② 《黑格尔全集》，卷1，第73页。
③ 《黑格尔全集》，卷1，第74页。
④ 《黑格尔全集》，卷1，第75页。
⑤ 同上引。
⑥ 比较《黑格尔全集》，卷1，第76页。

自然的体系：这里忘记了，自然是一种被意识到的事物；对自然的种种观念性的规定乃是内在于自然的。

两者都有同样的地位；在其中的每一方之中，绝对者都处在被对立设置的形式中。

每一种科学的内在原则都是主体－客体。并非仅仅为了将主体或客体维持住，才将这一点抽离掉，抽离掉的总是另一方的特性、片面性。每一方都是主体－客体，亦即都是由理性设置的。理性的确将自身作为自然和作为自我生产了出来，并在那些产物中认识自身，亦即在那些产物中**存在**。（更高的观点，真正的体系，在双方中都能认出同一个绝对者。①）②

第二十节　对绝对者之现实性的追问

1. 关于未来与黑格尔进行某种争辩的方式

由此就赢得了对绝对观念论（absoluten Idealismus）之本质的一种展望，说得更清楚一点：体系在这里如何成为了、也必须成为事情本身，因为绝对者就是**脱离**了与它所不是的那种事物的任何关联的事物。但这种脱落（Ablösung）却并未使得绝对者所不是的那种事物自为地与绝对者并列着，因为那样的话，绝对者就还不是整体，而是使得它将它所不是者包括

---

① 总结。——比较《黑格尔全集》，卷1，第139页起。
② 存在 —— 存在者（ens）
　　　　　　｜存在（基础存在论！）
　认识 —— 自我
（无根状态 [Bodenlosigkeit]，尽管有了绝对者！）

(einbegreift)在内，却没有在先前 [？] 与其相等同。（"包括"不是以囊括 [Umfassung] 这种死的形式存在的，而是**使之成为可能**，并恰恰借此赋予它以存在，并在这种赋予活动中认识到自身。）

而在这里，有必要作一点一般性的评论，为的是在研究黑格尔和与其进行争辩的时候，不要误入讨论的某个维度中去，那个维度与黑格尔对立，是最不合适的维度。因此需要考虑到的是，在貌似能在面对绝对者时，很轻巧随便地就能使得我们自身的那种明显的有限性失效的地方，这种争辩恰恰是最严格的。因为每个人都在说，我们的知识只是一些零碎。我们不可如此狭隘地对待黑格尔，并认为他也不知道这一点。通过哲学运思本身！但我们也不要简单地将历史倒转，并试图以康德来驳斥他。康德根本不能对付黑格尔，但这一点根本就没有显出双方的伟大。伟大之处恰恰在于他们两个人都是**不可替代**的。

我们看到了：黑格尔——基督教的信仰、上帝概念。依据现在已显露出来 [？] 的理解——这种概念是一种泛神论（Pantheismus）。但这恰恰是人们在探讨黑格尔的体系时可能有的最大的肤浅之处；这里撇开下面这一点不管，即这个称号仅仅是一个称号，而且带着原始神学的那种假形而上学（Scheinmetaphysik）的整个的成问题之处。但也同样不是庸俗意义上的"一神论"（Monotheismus）。虽然黑格尔总是在他的那个意义上为一神论辩护。

只是脱离了这种常见的提问方式，这些标签——泛神论、一神论、一元论（Monismus）、多元论（Pluralismus）——是极为松散的，它们只能用于掩盖对事情本身的理解上的不足。由下面这一点能看出什么呢：泛 - 神论（Pan-theismus），这个称号里的 θεός（精神概念）[1] 和 πᾶν（总体性、绝对者），在黑格尔的绝对精神概念中恰恰成了问题？这个问题可能被教授们所经营的那样一种哲学史领着绕开了诸种事情本身——但即便当惯用术语看起来可以将这个词纳入帐下的时候，我们也必须学会向本质之处推进。

黑格尔的思考越是激进，在整体地使得现实之物成为可能的意义上回到了真正的同一性上，他就越是不能借此再次消除形而上学的那种本质性的、最核心的耽搁（Versäumnis）；这种耽搁从古代以来，尤其是借笛卡尔和康德之手，以消极的方式规定了西方形而上学：（1）对一般意义上的存在的追问，存在问题的制定；（2）但借此还涉及了此在的形而上学，亦即对如其本然的有限的主体性之存在状态的追问。

虽然有限性在形式的意义上被克服了，这样一来，这种追问就变得很多余了；但这种追问不过是被推延了而已，而且通过这种推延，便被激化和推入绝对者之中去了。

依照黑格尔的下面这种基本意图，这种绝对者恰恰与知性所得出的那种总体性理念（Idee der Totalität）的单纯设置形成了对立：绝对的同一性是一种实在的总体性，这就是说，如其本然的绝对者之现实性乃是决定性因素。但由此一来，还是带来了对与其他任何存在者绝对区别开来的这种突出的存在者[2]的存在方式的追问，而且这种存在者恰恰将一切其他的存在者规

---

[1] 海德格尔原文。——译者注
[2] 指此在。——译者注

定为现实之物。① 绝对者之存在的问题：不在于它是否"存在"（对于黑格尔和谢林而言，它的存在是毫无疑问的②），而是更原初的问题，即"存在"在这里应当说出什么意思，亦即这种存在是否以及能否成为一个绝对的概念。③

2. 作为绝对当前（absolute Gegenwart）的永恒

对现实之物的现实性、对绝对精神的规定，乃是——看起来很地道——从绝对精神的那种特殊的存在中汲取的：使他物成为可能的因素（Ermöglichung），而且是绝对的因素——这种因素绝对在其本身那里，因此也绝对④是其本身，永恒，亦即"绝对的当前"，持存的现在（nunc stans）；"精神……是**永恒的**"⑤，并不隶属于时间。"但永恒概念必定不可按照否定的方式如此这般理解，理解成抽离了时间，仿佛它在时间之外同样实存着；反正不能在永恒**在**时间**之后**到来的意义上来理解：那样永恒就

---

① 绝对者，无限性，永恒性。——绝对观念论——全部的问题——但恰恰是在这种观念论所特有的绝对性中，他才可能驱除存在问题，换种更好的说法，他才可能根本不知道这个问题。通过这种遗忘，才使得那种耽搁成为可能，将那种耽搁绝对化，并以此认可了遗忘。

② 而且是基于什么样的思索呢？纯粹是在方法的意义上、在形式化辩证法的意义上（比较第二十节的增补，下面第265页！）。又是出自同一个根源："确定性"。

③ 比较下文：存在与存在者，现实性与现实之物，"概念"与"现实性"。

④ 虽然它在此还一同赢获了全部现实之物，并有意识地将其保持于其自身面前，甚至将其作为**绝对精神的**意识之物。

⑤《哲学科学百科全书》，第258节，引自：《哲学体系第二部分——自然哲学》，第258节，《黑格尔全集》，卷9，第80页。

被弄成未来、弄成时间的一个环节了。"①

黑格尔在这里阻止永恒被理解为"抽离了时间",那对他而言不过意味着——他这样看很有道理——永恒被当作时间旁边和之后的某种东西;永恒(在其绝对性中②)毋宁从自身中释放出时间,而本身又没有在时间中被扯碎。

永恒不可以在黑格尔提到的那种意义上被"抽象地""片面地"理解;但这样一来,根本就没有触及关键性问题,即一般永恒可以如何被把握,是否依照黑格尔看来的那种真正的永恒概念并非来源于时间,而且并非这样便泄露出它的有限性。永恒"起源"于时间:不是在执行抽象(Abstraktion)的意义上(即我们在**赢获**这个概念时必须**这样**做),而是这个概念本身就是如此。

据此来看,"绝对的当前"就意味着:(1)"当前":当前就是一种时间规定。它是否比未来**更少地**是时间的一个环节?③——但永恒不等于"当前",而是"绝对的当前"。而且首要的问题是:那是作为现在(Jetzt),还是作为现前化(Gegenwärtigung),还是作为某物之在场(Anwesenheit-von)的当前?三种根本不同的现象。④(2)"绝对":当我说"绝对"的时候,它是否就失去了这种特征?"绝对"在这里意味着什么?依据那种惯常的

---

① 同上引(讲演附录,柏兰德[Bolland]编,1906年,第323页)。

② "在永恒的绝对性中",或"在精神的绝对性中"。——编者修正
编者的这个修正涉及德文物主代词的用法,中译文无法体现出来,编者要告诉读者的是,这里的"其"就是绝对精神或永恒。——译者注

③ 比较前文!

④ 现在——当然[?]是如此这般从这儿来说的,并符合时间的多重性本质——是相当外在的。

解释，即将"永恒"解释成持存的现在（nunc stans）（流动的现在 [nuns fluens]，时间－流，流 [ῥοή]）：坚立的、持留的、持久的，即在每一个现在那里都是其本身，而且只是其本身的那个现在。但人们可不可以说：这个永恒概念还是很接近于永恒性（sempiternitas）、总是（Immer）、持续（Dauer）？

黑格尔会说，持续（Dauer）不过是对时间的某种相对的扬弃活动罢了：只是进一步（weiter）持续罢了；永恒是无限的（unendliche）持续。因而还是持续，只不过方式更尖锐罢了：无限地，亦即绝对地。对于黑格尔而言，这意味着：在自身内反思过的，回到自身之内并保持在自身那里；这就是说，如果是真正的当前，那便是从过去和未来回到当前。"永恒不是将要存在，也不是曾经存在过。"① 永恒作为绝对的当前而"存在"。②（存在在这里意味着什么？——古代！）

但这种绝对者理念（Idee des Absoluten）的情形如何？我们知道，它是被汲取自那种从形式－逻辑上来理解的主客关联结构（Struktur der Subjekt-Objekt-Beziehung），并作为综合而赢获的。它同样来源于如其本然的有限性。我们探讨过的仍然是永恒与时间这两个概念的整体关联，而不是时间本身的整体关联。是，也不是（Ja und nein）！无论如何，对绝对者的追问以及对绝对观念论之可能性的追问，都在这些核心的、到处都在强化地起作用的规定的方向上，激化着自身。我们还是必须更明确地追问一下，那样一来我们是否就像处在时间之中一样，处在永恒之现实

---

① 《哲学体系第二部分——自然哲学》，第258节附录，《黑格尔全集》，卷9，第81页。
② 比较同上书，《黑格尔全集》，卷9，第81页。

性（Wirklichkeit der Ewigkeit）之中了。① 甚至要追问一下，如果说在时间终结之处，它阻止人们说它"存在"的话，那么我们还可不可以说永恒"存在"。——"存在"与有限性。

我们也不可以认为，这样就**驳斥**了黑格尔和绝对观念论。要真正在哲学上进行驳斥，要恰好对黑格尔进行驳斥，有一件事情是独特的：面对对方而平复下来（sich dagegen legen），为的是让问题的最内在的力量恰恰作为哲学上的力量而起作用。而这样一来，我们就必须联系我们对永恒概念起源于时间的那种提示，思索一下黑格尔立即和首先会对我们提出什么样的反驳：当你们从时间概念出发，说永恒概念基于它时，我的答复是，时间在其概念中恰恰已经是永恒的了。时间，"不是任何一段时间，也不是现在，而是作为时间的时间，乃是它的概念，但这个概念本身就像一般的任何概念一样，是永恒之物"②。

作为时间的时间是永恒之物。我们看到，尽管看得很模糊，正如人们想说的那样，这里有着一种**诡辩的**（*sophistisches*）③论证：不是从时间出发，而是作为"概念"的时间概念。（桌子产生于木头。错了，作为桌子的桌子根本不能产生于木头。这里所想到的，如其本然的本质，还不是木制的。）

然而这种论证不会击中黑格尔，因为他的基本论题恰恰是，概念就是事情本身，而反过来说，任何一种存在者本身，在它的存在的本质中，都是"概念"。概念和现实不是并列的两个事物；

---

① 绝对者的**现实性**。
② 《哲学体系第二部分——自然哲学》，第258节附录，《黑格尔全集》，卷9，第81页。
③ 或译"智者式的"。——译者注

它们的统一恰恰是绝对观念论的基本论题，而我们由此便看到了：对绝对者之现实性、存在者之存在的追问，不是很容易提出来的。甚至可以更进一步和更根本地说：如果绝对观念论成为绝对哲学（absolute Philosophie），那么它在其自身之中是绝对不可反驳的，因为否则的话反驳该从何处被取来呢？

这样，与黑格尔、与绝对观念论以及由此一来与西方形而上学的争辩，就（以肯定的方式）在一个完全隐秘的维度上推进，我们必定只有通过形而上学问题深层次的制定（Ausarbeitung），才能创造出这个维度。(**当**人们**让**自身被向此推进**时**，这种争辩就能向此推进，这就是它内在的伟大之处。)

当今那些关于黑格尔的絮叨之语所呈现的一个值得注意的景象是：仿佛人们以肯定的方式，将他拿来作为对黑格尔主义的更新（"黑格尔的复兴"），此外自然也就批判了某种事物；仿佛人们围绕着他在做一些修改，在改进他，或者将不合用的东西剔除，就好像对待一件旧外套一样，人们出于敬意，没敢将它扔到破布堆里去。当今哲学的无根性，在任何地方都不如在平日里极为响亮的那些关于黑格尔的广泛的闲谈中那么清晰可见。

3.《精神现象学》的地位

这项考察的意图在于，从一开始就使我们做好准备，以解释核心著作和理解整个问题格局。（绝对精神、绝对的现实性、永恒、概念与现实之物。）

在担任私人讲师的沉默期，黑格尔的第一部著作《精神现象学》孕育成熟，完成于1806年。然而它还是具有某种"克制的骚动"的因素，不是在神秘莫测的意义上，而是由于巨大的激昂奋发气息，由于直率，在塑形的时候甚至近乎狂怒（Raserei）。在我们迄今为止听到的东西（绝对观念论，理性本身的自我呈现）之后，它的反面突然出现了。在《精神现象学》中，哲学的本质进程回到了其自身。这是如何做到的？难道哲学不在其本身那里了吗？的确，日常的此在对于哲学而言并非外在的和陌生的（fremd），然而却是被异化了的（entfremdet）。因此，这种此在必定是在哲学那里才得到规定，而且遵循着一条被奠基于此在与哲学之本质之中的道路。

因而事情无关乎一种入门（Propädeutik）和日常意义上的某种哲学导论。但哲学回到其本身的这条道路首先并非关于各种方法的思索的大杂烩，就像从前在某种哲学据说要形成的时候，人们必定要做的那样。黑格尔希望借助于一些纲领性的命题和对未来的各种任务的划分，使自己进入哲学。他已经完全站在哲学中了，这就是说，他事先在他的耶拿时期已经将哲学制定好了（《耶拿逻辑学》）。他的所有讲座的首要主题总是：逻辑学与形而上学，哲学的全部知识（totam philosophiae scientiam）。关于这种工作方式，我们多年以来有了更具体的概念。

在海德堡科学院的赞助之下，1915年由埃伦贝格（Ehrenberg）和林克（Link）从保存于柏林的国家图书馆中的黑格尔遗稿中编辑出一份黑格尔手稿，这份手稿探讨了逻辑学、形而上学和自然哲学等内容。可以参见《黑格尔的第一个体系》（Hegels erstes System），海德堡，1915年。这个版本值得褒扬，但仍然很肤浅，在导论方面也没有切中要害。在一些年前，拉松（G. Lasson）这位成果卓著的黑格尔研究家，重新编辑了这份手稿，并给文本附上了一份批判性的参考材料。标题是：《耶拿逻辑学、形而上学与自然哲学》，迈纳尔出版社（Meiner Verlag），1923年。（对这项工作应加以赞扬；就像[他写过的]所有导论一样，该书的导论宽泛而絮叨，在哲学上没什么用处。）

内容本身属于我们在哲学——不仅是黑格尔哲学，而且包括一般哲学——中居有的东西当中最艰巨的部分；一切都还行进在途中：在工作中间冒出来的一些措辞，常常是最切中肯綮的，然后又重新被编织到那自行推进和自我支持着的思想之中了。

逻辑学和形而上学依然分离[？]，但双方都已不再是传统的任何形式①了，尽管康德和亚里士多德在这里产生了极强的影响。

解释的困难之处。这里不必着手说明这些难处。这不过证明，正面的工作已经在进行了。然而却是精神现象学！是如何关联在一起的呢？的确，黑格尔没有像大多数人那样展开工作，没有像19世纪一位有名望的学者的典型处理方式那样，自发地在书信中暴露心迹：我接下来必须再写一部书，但我还没有任何主题。

黑格尔通过讲述一条哲学之路才抵达自身，这事起初看起来很令人惊讶。因为这恰好与他要求的相矛盾：在总体上叙述绝对理性。然而恰恰是这项任务，而不是别的任何任务，迫使他完成"精神现象学"这个标题下必须完成的东西。

叙述绝对精神本身的实现，这意味着什么呢？这绝不亚于

---

① 但不是以那种常见的作为学科的外在形式而相互关联在一起。

有限的、进行哲学运思的人的理性设身处地地为绝对理性着想，并将自身表现为绝对理性。这事是如何开始的？很明显，有限理性不能摇身一变成为无限理性，不能通过任何戏法或在某种权力命令的基础上冒充为无限理性。

绝对理性表现在绝对观念论之中；当这种绝对观念论严肃地对待其自身，将其自身当作本质之物时，恰恰必须将一切都置于下面这个基点之上，即它在其必然性之中的自我奠基与塑造明白易懂。有限主体必须打开并保障绝对精神能在其中活动与存在的那个维度。

或者像黑格尔所说的那样：绝对的认识（Die absolute Erkenntnis）必须"产生出科学的**要素**"①，即绝对知识（das absolute Wissen）运行于其中的那种以太（Aether）。由此，绝对知识应穿越一条漫长的道路前行。绝对知识的这个要素最初在有限的自然意识看来是隐藏着的；而且它是通过突破那条通往它的道路上的一个个层次而获得的。（现象学与逻辑学的区别：看起来是同一个，然而不是。）

这条道路不是随随便便的哪一条道路，而是通过绝对知识本身所是者而呈现出来的。绝对知识之所以是"绝对的"，乃是因为它在三重意义上在自身中扬弃了一些相对的（relativen）形式与层面。这些形式与层面本身就是精神的（**意识的**）一些形态（Gestalten），这些形态是精神在其来到其自身的过程中（Zu-sich-selbst-Kommen）穿越而来的，也在这个过程中变现了自身、ψαίνεσθαι [自行显现]、露面、显现

---

① 《精神现象学》（前言），《黑格尔全集》，卷2，第30页。

了。由此，黑格尔才将精神之诸形态的这种穿越着的、进行着把握的[？]披露过程（Zur-Erscheinung-Bringen）称作：精神现象学。（精神的这些显现——精神现象学——应当从它们那种总是很本己的本质方面，亦即在它们的层级整体关联[Stufenzusammenhang]与形态变迁[Gestaltwandel]中被把握，它们的逻各斯[λόγος]应当被叙述。）

但这还没说清现象学的整个概念："我们日常的知识只是将它所知道的**对象**呈现出来，却没有同时将自身、亦即将知识本身呈现出来。但在知识中已有的整体（Das Ganze）不仅仅是对象，它也是**自我**，这个自我进行着认知，并将我与对象相互关联起来：意识。"① 意识在知识中存在；知识不仅仅是被意识到的事物本身（物）。

在哲学中，知识的诸规定（Bestimmungen）并非片面地被当作物的规定，而是也被当作知识的规定，被当作客观且主观的规定，亦即被当作客体与主体之间的一些特定种类的相互关联。作为精神的主体，如果在其**与一个存在着的对象的关系**中来看的话，就意味着意识；如此这般的精神正是显现着的（erscheinende）、似乎以某种方式从自身中走出来的那种精神。"大体上，意识依照一般对象的差异而具有三个**层面**。"② 对象：（1）与自我对立的客体，（2）自我本身，（3）"某种对象性的事物，它在同等程度上归属于自我"③。这些规定是"意识本身的一些环

---

① 《哲学初步》（Philosophische Propädeutik），第二课，第一部分，精神现象学，或意识的科学，第1节，《黑格尔全集》，卷3，第101页。
② 同上书，第9节，《黑格尔全集》，卷3，第103页。
③ 同上。

节"①。由此，意识就是：（1）一般意识，（2）自我意识，（3）理性。精神现象学的三个，或者更准确地说，四个层面：意识、自我意识、理性，——精神。（这种配置所产生的不是一套关于认识的理论，[而是对] 精神之整体 [的叙述]：道德、法权 [Recht]、自然、艺术、宗教；完全是很具体地出自他的那个时代，又超出了那个时代之外。）精神的本己的形式是绝对知识。在绝对知识中，精神本身准备好了它的绝对真理的纯粹的要素，这就意味着同时也准备好了现实性。意识：（a）感性的，（b）知觉的，（c）知性的。自我意识：自我在这里直观其本身；自我 = 自我，自我是自我。理性：是意识与自我意识的，或者关于对象的知识与关于自身的知识的最高的**统一**。——确定性（Gewißheit）：（1）它的诸种规定是对象性的，（2）它们在同等程度上是主体性的规定。但并非单纯的主观确定性，而同样是**真理**。真理等于确定性与存在（对象性）的统一。②确定性（笛卡尔：思维之物 [res cogitans]、自我 [ego]）与存在（ens）的统一。知识在其中被意识到了的那种知识；正如费希特的知识学一样，然而还不止如此！主体－客体结构**在双方**都存在。当绝对精神如此这般了解自身时，它首先是**直接**在下面这种事物中了解自身的，即在一般意义上属于它的事物，绝对知识在其直接性中、在其本身之普遍的不确定性（Unbestimmtheit）与空洞性之中所取得的要素。如今才看清了真正的任务之所在：在它自己的总体性中发展和规定其本身（而且后者如今纯粹保持在自己的要素中）。这就意味着：存在（ens）、自我（ego）以及二者之统一所具有的

---

① 同上。
② 参见同上书，第42节，《黑格尔全集》，卷3，第112页。

规定。因而它的绝对内容本身的总体性是三重的（以三重的方式被划分，同时也是一种两重的划分）。——（自在的、自为的和自在自为的纯粹绝对精神 [reinen absoluten Geistes] 的这种绝对的展开，乃是理性关于理性的绝对知识——逻各斯 [λόγος]、"逻辑学"、逻辑科学。并非**关于**绝对理性的科学，而是绝对的科学，这种科学作为被制定好了的绝对知识，就是理性本身。）

通过阐明逻辑学之整体的这种双重划分——一种前概念（Vorbegriff）。① 逻辑学——绝对逻各斯（λόγος）、理性的绝对自我认识。

由此看来，这不是某种，比如说，康德意义上的逻辑学：我们称逻辑学是"关于知性与理性的一般必然性规律 [诸判断、概念、推理]，或者换言之，关于一般思维的单纯形式的科学"。② 甚或像沃尔夫（Wolff）在他的逻辑学中所说的那样：这一哲学的部分，关系到在认识真理与避免错误之中的认识机能的作用，被说成是逻辑的东西，正是我们定义为在认识真理之中引导科学的认知机能（Ea philosophiae pars, quae usum facultatis

---

① 《逻辑学》，纽伦堡皇家巴伐利亚文理中学教授暨校长黑格尔（Ge. Wilh. Friedr. Hegel）博士著。第一卷：客观逻辑，1812年（第二版出版于1831年；1831年11月7日撰写"前言"）。——第二卷：主观逻辑或概念学说，1816年。（在很长一段时间的版本里并不是特别丰富的、但却是关键性的部分。）——在1806年以后的那种一般政治处境下 [?]，黑格尔再也不能待在耶拿了。为了谋生，他承担了一份报纸的编辑工作。1808年，他在文理中学获得了一个职位，1816年接到了海德堡的聘任书，1818年接到了柏林的聘任书，那里费希特的教席自从1814年以来就空缺了。他在那里教了13年书，于1831年11月14日死于霍乱。

② 康德：《逻辑学》，讲座手册，耶施（G. B. Jäsche）编，收于《康德著作全集》，皇家普鲁士科学院编，卷9，柏林，1923年，第13页。

cognoscitivae in cognoscenda veritate ac vitando errore tradit，Logica dicitur：quam adeo definimus per scientiam dirigendi facultatem cognoscitivam in cognoscenda veritate）。① 这种"逻辑学"发展成了黑格尔本身在"导论"中尖锐抨击过的那种胡说八道。"如果说逻辑学自亚里士多德以来不曾有任何改变……由此毋宁应该得出这样的推论，即它特别需要来一场彻底的改写；因为精神在两千年里的进展必定在其本身之中对于它的思维以及它的实质有了某种更高的意识。"②

但是如果我们不像这样来理解"逻辑学"，黑格尔划分客观逻辑与主观逻辑的做法就恰恰显得很突出了。在逻辑学本身中呈现自身的那种理性，恰恰不是客体与主体之间保持不变的那种二元对立。逻辑科学恰恰不能仅仅涉及这种主客关联（Subjekt-Objekt-Beziehung），因为那样的话，它最多只是先验逻辑学（反思哲学）。客观逻辑：关于客体的逻辑；在理性的诸种规定中，这属于如其本然的客体（Objekte als solchem）之列。主观逻辑：关于主体的逻辑；在理性的诸种规定中，这属于如其本然的主体性（Subjektivität als solcher）之列。

这里恰恰遗漏了关键的因素：综合。只要我们不能假定黑格尔恰恰在处理他最本己的哲学任务时又堕回反思哲学的旧立场上去了，我们就必须换一种方式来理解"客观逻辑"和"主观逻辑"这些名称。"主观"并不是费希特和康德式的自我的那种意义上的，而恰恰是更高的主体概念那个意义上的：**作为精**

---

① 《理性哲学或逻辑哲学》，第61节，法兰克福/莱比锡，1740年，第三版，第30页。

② 《逻辑学》，《黑格尔全集》，卷4，第48页。

神的主体（关于概念的学说：在主体－客体中理解其自身，并将其自身理解为主题－客体，这就是说，主体和客体这些因素恰恰处在同一性之中。克服概念。概念是绝对精神本身真正地来到其自身 [Zu-sich-selbst-Kommen]。概念 [λόγος] 就是自由。请注意：这里完全清楚的是，普通逻辑学的那些最基本的术语，在黑格尔这里获得了一种全新的含义——受到绝对观念论的问题格局的规定）。主观逻辑：作为对如其本然的理性之绝对性的绝对知识。因此，主观逻辑是作为结束性的合题、而不是作为反题而存在的。

依此看来，也要换一种方式来看待"客观逻辑"这个标题。如果说"主体"不等于"自我"（与形式），那么"客体""客观的"也就不等于与主体对立者，而是等于与**绝对**主体性相区别的事物。绝对主体性是合题；它才将一切收回到主体中。它所收回的东西，却正是传统意义上屹立不动的那种主客关联。作为物（广延之物 [res extensa]）的客体和作为面前碰到的进行思索的物（思维之物 [res cogitans]）的主体双方在它们形成的反题中，最初都是作为直接的意识和直接的反思中的客观之物而存在的。但如果客观逻辑不在这个意义上被理解，我们就看到，它本身必定由两个部分组成，而且涉及存在者（ens）与自我（ego）。只要客观逻辑由两个部分组成，整个逻辑学最后就由三个部分组成：存在逻辑、本质逻辑、概念逻辑。（本质逻辑："本质"——**存在**在其中自行反思——的意思也不同于传统意义上的"概念"。本质是**"存在的真理"**[1]，它在对存在的思索中表明自身是基础、

---

[1] 同上书，《黑格尔全集》，卷4，第481页。

是"背景"、是"已成者"[Gewesene, τὸ τίην εἶναι①], 但似乎还是康德意义上的。存在与概念之间的中介。②) 黑格尔现在也完全明确地谈论这个原初的和绝对的逻辑学概念与历史上流传下来的形而上学之间的关系了。"由此, 客观逻辑毋宁代替了从前的**形而上学**, 作为形而上学的科学大厦过去是超于世界之外的, 只应通过**思想**来营建。——如果我们回顾一下这门科学之发展的最近的形态, 那么首先直接就是**存在论**, 客观逻辑代替了存在论, 形而上学的这个部分应当涉及的是一般 Ens(**存在**)的本性; Ens(存在) 在自身中既包含**存在**, 也包含**本质**, 对于两者的区别, 我们的语言还有幸留存了不同的表达方式。——但这样的话, 客观逻辑在自身中也就包含了其余的形而上学, 因为后者试图以一些纯粹的思想形式去把握那些特殊的基质(Substrate)、最初取自于表象的那些基质(灵魂、世界、上帝), 而且**思**的**诸种规定**构成了这种考察方式的**本质因素**。"③

通过精神现象学, 绝对精神的维度——自知的知识(das sich selbst wissende Wissen)——被赢获了。问题在于: 是**什么**知道这种自知的知识, 这种关于知识的知识? 并非在世界中或在存在者之中碰到的这个或那个东西, 而是这种自知的知识成了哲学的事情: (1) 直接意识到的事物 (unmittelbar Bewußten) 和可知者(存在)的内在的可能性, (2) 鉴于如其本然的知识的内在的可能性来看待的这种直接意识到的事物和可知者(存

---

① 是其所是。——译者注
② 参见同上书, 《黑格尔全集》, 卷4, 第62页。——与传统逻辑学的区别, 参见上文!
③ 同上书, 《黑格尔全集》, 卷4, 第64页起。

在），(3) 意识到的事物与知识之间的关系的内在的可能性。归属于如其本然的绝对现实之物之现实性的种种事物之整体，使得现实之物成为可能的那种内在的可能性之整体。

这种绝对知识应当表现自身，不是表现为一堆知识，而是绝对被知之物（absolut Gewußte）在其自身之内就被关联到绝对理性本身之上了。看起来在个别事物上具备的东西，在其自身之内就被涵括到体系的整体之中去了，而且只有在这种涵括之下，才成为其所是。

换言之，在绝对理性的绝对知识内容（Wissensgehaltes）内部，或者这样说也可以，在它的现实性之整体内部，任何绝对被知之物本身都是绝对的；知识的任何开端（Anfang）都是终点（Ende），反之亦然。那么在这个直接性的范围（Sphäre Unmittelbarkeit）内，应当如何和到何处去寻觅开端呢？

4. 开端问题

开端问题重又浮现出来，而且越发尖锐了。在绝对者中，从何处开端？到处都可以，还是无处可以？然而必然是在绝对者那里。但如果在绝对者那里，那就已经达到了绝对者，也就没有任何开端了，就已经达到了终点。这个开端问题值得注意。诸种特殊科学的情形与此相反！

这个开端问题对于哲学而言是必要的吗？既是又不是。

（1）它是必要的，如果哲学的认识自身作为理想，将绝对的确定性设定下来了的话，就像在笛卡尔那里发生过的那样；因为这种确定性位于由进行奠基的以及被奠基了的诸种认识所构成的一个确定的秩序和序列之中。

（2）这个必要的问题变得愈发紧迫，如果这种确定性的理念畸变（auswächst）为体系的理念的话——首先是在形式的意义上，即可知之物的整体走入了这种奠基整体关联（Begründungszusammenhang）之中。

（3）开端问题走到最紧迫也最困难的地步，如果这种确定性和这个体系在本质上也被调制为对绝对者的绝对认识。

恰恰因为绝对的认识是整体，而且作为整体而存在，它才与众不同地提出了开端的问题。因此黑格尔在他从事真正主题性探讨的逻辑学中先行从事这样一种考察，就并不奇怪了，这种考察的标题是："科学必须由何处开端？"① "科学"＝逻辑科学。

黑格尔在这个考察的导论部分指出，只有"在新近的一些时代（neueren Zeiten）"，意识才产生，一个困难之处在于寻找哲学的开端。黑格尔没有触及这一事实的根据。

为了认清这个开端的问题，有必要澄清一下开端在这里是什么意思。② 这个表达是多义的：（1）某种事物由以开始者；（2）某种事物照事情本身来看奠基于其中者，它规定了（1）；（3）某种事物在其开始时萌芽于其中者（萌芽——起点）；（4）作为开端活动本身之实行的开端。

要充分地探讨开端问题，就必须追问一下这四个方向。黑格尔——最初——只知道开端这个概念有双重含义：（1）一切事物的客观的开端（参照（2）），（2）主观的开端，即导入讲座的那种方式（参照（4））。

哲学的开端。第一层：这个客观的开端（原理）：直接之物

---

① 同上书，《黑格尔全集》，卷4，第69页起。
② [在]哲学[中]。

（das Unmittelbare）（水、一、奴斯 [Nus]、理念、实体、单子，——但也包括：思、直观、自我），任何一种特定的内容，其他的事物从这种内容出发，在这种内容之中才成为其所是，或者更准确地说，才在其所是**者**之中规定其自身。第二层：导入讲座、叙述的那种方式；作为某种纯粹主观之物，至于内容则无所谓——审美的、实践－教育的种种考量与意图。

与此相反，在方法具有根本重要性的地方，亦即不是单纯外在的技术的地方，主观的作为就成了客观真理的一个本质性要素；依此看来，原理（客观的开端）也必须成为整体由以被导入的东西。原理＝思之进程中第一位的东西。

那么现在逻辑的开算、逻辑学的开端的情形如何？它必须"在自由地自为存在着的思的要素中"①被制成。但只要这个要素本身不是直接在质朴的意识中现成就有了，而是只有在**精神现象学**之路上才被赢获，这个要素才被中介了（vermittelt）；这样看来，逻辑学的开端不是任何直接的开端。这样看来，这个"要素"——意识之最终的和绝对的真理——就已经是**结果**了。"在这个意义上，逻辑学将显现着的精神的科学（die Wissenschaft des erscheinenden Geistes）作为其预设（Voraussetzung）了。"②开端，哲学运思由以开始者。逻辑学本身是纯粹的知识；它只接纳在这个纯粹的要素中现成存在者；一切的反思和意见（Meinungen）都被撇开到一边了。"纯粹的知识，在这种**统一性**中**聚合起来**，扬弃了与某个他者和中介的一切关联；它是无差别之物；这种无差别之物本身因此便停止成为知识了；它只是现成存在的**简**

---

① 同上书，《黑格尔全集》，卷4，第71页。
② 同上。

单的直接性。"①

作为原理，简单的直接性就是纯存在（das reine Sein）。但开端活动同时也应当属于开端之列，是直接存在（das Unmittelbarsein），亦即纯粹自为之思的开端活动。"只有决断（Entschluß）现成存在着，人们也可以将这决断看作一种任意（Willkür），即有人愿意**如此这般**看待思。"②（决断与开算。绝对者存在的方式 [Das Wie des Absoluten] 与决断！决断与决意 [Entschlossenheit zu]——不是有限者中最有限的吗？）

开端必须是绝对的，在这里也即抽象的开端；它自身无需遵从任何别的东西："它本身毋宁应当成为整个科学的根据"③。**一种绝对的直接之物，直接之物本身，纯存在。**

在这个问题上，黑格尔指出，人们在近代以别的方式提出了开端问题；那种做法恰恰是由于考虑到，绝对-真的东西（das Absolut-Wahre）是结果。由此就会得出，开端最初是远离绝对-真的东西的，而且还必须去追寻自己的结果。由此，开端就只能从一种在假定的和成问题的意义上为真的东西那里开始了。人们很容易看出，这种观点根本不在黑格尔的考虑之列。④绝对者只能以绝对的方式开始；绝对者的层面似乎也必须被赢获（精神现象学！）。

然而黑格尔还是利用了一下关于开端的这种外在的看法，为的是在此展示出他自己的方法中的某种本质之处。在最后提

---

① 同上书，《黑格尔全集》，卷4，第72页。
② 同上书，《黑格尔全集》，卷4，第73页。
③ 同上。
④ 为什么这种观点不如决断呢？

到的那种开端那里的情形是:暂时找到一个起点,然后恰好就是本质性的"进展"了。然而对于黑格尔而言很明显的是:在开端之中也有了某种进展活动了。这种逻辑上的进展活动一般有什么含义?

黑格尔赞同这样的一种洞见,即这种进展活动只能是一种**向根据的回溯**。然而这样一来就抓不住逻辑学的整个进程了。因为根据在某种意义上就是结果,而且因此第一步的东西也就已经是根据了。"进展并不在于仅仅推导出某个**他者**,或者过渡到某个真正的他者之中去。"① 开端者应当、也可以不在进展过程中消失和被抛掉。进展本身就是开端的某种进一步的规定。

现在人们可能会说:如果这样从直接之物、从存在开端了,这却还不是任何绝对的开端;这是从这个确定之物(Bestimmten)、亦即直接之物进行的开端;绝对的开端真正说来只能是那从开端本身开端者。

黑格尔证明,那样我们就会被引向下面的做法,即在开端之处设置对绝对者最纯粹、最抽象的定义:同一性(A=A)与非同一性(A=B)的同一② 。对开端观念的分析最终却也引向了已经说过的那种直接性:纯存在。(开端活动,思,这事情本身:三重性。但如其本然的直接被思者也引向了这种三重性:纯存在。——据说在核心处已经直接看出了整个边缘,但也只是作为这种边缘,绝对的空无 [Leere];在思的时候将这整个边缘设置到运动之中,那就是:"无" [Nichts]。)

"但哲学的一个原初的开端却不可能默默无闻,这开端在

---

① 同上书,《黑格尔全集》,卷4,第75页。
② 参见上文:差异。

近代声名远扬,以**自我**开端。"①对于这个开端而言的双重需求:(1)所有随后的事物都必须被从第一个真的事物(dem ersten Wahren)中推导出来(deductio)。(2)第一个真的事物必须是一种已知的、直接确定的事物。这个开端**不**是偶然的。因为自我,直接的自我意识:(a)是直接之物,(b)在某种更高的意义上是已知之物。自我 = 对自己本身的简单的确定性。(不确定的直接之物——同时又带有确定性和中介。)

但自我同时也是一种具体之物。如果纯粹的自我受到挑战,那就没有任何直接之物了。理智直观:本身是一个任意的立场(Standpunkt),是我们碰见的一种意识状态。只是没有考虑到:那并不仅仅是如其本然的内心事物,而是关乎作为**思**中之此在(Dasein im *Denken*)的这个事物。但理智直观所揭示的,本身最初仅仅是一种直接之物,绝对者并未被设定为在思着的知识(逻辑学)中应当绝对被意识到的东西。它甚至是对中介活动与从事证明的、外在的反思的强有力的驳回。但它说出的东西,具体之物,恰恰包含了如其本然地在逻辑学的进程中应当进入知识范围和被意识到的所有规定。"然而正如已经说明过的,对这种事物[具体之物]的说出和叙述却是一种中介着的运动,这种运动从诸规定中的**一种**开端,进展到另一种规定,此时后一种规定也回溯到了第一种规定;——这种运动也不可以是任意的或断言式的。从那由此在这种叙述中被**开启**的事物中而来的,并不是具体之物本身,而仅仅是简单的直接之物,那种运动就是从后者出发的。此外,要是把开端设定在某个具体之物上,

---

① 同上书,《黑格尔全集》,卷4,第80页。

那就缺乏一种证明，这种证明正是在那个具体之物中包含的种种规定之间的结合所需要的。——因而如果说**位于**对绝对者或永恒者或上帝的表达中（而且**上帝**被假定为具有成为开端这种无可争议的权利），如果说**位于**对它们的直观或思考**中**的东西要**多于**纯存在，那么**位于**那里的东西以思想的方式，而不是以表象的方式进入知识之中，是后来才**出现**（hervortreten）的；据说位于那里的东西自由发展，极其丰富，那么**最初**进入知识中的那个规定就是一种简单之物；因为只有在简单之物中，才不会有多于纯粹开端的东西；只有直接之物是简单的，因为只有在直接之物中，从一种事物到另一种事物进展的情形才尚未发生。由此在对绝对者或上帝的表象活动的种种更丰富的形式中，应当就存在所说出或包含的话，在开端之处却仅仅是空洞的语词（leeres Wort），仅仅是存在；简单之物通常没有任何进一步的含义，这种空洞之物因而就绝对地成了哲学的开端。"①

绝对知识知晓一切现实之物之现实性；这种知识不仅仅面对着知识，还面对着现实之物的现实性本身。绝对知识是真理之整体。真理和现实性在绝对观念论中为一。

在逻辑学中对绝对观念论的完整的、体系性的叙述必定由此达到其目标。而这样一来，必定产生一种在根本的方面更为激进的概念，即绝对的理念概念（der absolute Begriff der Idee）。

概念逻辑。令人惊讶的是："概念"。现在来看第三个部分，整部逻辑学都以这个部分为中心，标题是："理念"。我们尝试一下通过对黑格尔的理念观进行某种解释，结算性地

---

① 同上书，《黑格尔全集》，卷4，第83页起。

(abschließend)将绝对观念论带到眼前来。

一种双重结构：(1)理念，(2)绝对理念。——论题：理念是充分适当的概念，是如其本然的真的事物(das Wahre)；"**或者说某种事物只有当它是理念时，才具备真理**"①。黑格尔简要地提了先前的种种"理念"概念："表象"（它没有关于事情的任何"理念"）、概念、理性概念。"**理性概念也是一个比较笨拙的表达；因为概念一般而言就是比较理性之物。**"②更多地、而且首先"要抛弃的是对理念的那样一种评价，依照那种评价，理念被当作单纯的非现实之物"③，因为据说它仅仅是一些观念。某种单纯主观之物，在那里，偶然冒出来的东西和现象地位相当；值得注意的是这样一种误解，即恰恰因为理念**不**含有在存在的和偶然的事物那里还不完备的那种东西，它就没有了现实性和有效性。与此相反，康德的如下看法很有道理：相比于经验，理念是某种更高的事物。但它仍然是一些原型(Urbilder)："某种**彼岸**"④，现实之物仅仅符合这种彼岸，它必须以此来衡量自身。

与此相反，应当说一般而言某种事物只有是理念（后者是概念与实在性的统一）时，才达到了其真正的现实性。

当黑格尔依此拒绝现实性与理念的分离时，人们想这样来形容这件事情：他把理念带入现实之物中去了。但这样想就阻碍了理解。要是人们这样来看待事情，那就证明旧的现实性概念和理念概念被保留了下来；两个概念被紧急推到一起了，而

---

① 《逻辑学》，主观逻辑学或概念学说，《黑格尔全集》，卷5，第236页。
② 同上书，《黑格尔全集》，卷5，第237页。
③ 同上。
④ 同上书，《黑格尔全集》，卷5，第238页。

这样形成的整体似乎成了某种在现实之物中偶尔碰到的和现成存在的东西。

与此相反，一切都是从这个维度出发、从绝对者出发被理解的；并非有现实之物，在此之上和之中有诸种理念，而是一切现实之物都是绝对者的一种表现，是绝对者的一种外化活动，这就是说，一切现实之物都事先和本质上受到那**三重性**的规定。根本不是一开始——在自在状态下——以相对的方式放置下来，在旁边进行表象，而是我们如此这般从绝对理念出发看待与把握到的东西："绝对理念本身就是**存在**，永不消失的**生命**，**自知的真理**，而且是**一切真理**。"①"自然和精神一般而言就是表现**它的定在**的不同方式；艺术和宗教是它们掌握自身和给出一种与自身相适合的定在的不同方式；哲学与艺术和宗教有着相同的内容和相同的目的；但哲学是掌握绝对理念的最高的方式，因为它的方式是最高的——概念。"②

这里出现了某种本质之物：黑格尔越是以绝对知识为目标（逻辑学），哲学就越是远离一切惯常意义上的科学。毋宁说，在知识之绝对性中表现出来的恰恰是，这种知识在自身中超出了庸俗的知识概念以及单纯知性的"概念"概念。

5. 哲学作为"它那个时代的"哲学

然而我们知道，黑格尔如此激烈地向绝对者突进，以至于绝对者的理念本身确乎只是将某种以特定的方式安排好的确定性理念进行的某种特定的绝对化，这种安排与对主体之主体性

---

① 同上书，《黑格尔全集》，卷5，第328页。
② 同上。

的某种本身深不可测的规定相配合。(而这是[基于]某种形而上学的疏忽之上的：忽略了存在问题；不去追究那对于形而上学的**可能性**极为关键的因素。)

我们同时也看到了，绝对现实性概念作为永恒（绝对的当前），它的根源在关键的方面是如何回溯到时间性之上去的。而且我们觉察到，黑格尔竭尽辛劳地讨论针对有限性的那场斗争要从何处开端这个问题，艰辛备至。

这样看来，人们可以认为，恰恰在这里，对绝对观念论进行根本性克服的种子必定是埋下了。但要朝着哪个方向去克服，在哪里黑格尔哲学不再有效，黑格尔主义所进行的那种更新只是哲学学者们的一桩事了呢？还有，我们要朝着哪个方向致力于一种争辩呢？然而同样具有欺骗性的是这样一种意见，即黑格尔哲学不再存在了，因为它不再被"鼓吹"了，这种意见就像是相信，只有当那个体系受到驳斥的时候，争辩才发生。因为现在问题仅仅涉及，针对绝对观念论而提出另一个立场，即有限性这个立场，并提出对立的论点。

争辩并不发生于诸种体系之间，而是发生于**此在本身的发生过程**中。说得更清楚一点：绝对观念论属于我们自己的此在的**历史**；与它的争辩是此在与其本身的一场本质性的争辩。而这场斗争对于当今的我们而言，其特别尖锐之处在于，首先要奋力赢获（erkämpfen）①这场斗争（Kampf）；要针对人们以各种单纯的意见与立场游戏时的那种无所谓的态度，针对恰恰在有限性问题上产生出来的那种欺骗性（仿佛只要我们承认自己是

---

① 这里的"奋力赢获"是指经过奋斗、努力之后获得开展这场斗争的机会，而不是像获取某个物件一样得到了某个叫作"斗争"的东西。——译者注

有限的,只要有足够多的动机和诱因促使我们这样做,那么这种有限性就达到了),而奋力赢获这场斗争;要针对下面这种错误的看法而奋力赢获这场斗争,即此在与其本身进行的这种争辩是灵魂交战和自己发呆。

在最后讨论的那些问题上推进一步说:哲学的开端——不是任何问题!因为这开端恰恰是以有限的方式,亦即"随意"的方式,来遵循有限性的;人们事实上就是从其站立的那个地方起步的。

但我们站在**哪里**?还有,我们应当**由何处**开端?这两个问题是并列地被提出和回答的,还是共属一体的?而且是以这样的方式共属一体:当我们理解了我们应当由何处开端时,也就已经体验到,而且恰恰如此才体验到,我们站在哪里?因而我们不是通过将我们的生活分划开来而推敲出这个问题的,我们不是通过将所有可能的立场都召集起来而理解这个问题的——目标在于为我们自己指派一种可能的立场。

但由何处开端呢?由我们自己!我们是否脱离了这种奇怪的、被抛回我们自己的状态?事实上我们只需通过在我们自己之中把握到如其本然的**此在**,就可以做到这一点。不是在那种总是想着将此在本不可以、也不能占据的东西强加给它的强迫之力中这样做,而是在对此在本身的种种支撑力的信任之中这样做。

但这就意味着:我们在盘算、把握和手法方面,必定将一切首要的东西都荒废了;我们必须学会拒绝种种应景的、响亮的需求。只有让事物静静地生长,才能收获果实。

每一种哲学,只有当它成为**它**那个时代的哲学时,才能成其所是，这并不意味着它顺从同时代人的种种微不足道的意志。哲学必须成为"它那个时代的"哲学，这意味着：它的存在必须**正当其时**。

补 遗

Beilagen

一般人类学 [第二节]

经验人类学概念：肉体的、生物学的、心理学的。这种人类学扩展为性格学的、人种学的、世界观心理学的人类学。不仅仅研究性格，还研究态度、立场、要求、可能性。

人类学**趋势**：不仅要了解这一切，还要理解自己在整个世界中的地位。询问——问的是所采取的立场（Stellungnahmen）。现在：本质性的和广泛的认识。

但不仅仅关乎人与世界的关系，同时也关乎与人关联下的**世界**。整体仅仅在这种关联下被看待。

在根本上：一切认识的原理，生存活动本身的基本种类。

最后：成问题之处。每一个答案和问题都被驳倒了。一切都丧失了更多的分量；由此必然产生日益求新的趋势。

[第二节，第3小节]

（1）哲学中基本的人类学趋势，是否在一门哲学人类学中成全了自身，并在此起作用了，这就是说，（2）一门哲学人类学一般而言是否可能成为基本学科。

一种哲学人类学的理念。经验的和哲学的人类学；哲学上有双重问题：（1）它的不确定性，（2）它的内在界限（放进历史上流传下来的概念构造中，不是源自于它）。

这样一来，这种基本趋势的最内在的本质并没有被抓住，这种基本趋势也没有被成全；恰恰当它成为一种核心的哲学趋势**时**，它也不能孤立地发生。与他者的关联！

四个问题① [第四节]

人类理性最内在的兴趣提出了这三个问题。理性的一些本己的问题涉及它的能为（Können）、当为（Sollen）、可为（Dürfen）。对它而言，这三者在本质上是成问题的。这意味着什么？

（a）一种成问题的能为，也能成为一种不能为（Nicht-Können），它甚至必须如此；而在问题中被寻求的，则是对这种能为之范围的界定。一个全能的存在者是不需要、不能够问"我能做什么"的，这就是说，不需要、不能够问"我不能做什么"。因而这个"我能做什么"就是对有限性的一种指引（Index）。

（b）当为在问题中是针对"我们不应该做什么"而来的。一切当下或事先提出一种当为之事者，都有某种**还没有**履行的东西；它在 [它或许有能力做的事情面前]② 退缩了。这种还 - 没有与退缩、还 - 没有 - 履行——甚至不知道该履行什么——就是对有限性的指引。

（c）"我可以做什么，又不可以做什么"这个问题中的可为。被期望和被期待的东西，本身还没有完成；相反，它是**需要**完

---

① 用于1929年5月16日的第8次讲座。——编者注
② 取自于1929年5月16日的第8次讲座（笔记）。——编者注

成的。这种可为就是对有限性的指引。

这三个问题作为其本质性兴趣（wesentliches Interesse）归属其下的那种理性，在其自身是有限的；这种兴趣绝非随随便便的哪种特征，而是它最内在的本质。而在这些问题中，人类理性要**确认它最本己的有限性**、它之所是。

因为这些问题本身**总是**在追问**一个**问题，即人之本质的有限性，因此它们就被回溯到了第四个问题之上。

但这第四个问题的内容必定是什么呢？并非根本无规定，一般性地问"人是什么"，它有些什么特征？以及诸如此类的问题。这个问题问的是：它的有限性何在？人的这种有限性本身是什么——作为它的本质中最内在的因素？（但即便如此，也还是无规定的。由何而来进行追问？存在！时间！）

但如果那三个问题以如此本质的方式被理解，以如此原初的方式被提出，那么"它们就不仅可以被关联"到第四个问题之上，而且**必须被关联**到后者之上，亦即一般而言它们扎根于后者之中。那么人们就不仅"能"将特殊形而上学（Metaphysica specialis）的三个问题算作人类学，而且必须如此。更准确地说：这第四个问题不仅在原初的意义上是第一个问题，它还完全不同于一个人类学问题。

因为追问的是什么呢？追问的是使人得以成为人的东西；追问的是比人更原初的东西。人类学的所有问题都已经将人作为人了。但这里则是如其本然的人之存在（Menschsein）奠基于其中的原初本质。**他是谁，他是如何存在的**——追问的是他如其本然的存在；这个基本问题并未将人当作其他诸种存在者之中的一种，而是以更原初的方式追问人之中的**此–在**。作为此在的人。

235

在问题所追问者那里，同时也显示出问题的方式。此在是鉴于它的本质，而且仅仅关联于它的本质而被追问的：什么－存在。但这个问题，对某种存在者之存在的这种追问（问的是什么使得一个存在者成为存在者），是形而上学的问题。因而对人的这种原初的追问，乃是**对人的此在的形而上学追问**（*die metaphysische Frage*）。形而上学在整体上并不奠基于一种形而上学之中，也不奠基于一种哲学人类学之中，而是奠基于一种**此在的形而上学**（*Metaphysik des Daseins*）之中。

总结：[两种趋势在哲学之本质本身中的原初统一的问题][第四节]

形而上学之最激进与最广阔的问题，在原初与广泛的意义上与一种此在形而上学（*Metaphysik des Daseins*）的任务是统一的；这不是因为一切存在者都被关联到人之上了[①]，而是相反，因为人是这样一种存在者，他能使**袭入**（*Einbruch*）**存在者的现象**发生，这存在者**在他"本身"**那里得以显明。

那两种趋势绝非偶然的，它们显得没有约束、迷惘彷徨而又不知所归。而这还不是问题的关键，关键在于这两者不是偶然的。某种事物发生了；那是事实性此在（*f[aktischen] Daseins*）的全然寂寥乏味状态；给了我们可能性的事物，要将我们**解救**（*befreien*）。

此在本身的最内在本质这个基本问题，因而需要对**这个形**

---

① 本己的哲学[？]。

而上学的基本问题进行加工制作，这是一种此在的形而上学。①但如今已然更清楚的是：诸种视域（Horizonte）以及这样一种形而上学的特征。

A. 前行（Vorgehen）与发端（Ansatz）之类。

B. 形而上学本身内在的发生（Geschehen）。蕴含与持留。跃入，而且是跃入有限性之中，而这种有限性又处在整体之中，而这种有限性又关联到原初的时间性。

这不是在世界观的意义上讨论，而是指出，存在问题在自身中要求另一种发端，这种发端作为绝对的发端，从未被人宣称具有有限性，故而这种发端是不可能的，在根本上不可能；但还要指出，就这方面而言，存在问题（人们并不居有这个问题，但却需要在这种批判中发生的事物）在此一无所凭，实际上[?]在这一批判的内在的问题格局中，当我们回想以往的资源时，传统一无所用，或许如今人们才看清了传统，离开存在问题时，人们想说：这行不通。就像每一种哲学活动一样，存在问题将只存在于过渡（Übergang）和前－行（Vor-gang）中，但一离开它，它就显得像是文学上无聊的废话了。

第一部分的总结与向第二部分的过渡②[第五节]

整个讲座被划分为两个部分：

一、揭示当前哲学的基本趋势。

---

① 总结和历史回忆：νοῦς（奴斯），ψυχή[灵魂]，λόγος（逻各斯）——拒绝的根据，重复的必要性。

② 在1929年5月31日第10次讲座的开篇被用作导引性文字。——编者注

二、与德国观念论进行争辩。

第一部分已经结束,意在先行勾勒与界定问题格局,这个问题格局在第二部分的争辩中引导我们。

两种基本趋势:人类学的和形而上学的趋势;不明确,含义模糊,然而涵括和渗透了整个此在。

结果:两种趋势都扎根于**一个**问题之中,扎根于一般哲学的那个核心的基本问题之中。形而上学的基本问题,与对人的那种追问处在本质性的整体关联中;存在问题与对人的有限性的那种追问处在本质性的整体关联中。关于存在的一般理念(Die Idee des Seins überhaupt)最内在地与此在的有限性密切相连。

第二部分:关于存在的巨人之争(Gigantomachie)!康德:既不属于启蒙,又不属于德国观念论;纯粹就哲学上而言,任何一种框架都失灵了。

导论 [第五节]

从费希特的起点出发对德国观念论(黑格尔)进行的预示,表明彻底阐明费希特那里的开端是极有必要的。

这意味着:既要确定和坚持他本己的意愿,也要赏识那里呈现出来的东西。

哲学意义上的争辩,亦即一种富有成果的交谈,有一种巨大的、内在的自由,即这样一种操作方法:承认"对手"有比他提出的和追问的**更多**的东西。

但这就是说,在根本上,而不仅仅是在某种空洞姿态的意义上,人们很清楚地知道,自己这里存在着这样的一些问题,对于这些问题，他们自己的体系还没有、也无法给出任何答案。

与此相反，人们总是自认为更有知识，而且认为以前的哲学不过是一群虽然值得尊敬，但成就毕竟还不够、还很有限的头脑；倘若如此，那就失去了一切，而且一种哲学的生存（einer philosophischen Existenz）所需的最基本条件也没有达到，那就是对于自己的此在之实质（die Substanz des eigenen Daseins）指引与担负的方向与范围的理解。

文献 [第五节]

克罗纳（R. Kroner）：《从康德到黑格尔》（Von Kant bis Hegel），卷1（1921），卷2（1924）。哈特曼（N. Hartmann）：《德国观念论哲学》（Die Philosophie des deutschen Idealismus），卷1（1923），卷2（1929）。

克罗纳对康德采取的那种立场：（1）既谈到了认识论，也谈到了形而上学，（2）没有探讨形而上学的基本问题，而是牢牢站在黑格尔这一边（前言）。

但本质的问题不在于有关……的文献，而在于那些作品本身。能阅读那些作品，并不意味着将所有人，然后将这部或那部著作也**带到了这里的问题上来**。

人们惯常就此写了些什么，这从来都不是事情的关键。

而且只要我们没有亲自将本质的问题引出来，那么一切文献，包括最好的文献，都是非本质性的。这本质的问题是要在我们内部唤起的。

康德！依照事情本身来看是必要的。——过渡，出路，一

份出版物 [？]，**基本存在论**。

在《存在与时间》第一部分与《论根据的本质》中对作为基本存在论的一种此在形而上学的尝试。

扼要重述 [第七节]

命题——设置——**存在**。存在的基本问题。存在问题和对人的追问。

关于理解与解释的指南。在存在论的意义上——但这还不够。在存在论的意义上从自我出发。自我在其与自我存在（Ichsein）的关系中的存在：自己的问题。费希特：既不是一般意义上存在论的基本问题，也不是生存论意义上的问题。

最高的、绝对无条件的原理：在内容和形式方面无条件——**交替着的**。

再次提一下布局：第一至第五个分命题，第六至第七个分命题，第八至第十个分命题。

到此为止的第一至第三个分命题：（1）某种事物在绝对的意义上被设置了（A 存在）；（2）那里被设置的是什么（X）；（3）当 X 被设置的时候，一同被设置的是什么。

非我 [第八节]

表示**在形式上**来自于非 A 的一个标记，但它意味着某种生存论上的事情：是归属于自我之本质（归属于如其本然的自我性）的、如其本然的**对立性事物**；对立之所向（Wogegen）的、在自我中和通过自我而被维持为对立着的那个视域。但那个视域与已经在第一节中被设置的、**持立性**（*Ständigkeit*）的视域为一。

从"非 A 不 =A"出发的揭示之路，其本身与费希特在此所**意谓**的内容并不相合。

然而在整体关联中来看："自我"与存在——在诸种形式的命题中表现出来的那种否定性（Nichtigkeit）。

导论。扼要重述 [第八节，第 4 小节]

目标：在自我性的本质中投开自我性（人），以及在将哲学作为知识学进行奠基这种意图中含有的目标——形而上学（**存在**）。

起点：事实，出现了对"A 是 A"的"无条件承认"（为其他一些命题奠基）。

目标：这种出现是（如其本然的自我的）一种绝对意义上的行动。

导论。扼要重述 [第八节，第 5 小节]

最近，尤其是自贝格尔（S. Berger）(《论费希特 1797 年的一种未出版的知识学》[Über eine unveröffentlichte Wissenschaftslehre J. G. Fichtes. Von 1797]，马堡大学 1918 年博士论文）以来习以为常的一种做法是，使 1794 年版的知识学退居次要地位。真正的理由是这个版本的难度，是没有看到问题。但恰恰在个版本中，才能看到处于传统形式下的形而上学的问题格局。

一种双重之物：形式 - 逻辑的诸命题，先验逻辑，体系（笛卡尔、斯宾诺莎）与"我思"（康德），先验统觉。

将整体体系化。

在费希特那里，这种逻辑学的趋势最初有多么强，整个知识学理念必须在多大的程度上从这个角度出发被看待，这些问题可以从《评〈埃奈西德穆〉》①（《文汇报》，耶拿1794年）一文中看出来："当同一律和矛盾律这两个基本定律被作为一切哲学的基础提出来，正如它应当被提出的那样（当康德也将一切可能的材料都交予这个体系时，他自己并没有建构这个体系的意图）……"②

[第十节]

凭着对知识学的三个原理的陈述，我们就看到了一种此在形而上学的端倪。必须在看清这个端倪的特征的同时，确定这种形而上学的理念。

一种"端倪"并不是随随便便的某种立场，而是在形而上学问题的传统中被规定了的。

我们最终——恰恰在对康德的那种评论中——看到了建立体系和进行体系性奠基（systematische Begründung）的趋势。虽然这是核心问题，但如今却要撇开这一点，而仅仅关注：对自我之本质的可能的揭示的问题。

---

① 译名参照了梁志学先生译文，见费希特：《费希特著作选集》，卷1，梁志学主编，北京：商务印书馆，1990年。该文名称直译为《评〈埃奈西德穆，或论莱茵荷尔德教授先生在耶拿提出的基本哲学的基础〉》（1792）。——译者注

② 费希特：《费希特全集》，卷1，第13页。

生存论环节 [第十一节，第 1 小节]

生存论环节与范畴。为什么不是物的范畴（Dingkategorien）和人格的范畴（Personkategorien）？因为这样恰恰使得关键问题**持续**被掩盖了。通过范畴一类的东西，是无法理解一般意义上此在的存在、生存的。

关于此在、人和存在的一切陈述，都有一种与其他内容根本不同的内容和陈述意义。这就是说，这种"存在"（ist）不仅意味着一种与物的存在不同的人的存在，而且意味着"存在"依照这层含义而来的涵义，那是一种根本不同的涵义。

但这种陈述形式也向来都是必要的和本质性的——不计较这类陈述与那类有关物的陈述的差异。

"无限地开放"不等于：一般不设置任何东西，而等于：被设置者在其被设置方面是开放的，这就是说，它是一种可能性，这种可能性从主语的存在本身出发规定自身。这个主语似乎已经牢牢掌握了它与其谓语的关系，甚至它的存在都仅仅在于这种关系之中。

[第十一节，第 1 小节]

对**绝对意义上无条件的原理**进行讨论是**特别**困难的，因为随着内容一道，总是已经说到了它的形式，反之亦然。两者的统一！

但首先要从存在论上理解一切!

现在,在费希特那里没有进行划分,或者更准确地说,不在某种特定的关联下进行划分,是因为依照自我的本质,**存在论上的事物**与自我的关系,和与其他存在者的关系是不同的。

生存论环节的问题。

"指示"(Anzeige)的刻画太外在了。

[第十一节,第 1 小节]

参见第一部分的结论!(生存论环节和范畴。)

"本质"。存在者的本质之物"存在",在存在中接纳存在,这些现象不是我可以撇到身后去的。

"存在论上的事物"中特殊的问题格局,不仅仅是前存在论的(vorontologische)、存在者层面上的一些区别!

[第十一节,第 2 小节]

何谓:"自我"被设置成"绝对主体"?而在这种规定中,所有的三个主体概念在多大程度上结合在一起了?

遵循这些规定:

(1)自我是一种居于基础之处的事物,总已经是可以遇见的(存在者层面上的、存在论层面上的和一般意义上的 [主体])。

(2)自我是可以遇见的:恰恰在回溯到最确定之物的过程中被遇见(这里已经:**不被关联到其他事物之上**);简单的、绝对的、不可动摇的基础(fundamentum simplex absolutum inconcussum)(方法上的主体）。

（3）这个主体是了解其自身的——当这个被标明者就是在本质上自为存在的判断对象，而且使得有关它自身的那些谓语归属于它，并非鉴于其他事物，并非以相对的、在次一级的意义上绝对的（in einem zweiten Sinne absolut）方式；在**知识**和**知者**（Wissenden）中绝对处于首位者（逻辑主语）。

在所有这些规定中，自我都是在其**自我性**中才成其所是。"绝对的"：并非存在者层面的，既不像（2）中，也不像（3）中那样，而是在方法的、逻辑的意义上，亦即在体系的理念内部："每一个自我的事物本身都 [是] 唯一的、最高的实体"（卷1，第122页）——在（2）和（3）的基础上。

这个概念的关键是（2）和（3）；这样一来，虽然（1）还作为一种完全形式性的规定存在着，但已完全不能**引领**问题格局了，这就是说，关于自我和自我-存在的存在论无法起作用了；它被替代了（或者更准确地说，它一般而言完全不曾存在），它还完全被（2）和（3）——亦即**体系**——抑制和掩盖着。

但这里还有某种从未听闻的东西，人们必须彻底弄清它的特征：形而上学与人＝自我＝意识＝主体＝绝对（**方法－逻辑上的**）主体。

"人"作为"**主体性**"。

笛卡尔主义的立场 [第十二节]

迄今为止，笛卡尔主义的立场一直都在当前起作用，而且完全没有被实在论克服，也不可被实在论克服，正如舍勒（Scheler）

和其他一些人论证过的那样。人们只考察反面，却没有抓住问题。

米施在这里误认了胡塞尔和我的提问方式之间的基本区别。

换句话说，人们在这里并不满足于种种公式。基本的问题有着极多的层面，而且深不可测，以至于用这些范畴根本不能切中事情。

对第 141-143 页的总结①[第十三节，第 1 小节]

费希特的知识学应当成为科学之科学。在它当中，那种在诸科学中可知的事物应当如其本然地被认知，而且是在一种无条件的意义上被认知。

当我们不是以知识及其确定性，而是以可能的对象、以存在者为这里的任务定向时，那么这种任务说的就是：在诸科学中可知的事物——存在者之整体——本身应当再次在原初的和无条件的意义上被认识。

知识学受到了笛卡尔那里为哲学制作的发端的限定，受到了康德那里被移置到一个新维度之中的那种形而上学形式的限定。

依据这种转换，在知识学中关键的因素就是：(1) 对某种**最终**的确定性的追问，那种同时也预先勾画出了整个知识的某种全方位的、系统的可奠基性的框架；(2) 这种最终的确定性奠基于作为绝对主体的**自我**（先验之物）中。

---

① 被用于1929年6月28日第26次讲座的开篇。——编者注

对这种形而上学的加工：将绝对主体性建构为对整体的无条件认识。对于费希特而言：从康德的一种确定的观点出发。

全部知识学的基础。

第一部分：**全部**知识学的诸原理。它们在体系中的功能：绝对的奠基，或者更准确地说，向无基础之物、无条件之物的回返。

它们的内容：自我性的基本结构，自我－存在作为自行降低设置者（sich herabsetzendes），进行限制的对立设置活动。

以第三个原理——在可以通盘证明之物的领域上。诸原理不是四处漂游的一些公理，而是这样的一些命题，它们以尚未展开的方式已经涵容了全部内容在自身中。它们的相互关系。

费希特——批判 [第十三节，第 1 小节]

I 与 II. **自我之本质中的可限制性**的可能性。**它的有限性的可能性**。当然太微薄了，是逻辑上的，而且是从"自我"概念及其设置出发而来的可能性（参照下面的第 1、2 小节）。①

III. 限制的事实——有被限制者这回事！

权力命令，这就是说，(a) 被纳入自我之中，从自我出发被看待（设置！）；(b) 自我本身在此是无限的，只不过被有限化了！

---

① 参照上面第141页起。

而不是反过来：(b) 这个事实（Faktum）在其**事实性**（*Faktizität*）中成为问题！这就是说存在！(a) 而相应的，自我作为**此在**，而且不是从无限性而来，作为进一步被设置到有限化（Verendlichung）状态者，而是**相反**；但这里当然不是**先行把握**（*Vorgriffes*）的问题。

[第十三节，第 1 小节]

A=A（第一个原理特别重要，正如第二和第三个原理的方法特别重要，这些原理必然在本质上为一。）

X 在绝对的意义上存在。

自我存在。

自我在绝对的意义上存在。（"事实" [Tatsache]。）

证明

"自我存在"这个命题的内容：

"自我"——自我 - 存在——自我性

自我 = 自我**设置**——自我存在

因为自我（Ich）是那个成为"自我设置"的**自我**，

所以我（ich）就在绝对的意义上存在；

随着被设置状态一道，**并在**这种状态**中**——存在。

这是一种绝对的"因为"。

补遗 I 之（3）：在某种特定的行动 X 的形式的条件下，A 在绝对的意义上被设置了。（然而这种设置在绝对的意义上，并非在**存在者层面上为绝对的**,而是在存在论的**生存论环节**的意义上为绝对的。)

反－逆① 转－向……之物(Zu-wendiges)
　　　　避开……之物(Abwendiges),围绕[……]②

只有对立之所向(Wo-gegen)被预先设置下来了,但这只是从"对立"的角度来看的,因而不是如其本然的对立之所向(Wogegen),而是**可能的**对立所向之物。

形式的一面是,对立被预先设置下来了。

在**方式**(Wie)上是无条件的,但为了**如它所设置的那般**去进行设置,这方式本身却恰恰得被指向被设置者。

难道这种方式不是有条件的吗?——不是,就其本身而言不是。

德国观念论中的自我性。辩证法[第十三节]

在**辩证法的三一体**中来看待自我性之本质。是的,这种三一体的确是从那里汲取来的,然后在存在论上绝对地被设置下来了,由此也就成了存在者的一切存在的形式框架。绝对的逻辑学。

---

① (Ent-gegen),去掉连字符时一般译作"对立"。——译者注
② 这里有一个词无法辨认。——编者注

因而关键之处就是：对自我性之本质的追问，辩证法①的可能性和道理。这种辩证法只有当"设置活动"和确定性都处于优先地位时，才是可能的。②（绝对的奠基的理想。"体系"。）在一切辩证法的背景和优先地位的基础上，将**同调性**坚持到底——道理、意义和 [……]③。

辩证法越正确（richtiger），就越不真（unwahrer）！它可以总是仅仅保持为"正确的"，并"争得"那并不必要的确定性。

[第十三节]

自我在绝对的意义上设置**自身**。

作为对立之所向，作为一种对立性事物（Gegenhaftes）的对立（gegen），

这就是说，它设置了**对立性**，因为**它设置了其本身**。

然而在第一节中，自我——**为自身而且仅仅为自身**，
　　　　这恰恰构成了它的条件，
　　　　它的对立性事物，

---

① 此处原文为"Dialekt[...]"，编者在方括号后加了一个注释说明："这个词的余下部分无法辨认。"如果单独看"Dialekt"，是"方言"的意思，但这里编者既然说"这个词"，就表明无法辨认的部分与"Dialekt"构成了一整个词，而不是"Dialekt"单独成为一个词，故此我们译作"辩证法"——尽管"Dialekt"与"Dialektik"（辩证法）也有一定的词源关系。——译者注

② 比较《黑格尔全集》，卷1，第115页：预先就知道，我们不可能迷失方向。

③ 这里有一个词无法辨认。——编者注

因为只有存在着**为了……之物**（*Für-haftes*）——**何所为**（*Wo-für*），此时如其本然的它才是所为者（*Wo-für*））。

费希特——批判 [第十三节]

基础（Fundamentum）与阙如之起源（origo privationis）总是自我；被赢获的一切不过是某个更低程度的自我，因此不过是自我的偶性（Akzidens）。

这里显示出对旧的实体概念，更准确地说，对活动－受动模式以及对相应的逻辑图式的坚持。

费希特——批判 [第十三节]

权力命令的必要性，受到了"ens（存在者）——ego（自我）"这个发端之不可能性的限制。耽搁了存在问题，即耽搁了超越性。

然而，奠基的那个维度还是非本质性的。

ens（存在者）——ego（自我）：存在论差异（超越性）
　　　　　　应当：世界

扼要重述 [第十四节]

不要带着这样的想法来阅读费希特——以及每一个哲学家：摆在面前的是某种稀奇古怪的东西，甚至于在传播某些流派和学派的内部事务和秘密学说。而是相反：总是要回溯到少数几个简单的问题形成的基本结构上去，并在各个哲学家的表述中体现出来的各自的必然性中来进行把握。这种表述只要是真诚的，就不可能是偶然的；它的必然性却仍然**总是相对的**——在某种极高的意义上，因为可能用上任何一种科学上的技巧。而一切哲学运思中的积极之处恰恰在于，它在其本身中赢获了内在的自由，并使自己免遭它所理解的**东西**吞噬，后者不同于那种**方法**——用哪些手段和走哪些道路。方法并不被设置为与东西保持均势，而是与其拉开了一段实质性的距离。

[第十四节]

自我将自身设置为受到非我规定的（B）

非我规定自我（C）		自我规定其自身（D）	
非我在其本身之中具有实在性	非我在自身不具有任何实在性	自我规定自身……（进行规定者）	自我规定**自身**（被规定着）
因果性		实体性	

（交互规定的必要性：仿佛还是以客观的方式，首先是一同现成存在着！）

[第十四节,第4小节]

康德:"想象力",但——还只是一个名称——还是机能(Vermögen)。使某种事物成为可能,此在的可能性。

自我的概念和本质恰好被动摇了。而自我的这种本质恰好没有被看到(为什么),想象力则被回溯到那已经被固定下来的自我之上了。——自我(这个自我来自我思)与非我——对立。与此相反,康德的想象力概念更丰富,也更原初。

费希特的知识学 [第十五节]

核心意义:与康德的关系,与德国观念论之发展的关系;并非在它之中已包含和预先形成了一切。但绝对观念论却正是鉴于它——与它对立、扬弃它——才**发展**起来的。

I. 首先是绝对同一性的直接而又核心的,尽管还很形式化、很空洞的发端。

绝对性——实在之物——实体

自我性　　　　　　主体

II. 同样,在方法上是辩证法的问题。这个问题在事实上扎根于形而上学基本问题的主题性内容(thematischen Gehalt)之中。从那里出发被规定,而且本身——越是达乎形成,越是如此——同参与规定。

过渡性的考察 [第十七节]

从批判的观念论发展到绝对观念论过程中的本质阶段。在此：

此在 —— 存在

有限性 —— 形而上学之整体

辩证法 —— 体系

迄今为止在形式上确定了的事物，对于内容本身而言是很本质的。("自我"——知识学。)

谢林的本质因素在此还没有呈现出来，然而它具有一种非常重要的功能，这种功能在部分的意义上正是通过下面这一点才成为可能的：它必须以最直接的方式，在此在之整体（Ganzen des Daseins）中运作。

转向自然哲学。然而那恰恰是康德——但如今已经站在费希特的基础上了。补充：世界灵魂。

费希特——批判 [第十七节，第1小节]

必须从"设置"开始吗？从作为绝对设置者的自我开始？[①]

的确要从此在开始！的确要从"存在"开始！但却不是从康德先验统觉的那种彻底剥离的做法开始，通过这种剥离恰恰会失去有限性。的确，那种特殊的有限性，那种对立之物，如今成了某种**绝对者**（eines *Absoluten*）的产物；它成了

---

① 嵌入物、发端和此在的-先行居有（Daseins-vorhabe）。

无限的、绝对的功绩（Leistung）。与此相反，绝对之物（das Schlechthinnige）恰恰在有限性这里碰了壁。

但是：这种有限性是作为什么，又是如何被置放下来的？更准确地说，鉴于存在问题，它是作为什么，又是如何被置放下来的？

谢林 [第十七节]

在内容上：自然——艺术。

激化了体系的理念；在事情本身的问题（Problem der Sache selbst）上更原初了。

辩证法：确定性
　　　　同一性
　　　　绝对者

关于谢林：不是一些生平方面的材料（不是作为对他的哲学的叙述的补充），而仅仅是指明事情的发生（das Geschehen），事情的这种发生在一切哲学运思中都是第一位的和本质性的，而且在这里史无前例地——除了在柏拉图那里之外——显明了：生存的入场（Einsatz der Existenz）乃是关键，即便在无法领会到关于生存的任何东西的地方，而且恰恰是在这种地方，也是如此；但这个关键必定总是这样一种事物，在它那里，只有在一些本质性的地方，才被允许进行某种指明。我们来到了一个这样的本质性的地方，而且上面的话应当表明了，德国观念论的体系格局（Systematik）并不是通过将存在着的事物以可能的最完备的方式关联到哲学之中去而被堆砌[？]起来的,而是从那个时代的此在之历史(Geschichte des Daseins)之中产生出来的。

对于我们而言,这意味着,如果我们以笨拙模仿的方式强行将这个体系格局拼凑出来,而不是将被托付给我们的种种力量化解开,更准确地说,遵从那些划定了我们真正的、但又现实的可能性的界限,那么我们对我们自己和德国观念论的理解就更糟糕了。

[谢林与费希特哲学的比较]
[第十七和第十八节;见第186和第193页]

先验观念论体系(1800年)　　　知识学(1794年)

非我——自我
规律——自由

艺术作品	费希特的想象力:作为漂游(Schweben)
最高的综合	
绝对的产物(absolutes Produkt)	"对哲学的某种一般工具的演绎"(《费希特全集》卷2,第612页起)

这里没有任何无限的奋进,
再也没有任何应当,
没有任何逐渐进步。

另一方面,不是单纯的自然,而是[……]①。

在艺术作品中,自然的本质、它的理念显明了自身。(作为……的哲学?)起统一作用的因素:是艺术本身,还是艺术哲学,还是两者都不是?

艺术之作品(Werks der Kunst)的本原力量。作为作品的"艺术"。

客体的优先性(审美不等于主观)。

作品:被获得的客体本身成了理智直观的对象。

理性的权力命令(一切都是从发端之处被推导出来的)。

《我的体系之叙述》[第十七节]

254

1. "自然与自我"的共同根据。
2. 对这种根据的把握和规定。
3. 它与自然和自我的关系。

这就是说,从知识学出发被看待:同一性本身(自我-非我,主体-客体)成了一个难题。——处于其绝对性之中的同一性:**绝对的同一性体系**(*Identitätssystem*)。

参见上文:绝对自我。绝对者概念:"自我性的",如今:自然——艺术作品,**先于两者**。

---

① 此处有两个词无法辨认。——编者注

同一性：不仅仅是框架和空间，而是实在性本身的总体；与无限自我及其无限反思的相互关系（这件事本身只是被**附带着**）。

绝对意义上的理性：绝对者本身在进行绝对意义上的生产（Produktion）。同一性：不是同调性，而是绝对的一（"逻各斯"：并非与自然相区别的"自我"）与存在的共属结构。——康德；黑格尔；《形而上学》卷12，第七章 [同一性]；还有从方法上来看的费希特：主体与客体**绝对的**漠无差别；但在认识着自身：*νόησις νοήσεως*（对思本身之思）：*νοῦς*（奴斯）。

一切有限性都被回避了；一切都**在其自身**被观察，而这样来看的一切事物都在无限的、绝对的意义上存在。——"自然"：如今还走得更远，只是被绝对地看待了：上帝在本质的意义上是自然，在绝对的意义上是 *φύσις*（自然，物性）。——"在其自身的存在"：永恒的。——量上的规定：一切有限性的根据。**一切个别事物**都是绝对同一性之存在的一种特定的形式，既包括自我性事物，也包括自然。

规划（带着谢林的哲学运思方式的全部粗糙性）：**绝对观念论**，亦即关于随着费希特那里的发端和他对康德采取的立场而已经被预先规定下来了的事物的那种观念论。

谢林——批判 [第十七节]

1. 相应的，就像费希特一样：从**某个区域**出发扩展到整体。自然。

2. 这个区域并非以原初的方式在其自身就被看作问题，而且这个问题格局在整体中得到根本性的发展，而是：

3. 从一个形式意义上的费希特自我概念**出发**，扩展**到超越性**的补充上。

4. 这样一来，缺少的就是从形而上学的总问题（Gesamtproblems）的根据（超越性）出发，对这个总问题进行展示。

5. 而且尤其是在关联到自然和艺术的时候。而这恰恰是问题之所在：是否自然本身并非已经主要是**从此在出发**的，而且当然——出自此在的超越性。并非作为**客体**的自然——准确来说是被推到底下去的基础。

"形式的"绝对者概念 [第十七节]

特别而又必然地符合费希特那里的发端的继续推进。与此相应的是下面这些对子之间根本性的、粗糙的等同：

主体 - 客体 = 自我
主体 - 客体 = 自然。

自我 —— 自然
自由 —— 规律性
无限性 —— 有限性

撇开名号不管——不要想象太多。值得注意的是，照理念来看，一切何去何从！整体！但一切都只是鉴于这个整体的全体性、整体性的组织结构。

而要留意的是这个组织结构！费希特——谢林、康德、笛卡尔：自我（ego）——存在者（ens）。

但同时要留意的是他的哲学运思的实质：神学、信仰、虔敬派（Pietismus）。

审美生产（aesthetischen Produktion）的演绎
[第十七节]

存在、实在性：活动（Tätigkeit）不等于行动（Handeln），而是创造（Schöpfung）。生产性的机能：想象力。

在这个广义上的存在者、被创造者：产物（Produkt）。无意识的——有意识的活动。更高的产物，这种产物在自身中将双方统一起来了。

假定了一种直观，这种直观将分离实存着的东西结合到一起了①：（a）在对自由的体验中，（b）在对自然产物的直观中。它的产物必定与这双方毗邻。如果我们了解了这个产物，那么在进行生产的那种直观就可以被推导出来了。产物是自由地通过（a）被赢获、通过意识被产生出来的。而通过（b）被赢获

---

① "整个哲学从一个原理出发，而且必须从一个原理出发，这个原理作为绝对的原理，同时也作为绝对意义上的同一者而存在。一个绝对简单之物（Einfaches）、同一之物，不是通过描述，一般而言不是通过诸种概念而被理解或被传达的。它只能被直观。这样一种直观是一切哲学的工具。——但这种直观不是某种感性直观，而是某种理智直观；其对象不是客观之物或主观之物，而是绝对同一之物（后者在其自身既非主观之物，亦非客观之物）。这种直观本身仅仅是一种内心中的直观，它为了其自身，不能再变成客观的了：只有通过第二种直观，它才能变成客观的。这第二种直观是一种审美的直观。"（《谢林全集》，卷2，第625页）

的则是无意识地被产生之物。

有意识和无意识的活动应当在产物中为一,正如一个有机的产物那样;但与有机产物不同的是:**为了自我本身**。

整个先验哲学:自我直观(Selbstanschauung)以不断往前进展的方式上升(Potenzieren)①,直到达到审美的直观为止;各个层面就在这之中!②

[第十七节]

体系理念作为哲学的实质问题(Sachproblem)。事情(Die Sache)本身。

与此相反,人们通常说的是:体系的叙述;作为规划、秩序、构造。以文学的方式叙述哲学的能力。换句话说:当人们承认这一点,而且暗中还怀着"它是多余的"这一信念时——那就成了与事情本身相对立的装饰品了。

---

① 直译为"乘方"。——译者注

② "接下来的各个幂(Potenzen)贯通了哲学的对象,以便产生自我意识的整个大厦。——在自我意识的行为中,那绝对同一之物才分离开,自我意识的这种行为正是一般自我直观的某种行为。……在第一种行为中,那绝对同一之物才同时成为主体和客体……第二种直观是这样一种直观,由于它,自我才直观到了在它的活动的客观方面被设置下来的那种规定性,这客观方面发生于感受(Empfindung)之中。在这种直观中,自我成了对于其自身而言的客体,因为在先行的客体与主体中,它仅仅对于哲学家而言才存在。——在第三种自我直观中,自我也作为感受者而成为自身的客体,这就是说,此前的主观之物在自我中也被放到客观之物的行列了;因而自我中的一切如今都成了客观的,或者说,自我完全是客观的了,而且作为客观的,同时成为主体和客体。"(《谢林全集》,卷2,第631页)

但在哲学中，只有当人们掌握了事情时，一种叙述才是可能的，而非相反。而这是对德国观念论的一种本质性认识，这种认识始于康德，然而在他那里的情形很糟糕。

今天则相反：或者是在没有根本的问题格局的情况下进行仿制 [?]，或者是在蔑视体系——并非只是在不真诚的意义上，而恰恰是在真诚的意义上——的情况下模仿科学研究。现象学 [?]

体系——已经是最早的体系了——并非在必要的情况下——整体叙述；这种叙述的确在任何一个激进的哲学问题中都表现出来了。

非我作为自然
自然作为补充
自然作为具有同等地位者
自然作为具有更高地位者：整体。

最高的综合的问题
　　艺术——艺术作品
　　哲学的一般工具

这是在进行探索，吸纳了种种倡议，是跳跃性的，然而也从未失去自身——但这里缺乏的是生长之物具有的原初性和确定性，相应的也缺乏实际的彻底钻研，那样的彻底钻研本来是必须立即探讨种种内在的困难之处的。

然而仅仅从这里来看待他，似乎有些片面了。

体系理念——事情本身。

反思的立场——此在的形而上学 [第十九节]

对康德采取的批判态度；尽管遵从观念论的原理——甚至恰恰因为这种原理——然而还是采取了反思的立场。

知识：意识直接对对象采取的态度，
　　　回指这种意识本身，
　　　这种意识处在与……的关联中，
　　　关于意识的绝对科学（absolute Wissenschaft）。
　　　费希特（胡塞尔）。

反思必须被克服，它最独特的规律必须被认清。

这种意识：毁灭这种绝对科学。
将意识和自我意识扬弃到理性中。
但由此一来，有限性就被克服了：无－限的、绝对的认识得到了保障。

请注意：是否一切采取有限性立场的做法都必定为反思的立场，准确地说，绝对观念论必定是对这种立场的克服？完全不是如此！只有在笛卡尔的 [？] 那种传统问题的基础上，才会如此。
不仅不会如此，而且还表明了下面这一点，那种将康德主义 [？] 和任何立场作为反思立场加以批判的做法，根本没有触及问题的关键，因而也就无以克服了。
对这种存在者的**存在方式**（*Seinsart*）的追问。存在问题**对于意**

识的优先性。但这样一来,就对此在采取了某种根本不同的态度。(事实性的态度——生存论环节的、生存的——超越性的发生。)

因为这样一来就必须追问:对反思的克服是否根本只是一种更高形式的反思,这种形式让一切照旧,它首先只有通过成为绝对体系,亦即成为不可反驳的,才居于优势地位吗?

[第十九节]

黑格尔作出了这样的努力,即克服思(Denkens)的**命题**特征、它的有限性,以无限的方式思考。

绝对者的显现在过去和现在都是持续存在的一种矛盾:

$$A=A$$
$$A=B$$

突然间就不可能了。由此才有了"变易"(Werden)。但这恰恰是:对有限性的**证实**。

而且这就是黑格尔哲学运思的最大的和隐藏着的秘密。他真正认识、承认和要求了否定之物具有的肯定的、原初的功能,但是——仅仅为了扬弃它,并以此将它接纳到绝对者的内在生命中去。

[第十九节]

为了与黑格尔进行根本性的争辩。

针对的恰恰是作为在自身内旋转着的(永恒的、当前的)无限性的理性。

完全的超越性作为此在的有限性,作为时间性、被投开状态。①

[第十九节]

如果说康德第一个提出了形而上学的问题,而且还将形而上学的问题逼入某些特定的考察方式中去了,而没有穷尽它的整个范围,那么我们就必须在每一次与康德发生关系,在理解这种关系的时候确定一下,德国观念论的后批判形而上学(nachkritische Metaphysik)和如今在这个问题格局之根源方面的种种努力走得有多远。

而当黑格尔以最激进的方式为观念论的问题格局奠基,并规定这种问题格局(绝对观念论)时,他在对康德采取某种态度的同时,也就与我们的态度发生了最尖锐的对立。

但这种对立态度并不是一个"康德观"(Kantauffassung)的问题,而是实质问题本身。而且只有如此,下面这一点才是可能的,即共同的基础显得更清楚了:康德那里某种核心的因素以同样的方式得到了把握,而且那正是分道扬镳的地方。

令人惊讶的是,这种因素从未起作用,尽管它就在那里。但要注意的是,它在多大的程度上就在那里,我们把多少东西忽略未读,忽略了我们**先前**并未**亲身把握**的那一切(布克哈特[Jakob Burckhardt])。

---

① 比较第十九节,第2小节。

黑格尔：想象力（1）[第十九节，第 2 小节]

对核心问题的根本性解释，如今在某些主要问题上变得更具体了。

对康德的态度。比较《逻辑学》，论一般概念（《黑格尔全集》卷五）。

积极看待康德。观念论的原理：自我，它伴随着一切表象，——并非作为思维之物（res cogitans），而是原初的综合统觉，亦即作为被动性与自发性之综合、非等同之物（反题）之综合的原初统一。

对于黑格尔而言很关键的是：不停留在对立之处[①]。回到更高的综合。并非理性就是如其本然的想象力[②]及其本质，而是在想象力中，理性**露面**了：综合、同一性。——从……出发来看更清楚。

消极看待康德。[③]很清楚：理性——自我——想象力，鉴于作为关于绝对者的知识的绝对知识。（1）恰恰不是为了寻求一种此在的原初形而上学[④]；（2）而且不是被配备[？]为意识的现象学（Phänomenologie des Bewußtseins）或哲学人类学（毋宁说远离了这些，而且具有了独立的问题格局），而是作为形而上学问题——存在问题——恰恰要求的那种问题格局。

---

① 此外还是某种发端？
② 作为统一之原理，而且是同一性。
③ 参见《黑格尔全集》，卷1，第34页起。
④ 由此才有《黑格尔全集》，卷1，第19页起的那些话。（《黑格尔全集》，卷1，第295页）——认识论。

德国观念论：在以特定的方式吸纳了知识学意义上的先验哲学的前提下，在将笛卡尔的立场极端化的过程中产生的形而上学。随着这种趋势一道，有一种原则性的疏忽越来越强了，这种疏忽存在于笛卡尔的沉思中，而且是无法消除的，既不能通过生命哲学，也不能通过更新前康德的（vorkantischer）"古代"存在论，甚至不能通过对康德进行的某种更新，而是：产生于其原初根据之中的那种问题格局。存在论——可能性——时间性——基础的[？]-存在论。

黑格尔：想象力（2）[第十九节，第 2 小节]

总结来说：这些主题性的区分是如何有条件地完成的，而且不是作为本质因素，而是仅仅为某种形式的导向（Orientierung）服务。

黑格尔看到了、也很赞赏先验想象力，是因为绝对者显现为同一性。综合，**无限性**。

我们看到了，也很赞赏想象力，是因为这里存在着可以显明有限性的端倪。

黑格尔：在想象力中，在形式的意义上，被动性和主动性这一对反题在其自身之中就产生出合题。"辩证的三一体"。参见《黑格尔全集》，卷 1，第 309 页。三重性。（绝对者——理性）

我们认为：在想象力中具备双重特征，这双重特征可以回溯到一种原初的三一体，那个三一体是在使得此在之有限性成为可能这个意义上的、时间性的原初统一。

黑格尔瞥见了康德 [……]① 的那种想象力。

我们是从作为基础存在论问题区域的时间性之问题格局出发瞥见想象力的。

在那里，种种基本的可能性在西方形而上学的那条被安排的轨道上**完成**了。

在这里，尝试基于基本的问题格局本身之极端的发展，对这个进程进行某种 [……]② **重复**（Wiederholung）。

绝非"扬弃"（Aufhebung）黑格尔；那种扬弃只有以黑格尔的方式来进行，才是可能的。完全不同的另一种**历史性**（Geschichtlichkeit）——（但当然 [？]——与先前的种种开端 [？] 形成对立的一种绝对的开端，只不过论证了种种所谓的模糊性）。

具体的凭证：对康德的解释以及对他采取的立场。

[第十九节，第3小节]

实在性——观念性，实体性——主体性。

祁克果在哲学上、方法上从未跨出这种对立之外，而是以基督教的人观（Auffassung vom Menschen）代替了主体。他与关键问题的距离，要比德国观念论还远，因为它没有把握住本己的激情（die eigentliche Leidenschaft），而是错误地解释了它。更粗糙的误解。[……]③

---

① 这里有三个词无法辨认。——编者注
② 这里有一个词无法辨认。——编者注
③ 这里有一个命题无法辨认。——编者注

[第二十节]

"我们谈论的**仅仅**是欺骗精神的那种人类理性。"① "了解"界限，就已经意味着越出了。(依据黑格尔，有限性乃是"知性的最顽固的范畴"②。)

但问题依然存在，而且必须被以极端的方式提出，不管这样提出是不是一种越出的存在（Hinaussein）。

的确"越出"（Hinaus）了，但那是一种**存在**（Sein）吗？亦即以我们作为此在而**存在**的那种方式："生存"（Existenz）（亦即**从某处-越出**，出-）。这种知识是否不仅仅是对下面这一点的指引（Index），即我们尽管有这种知识，却**没有越出去存在**。甚至不仅仅是对下面这一点的指引，即只要我们如此这般谈论，我们就还没有把握住我们的存在，并将其作为问题。

那么这种经常被人重提，而又无根据的论证从何而来呢？有一种意见认为："知识"规定了自身的此在（das Dasein des Selbst），**意识**是自身之**存在**的基本特征。我们看到了根源：笛卡尔和康德！体系和绝对者的整个问题格局都出自于这同一个根源！

这种"知识"恰恰指引出我们的存在的无力（Ohnmacht）：并非越出的**存在**（hinaussein），而是这种越出的-**知识**（Hinauswissen），昭示出我们从来都不过**存在**于有限性之中而已。

---

① 《黑格尔全集》，卷3，第143页。
② 《黑格尔全集》，卷4，第148页。

[第二十节]

永恒性（Aeternitas）：一种对无尽生命的完全的、同时也是完美的拥有（interminabilis vitae tota simul et perfecta possessio）；是并且拥有着完全的自身属性（totum esse suum simul habens）。①

永恒性（aeternitas）：是持续之尺度（mensura esse permanentis）。

无尽的拥有（interminabilis possessio）——持久（Dauer）——自身享有完整的、尤其是完满的**生命**。

永恒（Ewigkeit）恰恰很明显地联系到了"生命"——此在——**生存**！

论绝对者概念 [第二十节]②

思考这个概念是很难的；可是要决定的是：（1）这个一般计划③在其本身是否可能，（2）黑格尔是如何执行的。

最终之物（Das Letzte）必须首先被足够原初地、在绝对观念论的问题格局的整体关联（形而上学）之下被把握。

当我们谈论"绝对者"时就像手枪发射那般不假思索，那样得到的就是最不确定和最混乱的东西；而紧接下来的努力，便是尽可能多地设想它的内容，并将一切沉思召来协助。

与此相反，关键之处恰恰在于：在这个概念这里不要思考

---

① 参见1926-1927年冬季学期关于托马斯的论述。
② 参见第十八节，第1小节。
③ "Vorhaben"（计划）或译"先有""先行居有"。——译者注

太多，但对于被思考到的东西，则要现实地思考之。

思考绝对者：不要太多！值得注意的指示，那里还有整体。但这里的关键之处恰恰是，我们思考和理解了：（1）整体之**整体性**（*Ganzheit*）的内在组织，（2）从**它的基础**出发理解它。

近20年以来（从狄尔泰的《黑格尔青年史》[die Jugendgeschichte Hegels] 以来）流行起来的一种看法是，黑格尔对于基督教神学、信仰、一般宗教的态度应被赋予一种更特殊的意义。在这种情况下，在精神史方面弄到的东西越多，那么无论狄尔泰还是其他人，对于内在地理解问题能给出的东西就越少。最终剩下的只有：基督教的上帝概念、精神、人格。

黑格尔同样不能作为辩证的结果（dialektisches Resultat）从费希特和青年谢林那里被推导出来，而是：在他那里，一般的西方形而上学的那种没有得到化解的问题格局以一种原初而具体的方式在此汇集起来了：ens（存在者）——ego（自我）（两者都以系统的方式）。

绝对者概念，或者更准确地说，整体之整体性，在其结构方面都受到这个问题在康德（费希特——康德）那里发生或汇集之后所采取的那种形式的规定。（实体——绝对确定性的理念。）

自我——非我　　理智——自然
主体——客体　　自由——规律

无限性——有限性

将这些表达式相提并论不是偶然的。这表现出，某种完全确定的事物成了问题；在绝对同一性概念中表现出来的东西（对关于绝对者的确定性来了一个彻底翻转）。

在绝对者**之中**、并**通过**绝对者而来的同一性。作为绝对者的同一性。

同一性（在形式上）：成为同**一个**，与其自身的相同性（比较亚里士多德的 ἕν [一]，《形而上学》第 10 卷第十一章）。

但要把同一性讲得更清楚一些：……的共属性。讲得再清楚一些：……的共属性的根据；使共属之物的共属性成为可能，使共属之物**本身**成为可能；使某事物成为可能，但恰恰只是在从事使某物成为可能的活动时（ermöglichend），而且在这种活动中，才获得其真正的现实性。（在让某事物生成的活动中有了这种生成。逻辑学。）

亚里士多德——黑格尔！但不是从外部来看。

"开端"[第二十节]

在有限性之问题格局中，那个问题采取了什么形态？（参见关于"开端"之形式概念的四重含义的论述。）

采取"开端是**任意的**"这种形态吗？是什么在要求这种问题格局？揭示超越性及其奠基。

此在的形而上学。这种形而上学的发端与真理。恰恰因为是有限的：**历史意义上的**开端。

每一种哲学都有**它的时代**。

历史性（Geschichtlichkeit）的更原初得多的努力（Anstrengung）。

黑格尔 [第二十节]

"精神现象学"与"基础存在论"
　　　　　　"此在形而上学"

无限性	有限性
绝对知识	存在问题
真理——客观性	真理与生存
永恒	历史性
绝对者	被投开状态

[第二十节][①]

"永恒"	事情与
"时间整体"	"人"有什么关系呢?
"回忆"	"贫困"(Elend)
	"分析""在自身"
此在形而上学	"以有限的方式进行哲学运思"
现象学	
"方法"	"真理"

---

① 关于在接下来的两列笔记中是否在进行某种概念上的对照,从手稿中无法判断。在两列笔记中间有一道垂直的分隔线。——编者注

1. "方法"("程序")

    绝对者 —— 并非并列

    　　　—— 在相对者中实现自身

2. 自我——真理（超越性）

    　　"宗教之物" —— "俯仰" —— "概念性把握"

增补(依据一份笔记)

Ergänzungen aus einer Nachschrift

1. 第一节

本讲座涉及对两个时期的比较性考察：观念论与当前。从我们的考察中必将能看出，我们当今的局面对观念论时期采取了什么态度。在精神的此在（geistigen Dasein）中，只有当某种东西以有机的方式生长起来时，它才是本质性的。但因为有培植的地方才有生长，故而我们必须追问的是：胚芽应当在何处生长出来？还有，我们有了应当将这胚芽播种进去的土地吗？没有人会相信，这里可以回答"是"。但我们有了探索一项现实的任务的可能。我们热衷于冷静客观，热衷于与本质之物进行争辩。因而我们首先必须为我们的主题找到一项任务，这项任务在今日或者明日必定会迫使我们进行某种最终的决断。

我们首先问问自己：德国观念论有什么要对我们说的？这就需要我们首先研究清楚，它在一般意义必定要说些什么。现在，德国观念论的那些作品以及它的整个体系的确都保存下来了。但这些作品也在对我们进行言说吗？它们是否也能现实地向我们传授些什么？没有任何时代像我们的时代这样荒废了阅读的。我们压根儿再也不知道阅读的基本条件有哪些。这里缺少的，是内心里准备好让某种事物自行言说。为了能接受某种事物，我们必须在内心里能胜任那需要加以阅读和倾听的事物。因而我们必须已经带着某种东西，而且是对这些思想的核心部分的理解。但这样一来,一般而言我们又为何要忙于此事呢?这正是本讲座应当教授的。但我们希望从哪里获得这种内心的预备呢?准确来看,现在问题涉及的根本不再是某种比较,我们反而必须从我们的当前中为我们自己展示出过去。因而,与当前哲学情境之关联的意义,应当在本讲座的标题中预示了这一点。从我们当前的情境出发,我们应当赢获一种视角,在这种视角中,我们才能看到德国观念论的核心因素。

当人的内在的伟大不在于他利用了什么事物以及如何利用事物,而在于能走出自身之外,而且当哲学运思就是让这种自行投入活动(Sich-Einsetzens)发生时,这个问题 [这种哲学运思**对我**有什么用?] 在其自身之中就破产了。①

2. 第二节,第 3 小节

问题:那么一种人类学那里的哲学因素意味着什么呢?当一种人类学的那种认知是哲学的时,这种人类学就能成为哲学的。但只要它在哲学及其奠基方面的意图行得通,它也能成为哲学的。

(1)以某种哲学的方式来说某种人类学:它研究的是如下这个基本的问题,即区别于动物、植物的人是什么。区别于存在者(Seienden)的人的结构是什么?因而,在这个意义上,人类学是关于人的一种区域存在论(Regionalontologie)。这样一种存在论,就其自身来看,是与关于动物之类的其他任何一

---

① 出自1929年5月2日的第1讲。——编者注

种存在论并驾齐驱的；与后面那些东西比起来，它目前并没有任何过人之处。因而，这里面的哲学因素仅仅在于，它是对本质的认识。

但只要它在哲学方面的意图希望完成某种本质之事，它也是哲学的。只有将哲学的目标、哲学的起点或一般哲学追问活动的一般范围这些因素考虑在内，这才能发生。

当人们将哲学的目标设定为形成世界观，为某个人对自己采取的态度作论证，那么鉴于这个目标，"人是什么"这个问题就必定会成为一个本质问题。

自笛卡尔以来，哲学一直以人这一主体为导向。自他以来，人本身一直是现实的存在者。他——从认识的可能性来看——与其本身的距离，比起与其他一切存在者的距离都更近。很明显，这就要求对认识的某种论证必须从关于人的这些原初洞见出发。这样一来，人就界定了哲学的探讨对象的整个范围。如今在厌恶这个方向的诸种哲学论断那里，这些基础同样有效。

只有在一切问题都聚集于人类学之中的意义上，人类学才能凭借它的多面手性格（Vielseitigkeit）成为哲学的基础。

人类学的这种矛盾性即归功于这种多面手性格。因而人们就说：哲学的那些基本问题，如何应当基于一种本质的、经验性的科学之上？或者：应当涵括了一切存在者的哲学，如何能这么依赖主体、依赖人，而且使得人成了事物的尺度？因而任何一种使人成为哲学之基础的尝试，都意味着经验主义或主体主义。

尽管有大量的反对意见，人类学的趋势还是保存并贯彻下来了。因而这种观点的界限或困难之处还不在于它的多面手性格，而在于如下这些问题：

（1）为什么哲学上的诸种问题被回溯到了人之上？

（2）它们之被回溯，是因为人们恰恰一时兴起，有了这么做的念头吗？还是它们必须被回溯到"人是谁"这个问题之上？

（3）倘若一切哲学问题都必须被回溯到这个问题之上，那么为什么必须如此？

（4）一切哲学问题在多大的程度上安家于这个问题之中了？

（5）那么哲学本身是什么，而它的基础又是什么？①

3. 第三节，第1小节

但是现在如何发生了这样的事情：恰恰在我们这个受人类学趋势支配的时代，与形而上学形成了如此天壤之别的对立？

首先，只有某种终极的、不可通达的、指向定在（Daseins）之整体的事物，才是形而上学的。在一条普遍有效的（allgemeingültigen）路上，是无法达到这种终极之物和整体的。总是有某种个体的或群体性的观点和立场多出来。这种观点和立场可能成为最富有洞见的。有一些人甚至激进地认为在形而上学中只能找到哲学的世界观（philosophische Weltanschauung）。但在形而上学概念全部的不确定性之中，却还有一种积极的开放性，即对追问终极之物保持开放。因为人们恰恰不愿意将个人的生命视域（Lebenshorizont）作为终极之物加以接受。当下的人们踌躇满志，这种状态当然是一种普遍的骚动，而且准备好了轻信

---

① 1929年5月6日第3讲的结尾。——编者注

任何一种冒出来的答案。而所有的领域（比如占星术、人类学、东方的智慧，等等）都企图将这种踌躇满志、心甘情愿的状态好好利用一番。

这样一来，在最近几十年里，哲学也发生了剧烈的变化。这样一来，比如说，过去的某些哲学家就获得了某种完全确定的阐释。迄今为止都一直是康德（作为认识论的奠基者和形而上学的毁灭者）和笛卡尔首先在支配着人们的思想活动。人们甚至回溯到柏拉图，因为人们相信可以在他那里看到一位认识论专家和逻辑学家。但此在已溢出所有这些强加的做法之外，并使这些强加的做法相互矛盾。尤其是康德在一些本质的部分遭到驳斥之后，更是如此。

如今，这种新的浪潮还特别将德国观念论（费希特主义、黑格尔主义之类）重又置于人们兴趣的焦点上了。人们还进一步回溯，回溯到莱布尼茨和亚里士多德，而且重新在全新的眼光下来看待这两者。①

4. 第三节，第4小节

康德形而上学与观念论的区别：在康德那里（首先还是在《纯粹理性批判》的第一版里），形而上学本质上属于人的本性。因而它总是对一种**有限的**纯粹理性的认识。但观念论却将认识的这种有限性扫除了，并要求一种绝对的认识。费希特在他的知识学中、黑格尔也在他的逻辑学中尤为清楚地做了此事。逻辑

---

① 出自1929年5月7日第4讲。——编者注

学在这里与逻各斯（λόγος）的科学同义，因而也就意味着纯粹形而上学。在黑格尔的思想中，西方思想又一次完成了一场宏大的合流。①

5. 第四节

现在我们必须指明，鉴于为形而上学奠基的工作，必须在何种意义上提出对人的追问。但在过渡到第二部分之前，现在我们还想简单地回顾一下有关形而上学的问题格局的整个场域。凭借这种追问，就使得如其本然的存在者成了问题。这并不意味着这个或那个存在者是什么，而是意味着，存在者在其成为存在者的意义上，是什么。这样一来，在这种追问中首先要问的就是，**存在是什么**。而这个问题起初显得极不确定和极为普遍，以至于我们最初根本无从下手。但我们现在看到，一切存在者都被分为某个什么（Was）与某个定在（Daß），而且一切存在者在理解之类的活动中都是可通达的。简言之，通过某种存在，我们再次规定和展现了存在者的开放性（它的真理）。我们用"**是**"（ist）这个词不仅仅要表达什么-存在（Was-Sein）和那般-存在（So-Sein），而且要以此说出："它如那般存在"是真的。因而为真（Wahrsein）就在"存在"概念中一同显露出来了。因而"存在是什么"这个问题也就相当多义了。但我们寻找的是一个答案：我们将存在理解为这个或那个。但当"存在"成了一切存在者的最高规定时，还有一个更高的规定吗？如果那样的话，

---

① 1929年5月13日第6讲的结尾。——编者注

一般而言我们是由何处出发来理解存在的？理解如其本然的存在的可能性何在？因而我们必须首先居有存在的可能性，只有那样，我们才能找到对哲学运思的某种概念性认识。因而对存在的追问就被回溯到这样一种追问之上了：对存在的原初理解如何？何以可能在哲学的意义上理解这些问题？但当我们原初地把握这样一个问题时，它必定会以更原初的方式将我们引至"人是什么"这个问题之上。还有，为了找到这些问题的整体关联，我们必须再以另一种方式去把握对存在之本质和存在的可理解性的那种根本的追问。

人们可能会承认，对存在的追问是哲学中一种重要的追问，这种做法的前提就是，人们使得哲学的追问以 τί τòὄν（什么是存在者）这个问题为导向了。我们必须指出，它绝不是从古代出发并加以极端化了的任何追问，反而哲学**必须**以这种追问为起点。现在，我们可以首先弄清楚这种追问的特征。对存在之本质的这种追问是一种规定性方面的追问。这就是说，我们想这样或那样来规定它。当我们想规定它的时候，它已经有了，而我们倒没有问一问，一种存在是否有了！（出于我们在此没有展开的一些理由。）——因而我们的确想规定我们所理解的事物。当我们追问"存在**是**什么"时，我们显然了解这种存在。因而我们理解了存在，而且不仅仅是联系到某种特定的存在而言的，是全盘地理解了存在，同时我们却不能回答这个问题：**存在**究竟意味着什么？① 对于这种存在，我们有着持久的理解，而不仅仅是在认识和谈论的时候才理解。当我们没有提及

---

① 这句话中前面几个"存在"都是名词形式（Sein），最后一个"存在"是动词形式（sein）。——译者注

"存在"这个概念时,我们总是如此这般理解着存在。但当我们直截了当地说一株植物、一种动物、一块石头"存在"时,这里明显有某种不确定性,因为这些事物中的每一个都有某种不一样的存在。尽管如此,对于我们而言,为了知道我们意指了某种存在者,只用说"它们存在着"就行了。而这种存在对于我们而言根本没有成为问题。似乎根本没有任何动力促使我们进行理解,促使我们追问存在的意义。存在的这种显著的广度、持久性①和不确定性根本无需成为问题。它以极为完满的方式使我们满足了。但当我们(出于我们在此没有详尽发挥的一些动机)追问"那么这种存在是什么呢"的时候,我们根本不知道,为了以可理解的、有意义的方式说出"存在"一词,我们应当让自己的精神之眼(geistigen Auge)瞥向何方。

对于我们而言,对存在的这种理解活动显然不像读报之类的随便某种属性(Eigenschaft),这种存在似乎在其最内在的本质方面就归属于我们。这种理解活动绝非人的其他诸种属性中的某一种,**对存在的理解**反而**是人的此在的条件**。倘若我们不在这种持久性、不确定性和成问题性(Fragwürdigkeit)方面来理解存在,那么我们对其他存在者就手足无措了。我们对我们自己根本也就手足无措了。在我们指望我们自身所不是的所有那些存在者而生活时,我们所谓的定-在(Daß-sein)、什么-在(Was-sein)之类便已经在这种状态中了,即便我们不理解这事的时候,也是如此。因而,对存在的理解恰恰形成了我们的自身(unser Selbst),而且只要我们是一个并非由我们创造的存在者,

---

① 在打字稿和课堂笔记中,这里以手写的形式进行了事实上不太可信的某种改写,即改为"非持久性"。——编者注

只要我们是一个并非源自我们自由的决断的存在者,就恰恰如此。如果对存在的追问应当成为哲学的基本问题,那就很有必要认识我们所谓的对存在的理解活动有什么原初的意义了。

因此,哲学也一直在致力于这种追问。这样看来,可以说柏拉图首次瞥见了这种内在的整体关联:只有当存在被理解的时候,人才能作为人而在此存在。他曾说过:人的每一种灵魂(人最内在的本质)依照其最内在的本质而言,都已经看到了存在,否则它就不会成为它所是的这种生物了(这意味着:倘若我们不理解存在,我们就无法作为人而生存)。

"倘若这个灵魂没有看到存在者的开放性(Offenbarkeit),亦即它的存在,它是不可能进入人这种形态的。"[①] 对存在的理解活动构成了有限性之最内在的本质。在这种理解活动中就包含了存在之最内在的有限性;而这一点又在对存在的理解的某种基本特性中表现出来:因为我们经常忘记这一点。看起来我们似乎只是在与其他诸种存在者之中的某种存在者打交道,而不是在与存在打交道。因而我们的有限的本质中的这种原初之物,也就处在某种深层次的遗忘中了。而这样一来,一切哲学运思,只要它提出了对存在者之存在的追问,就是一种回忆。这是一种使得我们的遗忘变得可以回溯的活动。而这样一来就表明,对存在的追问不是随随便便的一种追问,而哲学运思**必须**提出对存在的追问。由此看来,存在问题的根源就在人自身的本质中,就在他的有限性中。

当我们由此出发看到形而上学的内在历史时,我们也就可

[①] 参见柏拉图:《费德罗篇》,249 b5起。

以追问：当人们在一般意义上对存在进行哲学运思时，存在是如何被理解的？当人们已经追问过"存在是什么"，那么下面这一点必定就表现出来了，即人们是由何处出发去尝试寻找存在的。现在，在这种研究中显示出来的是，在古代哲学中，存在者（dem Seienden）被理解为持续存在者，被理解为在本己意义上存在者，它如存在的理念（Idee des Seins）所要求的那般存在着，是那种脱离了成与毁的事物。人们在存在的理念中想到的是**持续**，是**持久性**。而且进一步说，古代的哲学运思处在对存在之阐释（Auslegung des Seins）的某种特有的、自发的追问中：存在者是在场者，非存在者是不在场者。

由此就得出了第二种规定：不仅持久的事物存在着，而且那作为持久地直接在场者的事物也存在着。但这两种规定都是时间规定。因而存在是在对时间的某种奇异而晦暗的注视中被理解的。故而亚里士多德这样说：在存在者那里构成存在的事物，就是存在者过去总已经是的东西。近代：构成一个存在者之存在的事物，具有"先于"（Früher-als）（先天之物）的特征。

但如今即便我们并非真的有了某种特定的哲学，我们也自动利用了这个视域：我们区分时间性的存在者和非时间性的存在者（一个数）。而后者又来自某个超时间性的事物。因而一切存在者都是从时间出发被阐释的，仿佛这一点是不言自明的一样。时间明显与构成此在之最内在本质的事物有牵连：对存在的理解活动。如今或许根本不再令人惊奇的是，时间与对存在的理解以及这种理解的可能性有牵连。

这样一来就可见：如果我们尝试回答那种对追问存在之可能性的追问（die Frage nach der Möglicnkeit, nach dem Sein zu fragen），那么我们就碰到了一个问题，即从时间出发对存在进行追问的内在可能性的问题。如果说"人是什么"这个问题必须在"存在是什么"这个问题之下被提出，那么后一个问题就必定成为一种解释，即将人的此在解释成时间性。

这样一来，我们就弄清了一种此在的形而上学（eine Metaphysik des Daseins）的问题。同时，"人是什么"这个问题与对存在的追问之间内在的整体关联也就展露出来了。而这样一来，人类学和形而上学的追问，也就和存在与时间之最内在的本质关联起来了。而且到这里我们才算理解，在形而上学的历史上发生了什么。而在如其本然的存在者这个问题的发展过程中，事实上人们总是和必然在对人进行追问。但这不仅仅是因为除了植物和动物之外，还有人很有趣，而是因为，如果不对人进行追问，对存在者之存在的追问根本就无法被提出。对存在的追问和对人之理性或人之有限性的追问是共属一体的。

但这样一来就可见，尽管完全有必要同时对人进行追问，这种追问在过去一直都不是鉴于形而上学而被提出的，而是进入到为关于人的某种概念奠基的维度中去了，那种概念根本就不源自形而上学的根本问题，而是从其他各部分中取得其规定的。过去，灵魂、身体和精神总是在被追问，但追问并不是从形而上学出发被提出的，而且这一情形规定了西方形而上学的命运。而这样一来，一般而言那种整体关联从未浮现出来，使得存在从时间出发被理解。希腊人理解这一点，却没有围绕它上下求索。

只是在康德这里，时间才又重归形而上学之中。因为他将形而上学的可能性作为问题了。而对时间之意义的洞见的这种闪现，同时也是一种熄灭。因为德国观念论没有看见这一闪光，而这就决定了它的命运。而且恰恰在德国观念论中，对精神的思索达到了一种前所未有的强度。但不是在康德沉思的那个问题方向上，德国观念论的一切思索反而都要走出去，要克服一切有限之物。而像黑格尔的精神现象学之类的一切努力，都以此为目标。德国观念论的这种核心的思索，哲学运思的这种特有的形式，就从对于某种绝对形而上学的这种内在的和终极的意图出发，被规定了。对于体系的这种特有的渴求（并非在哲学中内在地掌控整体的意义上），乃是德国观念论的标志。而且具有克服有限性的意义的辩证法，则发展到超出这种体系之外。而辩证法被用于此，这就明白显示出它与柏拉图辩证法的距离。①

6. 第五节

德国观念论当然认为自身是康德哲学的继承人和成全者（黑格尔！）。德国观念论与康德之间的对立——这种对立走的路子是，德国观念论遗忘了时间与存在之间的整体关联——最终并不基于下面这一点：康德对自己的事情并没有十足的把握，而且正如已经说过的那样，实际上只在《纯粹理性批判》的第一版中阐述了问题。

在德国观念论中，争论的焦点是物自身（das Ding an sich）。这个概念是现象的对立概念。而康德以这个名称——现象与物自身——指的是形而上学一般在存在者之整体中必须规定下来

---

① 1929年5月17日的第9讲。——编者注

的根本区别。这不是像"现象是某个心理学－认识论问题意义上的某种东西"这样的任何理论，他自己说过：这种区别涉及所有一般对象的区分。因而凭借作为存在者内部之根本区别的这种区别，我们就处在对存在者整体和存在的追问在其中被提出的那种维度之中了。我们现在要将这种区别阐释得如此宽泛，是为了看清德国观念论中对物自身的讨论是如何发端的。

现象在康德那里指的是事物本身，而不是心灵中发生的事情。因而现象就是某种自我显示的存在者（不是某种幻象）。那么为什么康德现在不将这支粉笔、这块黑板等叫作物自身呢？因为物自身要说的是，存在者在这里是"在自身"被思考的，亦即根本没有关联到某个有限的、进行着认知的生物。物自身是对于这样一种存在者而言的物，这种存在者是某种无限者。而只有当它仅仅是一个有限的生物时，才可以说现象是那个物。这样一来，现象与物自身之间的区别就是：有限的认识和绝对的认识，有限性和无限性。对于奴斯（νοῦς）而言，存在者是可理解之物（die intelligibilia）（是纯粹创造性的认识活动可以通达的）。我们的认识必须接纳已经存在者。作为纯粹理性的上帝不能以某种已经－存在者为转移。对于上帝的某种认识而言，没有任何**对象**。我们无法想象"上帝的某种认识"这个概念。德国观念论中的理智直观概念就是从这种观点出发产生的。

德国观念论阵营对康德那里的物自身发起的斗争意味着：对以现象为转移的、有其内在界限的那种直观的斗争。对物自身的斗争意味着从形而上学出发消除有限性问题。这样一来，形而上学的问题就被驱迫到该问题内在的不可能性中去了。

与对物自身的斗争相配合的，乃是**绝对精神**概念的造就。

尽管人们围绕着一种绝对认识多方努力，人的有限性却依然在那里，不断向前趋进。这样就产生了辩证法，激发辩证法的乃是下面这一点，即绝对认识必须由一种绝对的生物来实施。围绕体系的多方努力在最深处乃是与这个问题的事态同根共生的。因而"有限性与无限性"就意味着所争论的那个问题：康德——德国观念论。但这种配对只是隐隐约约进行的，因为即便康德本人也不太有把握，而观念论本身对这场斗争也不完全清楚。①

7. 第六节，第 2 小节

费希特说过，哲学运思是一种建构活动（Konstruieren）。一切哲学运思照其本质来看都是建构。这便是柏拉图所说的：哲学家的一切认识都是在 ὑπόθεσις（基础，前提）中进行的。而当康德追问认识的内在的可能性条件时，他并没有遵循任何其他的方法。但这类认知的内在结构与预设很少得到澄清。建构活动并不意味着自己臆造出某种东西，建构的本质反而②基于这种特有的认知的本质之中，我们已将这种本质称作理解活动，它是一种投开活动。投开具有让人看见、揭示的特征。因而，建构在本质上就在于让被投开到某种事物之上的那种事物成为可见的。在此就必须有某种事物被预先规定好，它在某种特定的特征的方向上被投开了：**投开 - 基础**，我通过它才站稳脚跟，

---

① 出自1929年5月31日的第10讲。——编者注

② 这里有手写的插入语"构造添加物；以及"，很可能放错了地方。参见第54页。——编者注

而且它在投开中被采纳。而我们投开某种事物时着眼的那个方向，便是**投开 – 视域**。在此，投开的视域必定与投开的基础处在某种整体关联中，我们称这种整体关联为**投开 – 维度**。

如果我看出某个事物是树，那么给出自身的那个事物（das Sich-Gebende）就自动朝着下面这个方向被投开了，即它如树那般存在。作为哲学运思的建构活动就是一种投开的明确实施。作为明确的投开的任何一种哲学运思，都已经运行在某种不明确的投开中了。建构活动就是跃入到某种已经存在的投开中去，这种投开如其本然地还是晦暗不明的，通过建构，这种投开本身才第一次变得清楚了。而通过跃入到那种已经存在的投开中，投开的基础也才首次得到了保障。

如果我们将这种一般的、首先为形式性的思考运用到费希特在他的知识学中完成的东西上，那就表明，他面临着阐明知识之诸原理的任务，面临着获取投开的基础的任务，这样一来，他就可以确保思成为事实，就可以使思无可争议。[①]

8. 第七节，第 3 小节

克罗纳在《从康德到黑格尔》一书中将绝对主体概念等同于上帝。但这种解释站不住脚，费希特在后来的发展中表现出对这种看法本身的种种抱怨。而费希特所指的，却不仅是与经验自我（empirischen Ich）从根本上相区别的某种东西，而且这种区别造成了如下这种局面：绝对自我成为个别 – 自我的条件。

---

① 出自1929年6月3日的第11讲。——编者注

但如果他这样意指作为自我－存在的自我－存在，那么这样说就够了：这种绝对主体是经验之物的可能性条件，正如一般解释也说过的那样。但这样一来，某种东西就被改写了，而不是被阐明了，那就是这种条件，就是绝对主体；这样一来，在第一种解释中还更好地表达出来了的那个问题，还是被揭示出来了，只要它涉及的是弄清楚下面这一点，即如其本然的、作为自我之本质规定的自我性意味着什么。这是不是我从自我中抽离出来的一个一般概念，或者说自我是否具备某种特定的现实性。因而它涉及的就是下面这个问题：某种质料之物的本质与该物的种种因素之间的关系，是否就像自我的本质与某种时刻都很确定的物之间的关系那样？或者：某种质料之物具备这样或那样的本质。我们是否可以说,自我具备自我性的本质？或者：下面这种简单的做法是否就够了，即我们将费希特的那些命题解读成在确定一些事实（Tatsachen-Feststellungen），还是要这样来看待问题，即有关自我的一切存在论命题的特征，在根本上都和有关具备物的特征的存在者的那些本质命题不同。如果自我的本质与某物的关系，不同于石头的本质与该物的关系，我们便将从这种比较出发来理解费希特的学说中的问题。但那样的话，下面这一点也将显明，即费希特的这些命题运行在某种完全清楚而不含糊的问题格局之中，即便他并没有处处都将这个问题格局本身弄得很清楚，也是如此。①

费希特关于自我的种种论说，绝非关于个别的、实际的自我的一些命题，它讨论的是关于自我之自我性的一些本质论说，

---

① 1929年6月6日第13讲的结尾。——编者注

是将自我规定为一般自我的事物。这些命题都不是随意的，而是着眼于存在这个根本问题的一些命题。而且这样一来，我们就看到了对存在的追问和与此联系在一起的对人的追问之间的那种整体关联。

1794年的知识学恰恰因为费希特在此从逻辑原理出发，才显得很难。但逻辑学与形而上学之间的这种整体关联，对于人们理解德国观念论的一般问题恰恰有着重大的意义。的确，看起来费希特最初想过从逻辑学中推导出知识学的诸原理。他在1794年还写道:"当同一原理和矛盾原理被设为基础"①,那时哲学就会走上正道。这就意味着，费希特对这些命题的期望，比他在知识学本身中实际所做的还更高。这一点很重要，因为人们最近受现象学的影响，企图以费希特后期的那些著作为标准，将1794年的知识学只作为一种预备来使用,这种做法是错误的，因为核心的问题被作为形而上学问题掩盖起来了。（他后来在《知识学第一导论》[Erste Einleitung in die Wissenschaftslehre]中就1794年的知识学说道:"'我不理解这部著作'，在我听来，这话所意谓的只是字面的意思，而且我认为这样一种表白是最无关紧要、也最没有教益的。人们可以不理解我的各种著作，而且在没有学习过的情况下，本就应该不理解，因为它们所包含的，并不是对这样一种先前已经学习过的课程的重复，而是——自从康德不被人理解之后——对于这个时代而言全新的东西。"②)

当我们已经透彻理解三个原理之整体后，我们却碰到了一

---

① 费希特：《评〈埃奈西德穆〉》，收于《费希特全集》，卷1，第13页。
② 费希特：《知识学第一导论》，收于《费希特全集》，卷1，第421页。

个基本的形而上学问题。我们在进行讨论的时候,一直停留在绝对主体概念旁边。因而自我的自我性就是某种如其本然地在自身被以绝对的方式规定了的。现在,这个自我在它那方面作为进行规定者,是不是某种绝对者(上帝),或者说,这个自我的特征是否必须要以其他的方式来理解,这些问题我们尚未确定。无论如何,这里涉及的不是随便一种自我的本质,而是人这样的自我。而且下面的问题也就凸显出来了:某个存在者的这种绝对主体是不是上帝意义上的主体,或者说,这个有限者是否并不比有限自我(das endliche Ich)更有限。

在本原行动意义上的和作为绝对主体的自我被赢获了之后,这个问题乃是对第七个步骤的追问:如今关于自我还可以说些什么?如果事实向本原行动的投开的结果是双重的,既是形式方面的,也是内容方面的,那么这种双重结果在本身就具有某种独一无二的存在:即"自我是本原行动"与"自我是绝对主体"这两个命题。①

9. 第七节,第 4 小节

现在,这两个原理["自我是本原行动"和"自我是绝对主体"] 在多大程度上在其本身是统一的?第八个步骤告诉我们:费希特的话说出了同样的结论,他说**自我必然为自身而存在**。如果人们又以幼稚的方式解读这个命题,那这里就成了嘲笑整个知识学的最好的地方。[……] 但这个命题只能是一个关于自我

---

① 1929年6月7日第14讲的开篇。——编者注

性的命题，一个关于自我的本质命题。自我如其本然地总是为自身而存在的。或者说：作为自我的自我总是我的。这里可以看出，自我是一个存在者，对于这个存在者而言，它的存在并非随随便便的某种存在。我们可以就一块石头说，它现成存在着，随之又说，这块石头的存在并非为了如其本然的这块石头而在此。现成的存在并非为了现成者而在此。一个现成者根本没有对它的存在采取任何态度的可能性，而一个自我的本质则包括，自我在自我中对它的存在采取了某种态度，而且使得它自己的存在接纳着和已经接纳过作为自我的自我。每一个作为自我的自我，它的存在都以本质的方式为了这个自我而在此。费希特是通过下面这番话表达自我性的这种根本的持存的：自我仅仅为我而存在，自我在其本质方面是一种自身（Selbst）。它所是的那种存在者，在这种存在方面，对它而言是显而易见的。因而费希特以这第八个步骤赢获了自我性的特征，我们将这种特征称作自我的自身性。

现在，在第九个步骤中，又进一步阐明了自我作为本原行动和作为绝对主体这两种规定的共属性。费希特也通过如下这般重新表述问题，先行说出了同样的结论：我在绝对的意义上存在，因为我存在着；还有：我在绝对的意义上就是我所是者。在第一个命题中表达出了原理的形式，在第二个命题中表达出了原理的内容。"我在绝对的意义上存在，因为我存在着"这个命题指的是"我在绝对的意义上存在，因为我是自我"，因为我说我所是的那个存在者（das Seiende, von dem ich sage, daß ich es bin），在它的存在方面就具备自我－设置活动（Sich-Setzens）的特征。

而第二个命题——"我在绝对的意义上就是我所是者"——应当在其特征方面表现出绝对者。它应当说：自我－存在绝非任何特征，而是被下面这一点规定了，即我是一个自身。自我性是我的本质，它归属于我，但却以和石头的存在归属于石头完全不同的另一种方式如此。我就是我的本质本身。或者说：一块石头具有一种质料之物的本质，一个人却不仅仅具有自我性的本质，而是在这种自我性中**成就其本质**（west）。"A 是 A"的形式的含义的确在下面这个意义上被意指了：A 与自己相等同。一块石头与它自身相等同，它鉴于其自身而是自己（Selbe）。严格地说，我们根本不能这么说，因为石头在其本质方面根本不是任何自身（Selbst），而且严格来说只有当自身性是自我时，才有同一的自身性（identische Selbigkeit）存在。这样一来就很清楚的是，同一性主要地和原初地只在某种自我性存在者那里，才会出现。①

10. 第七节，第 5 小节

然后费希特以一种历史方面的回忆作结。此外他还说，在根本上而言，"A 是 A"这第一个命题在康德那里就已经有了，尽管他没有将它说出来（错了，康德已经将它说出来了），因为它是最高原理：一切的思都是一种"我思"，或者说，"我思"是一切范畴的传输者。因而实在性不是在任何地方现成就有的，上面这一点反而意味着：我思实在性（Ich denke Realität）。而这和费希特所说的是一回事；但康德的问题逼入到了一个完全

---

① 出自1929年6月7日第14讲。——编者注

确定的方向，对于观念论的发展而言，这个方向变得具有本质的重要性。

对于康德而言，这种认识从一开始就不是被设置为某种"我知"（Ich weiß）或某种"我思"（这种说法是纯逻辑的），而是被设置为某种"我直观"（Ich schaue an），而思也是某种奠基于直观活动之上的行为方式。费希特以逆转的方式作了推进。他说：在康德那里，直观活动仅仅奠基于思之中。而这种观点又被马堡学派再次接受了，这个学派竭力只在纯粹逻辑的意义上理解自我。这种区别绝不是说，康德想从直观出发，而费希特则排除了直观，而是说，这后面有着有限性问题。费希特已接近了这个问题，却没有真正完整地看清这个问题本身。为了了解他已经多么接近这个问题，我们首先必须讨论两个进一步的原理。①

11. 第八节，第 2 小节（第三个步骤）

如果"非 A 不是 A"是可证明的，那么这个命题就必须能被回溯到"A 等于 A"这个命题上，这就是说，它必须能被回溯到"A 等于 A"这个命题的**形式**上。现在，仿佛人们可以这样想，只要人们把这个命题正确地写上，这就是可能的。我们仿佛可以，比如说，照下面这样来操作：

-A 不等于 A（-A nicht gleich A）

-A 等于非 -A（-A gleich Nicht-A）

-A 等于 -A（-A gleich -A）

---

① 出自1929年6月7日第14讲。——编者注

而最后这个命题,我们可以理解成:当 A 的对立面被设置时,A 的对立面就被设置了。这样一来,仿佛我们就毫不费力地得到了下面这个公式:

A 等于 A

这样,第二个原理就具备了第一个的形式,而且这种回溯绝非任何人为的回溯,这一点证明了,人们常常在传统逻辑中持这样的意见:人们仿佛可以将矛盾律理解成同一律的颠倒。康德在他最初的那些著作中也支持这样的理解。

但我们事实上是否将第二个原理回溯到了第一个之上?真正来说我们究竟做了什么?是什么使得我们可以作这种回溯?很明显,就是简单地将"不等于"(nicht gleich)改换成"等于非"(gleich nicht)。基于这种改换,我们得到了下面这种形式:-A 是 -A。

那么这种改换真的像它看起来那般无害吗?首先:无论这种改换有理还是无理,在改换中发生了什么?我们是否无可争议地将矛盾律变成了同一律的形式?但这种将矛盾律翻转为同一律的做法,它的代价是命题本己的意义的丢失。矛盾的这种意义,我们根本没有保留下来。我们根本没有持守这个命题,而是把反面,即虚无,当作某种无所谓的东西了。**反面**不再令我们感兴趣。因而,**虚无**的特征就消失了。因而我们没有持守矛盾律,也就不能说我们将它回溯到了第一个原理之上了。我们不过是将逻辑形式制作出来罢了。①

---

① 出自1929年6月10日第15讲。——编者注

12. 第八节，第 2 小节（第四和第五个步骤）

现在，人们仿佛可以说：但对立设置活动恰恰还是可以从某种设置活动中推导出来的。在对立设置活动中，我还是针对某个被设置者，设置了某种东西。我针对其进行设置的某种东西。在这里，人们必须谨防落入某种智者派论证之中。我无疑是要在此预设某种被设置者的。（但那被对立设置者呢！）在此，设置还并不指望某种东西被设置下来。虽然如此，这个命题在内容方面还是有条件的。事情并不取决于看到这种有条件性，而首先在于看清它的特征。

在具备对立设置活动之特征的某种设置活动中被设置下来的是一般的对立之物，或者正如费希特所说的那样："一般的被对立设置的状态就是在绝对的意义上被自我设置下来的。"[①] 而如其本然的对立设置活动也还是需要某种设置活动的，在那种设置活动中有某种东西被设置下来；这种东西最初并不具备"针对"（Wogegen）的特征，而是我针对其进行设置的这种特征先得到了我针对其进行设置的那个被设置者。

但这不应当意味着，某种东西事实上被设置下来了，这里涉及的是一种本质论说，即对立设置活动需要一种可能的针对性，而且只有当某种事物为了获得针对的特征，已经针对它自己被设置下来时，它才能成为某种针对性。但只要这种对立设置活动在形式方面是无条件的，它在内容方面就可能是有条件的，这样就使得这种条件成了一种绝对的条件。必须被设置的被设置者，必须在它那方面是在绝对的意义上被设置下来的。

[①] 《费希特全集》，卷1，第103页。

但这种被设置者只是自我。因而自我也必须是在绝对的意义上被针对而进行设置者（was entgegengesetzt ist）。这是费希特要引向下面这一点的第一个论证：在某种对立设置活动中，一种在形式方面无条件的行动必须被设置下来，这绝非任何事实上具体的条件，而是一个绝对的条件。

这样我们就理解了对第四个步骤的那个说明，它其实属于第六个步骤：他在这里指出的是对于被设置者的对立设置活动所特有的那种统一性，因而也就指出了一般的自我与自我性的那种本质特征。他在这里说的是，如果在绝对的意义上作为自我的自我设置了某种东西，那么这种由自我进行的、为了自我而进行的设置活动，就只有在下面这种情形下才是可能的：在进行设置活动的时候，那被设置者在自身性中恒久地被意识到。否则一种绝对的设置就是不可能的。但他没有看到，这里在基础之处有一种极为深刻的问题格局。但"自我作为自身之物（das Selbige）必定将自身坚持到底"这一点，在关联到某个已经被设置之物来看某种被对立设置之物的统一性时，使自身尖锐化了。只有当我从设置活动过渡到被对立设置者的过程中，将被设置者固定为先前被设置下来的自身之物时，我才能够针对某种已经被设置的事物进行对立设置。这个自我一直运行在这种自身性的基础之上，从这一点中却产生出它突出的特征，这种特征在探讨第三个原理时将具有特别重大的意义。

但费希特只是在括弧中提到了这些本质性的整体关联，而且对他而言，问题取决于将本原行动与事实从矛盾律中推导出来。[①]

[①] 出自1929年6月10日第15讲。——编者注

13. 第八节，第5、6小节

因而，对非我进行设置的这种活动就不是在存在者层面上设置这个存在者的活动，它意味着：一般的自行－对立于某种事物的活动。或者说：自我并未设置这个或那个对象，而是对对象性的某个活动空间采取了态度，在这个活动空间中，他①可以对如此这般进行设置的自我让步。倘若事情不自行对……采取对立，那就不会还有这么确实的存在者现成存在，并涌入自我了，这种存在者就绝不可能作为它所是的那种存在者，独立于自我之外自行显示和自行表现出来了。为了使一个存在者在其本身那里作为在其自身之上被提出的存在者而向一个自我自行显示出来，这个自我就必须自行对立于这样一个存在者。②

思的两种基本形式是实在性和否定性。实在性意味着什么－在。否定性并不意味着否定活动，而是意味着不－是－这个－那个（Nicht-das-und-das-Sein），亦即某种事物的不－存在（Nicht-Sein）。这符合设置活动的两种方式：绝对意义上的设置活动与对立设置活动。但两个范畴都具备确定性的特征。因而在费希特将这些范畴从设置活动的方式中、从判断的方式中推导出来的情况下，他就与康德同行了。但他企图逆转康德，即他希望使它们走出设置活动的那些基本形式，走出思的基本形式之外。③

---

① 指费希特。——译者注
② 1929年6月10日第15讲的结尾。——编者注
③ 出自1929年6月11日第16讲。——编者注

14. 第九节，第3小节

这样当费希特在某种程度上以假设的方式提出了解决方法时，他就来到了第二个部分 [B]。[……] 被寻求的原初行动（Urhandlung）必须使得 A 和非 A 能被协同思考，使得实在性和否定性被置入某种内在的统一之中。

这种核心的思索成了黑格尔哲学、他的一般辩证法和他的一般逻辑学的发端之处。在这里，辩证法的问题首先要关联到自我才能被表述出来。

如今，费希特在某种程度上必须接受理性的权力命令的考验。但他不谈这个了，而是以无害的方式说：不要指望任何人能以不同于下述方式的方式来回答这项任务所提出的问题了，即获得某种统一性，这种统一性同时使得设置与对立设置成为可能，而这又只能通过一种被限制了的设置才成为可能。这就是说，下面这一点是不言自明的，即这项任务便是这样被解决的，而理性的权力命令也是不言自明的。如果我们知道，不言自明的东西在哲学中成了问题，那么这里真正的问题就得留待我们以后考察了。①

因而费希特就得到了这样的结果，即第二个原理只要持存，就得扬弃其自身。因而这第二个命题就导致了一些不同调的现象。尽管如此，同调性却是必要的。为了这个目的，就应当寻求原初行动，它对不同调现象进行调和。这种原初行动将由理

---

① 出自1929年6月13日第17讲。——编者注

性的权力命令来澄清。这样一来,费希特就得到了这样一个命题:自我在自我中以可分的方式设置了自己,由此也同时以可分的方式设置了非我。①

15. 第九节,第 4 小节

但如果对自我的设置意味着限制活动,那么在对自我的这种设置中就表明了,也有某种不是自我的事物随着自我被一同设置了。现在,只有在设置活动的这种特征被确定下来的情况下,一般而言某种事物才能被自我所实施的这种设置活动设置下来。因而在前两个原理中,一般而言并非真的有某种确定的事物被设置下来了。我们是由此出发的:自我设置了它自己。但人们看到,随着这种设置-其-自身的活动(Sich-selbst-Setzen),自我只设置了与其自身同在的绝对自身性(absolute Selbigkeit mit sich selbst),而没有设置内容方面的任何东西。这里纯然只有不确定性和空洞性,一切都被设置下来了,又没有任何东西被设置下来。因而这两个原理一般而言什么都没有设置。只有当设置活动是一种限制活动时,才有某种事物被设置下来。这意味着,自我是被非我限制的。而自我只能如此这般被设想,即使得设置活动意味着限制活动。而且由此看来,对第一和第二个原理的阐述只是一种抽象,这种抽象完全没有触及自我的本质。尽管如此,这种阐述还是有道理的,因为在第一个原理中被预设的一点是,自我就是一般同一性的可能性条件。②

---

① 1929年6月14日第18讲的开篇。——编者注
② 出自1929年6月13日第17讲。——编者注

16. 第九节，第 5 小节

但在一般意义上，第一和第二个原理在内容方面是完全不可思考的。或者说费希特试图思考的是在根本上不可思考的东西。而这样一来，我们在开始的时候就指出，在碰到这些命题的时候尽可能少地思考，是尤为困难的。我们从来都没有对自我安置得太少，而总是习惯于思考得太多。由此，费希特就努力在一种更高的抽象中思考那些在涉及自我时被想到的东西，为的是将界定了自我之本质的那些命题构成的三一体（Dreiheit）仍然设想为某种奠基的序列（Begründungsfolge）。而之所以如此，乃是因为在这种知识学中居于支配地位的趋势就是甚至将不可奠基的事物也带到奠基的视域中去。

黑格尔的逻辑学也基于同一种结构。在两种体系发端方式之间进行这种类比的依据在于，从形式上看，辩证法在两者中都不仅具有某种奠基方式的意义，而且还参与规定了进行奠基和设置者。[①]

17. 第九节，第 6 小节

因而我们现在确定：虽然一种绝对主体也归属于自我性，但自我性的本质却是有限性。出于下面这一点，确定性对于真理的优先性才显现出来：费希特在某种奠基序列的意义上来设

[①] 出自1929年6月14日第18讲。——编者注

想共属的三一体。因而对他而言，获得某种奠基，要比找到被奠基者的真理更关键，为的是将此设置为基础。这种优先性，在笛卡尔的形而上学问题那里就已经有了，在康德那里则没入背景之中了。而现在，在费希特这里，基于对康德的问题采取的某种特殊的立场，它又出现了。但问题在于，确定性具有的这种优先性有没有道理。这里明显有两种理想扭结在一起了，而且由此还产生了一种贯穿整个德国观念论的分裂。①

18. 第十节，第 1 小节

因而它[根据②]就被关联到一种关系式的（verhältnismäßige）设置之上了。据说需要先提醒的是，费希特在主语和谓语的意义上将某种对立设置称作关联。因而关联就意味着对立设置，而不是整体引向（Zusammenziehen auf）它们在其中成为一体的那种事物。费希特将被对立设置的双方在其中发生等同的那种事物，称为关联根据（Beziehungsgrund）。③

因而当费希特说逻辑命题，亦即调节着我们的一切思考的那种规则，只能作为我们的认识（Erkenntnisse）的一部分时，我们必定可以由此得出：因而并非一切认识都是合乎逻辑的。而只要逻辑之物在知识（Wissen）中被寻求，我们的一切认知（Erkennen）和设置活动就都是一种知识。因而或许知识学的关键性认识恰恰不是某种设置活动和知识，以至于照费希特看来，逻辑上的根据

---

① 出自1929年6月14日第18讲。——编者注
② Grund，亦译"基础"。——译者注
③ 出自1929年6月14日第18讲。——编者注

律并不适用于他在知识学的第一个命题中实行的那种认识。[1]

费希特在形式方面看到了逻辑上的根据律的这种进行限制的特征,因为他说:这种根据律源自于在形式方面对知识学的第三个原理所作的一种抽象。但这个原理却是被推导出来的,也还是受限制的,这样一来,这个定律也是受限制的了。对于这个问题实际上是否果真如此,我们还不想作什么判定。但我们又回到开始的那个问题上了:关于一种最终的、再也不可被奠基的奠基的问题,与真理问题——即关于在那里不可被奠基,却囊括了一切奠基者的那种事物的问题——之间的分裂;费希特一直还处在探究可被奠基者与不可被奠基者的方向上,但却没有研究一下奠基者本身。[2]

19. 第十节,第 2 小节

以[反题与合题之间的]这种相互联系,费希特不过说出了自古代以来早已为人熟知,而且亚里士多德已经明确宣称过的东西。

费希特:	反题	合题
	区分活动	关联活动
康德:	分析	综合
亚里士多德:	$διαίρεσις$(区分)	$σύνθεσις$(关联)
		$λόγος$(逻各斯)

---

[1] 出自1929年6月14日第18讲。——编者注
[2] 出自1929年6月14日第18讲。——编者注

费希特用关联活动指的不是纯形式的关联活动，而是完全确定的等同设置活动（Gleichsetzen）的含义。综合意味着这样进行设置，使得双方在其中等同起来、一致起来的那种事物被设置下来了。①

20. 第十节，第 3 小节

随着第五个步骤，对那些不处在根据律之下的特有的判断的核心探讨开始了。在第五个步骤中，首先对问题的整体关联做了一点历史方面的提示。知识学便是阐明自我的本质，而且是对人的本质的一种追问，而这种追问则与对形而上学之可能性的根本追问整体关联在一起。在这种整体关联那里，人们并未理解，为什么费希特现在突然会说："康德在纯粹理性批判的顶端提出的那个著名的问题：'先天综合判断如何可能？'如今以最一般和最令人满意的方式得到了回答。"（卷1，第114页）因而他开始以完全直接的方式谈论这个著名的问题了。而最初我们还一直不明白，为什么他突然探讨起这个问题，以及这个问题对于费希特自己的种种探讨意味着什么。他宣称，第三个原理包含了所有进一步的先天原理。这里表明，接下来的所有判断以及在知识学中可证明的全部内容，都具有先天综合判断的特征。为了理解这一点，我们追问一下：康德是如何达到那一步的，即在纯粹理性 [批判] 的顶端提

---

① 出自1929年6月17日第19讲。——编者注

出这个问题？纯粹理性批判追问的是形而上学本身的可能性。但形而上学被康德当作一般形而上学（metaphysica generalis）了，他想研究这个学科的可能性。但这却是用来表示存在论的名称。而存在论是对存在者的认识，而且是鉴于存在者一开始就必须是什么，鉴于什么是必须被认识的，鉴于我们可以体验它这一点，比如说，当我们在自然研究中探讨事物之间特定的关联时，我们就追问因果关系。因而物理学家就追问诸种事件之合规律的整体关联。因而他预先就已经说了，一切都是以因果方式被规定了的。因而因果性便是存在者的一种规定，这种规定必须在对这种或那种原因进行任何一种具体追问之前就被表象。因而一般地界定了什么属于某种一般自然的这一类规定，就识别出了什么属于自然、属于历史、属于空间，等等，这些都是对存在者之存在状况的认识。这些都是存在论层面的追问。而对形而上学的追问则是对存在论之可能性的追问。在后面这种追问中被了解的是：自然的因果状况。而且我不是基于经验才了解这种因果状况，对于观察而言反而已经有一点被预设了，即自然是如此这般被规定了的。这些认识都是先于一切经验的，亦即它们是先天的。因而对于康德而言，形而上学之可能性的问题就变成了先天综合认识的问题。因此，康德也就必须在他的纯粹理性批判的顶端提出这个问题了。因而它就只是表示形而上学之可能性的问题的公式了。

现在，当费希特说通过他的种种探讨，这个问题最终得到了解决时，这便意味着：通过对三个原理的探讨，形而上学的基本问题就得到了裁决，而且正如费希特自己说的那样，是在比康德那里的情形更令人满意的某种意义上如此。因而费希特明显认为康德的解决方式不令人满意，也不是普遍有效的。他明显认为康德的尝试还不够普遍，因为在费希特的意义上看，康德的处理方式在综合的方面还不够；因为康德并没有以费希特那种方式将他的诸命题组装起来。那么费希特也是在这个很片面的视角下来看待康德哲学的。如果人们回想一下，费希特就第三个原理说过，一切先验哲学都被奠基于这种综合之上了，以至于不必再进一步追问这个原理的可能性了，那么人们未免会对费希特下面这种说法的狂妄心生狐疑了：他现在以最令人满意的方式解决了康德的问题。人们无权再进一步探讨这种综合了。但费希特在这里依靠的是那个尴尬的权力命令。在康德本人并未看到形而上学的这种奠基方式是如何进行的情况下，依靠某种自明性（Selbstverständlichkeit）的这种做法，是否比康德的解决办法更令人满意，这必定是大可怀疑的。但撇开批判不谈，从费希特提及康德的话中可以得出极多的思考，以至于我们如今走到了那些触及形而上学之核心问题的探讨的边缘。这由下面这一点便可见一斑，即费希特如今将一般探讨运用到了如其本然的知识学的一般形式上。如今他从此前赢获的那些命题中发展出了知识学的理念。①

当费希特在加工第四节的过程中展开了某种对立、然后寻求综合的时候，事情看起来就像是，从一个最高的命题中推导出了其余的所有命题。从论证的秩序来看，那里是有某种整体关联的，但他赢获这些命题的内容，或者给了整个考察的进展

---

① 出自1929年6月17日第19讲。——编者注

以真正促进的东西——对诸种对立的规定的时候，所考虑的总是自我中的东西。看起来像是从一个命题中进行的演绎，乃是对自我之本质的整体关联（Wesenszusammenhanges）进行规定的某种活动。当然，这种阐明被划分为辩证的结构了。这一点很重要，因为这个结构在黑格尔那里又重现了，而且人们在那里看到，辩证法总是以绝对主体为生的。而辩证法之所以令人困惑不解，乃是因为它将这些问题卷入了，因为一切形式的辩证法在建立起来的时候，在其本身中就关注着这些本质的整体关联，并且可以如此这般维持运行。①

[关于知识学体系的]这种考察乃是通达下面这个问题的最后的入门阶梯：自我之整体事先就在其中被设置下来的那种认识，是什么样的认识？因为如果一切反题都运行在这个正题的维度之中，那么存在论上的形而上学认识就必定具备应归于正题的那种基本特征；这就是说，出现了这样一个问题，即自我在绝对的意义上在其中被设置、而且使得自我不受逻辑上的根据律辖制的那种设置中，有着什么样的真理（认识）。带着这个问题，我们来到了作为形而上学之基础的知识学的核心问题这里。而且只有到这个时候，我们才会理解第四和第五节中知识学真正的进程，才会理解，为什么知识学的那个起初以纯逻辑的方式开始的问题，如今却完全被装配到实践的自我（das praktische Ich）之中去了。②

---

① 出自1929年6月17日第19讲。——编者注
② 1929年6月17日第19讲的结尾。——编者注

21. 第十一节，第 1 小节

自我在其存在方面是开放的。而自我的存在的本质就是一种在自我的选择中被接受了的能在（Seinkönnen）。而且费希特还说：这种自由是使命，或者应在（Seinsollen），绝非在我们之上飘荡着的任何东西，而是被交付给自我了。因而这个命题在其肤浅的外表下掩藏着的恰恰是它必须说出的东西。关于自我性的那个命题在语法意义上的主语（Das grammatische Subjekt），并不与真正的主体（Subjekt）相重合。因而"人是自由的"这个命题中的"是"具有某种和"身体是笨重的"中的"是"完全不同的特征。

在这个意义上，人们就能够解释费希特必须就诸正题判断说出的东西了。而且我们看到，费希特在这个时候认识到，如其本然的自我－存在具有某种开放性。费希特在说下面这番话的时候表现了这种开放性：它对无限之物（ins Unendliche）开放，或者我们换种更好的说法，对不确定之物开放——正如我们后面会看到的，这种不确定之物乃是有限性（Endlichkeit）。①

22. 第十一节，第 2 小节

这 [恒久地持存的存在者] 便是主体概念原初的和主要的含义，而且我们还必须彻底避免与自我和人格（Person）的任何关联。

---

① 出自1929年6月20日第21讲。——编者注

在这个含义中，subiectum（主体）与 substantia（实体）是等同的。

主体等于**实体**（*Substanz*）

这便是在相互关系方面归于和分摊给诸种事物的那种东西的基础。因而这就是对存在者之存在本身的一种标识。因而这就是主体的基本含义，而且只有从这种基本含义出发，其他的那些含义才能被理解。从这里出发，我们触及了第二种含义，在这种含义中，主语和谓语面对面。也就是说，当人们将事物理解为恒久地保持为这般那般时，这种规定活动就获得了这样的基本形式：在这里恒久保持着的这个事物具有这般那般的特征，这就是说，事物中保持不变的因素，便是我就其进行这般那般陈述的那个东西。陈述本身对于希腊人而言就是逻各斯（*λέγειν τι κατά τινος* [就某事物陈说出什么]，*καθ'ὑποκείμενον* [依据那位于基底之处者]）。

随着存在论的含义（第一个含义）向逻辑的含义（第二个含义）的转换，"Subjekt"（主体／主语）一词的内容也发生了转变。Subjekt（主体／主语）最初是指保持不变者，而且因为它如今在一般意义上应当指位于基础之处者（das Zu-Grunde-Liegende），所以我如今也能就这种变换本身陈述些什么了。此时我就将某种属性本身弄成了我就其进行陈述的那个主语。这是逻辑主语，它现在不被束缚于任何一个实体之上，而是能够涵括一切。逻辑主语现在在一些特定的词语中被表达出来，我们将这类词语称作**名词**。

主语等于**名词**（*Substantiv*）

现在，从逻辑主语概念中产生出语法意义上的主语。这个命题 – 主语（Satz-Subjekt）并不必然与逻辑主语相重合。在"人是自由的"这个命题中，从语言上来讲"人"是主语，但从逻辑上来讲自我是主语。因而语法主语的观念奠基于逻辑主语之中。

现在看来，一直都很重要的一点是：语法的源自逻辑的，而逻辑的又源自存在论的——这种整体关联是在三个环节的统一性的历史发展过程中产生的。对于希腊人而言很本质的一点是，关于事物的思与言为一，而逻辑意义恰恰是从语言构型（Sprachgestaltung）的方式中看出来的。这三个含义曾长期完全合一，而只有亚里士多德（《形而上学》，卷7）才在其中感受到了某种不协调，因此才试图将真正的、存在论的意义从实体中凸显出来。①

费希特说，每一个自我本身都是最高的和唯一的实体[参见《费希特全集》，卷1，第122页]。如今我们看到，他只可鉴于逻辑和方法上的概念说这话。因而对如其本然的存在的追问完全不会进一步被提出，这里探讨的只有方法。逻辑和方法上的主体概念的这种显著的支配作用便是为什么在德国观念论中看不到存在的真正的问题格局——主体性问题在这里被大力推至中心点的位置——的原因。将自身规定为了解自身者，这是单独归于自身性的唯一规定。这一事实在极大的程度上被推至顶端，使得自身的那种特殊的存在最终只能通过意识被阐明。但只有在事先已追问过如其本然的存在的情况下，意识和认知自身的那种方式才能作为问题被提出来。而我们与德国观念论的争辩本身将必须运行于这个方向上。

从这种显著的整体关联出发，即从自我在方法和逻辑上

---

① 出自1929年6月21日第22讲。——编者注

被规定为绝对主体这一点出发,产生出辩证的方法。因而这种辩证的方法并非像人们已经说过的那样,是基于黑格尔的某种特殊禀赋或者仅仅意味着某种技巧的任何方法,而是恰恰产生于在方法－逻辑方面将人规定为绝对主体的这种做法。我们必须将这一点弄得更清楚,以便由此出发综观进一步的发展过程。我们追问的是,为什么对作为绝对主体的自我的认识是辩证法,即是这样的认识,它针对这样那样被设置下来的东西,将与后者的区别本身设置下来,而且它还将这种区别统一到某种更高的统一性中去?只要人们将自我规定为了解自己者,这样一来就必然已经为某种辩证的规定留下了空间。——原初的和基本的知识,便是单纯指向诸现成事物的那种状态（bloße Gerichtetsein）。这种知识最初是一种直接的知识,对于这种知识,被指向诸种事物的那个主体最初还根本不了解。只有当这个迷失于诸种事物之中的主体体验到了这种知识本身的时候,自我才在反思中离开诸种事物,并将存在者认作某种自－为－存在者（Für-sich-Seiendes）。但在这种考察方式中,主体还是片面的,因为它是独力将关于诸种事物的知识做成对象的。只有当它将它关于诸种事物的知识认作**它的**知识时,它才达到了本己的存在。这便是辩证方法之路。简单的知识是正题；诸种事物被针对它而设置下来的那种知识是反题；而正题与反题的统一产生合题。基于对自我之本质进行的辩证的规定,观念论达到了它关于存在的那种完全特殊的观点。这一点尤其在黑格尔那里突出地表现出来,在那里,费希特的端倪成全了自身。

在正题中,即在对被现成给予者进行简单设置的活动中,存在者将自身展现为自－在（das An-sich）。我们在存在者本身这里,却没有进一步追问什么。但在反题中，这个存在者只要被我们**知道**了，就成了对象。在它的被认识中，认识者被反思到了。这个存在者作为它对于一个自我所是的东西而被接纳。但这种考察也是一种孤立的考察，而统一性、亦即本己的形而上学真理，只存在于综合之中，亦即只存在于存在者在其中**自在而自为地**被考察的那种认识之中。这个"而"表现了综合。在这种自－在－而－自－为（An-und-für-sich）中，存在完全被纳入主体之中，而且存在如今被规定为主体－存在（Subjekt-Sein）。

这里表明，如今与古代形成对立的是，存在自在而自为地成为主体。在这一点上，可以引向黑格尔的一种主张，即自我意识意味着上帝的认识。

人们不能因为辩证法基于一些错误之上而批判它，而是必须考察生出它的那片土壤，以便确定它是不是哲学的方法，人们还必须考察这片土壤是否具有合法性。但我们从将自我规定为绝对主体的做法中看出，如今对人的有限性的那种追问明显被引到一条路上去了，在这条路上，它最终完全消失了，比如在黑格尔那里。[①]

23. 第十一节，第3小节

这样一来，所有反题都被指向某种更高的东西，而所有合题也被指向某种更低的东西。

当我对诸现成事物作判断时，合题和反题之间的关系就是

[①] 出自1929年6月24日第23讲。——编者注

如此。但如果这些认识在自我之认识的意义上被展开，那么这种关系恰恰就反过来了：在反题那里，我必须下降；而在合题那里，我却必须上升。在针对自我而对非我进行的设置中，我实际上一直都保持在自我这里，只要这种对立设置只能在如下意义上实施，即自我和非我是以可分的方式被设置的，便是如此。这样就表明，我在这个反题中不仅保持在自我这里，我甚至还必然会下降。自我必定在所有关于我自己的合题判断中被降至那种限制之上。这里就表明，对自我的一切认识在其本身中必定会将自身有限化。而由此就产生了下面这一点，即对自我的认识（Ich-Erkenntnisse）如果作为自我认识（Selbsterkenntnisse）被接受，那么这类认识就只是对其自身的某种有限化。只有从这里出发才能看清楚，费希特在多大的程度上必须就关于自我的那些纯粹判断说，它们在某种意义上是被奠基了的。因为准确来看，关于自我的一种纯粹正题判断（rein thetisches Urteil）完全是不可能的，每一个关于自我的判断反而必定自行下降到这种可分－设置活动（Teilbar-Setzen）之上。①这样费希特也就被迫从对正题判断的某种奠基中走出，而且是在如下意义上走出，即反题和合题相互有限化。因而就得出了下面这一点，即对自我的必然性认识（notwendige Ich-Erkenntnis）是一种辩证的认识。这种情形只有在人的本质（1）被当作自我，（2）被当作意识，（3）被当作自我意识，也（4）被当作绝对主体的时候，才会发生。但所有的这些设置只有从某种完全确定的提问方式

---

① 手稿中插入的文字：因而对于某种特定的正题判断（bestimmtes thetisches Urteil）是提不出任何根据的（参见费希特：《费希特全集》，卷1，第118页）。——编者注

中才能得出,从这种提问方式出发,我们才必定看清楚,它是不是在形而上学本身中被规定的。①

24. 第十一节,第 4 小节

费希特谈到了两个体系,并以此指两个追问方向,这两个方向是形而上学的一般提问方式中的两个基本问题。而我们要尝试的则是广泛地阐明这两种提问方式,以便由此出发理解我们在本讲座的开头遇到的那种提问方式。

在进行这种阐明时,我们再次首先从词义出发:"教条的"一词源自于 δόγμα(教条), δοκεῖ(意见)——某种事物的表面现象。因而直接产生于对事物的自然直观活动的一种信念就是教条的;这是所有人都作为不言自明之物而持有的一种信念,它对所有人都有约束力。由此出发,这个概念就窄化为法令——亦即具有普遍约束力的条令——这个含义了。因而我们现在就得出:教条等于定理(Lehrsatz)。这个概念在天主教的教会学说中被理解得更狭窄,在那里,它等同于信仰的原理,这种原理本身从理性的角度来看是不可奠基的。

基于某种直接生出的信念之上、具有普遍约束力的那种立场,就是教条的。一个教条的形而上学体系将形而上学的问题基于这样的一种自然的信念之上。因而只要在形而上学中涉及对存在者的追问,一个教条的体系就会从关于存在者的某种确定的信念出发。而这种基本信念就是,它将一切存在者都作为在同等意义上

---

① 1929年6月24日第23讲的结尾。——编者注

现成存在的东西接纳下来了：动物、植物都与人在同样的意义上存在着。这是教条的形而上学的基本观点，而这种观点也从一开始就处在关于存在者之整体的那种观点的界限之内。在后面这种观点中，它再也没有在任何意义上被动摇，相反，问题的发展所遵循的方向不过是，对存在者的这类理解不断被扩大，被规定得越来越普遍，这种存在者则被整理和被推导出来；至于此事是如何发生的，这一点在这里对于我们而言完全是无关紧要的，因为无论如何，存在者都是一个自身封闭的区域。因而存在者就在诸种教条的体系中作为物（Ding）被接纳，在笛卡尔那里，存在者也是在这种形式下与我们相遇的。①

与此相反，教条的哲学则是针对作为同类事物的自我而设置某种同类事物的那种哲学。因而这就促使他[费希特]驳回了作为一种非批判立场的教条立场。否则的话，人们就真的可以这样说了：两种立场还是说尽了存在者。应该由谁来确定，这两种立场中的哪一种必定得到优先权？对于费希特而言，起主导作用的就是规定了他的观点的那整个问题格局的因素：即竭力为某种绝对确定的知识奠基。因而对于他而言，关键的不是存在者的问题，他毋宁力求赢获一个绝对的立足点。自我得到了优先权，因为它在绝对体系的问题上展现出一种权威性，由此出发事物可以被奠基；的确，照费希特看来它就是首先使得可奠基者成为可能的东西，是首先使得根据一类的某种东西成为可能的东西，与此同时，费希特宣称教条的立场虽然接受了存在者，却没有追问某种根据。②

---

① 出自1929年6月25日第24讲。——编者注
② 出自1929年6月25日第24讲。——编者注

区分教条的哲学与批判的哲学,对于费希特而言不仅仅是他本人可以借以在哲学史上占据某种地位的历史活动,而且他可以借以展现出某种争辩,他就处在这种争辩之中。费希特的这个问题格局,现在在黑格尔那里经过某种特有的转换而出现了,在黑格尔那里,实体被当作主体了。

ens（存在者）   ego（自我）
实体   主体

这样一来,主体就成了真正的存在者,并且在自身之内囊括了所有存在者。这个立场是费希特与康德之间的区别导致的最终结果。这里涉及的不是一种死的区分,反而表明了德国观念论内部的哲学运思的内在动力。而只要我们想与这种观念论进行争辩,我们也就想在其最强的立场中把握它。因为与历史的一切争辩都将下面这一点预设为主要的工作:首先使对手活跃起来,这意味着,不要说人们对一切都比以前所知的有了更好的了解,人们反而必须弄清楚一点,即那里有某种事物必定使自身成了问题,而且这种情形之所以发生,乃是因为人们赋予历史一般能具有的那种力量,学会在历史想要的东西中去理解历史。①

25. 第十二节

在此,我当然不是依据狄尔泰所说的东西,而是依据他想说

---

① 1929年6月27日第25讲的开篇。——编者注

的东西，以及在那里或许可以替他说出的、多于他事实上说过的东西，来看待他的。而他没有说出的东西，必须在这种争辩中才能显露出来。已经显得很独特的一点是，米施必须回溯到我的各种研究中的那种形而上学特性（Zug）之上去，尽管后者不再与狄尔泰的各种研究相符合了。狄尔泰在根本上否定了形而上学（法国实证主义的否定态度）。他根本没有抓住西方哲学中的这个问题。①

显得很有特色的是，米施在下面这一点上对我提出了一个主要的反对意见，即我这里问题的端倪已经生长到历史上已有的存在论之外去了，而且不是从生命的诸种问题中生长出来的。现在很明显的，而且米施本人也看出了的一点是，我不是从哪一本教科书中汲取存在与时间这个问题的，而是整个问题格局回溯到了存在本身这个问题上。如果我们如今想在整体上展开哲学的问题，我们就**必须**以历史的方式进行思考，因为我们再也不能摆脱历史性了。我们再也不能回到神话性此在（mythischen Dasein）那里去了，而且人们可以说：原罪**堕落**（Sündenfall）发生过，如果这是一个真实的问题，那么它也只能从历史性此在（geschichtlichen Daseins）的亮光中被开展出来。②

在这种翻译 [将 ὂν ᾗ ὂν 译作"存在者之存在"] 中勾画出，如果说对如其本然的存在的那种根本的追问已经有了的话，那么这种追问在古代是没有的。这种翻译就是将在古代已经隐含了的那个原初的存在问题（Seinsfrage）安上去了。③

因而这就表明，上面通过 ens（存在者）与 ego（自我）的

---

① 出自1929年6月25日第24讲。——编者注
② 出自1929年6月27日第25讲。——编者注
③ 出自1929年6月27日第25讲。——编者注

对照被部分地标画出来的那种对立，完全没有被包含在存在与时间的区分之内，反而发生了动摇，而且这种对立关系变得成问题了。如果我们这样来看待事情的格局，我们就赢获了关于教条的与批判的哲学的一个更原初的概念。

教条的哲学之所以是教条的，不仅仅是因为它没有追问自我，而且是因为它那里尽管已经有了在某种意义上很有根据的一些端倪，却还是没有将对存在者之存在的追问作为问题提出来。而另一方面，批判的哲学之所以是批判的，不是因为它追问了自我，而是因为它受到了对绝对确定的基础的追问的促动，而且对自我之存在的追问在那里被排除在外了。这样一来，这两种对立作为一定程度上在表明自行运作着的东西，叠合起来了。米施明显是通过下面这一点建立起进入问题的通路的，即他在狄尔泰那里看到了生命哲学概念，并在此忽略了它发源于笛卡尔的立场这一事实。生命是从体验（Erleben）出发被看待的，这就是说，他是从自我意识出发来把握意识的。也就是说，狄尔泰就像胡塞尔一样，他的提问方式[不是]① 以自我的存在为导向的。而我和胡塞尔之间的区别并非简单地是下面这一点，即胡塞尔完全抽象地展开了现象学问题，（而我进一步提出了意识的问题，）而是我的提问方式完全不同于他的。我的提问方式以一般此在的存在为导向，以便为形而上学取得基础。② 在这背

---

① 编者所作的校正。——编者注

② 在打字稿的这一行中要求插入手稿中的一份增补。这份增补与在相应的讲座背景下发现的马尔库塞（Marcuse）的听课笔记中的片段完全一致。此外在讲座手稿中还有一个与插入段落意义相符的附注（参见上面第138页）。接下来的一段中关于深渊的隐喻的那种与此相反和偏离于此的意义指向，没有找到任何相应的并行文句。——编者注

后有我的一种信念，即形而上学和哲学一般而言根本无法在某种精确的基础（exaktes Fundament）上被建立起来，在这个意义上它们不可能成为严格的科学（strenge Wissenschaft）；哲学毋宁必然运行于某种深渊之中，这种深渊当然只有具体地在哲学上被思考时，才是可见的。

这些就足以说清楚，我们之间的争辩将运行在哪个方向上了，诸种问题本身应当在这个争辩的过程中成为问题。而且有一点还会显明，即《存在与时间》只是表明了一个原初的问题格局，与这个问题格局相关联的当然是另一种直观方式，这种直观方式以往在下面这个意义上是很常见的，即它根本不是被建筑于形而上学与哲学之上，而是运行于某种深渊之中；而这种深渊只有在人们关注具体的问题格局时，才被合上。

狄尔泰在他的晚年里，达到了某种哲学的哲学（Philosophie der Philosophie）。很明显，对他而言只剩下一件事，即就哲学进行哲学运思，而不是继续维持哲学本身的运行。教条的和批判的哲学之间的，或者从物出发的和从自我出发的立场之间的这种区别，也呈现出一个空间，我们必须在那个空间中才能看到祁克果的立场，而祁克果也的确经常被人们引用来刻画我的提问方式。他不过是**绕过了**"ens（存在者）—— ego（自我）"的对立这个问题，因为他以基督教的生存概念代替了自我。但他从未走出这种分裂之外，他的确一次都没有达到过德国观念论所处的那种问题格局的高度。这里无法涉及祁克果具有的更广泛的意义了。关于他真正的意义，人们没有能力谈论，也没能写出任何书籍来，而且那种意义对于多数文献而言都是闭锁着的。①

26. 第十三节，第 1 小节

如果我们如今在回想知识学的三个原理的过程中追踪费希特的历程，我们将会看到，费希特是如何不情愿地被驱入形而上学的那些最具体的问题之中的，以及与如今的先验之物（Transzendentalen）的一切问题格局相比，他在此发现的东西是如何的多。但我们希望表明，费希特对超越性（Transzendenz）的问题采取了什么态度，因此我们必须弄清楚，知识学是如何从那三个原理出发修建成形的。对于费希特而言，知识学的任务的确是在将它实际连接起来的那种秩序中，对诸命题进行严格的奠基。因而我们现在必须尝试弄清楚，对知识学内在历程的预先勾画是什么样的。首先，我们必须记住，知识学的维度无法超出自我之外。因而这种维度是纯粹的内在性。所有命题都是关于自我、关于如其本然的自我性的本质命题（Wesenssätze），也是对自我没有作出任何直接陈述的一些命题。②

但为了看清发端和进展，我们必须再看看那三个命题：

（1）第一个叫作：自我是我之所是，**因为**我存在。现在我们对这个命题的理解已经更清楚和更尖锐了。现在我们已经更了解自我 - 存在的意义了。这不是关于自我之所是的任何陈述，在这些关于自我的命题中，谓语的位置被无限敞开。——我是我之**所**是，因为我存在。我是从我自身出发，成为我之所是的。

---

① 出自1929年6月27日第25讲。——编者注
② 出自1929年6月27日第25讲。——编者注

我被我自身这样那样地规定了。

（2）第二个原理叫作：自我在绝对的意义上以对立的方式设置了非我。因而某种"与……相区别"归属于自我-存在；至于那对立所针对的是什么，没有说。

（3）针对可分的自我，自我对立地设置了一种可分的非我。自我针对……的这种区别-状态（Unterschieden-sein），使得在这种区别中，自我和对立所针对者都以受限制的方式被设置了。而基于这种自我限制之上，被透露出来的一点是，在自我的存在中，以及与此一道地，在自我-存在的具体进行中显示出来的，仅仅是自我向着具体化（Konkretion）进行的那种内在的自我限制。而费希特在这里尝试的这条路线，便预先勾画了黑格尔在《精神现象学》中所走的那条颠倒的路线（umgekehrten Ganges）。①

如果说知识学的诸原理不是事先简单地被整理出来的任何公理，而是已经在自身内承载了内容的话，这就意味着，考察必须遵循三个原理的线索；而且如今应该被表明的是，在第三个原理中有一种对立，知识学便忙于阐明这种对立。

第三个原理就设置活动说出了一些东西，而且说出了下面这一点，即那种在进行着设置的对立设置活动，是一种进行着限制的活动；进一步还说出了一点，即自我和非我并不自行排斥，而是相互限制自身；还有，绝对主体向着有限之物进行的具体化，绝没有使得人的有限性容易理解。

当费希特也看到了相反的方向时，这个意图在他那里还起着作用，而且这也是黑格尔的意图，而祁克果误判了这一点。

---

① 1929年6月27日第25讲的末尾。——编者注

没有这种趋势，人们根本无法理解这种哲学运思的内在驱动力，而且我们必须努力从诞生于体系的发端之中的那些建构与演绎那里整理出诸种基础的具体与核心的内容。①

27. 第十三节，第 3 小节

这样一来，费希特就展开了形而上学的总体框架，而现在的问题是：我们看到其直接发端于第三个原理的那种理论哲学，必定具有什么特征，还有，这种理论哲学是如何开始的？

很明显，这里必定涉及的是，这第二个原理成了理论哲学的指导原则，这就是说，这个理论的部分唯一的任务便是平息"自我将自身设置为受到非我规定的"这个命题中的冲突，亦即探讨哲学能在多大程度上阐明这个命题，并表明如何能说出随着理性的权力命令一道被显示出来的东西。

因而这个部分的标题就是：自我将它自己设置为受到非我限制的。

如今问题取决于，要穿透费希特在表述方面的怪异性，看出费希特想说什么。涉及的问题是，讲清楚这个指导原则，使得在这个命题中再次显露出一种冲突来，亦即显露出两个自相冲突的命题来。但现在的任务是，寻求对这种冲突进行一种可能的阐明。因而必须被追问的是：在哪些条件和规定下，这个在自身内部发生冲突的命题才是可设想的？因而这个命题之可设想性的种种可能性（Möglichkeiten der Denkbarkeit）必须被产

---

① 出自1929年6月28日第26讲。——编者注

生出来。而在可能性的建构中,有两种关键的可能性必须被传达出来,使得考察以这样一种唯一的可能性为主旨,后者保障了这种可设想性,而且现在还在向那种权力命令的必然性迫近。①

我已经提示过,对表象之可能性的这种追问与康德的那个问题是重合的,即人们所谓的与某个对象发生的那种关联是何以可能的。后面这个问题不是任何认识论的问题,而是这样一个问题:一个了解它自己的存在者,如何能在其他存在者之间生存?这个问题自莱布尼茨以来就一直活跃着,在康德那里又经历了某种新的导向,即指向存在者之整体。②

28. 第十四节,第 1 小节

一个人头一次尝试熟悉这个 [关于交互规定的] 学说时,最初是会有些晕头转向的。而且人们必须承认,费希特似乎将叙述过于集中在形式的一面了。然而在这些探讨中却有一种深刻的洞见,这种洞见完全服务于将那一度被固定下来的基础坚持下去这个难题。而这个基础则强求得出理性的权力命令。③

如果我们现在尝试在眼前展示知识学的内在历程,那我们就必须首先摆脱一种做法,即以流行的那种方式解读这种哲学。人们已经坚信,这种哲学是极为深奥的,与生活根本无关,为的是最终作为一个完成的体系,突然向人类进袭。我们毋宁必须了解的一点是,本质之物是绝对简单的,而且这种现在恰恰

---

① 出自1929年6月28日第26讲。——编者注
② 出自1929年7月1日第27讲。——编者注
③ 出自1929年7月1日第27讲。——编者注

不很简单的叙述方式乃是一种内在的必然性，为的是凭借它来赢获内在的自由，为的是懂得这种叙述本身属于本质之物之列。现在，如果我们如此这般理解这种叙述，就会摆脱一向以来对它的反感。①

29. 第十四节，第2、3小节

理论的知识学中包含的诸种对立，可以在其流俗的形式下这样表达出来，即在表象中总是有一种主动的态度和一种受动的态度。在提出这些对立的时候，表象的这个方面就包含于其中了，而且这里还表明，要表达这些对立，就需要某种交互关系。受动（Leiden）与作为（Tun）必定进入交互关系中。而费希特赢获了两种交互关系。只要有两种交互关系存在，就还找不到什么解决办法。虽然如此，这两种表达方式却不是偶然的，我们反而要说，虽然这两种关系形式往回指向了康德，但交互关系的内在意义却没有因此而得到澄清。现在我们首先必须看到，这两种方式本身是如何又被扬弃了的。只要它们被扬弃，这就是说，无论自我对于物的交互关系，还是物对于自我的交互关系，都无法成为决定性的关系。这里被显明的是，两种关系对于自我而言都无法起到澄清的作用。这一点虽然没有被明白地说出来，却是真正的内容。这两种关系是从物的领域中取来的，因此无法澄清作为自我性现象（ichliches Phänomen）的表象的内在本质。只要费希特

---

① 出自1929年7月2日第28讲。——编者注

走出了这两种交互关系形式，并将它们用作入门之阶，上面这一点就已蕴含于操作程序之中了。①

因而化解的办法就运行在一切综合所运行的那个方向上了，使得种种极端的对立能被限制，因而也能被调解。但费希特这样做的理由，在这里恰恰无法被阐述清楚，他还相当没有把握，而这里的叙述符合接下来的种种讨论。而且费希特还是以一种相当流行的方式进行澄清的。

当自我对被表象者采取表象的态度时，人们可以将这种状况解释成被表象之物对于表象者产生的作用。而这样一来，人们就来到了因果性意义上的澄清这里。或者说，我们到达了实体与属性之关系这里。费希特现在当然说，实体和属性不应在流俗的意义上被理解。但他先前说的是：自我的任何活动，其本身都是绝对的。这就是说，它在其作为（Tun）中只受到自我的规定，而没有受到其他事物的规定。这种受到-其-自身-规定的状态（Durch-sich-selbst-Bestimmtsein）便是自我之绝对性的特征。一切活动（Tätigkeit）都是绝对的。但自我的任何作为都不是一种不确定的作为，而是这般或那般的某种作为（ein So-oder-so-Tun）。任何我-行动（Ich-handle）在其本身都受到了这般或那般的规定；因而这种绝对性特征和这种限制，就一体地归属于自我。而且这样一来，任何活动，只要它在一般意义上存在，就都在限制自身。而这种关系，便是费希特在说起实体时所想到的东西。只要这种关系规定了所有活动，而且只要每一种进行规定的对待方式是某种作为，因而只要双方是一种交

---

① 1929年7月4日第29讲的开篇。——编者注

互关系,实体关系就是某种交互(Wechsel)。或者说,关联到自我来看,我们不能说必定有哪种对待方式附着于其上的任何承载者现成存在着;在这里没有任何这类承载者或某种持存之物,自我的真正实体反而就是这种交互本身。可能的交互的全体性(Allheit),就是自我本身的内在生命。而如果我们根据这些可能的对待方式,根据自我的种种属性来分析自我,那就没什么实体剩下了,实体反而只是诸属性的全体性,而这些属性则只有联系到自我之整体性(Ganzheit)来看,才成为其所是。或者说,自我的总体性(Totalität)不过就是某种关系的完备性,亦即某种自行受到规定的作为的完备性。

因而费希特在第二个命题这里,首先是从外部来研究实体与属性的这种关系的,他极少保留二者在传统框架下的那种内在意义,而是往交互现象的方向上解释它们。只要两种关联都被联系到交互之上,而且这样一来,只要这两种关联应当被扬弃,这种交互现象就必定越来越多地规定自身,而且综合也是在对这种交互的化解中找到它暂时的解决办法的。

现在,我们首先希望再次回想一下理论部分的任务,此外还希望着眼于在实践的部分真正解决任务的东西,来先行阐释该任务。我们希望通过暂时刻画该任务,而阐明这样一种必然性,即理论的知识学必然被驱出它自身之外去。并非偶然的是,费希特首先探讨的是因果性,然后才探讨实体性。之所以如此,乃是因为后一种现象更接近于那有待澄清的自我。这是从下面这一点中得知的,即自我被刻画为主体,在它那里,主体在其中得以成为基础之物(Zu-Grunde-Liegende)的那种原初的意义,重新又起作用了。这种位于基础之处的事物(Zugrundeliegende)

如今正是交互。

实体与属性的关系，如果以足够广泛和根本的方式被理解，尽管有了上面的说明，总还是能够用于进一步澄清实体问题的。而这样一来，我们就必须回溯到刚才的规定上，即每个自我作为活动者，都在绝对的意义上存在；或者说，自我作为绝对主体，在无限的意义上存在，而作为向来确定的事物，则在有限的意义上存在。这样一来，知识学所面临的问题，即自我与非我的统一，也完全在一般的意义上被理解成有限性和无限性之统一的问题。费希特也用后面这种形式来表达这个问题，这种形式真的让人非常惊讶，因为这样一来就失去了具体的基础，因为有限性和无限性恰恰是非常模糊的概念。

真正的和最高的任务是，自我如何能对非我以及非我如何能对自我起作用，因为这两者还是应当被相互对立地设置起来的。这项任务一直存在，而且这一点没有发生动摇。而这种形式的知识学的规定，则将理性的权力命令逼迫出来了。因为在根本上看，这项任务，即将无限性和有限性统一起来，是无法得到解决的。如果说它应当得到解决，那就必须正好顺从这些对立中的某一方。但如果双方僵持不下，那么有限之物就必定屈服于无限之物。一般而言有限性**必定**被扬弃，而且那无限的自我**必定**作为一（Eins）和全（Alles）单独留下来。在这种**必定**之中有着理性的权力命令。这就是说，理性因为在它自己之中有其意愿，就必定是实践理性。一切都必定被回溯到纯粹活动之上，而这又必定规定了自我的行动以及自我对行动所采取的态度。——理性的权力命令正是要这样去把握，亦即考察它应当如何化解问题。关于它在多大的程度上是一个权力命令，这一点表现在它的形式中：根本**不应当**有任何非我存在，因为非我与自我无法被统一起来。

与"它应当"（这就是说，尽管它存在，但它不应当存在）这一权力命令一道存在的，还有关于非我之本质的一句格言。它是**不‒应当‒存在者**（*Nicht-sein-sollende*）。但为达此目的，它本身却必须在某种意义上存在。非我只是为了能被扬弃才存在。它是自我借以维持自身的材料（Material）。联系到自我的道德行动来看，它是义务（Pflicht）的材料。人们仅仅通过自我本身之中的那种内在矛盾，来理解这种权力命令的必要性。

为了后面的考察，亦即为了最终化解表象，我们摘引下面这些话：表象活动是对某个他者采取的某种对待方式，它使得那个他者能规定表象者，那个表象者本身是以受动的方式来对待被表象者的；它使得在完全一般的意义上，前者有了规定表象活动的那种事物的特征。表象活动意味着：被这个或那个事物规定的状态。但理性的权力命令说的是，表象活动不能被如此这般理解。自我不是进入了对某种事物的依赖状态。它是某种向着某种事物‒规定‒自身的活动（Sich-bestimmen-zu），而且是在下面这个意义上，即我向着我所容忍的事物规定我自身；在受动中，实践行动借以确认自身的那种事物就被扬弃了。……自我的无限性打破了表象活动的有限性，为的是成为其所是。①

---

① 出自1929年7月4日第29讲。——编者注

30. 第十四节，第 4 小节

交互现象以两种方式与我们相遇：（1）在因果性的意义上：一切受动都通过活动而存在，而一切活动者都通过受动而存在。（2）在属性与实体的意义上：规定活动与被规定重合起来了。

当人们如此这般理解问题，亦即研究那迄今所获得的解决办法时，化解之道似乎被获得了。因为由诸种交互规定表明的一点是，任何受动都是一种作为，而任何作为都是一种受动。因而双方的共属性也就被弄清了。而尽管如此，如今的解决办法在根本上离真正的问题还远得很。虽然费希特没有说出这一点，但这里表明，他并不满足于这种交互关联。

如果我们追问一下那个进一步驱迫向前的环节，亦即追问一下让这里扰攘不宁的那种东西，我们就必须说：费希特以其考虑交互的那种方式表明，作为与受动归属于表象活动，而且在这种关联中，作为与受动相互关联起来了。凭借这种解决方法，交互关联在某种意义上被阐明了，但表象活动的问题却还没有借此被触及。因为作为自我－表象（Ich-stelle-vor）的那种表象活动，并非简单地将某种作为与某种受动捏合在一起（Zusammenkoppelung），而是一种关系（Verhältnis），这种关系使得自我在其作为——这种作为是活动者——中，受到了某个他者的规定，而后者对于我而言乃是进行规定者。——或者说，这里涉及的不是对诸种事情进行某种合并，自行对待某种事物的活动（Sich-verhalten-zu）反而恰恰是，我在我的作为中所容受（leide）的，乃是在作为中为这种作为而存在的东西。这在此前的考察中恰恰完全没有说出来。而这种现象，即如其本然的被表象者明显存在着，而且是为我而在那里存在的，这使费希特感到不安，他就朝下面这个方向努力，即克服因果性与实体性这两种交互规定，并重新理解冲突。而事实上，在先前的种种探讨和如今作为化解方法产生出来的东西之间，根本没有任何内在的整体关联。这整个探讨可能是有缺失的，至少对于我们这些读者是如此。对于费希特自身而言，这条路当然是必要的，因为他如此这般以纯粹逻辑的方式才达到了这个特别的观点。

为了理解这个化解方法，前面所说的都不特别重要了，重要的是如今说出的东西的内在内容（der innere Gehalt）。论证的方式也无关紧要，重要的只是隐藏于这整个论证与演绎之网中的东西含有的更深层次的内容。——我们看到，费希特从一开始就总是在说交互，而这个概念最初完全是在形式的方面被看待的。如今才必须确定的一个问题是，交互本身在其内容方面究竟意味着什么。我们首先可以这样来表述这个问题：自我作为自我是活动，但活动乃是被规定者、被限定者。自我在它的所有作为中，都与它的无限性和有限性进行着交换；它作为被规定的作为是有限的，而作为作为，却在绝对的意义上是无限的。如果我们撇开形式方面的东西不看，有个问题就出现了：交互活动（das Wechseln）是如何对待自我的？费希特是如何达到下面这一点的，即他最初将自我规定为作为和活动，如今则把它理解成交互？费希特赋予交互现象极大的价值，因为鉴于表象的本质，他如今被迫要这么做了，在那里，他既不可固定在自我这里，也不可固定在事物这里，而是他越是接近自行对待某种事物的活动（Sich-verhalten-zu），就越是必须将自身维持在自我和事物之间。在这整个居间领域（Zwischensphäre）中，他只能如此这般维持自身，使得这种采取态度的活动成为一种摇摆、被表象者和表象者之间的摇摆。作为表象者，我并非简单地就是一种事物，而且它也并非一个绝对意义上的被表象者，而是我在表象活动中摇摆于事物和自我之间，而这种摇摆状态正是需要去理解的。如今我们看到，对于这种考察而言，前面的一切都是多余的，而且我们可以毫无缺憾地从这里开始我们的考察。①

两个范畴[因果性和实体性]都是可以用来说明表象的，但两者都不足以说清，如其本然的表象所形成的是什么。后者毋宁在如下意义上才持存于某种交互关联中：事物是为了自我才被给予的。——一个观察者对……采取某种态度，费希特试图如此这般理解这个现象，即他扬弃了那些范畴，并尝试规定交互关系。②

在这幅[光与暗的]景象和这种量化的观点中表明，费希特根本没有将在这里构成了问题的关键因素，也就是那个"非"（Nicht），当作问题，而是完全运行在传统的范畴学说内。但在处于这种——根本而言——广泛的浅薄状态的同时，他又总是一再在某种程度上受到康德的问题的影响，被迫去寻求某种解决办法，这种解决办法显示出，费希特已经多么接近自我的本质了。而这一点又恰恰是在我们已称作交互的那种现象中显示出来的。③

---

① 1929年7月4日第29讲的结尾。——编者注
② 出自1929年7月5日第30讲。——编者注
③ 出自1929年7月5日第30讲。——编者注

因而想象力就是这样一种机能，它从根本上就是对立性的，以至于那些对立没有消失，反而仅仅被追溯到某种对立性的机能上去了。对表象之本质的这种澄清在康德那里已经被给出了，而费希特所承担的任务，不过是从体系出发发展出这些对立而已。但他却没有发现想象力与自我之间内在的整体关联，而且知识学的这个关键的片段实际上成了某种杂质。正如康德已经预见到的，费希特并没有认识到先验想象力的真正意义。而在这一点上，他与整个德国观念论一道，错过了康德的某种最本质的认识。也就是说，他没有看到，通过对属于认识之本质的那些关键机能进行这种回溯，意识概念和自我概念被动摇了。而费希特现在尝试的是，在某种程度上走一条相反的路，因为他抱着自我不放，而且将想象力也逼入到自我之中去了；而这样一来，他就完全失去了关键的问题。先验想象力在德国观念论中经常被谈到和被探讨，这并不能掩盖下面这一点，即那里讨论的不过是如何从康德手中接纳那个问题，而他本人也没能将这个问题的最终结果开展出来。

费希特没有看到这种机能真正的构造功能（bildende Funktion）。也就是说，只要这种功能给出了直观，只要它使得可直观性（Anschaubarkeit）成为可能了，它就在进行构造。这里只是顺便谈到了与直观的内在关联性，而且无法消除设置活动这个概念。这里我无法详谈想象力的结构的内在整体关联了，它在我的一本已经出版的著作《康德与形而上学问题》（Kant und das Problem der Metaphysik）中得到了深入的探讨。但人们不可将康德那里的想象力理解为灵魂的意识（Bewußtsein der Seele），它之所以成为问题的核心，反而是因为只有从这里出发，整个主体性才能被阐明。①

31. 第十六节

那种冲突之成为可能，必定使得纯粹活动对于诸种客观事物作出让步，因而就使得纯粹活动在某种意义上也成为客观的了。这样我们就在两边都得到了客观活动，而现在问题在于客观之物是如何存在的。

因而问题格局便成为逆行的（rückläufig）了，而且如下这般表述自身：在完全撇开被设置的是什么的情况下，如其本然的各种设置方式如何相区分？而且我们已经通过这个名称看到，问题涉及的是两种客观设置活动。如果我们更清楚地把握了费希特表达问题的这个公式，并将其带入历史的整体关联中去看，那么我们就可以说：在客观活动的这种双义性中显示出，费希特希望将其作为互不同类的两个组成部分而聚合起来的东西是什么，而且一次是自我与存在者发生关联，另一次——在自我的纯粹活动那里——则涉及自我与存在者之存在发生关联。

因而在费希特的所有这些努力当中，就有着追问存在者与存在之区别的问题，或者说追问存在论差异的问题了；这种追问根本不可能被提出，因为那时一种解决办法、一般而言一种真正的追问，就被排除在外了。但他毕竟从外围接近了这种追问，这一现象的根据在于存在者与存在之间的这种区别，亦即在存在的某种先行的断裂（Bruches）的基础上对存在者的认识

---

① 1929年7月8日第31讲的开篇。——编者注

活动，在于他恰恰在某种理论的基础上将这种内在的统一性撕裂了，而现在之所以建立知识学，就是为了重新弥合这种断裂。①

自我的纯粹活动不可在任何意义上以非我为导向，因为那样的话它就陷入某种依赖性之中了。或许它能以某种事物为导向，但却是这样的，即它以其为导向的那种东西，不是在所追求者（Wonach）的意义上被理解的，这种以什么为导向的活动（Sichrichten-auf）却必定具备一种特征，即在某种程度上，它在它的活动中已预先构成了作为导向的这种东西本身，而不是在外面碰到它必须以其为导向的那种东西。因而这种以什么为导向的活动应当使得对抗成为可能，这就是说，应当与自我相对抗。而这只有在如下情况下才是可能的，即自我在某种程度上对于对抗的来源并非漠不关心，而只要自我本身具有奋进（Strebens）的特征，这种对抗反而只能从自我中得出。而这样一来，自我的纯粹活动就具备了奋进的特征。

自我的绝对活动是绝对的奋进，这就是说，它并非奋力追求能被表象的那种东西，自我反而只能奋力追求作为绝对者的它本身。这就意味着：它返回它本身之中去了。自我具备了奋进的特征，亦即它由此在它自身中对一种对抗保持开放，这就够了。②

凭借这个回溯到康德先验哲学之上的思想历程，费希特在实践活动的基础上赢获了纯粹活动与客观活动之间特有的那种调解方法。这样一来，某个进行表象者与某种自我性的对待方式（ichlichen Verhalten）之间发生联合的可能性就呈现出来了。

---

① 1929年7月8日第31讲的结尾。——编者注
② 出自1929年7月9日第32讲。——编者注

这个证明过程是以极为特有的方式被建构起来的，它含有人们通常称为间接证明的那种结构。这就是说，这个过程具有这样的形式：如果自我不是一个实践性的自我，亦即不是某种奋进，它就不能称为一个进行表象者。但只要它进行表象，它就必须在根本上是实践性的。与这种从表象的事实出发再连接到上述可能性之上的间接证明过程相反，费希特现在需要的是一种直接的证明，这就是说，他希望从自我中推导出表象的本质。现在，这个证明过程是极为困难的，但它含有某种能将康德的问题中的某种本质性思想再次表达出来的因素。如果我们从那个主导性问题出发，就会得出一点，即表象活动乃是一种以什么为导向的活动。人们可能会认为：如果澄清这一点的任务被提出，那么一切努力都会围绕尽可能全面地刻画自我来进行。但这种想法是错误的。自我成为进行表象者，不是因为意识本来就是意向性的，只有当寻求导向者（Sichrichtende）具备自身特征（Charakter des Selbst），或者说，只有当具备对它自己进行反思的可能性时，这种以什么为导向的活动本身才是可能的。因而自我意识就是意识的预设条件，而不是意识的一种模式。这是隐藏在康德那里的一个关键性认识，但它从未被发现过。自我是一个自身，这是使得它能将自身联系到某个它所不是的他者之上的一个预设条件。

费希特的思想历程极为繁复，而且这个历程以实践的自我和奋进为导向。只要某种非自我性事物（Nicht-Ichliches）归属于自我，这就意味着，自我的一切活动以及一切奋进，都被驱入它自己之中去了。而这是自我感到厌恶的一件事情。在自我应当对某事物感到厌恶这一点中，恰恰可以看出它应当活动起来的那种方式；比如说可以看出下面这一点的根据，即自我是否以及在多大的程度上进入沉思，是否以及在多大的程度上作为活动的自我，与自身、亦即与自己的理念（der eigenen Idee）相符合。通过由不满而产生的这种逆反（Entgegenhandeln），自我就被迫进行实践的反思（praktischen Reflexion），就向它所不是的某种东西开启了自身，由此也向如其本然的非自我性事物开启了自身。费希特曾经在他的《知识学》中如此表述过这一点："但非我一般应当能够在自我中设置某种事物，**这就使得这样一种外来的影响的可能性条件**，必须先于一切现实的外来作用而被奠基于自我本身、绝对自我中；自我必须在原初和绝对的意义上，在自身中设置一种可能性，即某种事物能对它发生作用；它必须在无损于它通过它自己进行的那种绝对设置活动的情况下，以仿佛对另一种设置活动保持开放的方式维持自身。"（《费希特全集》，卷1，第271页）

借助这个命题[《费希特全集》，卷1，第271页]，他闪电般地阐明了主体性的本质，当然没能将所看见的东西的原初之处确定下来。我们在这里看到，自我作为绝对活动，必定是开放的，而且依此看来，只要它被确定是在自身内封闭的绝对活动，那么在自我之本质内部的这种向什么开放的状态（Offen-sein-für）中，就遇到了异样的东西（das Fremdartige）。——人们可能会认为，反思就是自我将自身锁闭在自己之内的活动。但它恰恰是使得自我的开放状态（Offen-sein）成为可能的活动。但只要实践的反思构成了自我在其中对非我之物保持开放的那个背景，那么自我就具备这样的特征，即应当被穿越它的事物缓和下来，这就是说，非我性的事物的任务，就是维持作为行动者的自我的运行。它不是某种认识的对象,而是被感受到。①

不与自身相对立而被设置的东西,就完全不能认识一种如其本然的对象。这样,费希特就赢获了设置的某种原初特征。只要自我设置它自己,它就如其本然那般被带入下面的境况,即只要它在奋进,它就知道自己是应当蕴含着实在性的东西,但因为它有界限,就做不到这一点。这样一来,自我性存在的如下意识就产生了,即它是一种应当 - 存在(Sein-sollen),而且它在这种应当 - 存在中,在自身内损害了它的无限性,这种无限性本身永远无法成为一种完整的无限性。

在这种特征中被表明的是,自我本身的内在本质,亦即它与某个他者的可能的关联,乃是奠基于自我的反思之上的。而在这种反思中,它与其相区分的那种事物就显明了;这就是说,在它的反思中,自我向某个他者开放了自身。(正好是在它向 - 它 - 自己 - 折返的活动中。)在这里,费希特现在尝试表明的是对于自我 - 本质而言极为本质的某种东西:亦即自我 - 概念内部的双重化(Doppelung)。这种双重化在康德那里还是在客观的意义上被看到的:自我作为经验之物,属于自然,而自我作为实践之物,又属于自由的理智世界(intelligiblen Welt der Freiheit)。②

一切都是观念性(Idealität),并依赖于自我。然而自我还是受到实在之物的规定。而且自我能将自身设置成受到非我规定的,因为它没有进行反思,因为自我还是非我的根据。当它遗忘了只有它才使得对抗成为可能时,在某种程度上只有基于自我的某种

---

① 1929年7月9日第32讲的结尾。——编者注
② 出自1929年7月11日第33讲。——编者注

自我遗忘（Selbstvergessenheit），对诸种现成之物的表象才成为可能。但只要自我知道自己也是使得客体成为可能者时，它才知道自己是绝对的，是一切都为其而在那里存在者，是一切都只能在与其发生关联时才能存在者，只要它对于它们而言存在着，便是如此。这就表明，费希特现在对于自我之自-为-存在（Für-sich-Sein）的规定，最终比知识学开篇的地方更原初了，在那里他说过：自我为了自身而设置它自己。在那里，他完全是在形式方面、在反思的意义上想到这一点的。如今，实在之物仅仅为自我而存在，亦即它如此这般为自我而存在，使得它只具有充当义务之材料（Material der Pflicht）的功能，亦即它应当被克服；这是它在一般意义上之所以能存在的唯一可能的根据。而这一点才触及了自我的自-为-存在和自身存在（Selbstseins）的意义。凭借后面这种考察，我们在内容性方面理解了最后那个原理。在第一个原理中包含了一切，而知识学的任务就是突出这一点。①

32. 第十七节

我们再想想我们尝试将费希特的解释摆进去的那种整体关联：那便是对哲学本身之任务的追问。我们首先将一个一般的形而上学概念固定下来：对如其本然的存在者和存在者整体的原理性认识。而这个问题格局则被对人的本质及其有限性的那种追问包夹起来了。费希特那里还显示出，他想对形而上学进行某种新的奠基，而且人在这里也被考虑到了。对于费希特而言，

---

① 出自1929年7月11日第33讲。——编者注

人的本质不是为了形而上学，而是作为一般哲学领域（Bereich für die Philosophie überhaupt），才是重要的。比起康德的看法来，对于费希特而言，关于作为对最具体的真理的追问的某种绝对确定性的理念，首先是更为本质的。在知识学中对于自我的认识中显明的一切，都体现了这种确定性的理想。由此可见，构成形而上学之真理的东西的范围与内容被界定后，使得自我被理解为思。①

形而上学问题的困难之处是，对人的追问和对存在者之整体的追问之间的整体关联并非随随便便的什么整体关联，而是只要必须追问人的有限性，那么对人的追问就要求一个完全确定的方向。而与德国观念论的争辩之所以特别有必要，乃是因为在它之中，这个问题消失了，而形而上学则被设置成对无限者的无限认识了。鉴于此，我们才考察了费希特的知识学，也才如此这般贯彻了解释，为的是从这里出发特别能把握住费希特。第一个原理包含了绝对者概念，而这个绝对者具备非我性特征（nicht-ichlichen Charakter）。在这第一个原理中绝对同一性问题被着手讨论得越多，存在者之整体就越少规定形而上学中的存在者。但与此同时极为本质的乃是形而上学的方法，只要这里有着形而上学的种种萌芽；应当提供工具的那种认识，使得我们理解了德国观念论的发展。此外很重要的是，如果人们遵守辩证法本身，那么现在就没有充分触及哲学运思的内在动力机制，在费希特那里如此，在黑格尔和谢林那里同样如此；如今起作用的倒是只在特定的一些时候向德国观念论呈现的那

---

① 出自1929年7月11日第33讲。——编者注

几种追问活动和规定活动。如果我们知道，自我 - 存在的真正的发生，乃是作为与受动之间的摇摆，而且这种摇摆是生产性的想象力，那么对谢林而言最有意义的恰恰就是这个环节了。

费希特本人在他的知识学第五节中说出了在哲学运思中，作为事件发生（Geschehen）与作为认知（Erkennen）的生产性想象力是扭结在一起的。他说：自我的那种摇摆就是创造性想象力的事情，而且这种机能决定了人们在哲学运思时是否有精神（Geist）的参与。知识学只能通过那种精神来传达自身，因为它的基本理念必须由那种创造性想象力产生出来。而想象力又只能由想象力来对待。费希特是随口说出这一评论的，而且它没有对他的体系构造产生任何进一步的影响。但它在某种程度上也唤醒了谢林，而且将他引导到一条完全特定的道路上去了。①

谢林的意义尤其在于他对世界之整体中的一些本质区域的提示，这些区域在费希特那里没入背景之中了。——从批判的观念论到绝对的观念论的这个发展过程，具有将有限性问题和存在者之整体的问题尖锐化的特征。但最后这个问题只能从有限性中被开展出来，而德国观念论的发展过程则意味着人的有限性的显明。由此一来，传统哲学中那些此前一直仅仅充当了逻辑工具的要素，辩证法和体系的理念——如今这些都成了哲学在内容方面的原则性组成部分。如果说如今涉及的是辩证法和体系，那么这些就都绝非任何外在的问题了，而是二者都属于哲学内在的事情。②

---

① 1929年7月12日第34讲的开篇。——编者注
② 1929年7月15日第35讲的开篇。——编者注

33. 第十八节

我们已经看到，在某种程度上将机械的自然与有机的自然之间的综合迁移到了有机论这一边的那种解决办法，当然需要他[谢林]预先就必须对"有机论"概念进行某种扩展。他发展了有机论概念，使得后者从机械物（Mechanischen）中出发。这里将结果先说一下：机械论是有机论的否定（das Negative）。没有任何有机论的地方，就不可能有任何机械论。（如今的研究慢慢地才试图理解这一思想。）①

对于基于这个端倪之上被开展出来的内容，他是在副标题中勾画出来的，而且他在那里还说，他想在重力和光的原则上，发展出自然哲学的诸原理。这两个概念都是关联到无机物和有机物之间的对立被发展出来的。无机物以重力为标志，有机物以光为标志。通过重力，无机物就具备了有机物所没有的某种特别的统一性，而有机物在它那方面则受到光的规定。重力是无暗的（Dunkellose）②、无光的，依照重力，物体的一切要素在物体自身内被聚集起来了，使得这物体在根本上是为它自己而存在的，并且对一切他者闭锁起来。谢林在这里所指的就是这种重力（Schwere）现象，而且它不同于万有引力（Gravitation）概念。而这样一来，那些针对他提出来的、驳斥他的重力概念不科学的指责，也就变得无效了。因而重力概念是一种形而上

---

① 出自1929年7月12日第34讲。——编者注
② 估计此处是作笔记者写错了，或者听错了。就此可参见前面第189页的手稿文本以及那里的谢林引文，谢林本人就谈到了"重力的黑暗"。——编者注

学规定，就像光一样，后者规定了有机物的内在本质。谢林谈到了生命洞察（Lebensblick），这种洞察在有意或无意的情况下应被归于某个有机物，使之明白自己的各个组成部分。有机物在内部的在场（innere Gegenwart），就构成了它那特殊的统一性，而物体的同一性则在于凭借重力本身产生的聚集。这种内部的在场不可被理解为对于那些整体关联的有意的知识（bewußtes Wissen），而要被理解为一种含糊的生命感（Lebensgefühl），这种生命感也存在于某种完全原始的生物之中，这种生物在自身中根本不具备某种知识和能力，然而已经完全与一个物体区别开来了。①

34. 第十九节，第 1 小节

人们必须在黑格尔对绝对者进行某种绝对认识的这一意图，和他寻求设定与完成任务的那种方式之间，作出区分。如果人们此外还确信，这样一种认识是不可能的，那么为了能在一般意义上与这种趋势进行争辩，他们就还必须理解这种趋势。

如果我们如此直接地对绝对者津津乐道，它就会是最不确定的和混乱的东西，我们为了理解它，也会尽可能多地就此产生联想。与此相反，在方法上具有根本意义的是，在这个概念上不要联想得太多。思考绝对者，而又不要在此思考得太多，这是对于认识绝对者的一个值得注意的指导，因为它就是整体。但如果我们应当思考整体，那么就要理解和思考这个整体

---

① 出自1929年7月12日第34讲。——编者注

的整体性，或者绝对者本身的内在组织。正是鉴于黑格尔的这个基本问题，自狄尔泰关于黑格尔青年时期著作的论文①以来变得司空见惯的一种做法是，在黑格尔与基督教和神学的关系这个方向上考察他。人们尝试了在不同的方面具体表述这整个世界。这种研究的结果，对于理解问题而言等于零。这就意味着，它根本没有赢获唯有在其上才能使得这个问题格局成为问题的任何基础。这在这个论题上导致的结果就是，对于黑格尔而言，上帝概念过去是、现在也一直是一个现实的世界。但将他理解成费希特与谢林辩证地相互游戏（Gegeneinanderspielens）的结果的做法，却没有成功。所有这些描述都是一些表面之语。我们知道，德国观念论的问题格局无非就是西方形而上学在其自身的内在完成。恰恰因为在西方形而上学中，核心的问题没有得到解决，它才必须在黑格尔这里赢获**这种**完成。

我们很早以前就知道，这个问题格局在起点处首先是由康德设定的，那里它关涉的是自我与非我的同一性，而且在那里隐藏着旧的形而上学的问题，那个问题关联到存在者（ens）和自我（ego）。这两个要点标明了历史上非常重要的两点，后者让人们期待德国观念论的必要性。自我具备绝对确定性的功能。在康德那里，因为这两极被集合起来，形而上学问题就被以激进的方式提出了，而现在这个问题格局又重新尖锐化了，使得问题的立足点被放到自我之中了。关于绝对知识的这种理念，将存在者（ens）这个名称下的东西作为被意识到的事物涵括进来了。这个端倪在绝对观念论中充实完备了自身，使得追求绝

---

① 狄尔泰：《黑格尔青年史》（Die Jugendgeschichte Hegels），收于《狄尔泰全集》（Gesammelte Schriften），卷4，第1—187页。

对确定性的趋势变得必要了，而且翻转成了绝对者的确定性。而这样一来，绝对者本身就进入古代哲学的视域之下，也以自我为导向，以至于绝对者本身现在成了形而上学的真正主题。

对形而上学问题的这种开展和塑造表现在规定了谢林与黑格尔的哲学运思的那个陈词滥调中：对绝对**同一性**的追问。如果人们浏览一下对费希特和谢林那里的形而上学问题的讨论，那么极为引人注目的一点是，这种对立——在费希特那里为自我与非我的对立——完全自由而专断地呈现为对有限性与无限性、自由与规律等的追问。这种专断表明，问题并没有与所意指的事情实相（Sachverhalt）结合在一起，而是致力于规定这一对立，亦即克服这一对立。这种追问着眼于寻求更高的统一，而绝对者概念的形式特征的根据亦在于此。这并不排斥下面这一点，即绝对者被设想成上帝的绝对自我意识。而这样一来，极为本质的一点就是，人们把握了绝对同一性的概念。

最初令人惊讶的是，一个如此一般的概念居然能成为形而上学问题的主要名称。实际上它也没有什么逻辑上的意义。它在这里说的并不是与它自己一致的那种空洞的自身性，而是具有像在莱布尼茨和亚里士多德那里一样的意义：共属性。对绝对同一性的追问就是对共属性之根据的追问（而且这种共属性还是构成了两极的东西的共属性）：自我与非我、主体与客体、自由与规律等的共属性的根据。这里的根据（Grund）不是某种基础（Grundlage）的意义上的根据，而是**使事物成为可能**（Ermöglichung）的意义上的根据：使共属成为可能。但自我和非我就是这种共属之物本身，这就使得这种共属之物体现了总体（Totalität）的现实根据。这种使事物成为可能并不在形式的、空洞的意义上被设想，而是在其使事物成为可能的活动中，而且仅仅在这种活动中，它才成为真正的作用和存在。而因为使事物成为可能者并不是一种空洞的逻辑建构，而是构成了现实性本身，所以现实之物的现实性、变易和运动就成了黑格尔逻辑学的基本主题。

关于绝对者的这种形而上学在某种宏大的形势下被推进和被思考到底，它就是这部著作①的内容。但它在这里看到了古代的影响。人们通常都忘记了，亚里士多德就是黑格尔这里的驱动因素。虽然看起来好像黑格尔抹掉了他研究亚里士多德的一切痕迹，但我们还是可以指出，他的哲学运思的内在力量就是从后者那里汲取来的。那不是两人之间任何外在的亲缘关系。②

35. 第十九节，第2小节

我们已经暗示过，黑格尔的观点与我和康德之间的争辩有重叠之处。而这种共同基础则使得对立最尖锐地表现出来了。③

令黑格尔感兴趣的并不是自我和主体性本身，而是在它们之中，理性和康德式的想象力揭示了自身。黑格尔的意图并不是把握主体性，甚至不是在对存在的追问的指导下把握主体性，一切都毋宁是为了通过发展理性而完成在笛卡尔那里产生的那

---

① 指黑格尔的《逻辑学》。——译者注
② 出自1929年7月18日第37讲。——编者注
③ 出自1929年7月19日第38讲。——编者注

个发端。这样看来,绝对观念论不过就是笛卡尔式的沉思的完成。这些沉思在整个观念论中产生影响,而且只有这才是下面这个问题的原因,即为什么在整个德国观念论中都没有对主体进行追问——在康德那里也没有,尽管主体性居于核心位置。因此,修正形而上学问题的做法就是徒劳无功的了,这就使得人们抛弃康德的主体观,转而致力于建立某种生命哲学,或者着手在某种意识现象学中研究它。这都是一些外在性的做法,在这里也无法理解真正的问题。但我们的提问方式乃是从这种问题中产生的,将形而上学带回其基础之上,并且看到,提问需要的是一种必定可以被奠基于时间性之中的此在形而上学。而这样一来,时间性就成了形而上学的基本问题。

对于黑格尔而言,基本问题是绝对理性的理念,对于我们而言则是时间。对于黑格尔而言,想象力只是绝对综合(absoluten Synthesis)的某种显现方式,是作为无限性的绝对理性的某种有限化。但我们在那里没有看到某个绝对者的某种显现,而是看到了能阐明有限性本身的那种端倪。在黑格尔那里,先验想象力又成了为接受性与主动性之统一奠基者,因而在其自身内有一种双重结构。对于我们而言,先验想象力也存在于接受性和主动性的这种双重性中,在它的三重性中见到的不是正题、反题和合题的图式,而是时间状态本身的统一性。这样我们就看到了完全被对立设置起来的问题格局。

在黑格尔那里是西方形而上学的完成,对于我们而言则不是一种完成,而是需要更原初的提问方式。但我们的提问方式并非附加到先前的东西之上,因此黑格尔的立场必须被取消。黑格尔只能在他那个意义上谈论这个问题。对于我们而言,对历史的态度是完全不同的另一种态度。① 像这样对历史重新采取某种态度的做法，在每一种新的提问方式那里都表现出来。事情涉及的是接纳形而上学之内在的、隐藏的历史。而这样一来，我们的立场就与黑格尔的有了关联，只要历史本身还具有一种核心的功能——当然已完全不同于黑格尔那里的情形了。就像一切形式性的刻画一样，这种对立设置只能被当作指示和停靠点罢了。②

我们曾尝试过弄清楚黑格尔与康德之间的关系的一些基本特征，以便看清楚，绝对观念论的理念在这里是如何预先就形成了黑格尔在其后来的各种著作中讨论绝对观念论的那种形式的。黑格尔本人在康德的立场中看到了反思哲学的立足点，后者本身表现了有限性的立足点。之所以是反思的立足点，乃是因为在这种哲学中，问题格局不是以知识、以诸对象为导向，而是以关于如其本然的诸对象的意识为导向的。不是观点以存在者为转移，而是发生了对知识本身的某种反思。只要这个立足点盘桓在知识与被意识者（Gewußtem）的区分这里，它就运行在单纯的反思之中。这种类型的一切哲学认识，都是反思哲学，只要在反思中（大部分是无意识地）表现出了对有限性的某种基本态度，便是如此。我们自己已经强调过，联系到黑格尔的刻画来看，有限性这个出发点可能会将我们的立场本身标明为反思哲学。但不可如此轻巧地做什么决定。因为问题在于，为了克服反思哲学，一种绝对观念论是必要的吗？但情况根本不是如此。倘若人们将从笛卡尔那里传下来的这个基本立场，即

---

① 参见《康德与形而上学问题》。
② 出自1929年7月19日第38讲。——编者注

自我的立场，坚持到底，以至于对思维之物（res cogitans）的存在根本不加以追问，那么这种克服还是有必要的。这里必定会表明，黑格尔的批判没能理解必须被克服的东西。因为后者就是对有限性本身的追问。他对这个问题的抉择是，在某种完全确定的意义上过渡到无限性上去。最终向绝对同一性的过渡在根本上而言无异于进展到某种更高形式的反思上去，这样一来，黑格尔不过是将反思绝对化了而已。意识依然还在，而现实的整体成了精神。思维之物被调入绝对者之中去了。①

36. 第二十节

这两种立场[有限性的立场和无限性的立场]之间的争辩其实必定运行在某种现在才必须被找到的维度中。这就表明，对于这种争辩，在人们与黑格尔争辩时在另一个方面很常见的那个框架也旁落了：那就是准神学的方面，因为人们将他的哲学解释成泛神论，而且认为这样一来就驳倒了它。这样称呼黑格尔的哲学并非难事，只要绝对者不是和诸物并列的某一物；而关键在于，只有当存在者与绝对者处在某种内在的整体关联中时，存在者才能是其所是；只有在绝对者本身使存在者成为可能的那种活动中，存在者才能是其所是。而且在与使它成为可能者的关系中，它才在它的绝对现实性中认识到它自己。人们当然也可以将此称作泛神论。但这样一来，问题格局就被从事情本身的范围内驱走了。泛神论在这里意味着：上帝，绝对精神。作为人格（Person）的

---

① 1929年7月22日第39讲的开篇。——编者注

精神，而绝对精神则是：那个"泛"（Pan）。——虽然从形式上讲，这样刻画黑格尔是正确的，但人们忘记了，黑格尔恰恰想克服这个立场。黑格尔毕其一生都在防止泛神论。①

黑格尔说过：我们根本无法只谈人有限的理性，因为我们已经跨出了有限性之外，并了解某种无限者了，否则我们是不能有意义地说出有限性的。只要我们了解这个界限，我们就已经跨出它之外了。这便是默默地隐藏在整个黑格尔哲学的基础之处的那个论点。

但我们的争辩所针对的恰恰就是这个命题，而且我们想指出，它说的究竟是什么。如果我们知道我们的界限，有限性就变成了无限性。但我们是否**在**界限之外了，这却是另一个问题：是否这种有关无限性的知识已经意味着某种在 - 外了，是否这种知识本身使得它作为具有它那种存在方式的知识，离开了我们的生存，而采取了无限者的生存。我们跨出了被认知的（gewußte）②有限者之外，但在认知着的在外状态（wissenden Hinaussein）中，我们并不作为无限者而生存。而当我们这样说的时候，我们根本没有看到问题。但什么使得这个论点显得如此不言自明？本己的存在主要只具有一样规定，即它是意识（Bewußtsein），自我是一种思维之物，或者说，作为意识的知识只描述了这种思维之物的存在。但这种知识要成为它那个种类的知识，就只能建立在本己的自身（des eigenen Selbst）的基础上，而这本身必定被规定为存在，这种存在当然也具有某种开放性，

---

① 1929年7月22日第39讲的结尾。——编者注
② 或译"有意识的"。——译者注

但这种开放性却只能从此在的那种特殊的存在方式出发才能被理解。这个论点，即了解界限的知识就是一种在－外，只有在下面这个论点的基础上才有意义：自我的本质是意识。对存在本身的根本性追问完全没有被提出来。①

但关于有限性的知识并未保证，认知着的主体基于并通过作为无限者的知识而生存。或许关于有限性的这种知识甚至是对有限性的某种更尖锐的指引。这样一来，争辩就必定将自身关联到作为现实的绝对精神自己说出的内容之上了。②

它[永恒]不可被抽象地（片面地）理解。但以这种防卫之语，黑格尔并未驳斥下面这一点，即永恒还不是源自于时间的。当然，如果我们谈论从时间而来的某种起源，那就要对这双方之间的关系进行追问了。但事情并不涉及我们抵达永恒这个概念的那条道路，而涉及这里面的实际关系：即与"时间"所说的东西形成对立，在"永恒"这个概念中被想到的东西。而我们现在宣称的是，永恒仍然只能从时间中被赢获。③

如果人们从来都不能说时间存在，那么人们是否就能说它[永恒]存在了呢？这里又表现出了下面这一点的后果，即对存在及其意义的那种追问已被遗忘了。而照事情本身来看，他[黑格尔]却还是凭借绝对的当前（absoluten Gegenwart）这个概念，来到了某种整体关联中，而永恒概念正是从这种整体关联出发被规定的。在这一点上，我无法详尽探讨细节问题了，只能极简要地提示一下。

---

① 出自1929年7月23日第40讲。——编者注
② 出自1929年7月25日第41讲。——编者注
③ 出自1929年7月23日第40讲。——编者注

在中世纪，它被称作"aeternitas"（永恒），说的是：永恒是一种占有物（Besitz），而且是某种占有其自身者（Sich-selbst-Besitzendes），后者回转到其自身之中，使得一切都同时在整体上和彻底地成为占有物。我们在这里看到了黑格尔那里的无限性的全部内容。同时我们从这个概念出发也看到，它包含了对生命的本质规定。但我们是从哪里取得这个概念的？而且这样一来，永恒概念就直接从这里回指向它在时间中、在此在本身中的内在根源了吗？①

如果形而上学的问题就是对存在的追问，那么我们就必须问一问，何种存在方式居有了德国观念论中的那种绝对理性？理性是永恒的，而永恒又是对绝对者的刻画。但黑格尔还远没有将永恒视作对流变着的时间的扬弃，他要求的反而是，永恒得在肯定的意义上在其本身之中被把握。他将它界定为绝对的当前，并以此接近了古代哲学，依据后者，生命的一种规定就是，在永恒之中，生命占有自身，"同时有了生命的整个存在"。这是对如其本然的永恒者的刻画。

如果我们由此出发来询问黑格尔的概念，那么这两个环节就都显示出与有限性本身的某种内在关联。因而绝对者的特征就回指向了如其本然的有限的主体性。——这样一来，在应当用来标明绝对者之存在的那个概念和有限性——亦即时间性——之间，就一直存在着某种外在的整体关联。的确，下面这个问题出现了，即是否在一般的意义上而言，关于存在的观念在其自身之中已经是有限的了。只要人们能表明，一般存在的

---

① 出自1929年7月23日第40讲。——编者注

内在可能性乃是奠基于虚无的，那么存在概念就是对有限性的最本原的证明，而对世界的任何一种把握都必须从有限性出发。①

绝对知识的这整个体系的推行，在其具体方面只能这样来理解，即我们在研究的时候和在进行批判的争辩的时候，都得将绝对知识之整体记在心上。这带来了某种困难，即针对任何论题，人们都无法提出某种无懈可击的驳斥来。在反驳意义上的、任何形式的争辩，从一开始就落入这种问题格局中了。唯一的落脚点是，人们就像在对立立场——有限性——上那么激烈地坚持和为之辩护。似乎下面这种做法不过是一种极为简单的操作程序罢了：针对任何有限的规定，人们引入无限性；而针对任何无限的规定，人们引入有限性。

现实之物之总体所具有的现实性的问题、永恒的问题，以及精神围绕其自身的知识（Um-sich-selbst-Wissens）和精神的结构的问题，为了使绝对观念论成为可能，这些问题必须被理解成共属一体的。因为只要我们不得不在这个源头之处追索绝对观念论，我们就必须清楚一点，即这里涉及的是将主体绝对化，而且这种绝对化意味着对主体性的某种完全特定的疏忽。绝对者一般而言只有在缺乏某种完全根本的意义上的、对存在的追问时，才是可能的。只有当人们将对永恒、现实性和精神之结构的这三种本质的追问在其自身集合起来的时候，人们才能理解，黑格尔在多大的程度上总是必须以绝对的方式思考，以及所有正题都只有在与反题和合题统一起来的时候，才是其所是，亦即每个步骤总是具有三重性的特征。黑格尔自己很清楚，三

---

① 出自1929年7月25日第41讲。——编者注

分性也是承载他的立场的脚手架。因此，他就踌躇满志地针对逻辑学的开端说明道，不仅存在可以作为直接之物，而且凭借开端活动本身，开端也就被规定了。①

而这就是在绝对观念论这个问题上要面临的最大的谜和最大的困难：在第一个步骤，即思的那种三重的思考－其－自身的活动（Sich-selbst-Denken）那里，整个的变易（Werden）将要开启其自身；第一个被认识的就是变易。因而这里不是片面地以正题为导向，而是存在与虚无共属了，那就是变易。

如果我从有限性出发向无限性跳跃，并立于核心之处，还了解了变易，那么这个运动在某种程度上就进入了向着核心进展的那个螺旋之中，使得整个圆圈最终都是如此这般被完成的。一切都如此这般在自身开显了。人们当然无法自学自通地学会这个视角，而只能在长期钻研黑格尔本身的过程中加以掌握。

诸位从对第一个步骤和在总体中将被给予的东西的这种刻画中看到了，黑格尔关于开端的思辨不是外在的，开端反而属于思本身的本质。

如果我们回到争辩的问题上，并看到了作为有限性立场的对立立场，那么人们就可以说：倘若争辩被集中在关于开端的那一组问题（Problemgruppe）上，那这场争辩未免太简单化了，因为对于有限性立场而言很本质的一点是，它可以而且必须随处开端。对于它而言，开端是任意的。这样一来，最初事情仿佛显得是，人们只是外在地将两种立场并置起来了。但需要说的是，开端问题对于作为人的可能性与人的必然性的有限性立

---

① 出自1929年7月30日第43讲。——编者注

场而言，比起在黑格尔那里来，具有更大的尖锐性。对于我们而言，开端问题就是生存问题。与黑格尔的争辩对于我们而言绝非对任何哲学的驳斥，而是无异于与本己的此在的某种可能性进行的争辩。①

为了理解对本己的此在本身、由此也对形而上学采取的这另一种完全不同的立场，并在我们自身内使这种立场活跃起来，我们得忽略将一切和最重要的东西置于单纯的盘算、效益和策略之上做法，还必须对那些代表了当前种种需求的要求充耳不闻，反而必须理解下面这一点，即让事物自行生长（In-sich-Wachsenlassens）的那种宁静，才会带来保障，我们可以融入真正的有限性之中去。任何哲学都是它那个时代的哲学，而且只有这样，才是**真正的**哲学。而这就是说：无论哲学运思是否了解其自身，它都必须造成这样的局面，即当它的时代到来时，它已经为它的时代而在那里存在了。②

---

① 出自1929年7月30日第43讲。——编者注
② 1929年7月30日第43讲的结尾。——编者注

附 录

学院学习导引
（1929年弗莱堡夏季学期讲座，赫尔伯特·马尔库塞的笔记）

Einführung in das akademische Studium
Freiburger Vorlesung Sommersemester 1929
(Nachschrift Herbert Marcuse)

[学院学习——在世界之整体中生存]

学院的学习如今变得成问题了。在这种学习的某个确定的点上,绝不是在开头的几个学期,而毋宁在结尾、在回顾的时候,一种特有的骚动浮现出来了。我们注意到,我们缺乏某种东西,对于那种东西,我们无法简单地把捉。我们渴求一所能成为某种**现实性**的大学,但却没有这样的大学。如今我们到任何地方,都看不到有任何人在某方面真正领先于另一个人。在学院学习方面进行某种导引,就变得有必要了,对于学院教师本身而言是最有必要的。

事情很可能显得如此:仿佛这都是些悲观主义的论调,不是真事。大学的运转,它的组织机构,都以无可指责的方式在起作用,使得这里显得没什么成问题之处。但在大学有一件隐秘之事,使得这种成问题之处清晰可见。

这件隐秘之事便是,恰恰就是那些完成或即将完成学业的佼佼者们无计可施了,便是认识到,他们虽然对于他们的科学有最丰富的认识,却还是缺乏某种本质性的东西。还有到处盛行的考试作弊,单纯的专业与职业学习,对大学毫无敬意、全无所谓的态度,尽管相互协作的行为越来越流行。科学之整体,真正的知识,却根本没有进入学生的视野。大学越来越具有百货商店的特征,在那里,知识就像其他现成对象一样被散发。它已经成了某种专科学校。法学和医学尤其是被这般经营的,以至于它们可以毫无损伤地被从大学中分离出来，作为独立的专科学校重新开张。抑或一般而言法学家在他们那些条款上是否来到了犯罪、惩罚、罪与责这些现象的近旁？一般而言他是否知道，这些现象在人类的此在中是什么和意味着什么？当医生奔忙于各个诊所、记录下各种病情时，一般而言他是否来到了疾病与死亡的近旁？——一般而言犯罪与惩罚、疾病与死亡是否能被编列到某个**专业**中去？在某个专业中与其他一些相隔离开被讨论？如今在大学里，难道我们不是与一切本质之物都擦肩而过了吗？难道我们没有失去我们作为学习者应当具备的协同性与共同性吗？在这个意义上，难道学院研究还能被把握为一个整体，还能维持在它本应具备的那种切近于世界的状态中吗？学院学习过去是的、也应当成为的那种在世界之整体中特有的生存活动，应当重新被唤醒。

这不能通过对科学进行某种批判、通过一些规划和会议、通过某种无动于衷的大学和中学改革来达到。我们必须变得成熟起来，以便迎接我们身上某种内在的转变。这首先可能意味着等待，等待在自身之中孕育着某种创造性力量。只有当我们学会献出自身的时候，这种转变才可能发生，这样一来，未来的东西也才能生成。任何时候，只有当人的此在首先能看到其伟大之处时，它才能表现出这种伟大。今日经营的那种僵化的组织形式，不能通过另一种组织形式来克服，而必须在其本身瓦解掉。

我们已经先行将学院学习称作对来到世界之整体近旁的共同渴求。我们的任务在于重新唤醒这种渴求，以便这种渴求开动自身，并现实地发生。科学与哲学应当成为人的此在的一些突出的可能性，以便来到世界的近旁。因而我们必须尝试把握科学与哲学真正的本质，并将科学与哲学的统一性铭记于心。

但那样的话，我们难道不是总已经处在世界之近旁了吗？难道已经处在世界之近旁，不就是人的此在的本质吗？——是的，我们处在世界之近旁，但却是以不在场的方式，而且从不知道身处何方。难道不是有某种东西已经涌现到世界面前了，世界恰恰只需显明出来了吗？

第二种异议：作为纯粹理论性的认识，科学和哲学如何能成为来到近旁（In-die-Nähe-Kommens）的一种突出的可能性？如今的此在与科学的"理智主义"（Intellektualismus）发生了某种深深的对立。科学在这种此在中没有任何内在意义了，它在此在中占有的地位已经发生了推移。这种转变的意义曾以最纯粹的方式体现在韦伯（Max Weber）身上，他将科学视作对世界的去魅（《科学作为志业》[Wissenschaft als Beruf]，1919年）。如今的此在从科学中要求去魅之外的某种意义。对理智主义的斗争希望以正面的方式将科学与生命统一起来。这种趋势表现在两个方向上。其一是科学的大规模的通俗化。一流的学者们将全副的创造力消耗在撰写种种简编与手册上。——另一方面还有一种在科学中揭示生活的趋势在运行着，为此人们在对事物的任何考察中照例总是要追问一下，在考察这些事物的时候要采取何种态度。对这些事物的态度变得比这些事物本身更本质了。一切都被归结到种种世界观和情结之上。这样一来，一般而言我们就根本不可能看到我们所推行的东西究竟属于何方了。——而哲学呢？没有任何时代了解如此之多的科学理论、如此之多的认识论。然而哲学本身还从来都不知道，它是不是一种科学,科学是否能由它来规定。

我们不再理解一点,即通过种种成果来推动科学是不够的,科学的这种发展本身反而必须被推动,它的内在转变必须被把握到。种种核心的问题必须被驱入最终的简单之物(letzten Einfachen)的原初性和坚韧性之中去。

那么科学在本质规定方面内在的无计可施状态的根据何在呢?那便是将科学-哲学认知活动解释成"纯理论"之物的做法。在这种解释之下,科学的本质失落了。我们必须以显而易见的方式[?]重新将科学补上(einholen),以便能在我们的此在中接纳它。

对科学-哲学认知的定义没有错,只是我们再也不理解这种定义了。我们想概述一下这种定义在其主要特征方面的发展。划分为:(1)关于定义的本质思想,(2)定义的内在界限,(3)对这种定义的原初阐释。

(1)如今在日常的阐释中,"理论的"(Theoretisch)意味着与实践的相对立:远离一切个人立场和情绪。因而应当被用以规定这个核心概念的,乃是一种纯粹否定的刻画。与此相反,从"理论的"这个词的历史中可以取得什么更原初的规定呢?

这个概念最初出现于亚里士多德那里。这个词是从 θέα 和 Fορ(όρᾶν)中导出的:两个词都是看(sehen)的意思,在突出的意义上看,尤其被用于希腊大型节日会演(θεατής)的出席者,后者直接亲见伟大事件的发生。(对 θεωρεῖν 的准确解释参见《哲学导论》[Einleitung in die Philosophie],1928—1929 年夏季学期。)θεωρεῖν 在亚里士多德那里是人的此在的一种基本形式,一种 βίος(生命),而且是最高的一种。对于古代而言,从事理论的人是真正的行动者(eigentliche Handelnde),这里在理论(θεωρία)

和实践（πρᾶξις）之间没有任何对立，理论（θεωρία）是最高的实践（πρᾶξις）。在传统上，理论的态度以两个环节为特征：(1) 这种态度关联到（认识的）诸对象本身，(2) 在理论的态度中获得的认识须在被认识的诸对象本身上被证明。

但这只是理论的态度的一些后续规定，根本不是原初的本质规定。为了解释理论的态度的真正本质，我们想援引柏拉图《理想国》第 7 卷开篇的洞穴神话[①]。

对洞穴神话的解释

它不是任何比喻，而是一种神话，亦即一种历史，而且是人的此在的一种本质历史（Wesensgeschichte）。而且只要人的一切历史在本质上也总是沉沦史[②]（因为沉沦状态 [Verfallenheit] 乃是人的生存的一种本质模式），在作为人的本质之历史的这个神话中，也就必定包含了人的非本质（Unwesens）的历史。

应当就人的本质（φύσις）说些什么，而且是鉴于 παιδεία。（不要以"教化"[Bildung] 翻译这个词，这个概念针对的毋宁是人的内在的可能性，从孩童 [παῖς] 出发被考察；这个词暂不翻译，规定只能从解释中产生。）

通过洞穴中人的境况（这里要准确援引文本，否则后面的话就无法理解!），已被先行确定的是，对于他们而言存在者是什么，存在者的真理是什么，以及人们如何就此相互交谈（λέγεσθαι）。

[①] 即我们通常所谓的"洞喻"，但由于下文中海德格尔反对将其视作比喻，我们依照原文（Höhlenmythos）直译为"洞穴神话"。——译者注

[②] Vefallsgeschichte，或译"堕落史"。——译者注

他们在存在者那里处于某种特定的昏昏沉沉的状态,并且无法摆脱这种状态(他们的大腿和脖子被绑住,而且只能看着同一面墙)。现在有一个囚徒被释放了,他站了起来,在洞穴里四处走动,也能认识到众囚徒的境况了。但释放最初绝非某种解脱,它被感受为痛苦,因为它打破了先前被认为是自然状态(Naturzustand)的那种状态。释放的头一个后果就是某种困境(ἀπορία),某种不知所措,被释放者希望回到先前的状态中去。——只有在第三个阶段,被释放者才来到洞穴外,现在也看到了光天化日之下的存在者以及它实际的样子。但他一开始根本不能看,面对极大的光亮,他闭上了眼,他不习惯光。只有经过漫长的适应过程,他最初才能看一看现实事物的阴影,看看它们的影响(比如水中的倒影之类),然后才能看一看天,但最初只是在晚上看天;而只有到了最后的阶段,才能看太阳本身和事物本身。现在他认识到了先前他当作存在者的那一切的根据。他将进入某种生存状态中,在那里,他再也不怀念洞中的生活了。

我们想将解释限制在两个环节上:(1)什么属于束缚状态,属于此在的静止状态(Ruhezustand)?(2)当柏拉图头一次明确告知在去掉束缚的状态中发生了某种事情时,那里发生了什么事情?

(1)被缚者根本看不到任何光,他们也不了解作为阴影的阴影(他们甚至没法扭头),他们根本不知道真理与非真理、存在与假象之分。——现在很关键的是要看到,这种状态也是人的此在的一种本质状态,绝不是任何单纯否定之物,绝不仅仅是某种没有摆脱什么的状态(Nichtloskommen-von)。被缚者的生活很丰富,他们可以相互谈论他们所看到的一切;这里在认识中存在着种种区别（阴影的层次，等等）。但他们受到了他们唯一能看到的那点东西的束缚；他们仅仅从那里（在墙上）发生的事情出发理解自身。他们被夺走了认识他们处身其间的那种存在者的机会。

（2）在解开了束缚之后，好像增长了一些见识，即见识他周遭发生的那些事情。因此他还不需要避开洞穴中的事物，但在他那种境况下，现在还有避开阴影之物、走向事物本身、走向存在者本身的可能性。他现在甚至能够贯彻阴影和事物之间的区别了，他可以往有光的地方看了。而只有基于这种往有光的地方看的可能性之上，才产生了真相与假象之间的区别。只有当真理一般地被**理解**时，这种区别才是可能的。解脱是某种特定的进 - 入 - 真理的活动（In-die-Wahrheit-Kommen）。但这里首先需要适应于光，这就是说，对真理的理解并非简单地落到被解脱者身上了，它是被托付给他了。随着解脱，他被交托给了他自己，他必须将自己维持在光线之中。这样一来就产生了在真理方面将此在托付给它自身的现象。这种被解脱者之所以想回到洞穴之中，理由便是这种托付太沉重了。这实际上是想从骚动状态回到遮蔽状态和宁静状态中。关键在于，此在对其采取某种态度的那个存在者是否赋予了遮蔽状态和宁静状态。

从这里出发，我们也可以更进一步理解洞穴中的此在了。它是神话式的此在，被关在存在者的一个固定不变的圈子里，处在提供保护者、神圣者（Heiligen）的屋檐底下。因而这里的真理并不是存在者的去蔽状态，而是此在的遮蔽状态。在解脱中发生的是真理本身和此在本身的一种本质性的变迁。此在使得真理不再是遮蔽于存在者之中，而是存在者本身的去蔽，因而解脱与痛苦同在，而正是因此，才有了渴望回到遮蔽状态的想法。

这绝非一次性的事件，而是这样的，即如果说神话叙说了此在的本质历史，那么每个人都必须在自身中实施向无蔽状态的这种转变。那么这种转变就在不断地发生，而且回到遮蔽状态的意愿乃是与人的本质同在的，属于解脱的结构。这种转变意味着科学和哲学的产生，那么随此一道，科学和哲学就表现为**此在本身**的某种**发生**，表现为获得解脱的此在。在这种生存活动①中发生了某种特定的在－真理－之中－存在（In-der-Wahrheit-Sein），只有这种存在才赋予一切科学上的追问和真理以根据和意义。

（海德格尔个人的评论：听众们多次向我提出一些问题，这些问题产生于某种还不算地道的理解 [似乎指的是一些关于宗教的问题。——马尔库塞按]。你们必须理解的是，本质的东西常常并不在我这里向你们论说的东西中，而在我没有说的东西中。但只有当我向你们进行论说时，我才能对你们不说什么。——我在这里给出的是一种哲学的解释，在此你们在诸哲学问题上有什么收获，则是你们的事情。）

我们也可以将此在位于洞穴中的那个阶段称作**宗教**。宗教不是任何感情、任何体验，而是此在对存在者之整体采取的某种基本立场。对于宗教的某种本质规定不应当在这里被给出；在当今要进行这种本质规定是十分困难的，因为宗教一般而言仅仅是作为文化宗教（Kulturreligion）与我们相遇，亦即被一种特定的历史性阐释、也被科学贯穿了。作为此在在前面被勾画

---

① Existieren，结合这里的语境，这个词也可以直译为"出在"。——译者注

的那种意义上的遮蔽状态的宗教，乃是一种基本立场，此在只要生存着，就没有完全克服这种基本立场。在将宗教规定为某个基本阶段的做法中，没有任何价值评断，这里涉及的不是小市民对于宗教认信与自由科学之间关系的追问，而是人的本质历史。宗教乃是此在在科学之前的一个基本阶段。此在在生存之时可能对洞穴的出口一无所知，亦即它可能停留在这个基本阶段上。

往上攀登，走出洞穴之外，我们先行将这种活动称作**超越性**。有了这种往上攀登出去的活动，还不能保证我们看到存在者本身。为此还需要一段长时间的适应过程，而且是一种反向适应过程。我们还带着先前的某种做法，即先前习惯了的那种看待方式，追问活动甚至还运行在先前的此在的那种习惯中。介于洞穴和光亮之间、阴影和存在者本身之间的这种特有的状态，这种迟钝状态，又是人的此在的一种本质状态：百事通、自由思想，不是看到存在者本身，而是看到幻象（εἴδωλα）（与它对立的概念是相 [εἶδος]①），亦即看到像是某种东西但还不是它的那种存在者，看到表面现象。闲荡于这种状态的那些人，还没有看到 εἶδος（事物的外观），他们摇摆于幻象（εἴδωλα）和相（εἶδος）之间、假象和存在之间、旧的和新的真理之间。只有在成功地看到光亮本身，即不是看到作为光亮的光亮，而是看到光亮中的存在者、作为存在者之明亮状态的光亮时，这种迟钝状态才被消除。希腊人称此为智慧（σοϕία）。因而超越性就是攀登到外面，接触到光亮，以便从光亮出发回望光亮中

---

① 或译"理念"，指真正的形式，代表的是真理，与幻象相反。——译者注

的存在者——这绝非单纯地攀出去接触到存在者，而是攀出去，**超出**存在者之上，接触到光亮，这是某种**攀越到**存在者之上的活动。作为攀越到存在者之上的活动的、此在的超越性，意味着什么呢？

我们不是通过单纯地累积关于表面现象的那些知识，或者通过对这些知识进行单纯的深化与拓展，而赢获存在者的，在洞穴之外，还必须再发生一次彻底的翻转。即便在解脱之后，遮蔽的力量还是再次表现出来了。对存在者的追问再次被搅乱了。——我们可以在希腊哲学本身的发展过程中阐明这个阶段。首先，存在者如今被视作整体，而且被视作**还一直**存在着的事物，而人们希望将这种"还一直"回溯到原始时代（Urzeit）；因而人们以存在者的**历史**来回答那种对存在者的追问，人们将它的历史讲成了宇宙起源论和神谱（Theogonie）。希腊人将这种回溯到原初开端（Uranfang）的做法称作对 ἀρχή（本原）的追问。在这里逐渐出现了一种趋势，即不再给出诸神的历史这样的答案，而是到**存在者本身**那里求取答案。ἀρχή（本原）的含义从原始时代的开端，变成了根据，变成了原理（在根本上规定存在者的东西）。而 ἀρχή（本原）最初是作为水、火等被追求的，亦即存在者的某个区域被突出和被赋予根据的特征了。

慢慢地，对 τίἐστιν（它是什么）的那种简单的、基本的追问就凸显出来了：什么是存在者，什么是我自身？希腊人花了超过四百年的时间，才发现这个问题！在如今这个我们将一切琐碎的发现都称赞为伟大发现、并竭尽所能地满足我们的好奇心的时代，我们可能对上述这一点意味着什么没有任何概念了。只有通过这种追问，存在者才被理解为提问者所不是的、并且归属于它的某种事物。而只有以这种追问，将自身置于无根据境地的风险才被担负起来，这是最后的某种风险，因为它的结果可能是存在者的不存在，可能是无根据境地（Grundlosigkeit）。这种追问彻底支配了**苏格拉底**的整个生存。

这种追问活动是被解脱的此在之真正的发生。它是在存在者中间提出的，而且将存在者和其自身都置于成问题的状态之中了。它是对于存在者之整体和如其本然的存在者的某种追问，是超出一切以事实的方式存在者（faktisch Seiende）之外进行的某种追问活动，是对存在者真正的攀越，但此在依然保留在存在者中间。

现在，那"看－入－光亮－之中的活动"（In-das-Licht-sehen）又是如何与此关联起来的？第一和第二个阶段在发生方面的内在统一性必须被阐明。

只有通过从某种事物中被解脱出来的状态，才可能变得无拘无束。我们如今根本再也不知道，我们究竟应当将我们自己从何处解脱出来。然而这种知识却是任何一种真正的解脱的基础。

被解脱者除了看到其他事物之外，还看到了光亮（$\varphi\tilde{\omega}\varsigma$）。在这里，谈论光亮意味着什么呢？人们大都把它解释成比喻：光亮是太阳，通过太阳我们才能看见各种事物，光亮是真理。但这种解释错过了本质因素。论说是比喻性的，然而也在卓越的意义上是事实性的。这里指的不是发光体（Lichtkörper），而是明亮（Helle）、亮度（Helligkeit）。有了这种明亮，光亮就具备了某种特有的性状。我们不能将这种明亮当作与其他存在者并存的存在者：它被扩展到一切事物之上，我们到处都看到它，而又从未看见它；我们总是遇到它，却又从未与它相遇。明亮在那里存在，却又从未被理解；当它不见了，当它变得黯淡下来了，我们才注意到它。

它在自身身上有一个发生过程，绝非任何死物。

柏拉图现在将光亮、明亮称作第三种事物（τρίτον γένος）。什么是第一和第二种（γένος）事物？Ὁρᾶν（看）和ὁρώμενον（被看者）。作为ὄψις（看、看的能力）（ὄμμα [眼]）的看和被看到的认识。看的核心功能，即能作为一切认识之典范被谈到，是从何而来的？因为为了能看，看的活动除了对象（ὁρώμενον）之外，还需要某个第三者——那正是明亮。在其他感官那里，第三者（根据柏拉图的看法）是没有的。而这个第三者绝非任何缺乏，而是某种标明：在看的活动中，人来到了存在者的近旁。

现在在柏拉图看来，明亮标明了某种约束（Joch），看的活动和被看见的东西都被涵括在内：看的活动便是置于亮度的约束之下。明亮的约束才使得看的机能成为可能，也才产生了被看到的可能性。

现在，明亮本身作为种类（γένος），还是衍生性的（ἔκγονος）。形象化地说，明亮的来源首先是太阳。眼睛是像太阳一般的（ἡλιοειδέστατον）。这意味着什么？不可将眼睛当成现成的器官。不是因为我们有眼睛，我们才能看，而是因为我们看了，我们才有眼睛。因为我们能看，我们才有眼睛。以理解物的方式理解人的做法必须最终被克服。原初之物是看的能力（Sehenkönnen），而不是眼睛。

看的能力受到明亮的限制，而明亮又回溯到太阳，或者就像柏拉图如今照事情本身规定的那样，回溯到善（ἀγαθόν），更准确地说，回溯到善的理念（ἰδέα τοῦἀγαθοῦ）。因而：认识与被认识者的关系，在最广的意义上，最终受到**善的理念**的限制。这意味着什么？

附录　学院学习导引（1929年弗莱堡夏季学期讲座，赫尔伯特·马尔库塞的笔记）

$\psi\tilde{\omega}\varsigma$（光）=	$\dot{\alpha}\gamma\alpha\theta\acute{o}\nu$（善）
$\delta\acute{\nu}\nu\alpha\mu\iota\varsigma\ \tau\tilde{\eta}\varsigma\ \check{o}\psi\varepsilon\omega\varsigma$（看的能力）	$\delta\acute{\nu}\nu\alpha\mu\iota\varsigma\ \tau o\tilde{\nu}\ \acute{o}\rho\tilde{\alpha}\sigma\theta\alpha\iota$（被看的能力）
（$\acute{o}\rho\tilde{\alpha}\nu$[看]）	（$\acute{o}\rho\acute{\omega}\mu\varepsilon\nu o\nu$ [被看者]）
$\gamma\nu\tilde{\omega}\sigma\iota\varsigma$（知识）	$\gamma\iota\gamma\nu\omega\sigma\kappa\acute{o}\mu\varepsilon\nu o\nu$（被认知者）
	$\dot{\alpha}\lambda\acute{\eta}\theta\varepsilon\iota\alpha$（真理）

这里涉及看的能力（$\delta\acute{\nu}\nu\alpha\mu\iota\varsigma\ \tau\tilde{\eta}\varsigma\ \check{o}\psi\varepsilon\omega\varsigma$）和被看的能力（$\delta\acute{\nu}\nu\alpha\mu\iota\varsigma\ \tau o\tilde{\nu}\ \acute{o}\rho\tilde{\alpha}\sigma\theta\alpha\iota$）的关系，因而涉及两种可能性、两种能力之间的关系，而不是涉及两种现成事物之间的关系。$\acute{o}\rho\tilde{\alpha}\nu$（看）只有当我能从事和实施它的时候才存在；它只有当看的活动进行时才存在（亚里士多德）。柏拉图将被看到的可能性称作真理（$\dot{\alpha}\lambda\acute{\eta}\theta\varepsilon\iota\alpha$）。在这里，这种可能性表明的是资质（Eignung）。事物有被看到的资质。

这里涉及的是使两种可能性之可能的统一成为可能（Ermöglichung der möglichen Einheit zweier Möglichkeiten）。而这种能力是一个种类（$\gamma\acute{\varepsilon}\nu o\varsigma$），它使得两种可能性及其统一首先从作为根据的它自身产生出来。

如今我们不能理解这里被阐明的是什么了。因而在根本上只剩下了理论的态度。对于真理，我们有某种完全确定的概念，这个概念夺走了我们追究其根源的可能性。我们的真理概念本身是不言而喻的，它自始就将这个问题的一切解决方法逼入了一个错误的轨道。种种不言而喻之事相叠加的这种状况必须被打破。这里涉及的不是预备好某种理论知识，而是我们应当通过那种解脱才理解，我们在一个洞穴里。我们的任务便是使这个洞穴和我们的种种束缚为人所见。

必须由令人惊讶之处着手。在柏拉图的提问方式那里，令人惊讶之处便是，真理处在事物那一边，是存在者本身的某种特征，却恰恰不被理解成进行认识者的属性或可能性，而是作为被认知者（γιγνωσκόμενον）被归于存在者。只要人们误判了这一点，知识（γνῶσις）和善（ἀγαθόν）之间的关系就绝不可能被理解。必须针对下面这种一再产生的论调，将这种令人惊讶之处坚持下来：真理是陈述、认知的某种特征。

但难道亚里士多德不是正好将逻各斯（λόγος）规定为真或伪了吗？然而那里并没有真理的本质规定；这种规定毋宁只有在将真理规定为存在者本身的特征的基础上，才是可能的，而且必须从后面这种规定出发来理解。有了这种规定，传统逻辑学也就被突破了，后者完全基于对真理之本质的某种误解，尤其是对亚里士多德的某种误解之上。对真理的某种进一步的、极端的误解在下面这种规定中：命题的意义、通行者（das Geltende），就是真理。而通行者便具有通行的价值。因而真理就是价值。这种原始的"价值哲学"如今几乎畅行无阻地到处居于支配地位，在现象学中也是如此。

A-λήθεια（真理）① = 去－蔽。只有当存在着去蔽的时候，我们才能把握它。为什么希腊人将真理称作否定性，称作褫夺？真理是一种剥夺，基于这种剥夺之上，存在者被夺走了遮蔽状态，它变得开放了。在这种 α - 褫夺结构中，就表现出脱离了前科学的此在的那种旧的真理概念，依照那种真理概念，真理是一种

---

① 海德格尔在这里利用了希腊词源与构词方式，加上连字符之后，就变成了表示否定的词缀和表示"遮蔽"的主体部分，中文中很难体现，特加此注。——译者注

隐蔽状态。——存在者的这种去蔽到处存在，而又不存在于任何地方；它并不像一切现成事物那样在任何一个地方就可以找到——这里已经表现出真理与明亮的某种亲缘性。

如果存在者被理解为真的，这个陈述就为真。而只有当存在者先前在其开放状态中不受干涉地发生时，这才是可能的。如果举止让存在者之开放性发生，是某种 $ἀληθεύειν$（为真），那么这种举止为真。即便一切实践的举止，也都是某种 $ἀληθεύειν$（为真）；$ἀληθεύειν$（为真）属于人的本质，属于人的灵魂的本质（亚里士多德）。而因为灵魂是生命的原则，$ἀληθεύειν$（为真）就是有生命之物的某种本质规定（《尼各马可伦理学》，卷 6）。在那里，亚里士多德举出了五种 $ἀληθεύειν$（为真）方式：（1）$ἐπιστήμη$——科学，（2）$τέχνη$——实践举止，（3）$ψρόνησις$——揭示其自身，（4）$σοψία$（智慧），（5）$νοῦς$（奴斯）（就此可参见《斐德罗篇》，249 b 5）。

从我们此前将知识（$γνῶσις$）与存在者（$ὄν$）之间的关系解释成真（$ἀληθές$）的做法中可以得出什么？对真理的这种阐明，才使得我们能够找到真正的主体概念。主体从一开始就已经对存在者采取了某种态度，它的生存中已经有开放性发生了，存在者的去蔽已然成了有化（Ereignis）①。在整个过程中，存在者那里并没有发生任何事，它对开放活动很淡漠。只有基于开放性之上，存在者本身才是可通达的。随着生存的熄灭，存在者便又落于变得开放的可能性之外了。

因而真理在某种程度上也"属于"主体，但它不是任何属性；

---

① 字面意思为"事件的发生"，汉语学界目前还有"本有""成己""本成""本然"等几种常见译法。——译者注

它表示此在跨出自身之外的活动，表示它出在的（ekstatischen）特征。

只有当此在生存时，才"有"真理。但也只有当此在生存时，才有存在者的遮蔽状态，才有非真状态（Unwahrheit）。我们区分了遮蔽状态的四个层面：

（1）如果此在进入生存，那么存在者在**此在之生存的周遭**就已经为人所知了，就已经是开放的了。与此一道，也已经有某种特定的遮蔽状态发生了。

（2）已知者被认知了；由此一来，未知者的遮蔽状态就加深了，而一切尚未－被认知者（Nicht-Erkannte）的遮蔽状态就变得更紧迫了。

（3）错觉、错误、伪饰表明从已经被认知的存在者那里落回遮蔽状态了：误认。

（4）错误地解释了关于真的事物的消息或描述。一切遮蔽状态的根据就是人的此在的有限性（虚无性）。

我们回去：善的理念是如何与作为去蔽的真理的本质关联在一起的？善的理念是最高的理念。理念（Ἰδέα）意味着被看到的东西；最高的理念乃是真理的原理或使真理成为可能者。

那么善（ἀγαθόν）意味着什么？首先，人们必须摆脱那种流行的解释，仿佛这里指的是内容方面的某种东西，人们又大都情绪化地将那种东西规定为某种值得珍视的东西、理想或诸如此类的东西。在善（ἀγαθόν）中涉及的是使人的此在得以能够让存在者开放的东西；因而涉及的是使真理的本质得以可能者。亚里士多德给了一点提示：他将善（ἀγαθόν）规定为其事物为了它的缘故（οὗἕνεκα）才是其所是者。善（ἀγαθόν）是那种东西，此在为了它才成为其所能是的那样，在它那里，此在才来到其自身，才能为了自身而作出决断。它是此在向其自身作出的这样一种决断：此在要为了它才成为它所是的那样。在这种决断中，此在决意追求自己的自由。

编者后记

施特鲁伯（Claudius Strube）

1929年夏季学期每周四个小时的讲座"德国观念论（费希特、黑格尔、谢林）与当前哲学问题情境"的原稿经过了大规模的修改，其原稿有84个对开页。它们被以已为人所熟知的那种方式划分：在左半页是讲座拟稿的连续文本，在右半页是附注、注释和文本增补。只要本来没有补充任何提示语，我就将这些添加的部分放到括号里，并将括号附于它们所在的段落旁。段落的划分，就像上一级的划分一样，全是依照海德格尔原文中清晰可辨的停顿处来进行的。此外还有一些零散页也属于这个讲座，它们中的一部分被附加到主题上与之相应的那些地方，另一部分则单独被补上；在本卷中，它们是作为"补遗"被呈现出来，而且依据发现它们的地方、它们的提示语或它们偶尔会有的一些标题，被归入相应的段落。

我有费克（Hildegard Feick）的抄件，可用于订正原文。此外，为了进行比较研究，我还有三份讲座笔记，它们分别是奥克斯纳（Heinrich Ochsner）（是一份手写复制文本的复印件）和马尔库塞（机打形式）以及不知名的第三个人（机打形式）写的。最后这份笔记是由奥赫瓦特（Curd Ochwadt）惠赐遗稿管理者的，依照一封信里的消息来看，这位先生在没有关于笔记撰写者是谁的任何信息的情形下，将笔记保存了50年之久。它给人的印象完全是，产生于一份速写体的随记（Mitschrift）。它的详尽性与准确性证明了这一点。在161页逐行写就的笔记上，有34处记载了讲座的时间（1929年5月2日至7月30日）。两份较简短的笔记在讲座课程和划分方面与它是一致的。奥克斯纳的笔记也记载了每次讲座的时间，这份笔记尽管不完备，但也还在可能的范围内总是表明了每次讲座开始部分的一致。尽管这里补充考虑到的那份更详细的随记的作者不明，缺乏速写体的样品或者关于这种样品存在的某种说明，但仍可保证，随记充分再现了那部分只是以简短提示的方式拟定的讲座手稿在演讲时发挥而成的稿本。如果说人们因此便不能怀着最终的把握谈论一份随记，那么作为笔记，它还是有相当高的真实性的。在一个单独的部分（"增补［依据一份课堂笔记］"）里，我充分利用了这份随记偏离讲座草稿的那些地方（在每次讲座时自发写下的一些增补文字，种种进一步的区分，种种补充说明），使得这样的组合大体上达到了对1929年夏季学期讲座的某种几近完备的重现。

为了全集中的这次重印，原标题中被敲定的"费希特、黑格尔、谢林"这个次序被调整了，以适应海德格尔在讲座中实际遵循的划分。在他于1929年6月25日致雅斯贝尔斯（Jaspers）的信（见下文）中，他还坚持原来的次序。很明显，他是在仓促之间决定改变这个次序的。向谢林的过渡发生在第33次讲座（1929年7月11日）。下面这种猜想在任何地方都找不到依据：海德格尔可能赋予原来的次序某种进一步的意义，即在演讲中阐明某种不同于克罗纳提出的那种发展图式的、关于德国观念论的某种构想。事实上谢林是作为过渡而进入讲座的。海德格尔迫切地需要讨论谢林，因为他是从《差别》一书开始讲述黑格尔的。

关于第二份讲座，即1929年夏季学期每次只持续一个课时的讲座"学院学习导引"，除了马尔库塞的笔记的一份机打稿本之外，还有西格曼（Alois Siggemann）将速写体讲座记录改写后形成的一个本子可供利用。马尔库塞的那份内容更丰富的笔记被用来重印。在两份稿本中都没有记载讲座日期。但依据西格曼的回忆，讲座的第一个时段最早是在5月初开始的。

在这卷书文本的所有部分中（引文除外），符号的书写都细致地适应了当今的规则。在讲座的手稿部分中，章节标题主要源自海德格尔，次级标题（段落标题等）则是由我严格依据文本撰写的。在"补遗"和"附录"里，少数出自编者手笔的标题被放在方括号中了。在其他地方，引文里的方括号表示海德格尔的补充和说明文字，但在文本其余的所有地方，方括号都表示编者的订正。一些有争议的解释，被以方括号中加问号的方式标明了，文本中一些未能辨认的部分，则特别加上脚注加以指明。在康德、费希特、谢林和黑格尔的引文中，纯粹出于正字法方面的考虑，在与海德格尔自己在他本人出版的各种文本中进行引用的那种方式保持一致的前提下，选用了当今通行的拼写方式。这也是因为，不仅上面这些思想家的文本遵循了各个不同的正字法惯例，而且个别思想家的不同版本的文本在这方面也表现出不一致。不言而喻，被引用的文句未被改动，符号的书写、大小写和一些较古老的语法结构形式也都如此。不过在引用原来版本中的标题的地方，这些都以本来的正字法形式被重现出来了。

*

海德格尔在 1929 年 6 月 25 日致雅斯贝尔斯的信中就他 1929 年夏季学期的主要讲座写道:"目前我是头一次讲授费希特、黑格尔、谢林——对我来说,这又打开了一个世界;长久以来我有一种体验,即一个人的解读,是不能由其他人来代替的。"(海德格尔、雅斯贝尔斯:《1920-1963 年通信集》[Briefwechsel 1920-1963],比梅尔 [Walter Biemel] 与扎纳 [Hans Saner] 编,美因河畔法兰克福/慕尼黑-苏黎世,1990 年,第 123 页。)这里被向他打开的世界,便是**体系**哲学。就像一条红线一样,下面的暗示贯穿了他对"知识学"的解释,即费希特在探讨形而上学问题格局的时候,是以体系和确定性的理念为导向的,亦即以进行同调的和封闭的奠基的理想为导向。研究现象学存在论的人之所以能"解读"这种讲述哲学的方式,乃是因为它对于建立奠基的整体关联并不特别感兴趣,它感兴趣的恰恰是建立过程中的一些断裂之处,在那里,他也并非忙于指明这些断裂是一些可消除或不可取消的裂缝,而是指明它们是事实性(Faktizität)的袭入或对事实性的承认。当海德格尔鉴于费希特企图确保自我的统一性与它的内在整体关联而作下面这番澄清时,那话听起来是很关键的:"这种辩证法和建构在根本上是对自我之**事实性**的阐明。"(见前面第 146 页)通过这种解读方式,德国观念论的世界被向他打开了,因此人们可以将这种解读方式称作"间接的事实性释义学"。

*

在本次讲座中，海德格尔手稿的纸张很小，文字密集，又被磨损得很厉害。因此在碰到歧义和笔误的地方，参照改写稿总是很必要的。其中的一部分可以在与蒂特延（Hartmut Tietjen）博士的可靠的合作中，通过直接对比保存于马尔巴赫的德国文献档案馆（Deutschen Literaturarchiv）里的原稿而消除。对于剩下的难以消除的那部分，赫尔曼·海德格尔（Hermann Heidegger）博士[①]和冯·赫尔曼（Friedrich-Wilhem von Herrmann）教授大量的经验帮上了忙，我在此特别向他们致谢。我同样要衷心感谢普罗伊斯纳（Andreas Preußner）博士和舍雷尔（Georg Scherer）博士总是从事情本身出发一同思考如何进行校正工作。

科隆，1996 年 10 月

---

① 马丁·海德格尔之子。——译者注

确定性与有限性
——论海德格尔的德国观念论研究（代译后记）

庄振华

20世纪西方学界对于德国观念论[①]的研究大体而言有两种最主要的模式：一为以克罗纳（R. Kroner）为代表的整体发展论，即费希特、谢林、黑格尔三人的哲学构成了一个线性发展的整体，以黑格尔的绝对观念论为顶峰，这种模式支配了20世纪的大部分时间，至今在英美学界仍然有极大的影响。一为20世纪末期逐渐兴起的关于德国观念论的完成（Vollendung）的讨论中，以舒尔茨（W. Schulz）、伊贝尔（C. Iber）、杨克（W. Janke）为代表的平行论，这种观点认为德国观念论三大家的哲学在前期可能有某种共同发展的趋势，但如果全面地考虑三人的整个学说（尤其是费希特和谢林的后期哲学），就会发现三人分别以自己的方式构想了一套观念论，因此德国观念论中存在着三套观念

[①] 本文遵从海德格尔本人以及当前德国多数学者的做法，以"德国观念论"（derdeutsche Idealismus）指费希特、谢林和黑格尔为主的观念论哲学，而不包括康德哲学，并以"先验观念论"指康德的观念论——这绝非单纯的名称或形式上的区分，其根本依据其实在内容方面，参见下面第一节。但康德哲学毕竟与德国观念论有千丝万缕的联系，我们在行文中必要的地方也会顺带提到海德格尔的康德研究。

论，而不是一套。更为重要的是，如果依此反观他们的前期学说，我们会发现克罗纳的整体发展论其实在很大程度上是以黑格尔的哲学投射到费希特、谢林二人身上形成的，事实很可能是，费希特和谢林的哲学一开始就有各自的特质，不可完全被视为黑格尔哲学的准备阶段或片面表现。由于平行论对整体发展论提出了一些极为尖锐的质疑，它虽然兴起较晚，却已蔚然成风，成了当今德国学界普遍接受的解释模式。

而学界较少留意的是，实际上还有第三种模式与前两种相并行，那就是海德格尔及其后学的存在史解释模式。但或许是由于这一派学者并不太像前两派那样着力于对德国观念论三家展开系统的学院化研究，而只是将德国观念论纳入整个存在史的框架下去讨论，只在必要的时候才挑出三人的个别学说进行阐释（最典型的就是海德格尔本人和伽达默尔），所以存在史的解释模式一直潜行于深处，并不为德国观念论研究界所瞩目。然而由于它在近代哲学乃至整个形而上学史的背景下，抓住了德国观念论的一些本质特征（寻求一种封闭的确定性，脱离有限性的存在本身），而这些本质特征又是学院化的整体发展论或平行论很难看到的，故而对于德国观念论的研究有着极为重要的意义。我们这里就海德格尔在这方面的洞见，这种洞见对于海德格尔思想发展和德国观念论研究这两方的意义，以及它可能的局限性，稍加抉发。

（一）近代语境下的德国观念论

众所周知，与前现代崇奉自在地有效和崇高的各种秩序的做法不同，近代思想从一开始就试图构建一幅只经过理性承认的世界图景。从马基雅维利、布鲁诺、培根到笛卡尔、维科,莫不如此。但以往的近代哲学史研究往往关注理性、自我、意识等这些突出人的机能并明显地区别于前现代的因素,而对上帝、世界这些传统主题关注得还不够,其实问题的关键并不在于提出了什么新的因素(事实上,理性、自我、意识同样是古代与中世纪思想——后者尤其重视自我与意识——所重视的因素,只不过那时它们还不曾居于支配性的地位),而在于上述或"新"或"旧"的诸因素的地位、意义、整体关联,在近代思想中发生了什么变迁。

正如黑格尔在《精神现象学》的"理性"章中所描述的,近代的理性开始了一个"世界进程",它俨然居于世界万物之"审核者"的地位。所谓"审核者",并非在主观观念论的意义上认为人对事物及其意义进行从无到有的"建构"[1],恰恰相反,它指的是,过往时代所尊崇的那些或多或少地超出人力之外的崇高秩序(如上帝、宗教、国家、道德等)依然崇高,但是这种崇高必须以理性的承认为前提,也就是说,世界及万物在原则上都是理性可以彻底认识的,具体人群或具体时段的认识不清,那只是部分人或部分时代的认识能力问题,而不是世界结构本身的问题。那个时代的思想家莫不以理性在世界上宏大的征服计划为业,从前时代的一切,都要经理性这张滤网的过滤,方可成立。这是一个思想上的"地理大发现"的时代,是一个体系的时代,一个昂扬奋进的时代。表面看来,过去崇高的事物依然崇高,过去卑下的东西仍然卑下,但明眼人可以看

---

[1] 当然,除了人造物之外,事物的实存是不可能完全由人来建构的,主观观念论也知道,人只能建构其意义。

出,相比于前现代,此时世界的格局已悄然发生了变化:不再存在任何未经理性承认便自在地有效的力量,不再有超出人的理性机能之外的"至善"、上帝以超越的方式规定和引导世界,世界及其万物的定义与意义反而取决于人的"世界观"(Weltanschauung)——即人整体性地把握世界的方式,或者说理性的世界进程的取向。在某种意义上讲,康德(Kant)的哥白尼式革命已肇端于近代早期。比较典型的一个例子就是笛卡尔的《第一哲学沉思集》。他在将可怀疑的事物(包括上帝表象)都加以怀疑、留下不可怀疑的自我后,又引入上帝作为创世主,乃至作为赋予人以思考和怀疑能力的力量,因此西方学界对笛卡尔的怀疑方法素有名为"笛卡尔循环"的责难。实际上在笛卡尔本人看来,这里并没有什么冲突,原因在于:自我在思考方面是第一位的,没有自我的思考,上帝无论如何伟大,也不对人显现这种伟大,因此也就无法在人的这个世界里以伟大的形象出现,上帝作为创世主的地位经过理性的承认后,完全可以在世界上成立;而在被承认的基础上,上帝在存在方面是第一位的,因为即便人的理性能力,也是上帝赋予的。笛卡尔认为这两个意义上的"在先"并行不悖。

对于笛卡尔所打开的主体性局面在哲学史上的重要地位,海德格尔一向洞若观火,他在1930-1931年冬季学期的弗莱堡讲座"黑格尔的《精神现象学》"中说道:"自笛卡尔以来的近代哲学重新以意识为导向,这并非针对古代而彻底地重新开端,而只是将古代的端倪往主体上进行扩展和传送,只是还未理解这种扩展和传送的诸种动机和目标罢了;这样带来的结果当然就是,如今在自身(Selbst)的辖域内,对它的**存在**的追问更多地、也是最终地被对意识和知识的种种追问淹没了。"① 从这段引文中不难看出,海德格尔对于近代哲学是相当有保留的,在他看来,近代哲学不仅没有追问自我本身的存在,而且造成这种局面的原因是另一种缺陷,那就是在早期的时候,它对于自身的很多前提和整体结构因素——用海德格尔自己的话说就是"诸种动机和目标"——还没有完全弄清楚。比如笛卡尔,他虽然在自我加以承认的前提下接纳了上帝,并接纳了上帝对于外物实存的保证,从而营造了一种基于意识活动之上的确定性,并渐次将世界上的事物(包括他所谓的"永恒真理")纳入这种确定性框架之内,但却没有追问一下:上帝与其他事物何以成为如此这般的,即成为理性原则上可以完全理解的事物,难道这仅仅是因为自我的偶然承认吗?在上帝、事物乃至自我之前,是否必须有一个内在的、人可以理解的世界结构作为它们的共同前提?

斯宾诺莎与莱布尼茨都认识到了世界及其内在的整体结构的问题,并主动建构了一套世界图景,但在后来的德国哲学家们看来,他们的世界图景仍然没有足够切近于人的理性,不能展示理性如何一步步地、必然地游历与承认整个世界的所有环节的征程,因而这种世界图景虽说是理性设立的,看起来也很完整,包罗万象,但未免是一种偶然的独断,因为斯宾诺莎与莱布尼茨双方都可以坚持自己的那套世界图景为正确的,并用来驳斥对方,我们甚至可以再提出第三套世界图景来与他们双方进行争辩,而这第三套世界图景本身如果未经理性的彻底审

---

① M. Heidegger, Hegels Phänomenologie des Geistes, in: Der., Gesamtausgabe (GA) 32, Vittorio Klostermann, Frankfurt a. M. 1997, S. 196.

核,也同样是偶然的独断。斯宾诺莎提出一套"实体-属性-样态"的三层世界结构,并将世上的事物分别置于这三个层面上,但他却经不住康德式理性的质问:实体何以可能是自己的原因?属性何以可能是这样的实体的属性?样态又何以可能是如此这般的?莱布尼茨的单子体系更强调个体的自由,他还提出先定和谐、感知与力等学说来解释单子与单子之间的整体关系,这反映了现代世界观的某种本质,当我们读到卡夫卡的《变形记》,未尝不会感叹莱布尼茨对单子的描绘真是入木三分。现代社会的确是单子式的社会,但这样的描述不能回答、也不能代替下面的问题:事物何以可能成为单子的?说斯宾诺莎和莱布尼茨的学说是独断的,并不意味着它们"错了",而只是说,它们虽然是理性所提出的关于一个内在世界的构想,但这样的世界构想只是一种断言,毕竟没有经过理性的审核,而在现代性看来,未经理性审核的事物是不能成立的。① 譬如一棵树,你切不可对着现代人说一句"它是有生命的",然后就开始滔滔不绝地赞美它如何生机勃发,现代人会对你皱皱眉说:"等一等,你说的生命如何定义?"你必须以现代理性所能理解的一套标准(无论生物学的、物种学的,还是化学的概念)展示出树不同于无机物的那种整体活力,现代人才允许你继续说下去。现代人认为,只能由事物来迎合他的标准,断断没有他向一种未

---

① 其实公正一点说,笛卡尔、斯宾诺莎和莱布尼茨共有的那种探寻方法论的热情、他们对于数学方法的那种迷恋,未尝不是在理性有步骤地审核世界这个方向上的有力尝试,只不过相比于德国观念论的种种体系而言,略显粗糙罢了。

经他理解或掌控的事物保持开放的道理!① 因为那无异于跳入不可知的深渊了。

休谟和卢梭便分别以自己的方式,启发康德进一步廓清与巩固了这样一条道路。休谟从近代主体审核者的角度出发,否认与人无关的外部因果性的实在性。这种做法看似无懈可击,但康德认为客观的未必一定是与人无关的,只要经过理性承认的客观之物,便具有无可置疑的有效性。休谟失望地走入经验性习惯的做法,在康德看来显然是不必要的。康德挖掘先验结构的做法,或许是因为卢梭给了他灵感:卢梭在早期同样以不小于休谟的力度,怀疑过那些貌似客观而又没有经过人的检验、反而给文明带来损害的科学,但或许更加吸引康德的是,他在《社会契约论》中提出了唯独基于诸主体的共同意志(公意)之上的社会契约模式,这种模式已经相当接近康德的立场了。

表面看来,康德在三大批判中是要划定理性的界限,但那只是他初步的任务,他的根本用意在于确定这些界限之后,使得万物——无论可知的还是不可知的,无论行善还是作恶,无论合目的的还是不合目的的——都各得其所,也就是说,关键在于理清一个内在的可理解的、值得维护的、合目的的世界秩序。实际上康德所说的那个总问题,"人是什么",它的根本就在于,有理性的人如何在一个理性可以把握的世界内自处。因此理性的界限问题只是世界问题的"前厅",而后者才是他摧毁旧形而

---

① 博物学式的"开放"其实并不是真正的开放,因为它已经预设了事物向人显现的某种特定的方式,也就是说,在接触事物之前,人已经确信事物会以他能理解的某种方式向他显现了——这种"开放"也是理性的世界进程的一种表现形式。

上学之后，要建立的新哲学的根本所在。①

那么作为康德后学的德国观念论接下来意欲何为呢？德国著名哲学史家舒尔茨曾说，在中世纪，"**主体性的哲学**（ Philosophie der Subjektivität ）普遍还不明朗。如果人们从哲学语言的习惯用法来看，那么 subjectum（主体）在中世纪指的就是实在而又实际地呈现给我们的那种事物的存在，而 objectum（客体）则恰恰指这种存在处于**发生了投射**（ Objektion ）的那种表象的方式中。语言的这种习惯用法经过笛卡尔之后还被保留下来。唯有在康德和德国观念论那里，我们所熟知的那种意义上的主体和主体性才完全明朗起来，那种意义上的主体指的是以自我性的方式自行实施着的活动状态（ das ichhaft sich vollziehende Tätigsein ）"②。这就表明，"主体"在中世纪仍然保持着古代流传下来的"基底"含义，而"客体"只是投射物的意思，还谈不上与那时的"主体"形成后世意义上的那种主客对立；在近代，虽然内在的整体性世界的看法普遍流传，但还没有系统化，而只有到了德国古典哲学，尤其是德国观念论中，以自我性方式自行实施与成全自身者（不管是费希特意义上的自我，还是黑格尔意义上的绝对精神）才开始穿透万物，将万物编织成一个体系，并在这个过程中赋予万物意义。

这里需要注意的是康德的先验观念论与费希特、谢林、黑格尔的观念论之间的细微区别。众所周知，海德格尔曾在他的

---

① 在康德那里，理性始终是有限的，只做它力所能及的事情，这一点毋庸置疑。但这种有限性与海德格尔自己强调的那种有限性还不是一回事，尽管海德格尔有的时候（比如在他的"康德书"中）似乎模糊了这种区别。

② W. Schulz, Der Gott der neuzeitlichen Metaphysik, Verlag Günther Neske, Pfullingen 1991, S. 12.

"康德书"中大力发掘康德的先验想象力概念和时间概念,认为康德那里存在着与他自己的极为类似的时间观和存在观,甚至已经有了某种存在论区别(der "ontologische" Unterschied),只是未经充分奠基而已,而这些成果在德国观念论中都丢失了,[①]后人只是现成地利用了康德的成果,而没有看到他的这方面的根本洞见。事实上,已有德国学者在第十一届国际海德格尔会议上公开质疑海德格尔对康德的这种解读多有一厢情愿的成分,认为康德的时间观实际上仍然是一种线性的时间观,他与后来的观念论的区别也不能理解为存在论差异的失落,而且还以"第三批判"为例证明康德并未像海德格尔所以为的那样,在看到人的有限性之后退缩。[②] 笔者认为,康德哲学的特殊之处是,它实际上以更严谨的分界将此前的整个近代思想中人的理性所面临的世界局面摊开了,同时也为此后德国观念论往主动行动的主体性方向进展埋下了种子。我们固然可以在他那里看到人的有限性,但这种有限性恐怕既不同于谢林那里人的自由面临的深渊般境况,也不同于海德格尔那里此在的生存所具有的时间格局,因为谢林是在德国观念论充分展开之后看到理性本身(而

[①] M. Heidegger, Hegel(GA 68), Vittorio Klostermann, Frankfurt a. M. 1993, S. 33; M. Heidegger, Der deutsche Idealismus(Fichte, Schelling, Hegel) und die philosophische Problemlage der Gegenwart(GA 28), Vittorio Klostermann, Frankfurt a. M. 1997, S. 322-323.

[②] R. A. Makkreel, "Ontologische Schematisierung, Einbildungs- und Urteilkraft. Wie Kant, Dilthey und Heidegger den Idealismus beurteilen", in: H. Seubert(Hrsg.), Heideggers Zwiespräch mit dem deutschen Idealismus, Böhlau Verlag, Köln Weimar Wien 2003, S. 64, 66, 70.

不是康德那里总是联系于对象的理性）的界限①，而海德格尔是在形而上学发生根本动摇的虚无主义时代看到人的整个此在的更根本的有限处境。

那么康德与他的后学们的真正区别究竟是什么？舒尔茨的一个观点对这个问题颇有启发。他说德国观念论之前的近代哲学总是将上帝设立为人的理性的一个边界，而德国观念论则不同，它企图否认上帝的不可认识性，而要在有限与无限的整体关联中彻底理解上帝。②这就是说，对于上帝及其奠定的世界终极秩序，先前的近代哲学（包括康德）都抱持承认、预设、接受而不予正面思考的态度，因为他们认为那是理性的能力所不及的。但这并不妨碍笛卡尔向上帝伸出援手，斯宾诺莎提出上帝即是自然，莱布尼茨提出充足理由律和先定和谐论，他们认为我们可以思考上帝力量在这个世界上的各种体现形式，而且这些体现形式正好反过来间接证明了我们对上帝的预设是正确的，但这毕竟不等于正面思考上帝。德国观念论则不同，它不认为这些体现形式是上帝力量的外在表现，而认为那就是上帝力量本身，或者说就是上帝力量必然的活动方式，而且它们遵从一种井然有序的体系架构，乃至本身就是上帝由自然到社会再到自身的神圣天意的运行过程。联系前面关于近代理性的世界进程的讨论，这就意味着，近代理性到了德国观念论这里，不再认为自己只是世界的一部分，

---

① 这里所谓的理性本身的界限不同于我们一般所说的康德那里对理性的划界，参见 W. Schulz, Der Gott der neuzeitlichen Metaphysik, S. 82. 舒尔茨认为康德已经零星地引进了对理性本身的反思，但又总是中断这种反思，他描述了理性中的矛盾，但并未使之成为真正的问题。联系谢林后期哲学中的论述，我们不难明白这一点，谢林在他的讲座中也曾反复提及康德的这个局限。

②W. Schulz, Der Gott der neuzeitlichen Metaphysik, S. 24-25.

也只能认识到世界的一部分，而是认为自己是整个世界之存在的唯一审核者，那些高于它的、异于它的乃至表面看来反对它的因素，也都必须先经过它的承认，才能高于、异于或反对它。换句话说，近代理性在德国观念论这里才真正达到了对自身角色的反思，或者说真正达到了自我意识。而这种反思与自我意识在方法和起点上，却必须归功于并未达到、也不愿意进行这个方向的反思与自我意识的康德，这不能不说是哲学史上的一大吊诡。之所以要归功于康德，是因为康德的先验逻辑为德国观念论提供了方法论契机（但这并不是说后者的方法论完全等于前者的，因为德国观念论三家都以自己的方式对先验逻辑进行了改造），也因为康德对理性进行的清晰划界，使他的后学们明确了进一步突破的方向和格局。

海德格尔是如何定位近代哲学和德国观念论的？海德格尔认为近代形而上学一开始就将真理规定为确定性（Gewissheit），并将这一点贯彻始终。① 而西方形而上学"在某个面向（Hinsicht）上"完成于德国观念论②，"德国观念论的问题格局无非就是西方形而上学在其自身的内在的完成"③。海德格尔认为，近代哲学将真理扭转为确定性（无论是我思的自我确定性，还是康德那里有限理性的确定性，抑或绝对精神的确定性），而德国观念论就是这一趋势的彻底完成。而且他几乎在每一次提及近代哲学寻

---

① M. Heidegger, Der deutsche Idealismus(Fichte, Schelling, Hegel) und die philosophische Problemlage der Gegenwart, S. 294-295.

② M. Heidegger, Metaphysik des deutschen Idealismus（GA 49）, Vittorio Klostermann, Frankfurt a. M. 1991, S. 96.

③ M. Heidegger, Der deutsche Idealismus(Fichte, Schelling, Hegel) und die philosophische Problemlage der Gegenwart, S. 333.

求确定性的趋势时,都不忘记亮出自己的立场,即此在的有限性。下文中我们还会分别针对海德格尔对德国观念论三家的研究,展开他的这一观点,并讨论他将近代哲学的总体特征概括为"确定性"这一做法是否得当。

(二)海德格尔的德国观念论研究

海德格尔的德国观念论研究主要是在讲座和讨论班的框架下进行的,他在生前公开发表过的仅有收于文集中的若干短篇论文。他与德国观念论对话的过程分为三个阶段:(1)最初是在他的教职资格论文的结尾处,他赞许黑格尔的"活生生的精神"的体系,说这种精神在形而上学中看到了哲学的"真正透镜"[1],海德格尔在这里还预告了他与黑格尔独特的历史观的对话。[2] 这里已经初步显示出海德格尔的思想与李凯尔特的新康德主义和胡塞尔的现象学都有所不同,但此时他还没有与黑格尔思想进行实质的争辩(Auseinandersetzung),也谈不上系统研究整个德国观念论哲学。(2)对话的第二个阶段是20世纪20年代末期的大规模研究,以1927-1928年冬季学期的康德讲座、1929年夏季学期的德国观念论讲座以及1929年出版的"康德书"为顶峰。这个阶段的研究可能始于一个看似比较偶然的契机:他与雅斯贝尔斯就谢林的"自由书"进行的交流。雅斯贝尔斯说,1924年

---

[1] H. Seubert, "Einleitung", in: Ders. (Hrsg.), Heideggers Zwiespräch mit dem deutschen Idealismus, S. 1.

[2] C. Strube, "Die ontologische Wiederentdeckung des deutschen Idealismus", in: H. Seubert (Hrsg.), Heideggers Zwiespräch mit dem deutschen Idealismus, S. 94-95.

海德格尔还对他说谢林只不过是个文学家，后来雅斯贝尔斯赠送他一本谢林的"自由书"。读过此书之后，海德格尔深受震动，评价此书是谢林最伟大的成就，是德国与西方哲学最深刻的著作之一。[①] 其实这个阶段的对话是相当出人意料的，因为海德格尔在1919年转向现象学之后曾说过要远离一切建构和理论。[②] 这个阶段的主要特征是以康德为基点来理解和判断德国观念论哲学，因此比较关注的是费希特、谢林和黑格尔在起点上与康德的不同。这一点也决定了海德格尔研究的对象，此时他主要关注的分别是费希特的知识学关于自我的三原理、谢林的自然哲学以及黑格尔耶拿时期的哲学起步阶段。[③]（3）第三个阶段则是海德格尔思想"折回"（Kehre）完成后的20世纪30年代下半期到40年代初期。在这个阶段，海德格尔已经开设了多个学期的尼采讲座，他的"存在史"思想也基本成型，因此他的德国观念论研究不再以康德为基点，而是以他对尼采虚无主义问题的解读为基本参照点，并认为这种虚无主义的发展在德国观念论中就开始了，因为德国观念论完全运行在近代此在和基督教的轨道内，而没有"越出'存在者'之外"去提出存在的问题。[④] 除此之外，海德格尔还在上述三个时期，直至四五十年代，多次开设了关于黑格尔和谢林的讨论班，这些讨论班的内容收录在《全集》的第86卷；另外，他在《路标》《林中路》等生

[①] Ibid., S. 96.

[②] Ibid., S. 93-94.

[③] 当然这只是指公开授课中的研究，并不意味着海德格尔私底下并不阅读与研究三位哲学家的其他著作。但关于他此时对待其他那些著作的看法如何，我们从公开面世的文本中暂时还找不到线索，本文就不涉及了。

[④] Ibid., S. 122.

前出版著作中的一些研究黑格尔的论文，也多少受到那一时期他的思想状况的影响，这都是我们应该留意的。下文中我们分别针对他对费希特、谢林和黑格尔的研究，展开讨论。

1. 费希特研究

康德之后，费希特首次迈出了让理性系统地"审核"世界的步伐，他的基本出发点是"自我"（Ich）。这个自我是一个行动着的实践性主体，它既不完全等于康德那里的以人为出发点的我思（包括实践之我），也不特指作为无限主体的上帝，而是泛指一切能以如下方式实存的主体：在设置自身的同时内在地、结构性地设置他者（"非我"）。费希特认为这种主体是事物本己的存在模式，一切科学、道德、法权、国家和历史都应基于这样的主体行为方式而被建构出来。

相比起对谢林、黑格尔的多方位反复研究来，海德格尔对费希特的研究显得相当单薄，仅见于1929年夏季学期的德国观念论讲座（收于《全集》第28卷）。这次讲座虽然名为"德国观念论（费希特、谢林、黑格尔）与当前哲学问题情境"，实际给费希特的篇幅（134页）是最大的，相比之下，给予谢林（12页）和黑格尔（38页）的篇幅则小得不成比例。而在讨论费希特的这些篇幅中，又将绝大部分（92页）放在讨论关于自我的三个基本原理上了，相形之下，对知识学其他部分的讨论都是衍生性的。可见海德格尔极为重视被费希特当作其体系之起点的自我概念及其内在结构。

但海德格尔这样做，绝不仅仅是出于一种哲学史知识上的兴趣。德国费希特研究名家施托尔岑贝格（J. Stolzenberg）敏锐地看到了，海德格尔通盘都是在《存在与时间》的视角下解读费希特。①他还说，海德格尔之所以这样做，乃是因为费希特的思路给他打开了一个世界②，费希特的自我概念与他自己关于此在的构想之间存在着巨大的亲缘性！严守哲学史分期的人听到这话，必定会很惊诧：通常我们认为，顶多费希特晚期的现象学说和存在学说与海德格尔之间有些关联，他早期的自我学说怎么会也有这类亲缘性呢？且看看施托尔岑贝格是怎么说的："'人应当无限地去接近那自身不可达到的自由。'……照海德格尔看来，在这类思索中表现出了'对整体的一种深刻洞见'。这个整体便是自我及其存在论状态的基本情形。海德格尔在这里看到了与他自己的那些信念的最大的亲缘性。首要的、在体系方面也最重要的环节，便是在费希特关于自我的构想中完成的对'现成性'（Vorhandenheit）范式的放弃。不应依照实存着的实体的模式去思考费希特的自我，这样的实体可以被当成述谓性的表述的对象。自我的生存毋宁只能是这种方式的，即它每次都具体地规定和实现自身。……可以说，自由绝不是对自我的任何实在的、描述性的述谓，而仅仅表示它的存在方式。它是自我在自我规定（Selbstbestimmung）这个公设之下对待其自身、由此也对待它面前显现的世界的那种方式。众所周知，海德格尔在《存在与时间》中便是以生存论环节这个概念表达了这一事态，他在眼下讨论的这种整体关联中间接地关联到这个事态，并显然在其中看到了与他自己的种种思索之间最大的一

---

① J. Stolzenberg, "Martin Heidegger liest Fichte", in: H. Seubert (Hrsg.), Heideggers Zwiespräch mit dem deutschen Idealismus, S. 78.

② Ibid., S. 87.

致性。"① 我们不厌其烦地引用这段话，是因为它向我们揭示出，费希特以及基本接纳了他的"自我"模式的整个德国观念论，与海德格尔之间有一种隐秘的关联：二者都看到，人格性存在②（如果能以这个说法涵括海德格尔的"此在"的话）从来不是一种现成的物或属性，而是一种实践，只能在依照某个特定方向行动的过程中实现出来——海德格尔称这种存在为"能在"。施托尔岑贝格甚至看到，海德格尔认为费希特那里已经蕴含着一种类似于他自己的学说的生存理论，这种理论如果摆脱费希特的体系框架和免除疏离于现象的毛病之后，是可以被释放出来的——尽管施托尔岑贝格本人并不认同海德格尔的这种看法。③

---

① Ibid., S. 84-85.

② 这里指的不是传统人格主义或人类学意义上的人格主体，而仅指人所特有的由内而外地感知与行动的模式。在这个意义上，前文中梳理的近代哲学诸家都与此深刻关联着，而德国观念论的特殊之处在于将这种人格性的存在在世界上的整体行动系统化地进行了分界与整理。

③ Ibid., S. 87. 但可惜的是，作为一个费希特专家的施托尔岑贝格，或许出于维护费希特的特殊性的需要，接下来做的工作只是强调二者在学问追求方向上的不同，而没有进一步深挖这种人格性存在对于海德格尔终生学问——甚至在很大程度上包括他"折回"之后的思想——的深刻影响。我们当然不能说是费希特带给了海德格尔"能在"概念，因为海德格尔早就形成了这一思想，但二者之间客观上在主体性方面的某些一致性，是难以否认的。我们不难看到，从笛卡尔那里取得奠基地位后渐次承认上帝与世界万物之地位的我思，到康德那里凭借想象力与知性的主动作用，通过直观方式、范畴这些先天结构因素建构现象世界的我思，从莱布尼茨那里一般化之后不再局限于人这一主体、同时又相互隔绝的单子世界，到费希特这里同样一般化、但却能通过主动设置机能通贯各种事物意义之形成的那种自我，这两条线索既平行又各自进展，并曾在康德这里发生过交汇。相形之下，海德格尔那个通过时间性投开结构生存着的此在，不能不说仍然有很多传统主体性的遗风，尽管海德格尔本人一再否认这一点。关于费希特的自我观及其影响史，笔者另有专文讨论。

2. 谢林研究

谢林的思想在整个德国观念论中的位置是很特殊的。一方面，他在接续费希特观念论方法的同时又疏离了费希特，因为他提出了关键性的自然哲学，用费希特的话来说，就是不再局限于在自我的立场上看自我，而是站在非我的角度看到了一种更大、更全面的自我；另一方面，谢林又绝不仅仅是费希特与黑格尔之间的一个过渡人物，因为中晚期谢林凭借他的"自由书"和"肯定哲学"，思考了近代理性本身的有限性，凭此显明了观念论本身的界限，成为近代哲学向现代哲学转折的关键人物。

海德格尔对这两方面（尤其是后一方面）都有深刻的洞察，他对谢林的研究也相应地分为两部分：一是在1929年的观念论讲座中（《全集》第28卷）对前一方面的考察，篇幅虽小，却也很吃重；一是在"折回"后的讲座（收于《全集》第42卷和第49卷）中对"自由书"的反复探讨。

在观念论讲座中，海德格尔看到谢林起初只是想"补充"费希特，即从非我的角度充实费希特的自我学说，却没想到后来发展成了对费希特的"反对"：起初谢林只是想以有机论补充机械论，或者说二者并行，后来却发现必须回溯到两者共同的基础上，即回到一种更深刻的整体有机论上去，这样自然就不仅仅是对原来的自我的补充，自我反而成了自然中的一部分；自然哲学与先验哲学的关系亦复如是，先验哲学反过来成了有机的自然哲学的一部分。"在谢林那里，自然的问题极其强有力地生发出来，然而它在本质上却又发生在费希特的知识学和先验哲学这个相反的方向上。他还在同时代人的框架内，在他不得不从中成长过、目前正在其中成长着的那个范围内，在应当被排斥的东西的范围内，进行哲学运思。他那里最原初的和本质的因素总是已经在那里了，然而还不自由。"① 海德格尔这里所说的"不自由"，指的是自然——或者世界——作为一个整体，其本身还没有自由地产生与发展。而真正达到这一思考的乃是谢林的"自由书"。

在读过雅斯贝尔斯的赠书后，海德格尔于 1926 年告诉雅斯贝尔斯，他对这书的评价很高，1927 年他又说对这书爱不释手。② 个中原因，恐怕是海德格尔通过谢林的论述，看到了德国观念论、近代哲学乃至整个西方形而上学的界限，这与他本人的思想颇为相契。在各次讲座对谢林"自由书"的解读中，海德格尔最重视的是谢林那里根据（Grund）与实存（Existenz）的区分。海德格尔指出，谢林与黑格尔的一大区别是，根据在他看来是不可扬弃的。③ 这个特征非同小可。我们注意到，黑格尔总是强调精神的主体性对其各个发展阶段之出发点的扬弃，在谢林看来，这恐怕并不意味着上帝在世上完美的临在，反而意味着对上帝力量的矮化和局限，因为这是以一种人所能理解的、完全内在的精神的运行，扬弃了事物发生之初为我们的理性所不理解的、隐晦的一面，而后面这种发生并非上帝进入世界之前一次性完成的，而是时时刻刻都在事物身上进行的，因而事物由以产生

---

① M. Heidegger, Der deutsche Idealismus(Fichte, Schelling, Hegel) und die philosophische Problemlage der Gegenwart, S. 193.

② P. David, "Heideggers Deutung von Schellings Freiheitsschrift als Gipfel der Metaphysik des deutschen Idealismus", in: H. Seubert（Hrsg.）, Heideggers Zwiesprach mit dem deutschen Idealismus, S. 130.

③ M. Heidegger, Metaphysik des deutschen Idealismus, S. 135.

的那个深渊般的根据，与事物是形影不离的，也就是说事物的实存总是带有根据的，除非事物可以完全被现成化——那在谢林看来是不可能的。相对应的，实存则是事物实现出来的过程，而这个实现活动的主体，在谢林看来就是作为意志（Wille）的存在，或者意愿（Wollen）。这样看来，在谢林眼中，上帝的创世并非出自绝对的虚无，而是出自无－存在者（Nicht-Seiende），即出自根据。那么"自由书"中最核心的那个主题——恶——又当如何解释呢？恶虽然在上帝之中有其根据，但它的产生却是由于人，因为人往往有不追求上帝而凝滞于现成事物，甚至为此而不惜阻碍或破坏其他人或事物遵循上帝之方向的存在。谢林的这种看法无疑是极富洞见的，因为恶的根本并不在于有意从事破坏而带来的快感（尽管的确有人如此），而在于人总难免有脱离上帝之善的普遍意志而固守个人意志、甚至以个人意志为普遍意志的倾向，在后一种情况下，人试图变为掌控根据的意志，成为敌－上帝（Gegen-Gott）。[①] 人的自身性并不是恶，只有当他与上帝分离时才是恶。与此相反，爱则是向着上帝的意志，是无条件地知道其所追求者的那种意志，是出自自由的一种必然性。如果说恶是失去－根据（Ab-grund），爱则是成全了根据的原初力量（Urgrund）。[②]

海德格尔虽然对谢林评价极高，但对后者与自己的差别，也是了然于胸。谢林的"实存"概念极容易让人联想到海德格尔的"生

[①] 这种看法与佛家关于"执着"的看法颇有类似之处。海德格尔的解读见 M. Heidegger, Metaphysik des deutschen Idealismus, S. 104, 132, 136-138.

[②] M. Heidegger, Seminare. Hegel-Schelling（GA 86）, Vittorio Klostermann, Frankfurt a. M. 2011, S. 223.

存"概念，因为它似乎也是以"能在"的方式存在的，然而二者虽然在西文字形上完全一样，却因为思想语境的不同，而大异其趣："不应认为谢林的实存概念与《存在与时间》中的生存概念有任何关联，前者完全停留在西方形而上学中，也完全停留在近代形而上学中。"[①] 何以见得？谢林虽然突破了近代理性，看到存在总是必须从一种理性所不能完全穷尽的潜能中实现出来，但终生都没有放弃"该存在为一个终极主体（上帝）之外在表现"的看法，在他那里，存在者（上帝）高于存在，比存在更根本，是本身不需要解释的一个实体。近代理性的审核者地位固然是被谢林取消了，但上帝似乎又作为一个更大的审核者出现了，谢林是否重新落入近代形而上学的某种陷阱中了？实际上，他所谓的"存在"只是上帝这个终极存在者的现象，而不是海德格尔所说的那个"存在"，在后者看来，真正的问题是：上帝如何能如此这般存在？上帝的存在、人的存在以及一般存在的意义是什么？这就是说，在海德格尔看来，谢林还根本没有提出存在之意义的问题，他虽然洞察了存在的"能在"性质，但终究而言还是在存在者的意义上讨论存在，没有将存在置于一个合适的层面上考察。

3. 黑格尔研究

和海德格尔的谢林研究类似地，他的黑格尔研究也跨越了他思想"折回"之前和之后两个时期，而且呈现了不同的特色。在前一个时期（1930-1931 年冬季学期讲座，收于《全集》第 32 卷；以及前述德国观念论讲座中的一部分，收于《全集》第 28 卷），

---

① M. Heidegger, Metaphysik des deutschen Idealismus, S. 75.

海德格尔更加注重黑格尔在《精神现象学》和《逻辑学》中的思想起点，亦即他的思想之疏离于费希特和谢林之处；在后一个时期（1938-1942年的一些未出版文稿，收于《全集》第68卷；20世纪20年代到50年代的一些讨论班，收于《全集》第86卷；以及40年代和50年代的若干单篇论文，收于《路标》《林中路》等文集中），视野更加宏阔，解读对象也扩展到了《法哲学原理》《美学》等著作，更重视探讨黑格尔思想在形而上学史上的"终结"地位。当然，在这两个时期，海德格尔都同样挑明了自己与黑格尔的思想差别。

在1915年的教职资格论文的结尾处，海德格尔出人意料地提到黑格尔的历史观："活生生的精神，充满活力的爱，带着崇敬之心真挚地亲近上帝，带有这几个特征的哲学，其最一般的诸基点只有那时才能被勾画出来，即尤其当受到它的诸基本趋势引导的一种范畴学说面临这样一项伟大任务的时候：与在广度和深度、体验的丰富和概念的塑造方面都最为强劲的一种历史世界观的体系（它将先前的一切基本的哲学问题动机都扬弃于自身之内了），即与黑格尔，进行某种原则性的争辩。"[①] 到了20世纪20年代末，海德格尔依然对历史性问题念念不忘："如果我们如今想在整体上展开哲学的问题，我们就必须以历史的方式进行思考，因为我们再也不能摆脱历史性了。"[②] 实际上，对于历史性的这种认知贯穿了海德格尔中后期的整个思想，无论

---

① M. Heidegger, Frühe Schriften（GA 1）, Vittorio Klostermann, Frankfurt a. M. 1978, S. 410-411.

② M. Heidegger, Der deutsche Idealismus(Fichte, Schelling, Hegel) und die philosophische Problemlage der Gegenwart, S. 309.

是《存在与时间》中的"世界"概念、20年代末期至30年代初期讲座中对《精神现象学》之开篇的讨论、30年代下半期有关我们要寻找"另一个开端"的论述，还是晚期关于"只有最后的上帝能拯救我们"的提法，莫不如此，这里无法展开了。

我们回到海德格尔的黑格尔研究上来。海德格尔很清楚，黑格尔思想的特殊性不仅仅在于将谢林对于德国观念论的拓展（拓展到自然）进一步扩大到社会、历史后形成客观精神、绝对精神学说，更在于绝对精神通过世上万物进行有层次的、整体性的、无一遗漏的自我显现，在这个整体性自我显现的过程中赋予万物以意义，并使得万物与绝对精神本身唯独只在这个过程中得以成全，即除了这个过程之外，绝对精神与万物都没有任何别的存在方式。海德格尔看到，这样一种集大成的世界观，在存在史上是空前绝后的，它既具有特殊性，即成为近代思想构造内在性世界图景的做法的顶峰，也具有普遍性，即成了西方形而上学最极致的展开与最终的完成。

我们简单看看海德格尔的黑格尔研究的两个主要阶段。在前一个阶段，他在对《论费希特与谢林哲学体系的差别》一书的讨论（见《全集》第28卷）中注意到，黑格尔所谓的"存在"其实是一种现成性、现实性（后来他更将黑格尔的"存在"对应于"对象性"），黑格尔追求的是绝对精神的呈现；在对《精神现象学》第一章的讨论中，海德格尔从语言不断进行超越的特点，看出了黑格尔的"存在"概念，正如《全集》第28卷编者所说的，"这种超越活动中真正的超越者就是存在，但它不是一个最高的存在者（'神祇'）。体系的发端恰恰带来了这样一种存在－神－逻辑的（ontotheologische）偏见，即绝对者必定在一切现象中显现出来。……因而对存在的理解本身所具有的那种前－存在论的超越性间接地表现出来了。"① 语言的超越性实际上表现了绝对精神的活动。

到了第二个阶段，海德格尔已不仅仅在与存在者的区分中看待存在，而是规定了它更丰富的内涵（包括无化 [Nichtung]、敞空 [Lichtung] 和深渊 [Abgrund]），而这里正好成了他与黑格尔发生争论之处。用法国学者迪克（F. Duque）的话来说，海德格尔通过考察黑格尔的"否定性"概念（《全集》第 68 卷）和经验概念看到，"黑格尔那里的存在或者在开端之处作为空洞的最普遍之物，或者在终结之处作为绝对理念，所以与绝对精神相等同，因而也就与'上帝——那绝对处于其自身者'——相等同了。恰恰是这种处于－其－自身和知道－其－自身（Sich-selbst-wissen），因而是根据（Grund）与确定性的这种同一，使得自然与思（Denken）之间的和解成为可能，也就借此拯救了有限精神和人"，那么海德格尔本人的存在概念又如何呢？"与此相反，海德格尔那里的存在'**同时**是虚无和根据'，由此一来，它就是一种'无化的根据，绝非任何支撑性－防卫性的存在者'。"② 海德格尔还反复强调，黑格尔那里的绝对知识只不过是作为现实性本身的绝对确定性，他和康德一样都认为存在就是

---

① C. Strube, "Die ontologische Wiederentdeckung des deutschen Idealismus", S. 120.

② F. Duque, "Das Ende aller Dinge und der Wink des letzten Gottes. Heideggers Konzeption der Seinsgeschichte im Ausgang von Kant und Hegel", in: H. Seubert (Hrsg.), Heideggers Zwiespräch mit dem deutschen Idealismus, S. 161-162.

现实性（对象性），真理就是确定性。①

正是在这个时期，海德格尔将黑格尔哲学称为最典型的存在－神－逻辑（Onto-theo-logie）②，意指他那里的逻各斯要使得存在者之整体可以清楚说明，也可以支配——这正是我们前面所说的"近代理性的世界进程"所追求的目标；海德格尔后来更用"存在－神－逻辑"表示整个形而上学，而黑格尔就是这个形而上学的顶峰和终结。③海德格尔专家格龙丹（J. Grondin）提出，海德格尔的这种做法有将黑格尔的哲学形态投射到过往哲学史上的嫌疑，亦即有误读黑格尔之前的哲学史的嫌疑。④笔者在一定程度上赞同这一观点，如果说近代哲学——无论是意识哲学还是客观观念论，无论是唯物论还是实在论，无论是经验论还是理性主义——的确试图通过建构种种世界图景来描绘一个理性可以完全理解的内在世界，那么以同样的模式描述要求人向上帝开放、而不是建构一个可以被理性把握的上帝形象的中世纪，以及并不完全处在主体性哲学形态下的古代哲学，似乎并不合适。如果一定要以这个名称标示中世纪和古代的形而上学，那么至少要将上述根本差异呈现出来，并说明这个名称如何能容纳那些差异。

最后，值得注意的是，海德格尔在他于1927-1957年开设

---

① M. Heidegger, Hegel, S. 140, 141.

② M. Heidegger, Hegels Phänomenologie des Geistes, S. 141.

③ J. Grondin, "Der deutsche Idealismus und Heideggers Verschärfung des Problems der Metaphysik nach *Sein und Zeit*", in: H. Seubert（Hrsg.）, Heideggers Zwiespräch mit dem deutschen Idealismus, Böhlau Verlag, Köln Weimar Wien 2003, S. 53.

④ Ibid., S. 55.

的多期讨论班（见《全集》第86卷）中，还研讨了《法哲学原理》《美学》等著作，其基本思路或有受时代影响的痕迹（比如在纳粹时期讨论"国家社会主义"），但大体上仍与上述两个时期的观点相一致，或可一观。

（三）意义与局限

由此可见，海德格尔对德国观念论的解读，一言以蔽之就是批评它将真理规定为确定性、将存在界定为现成性与对象性的趋势，而认为人的理性不可能达到对世界之整体的封闭而彻底的理解（并以此反过来证明理性的权能），那样做的结果往往是将事物活生生的存在封闭起来，建立一些抽象物，并反过来辖制生命与存在，使人进入一种虚假的生存，使世界位于一个抽象的意义网络之中。海德格尔本人所追求的并非什么玄妙的"本真性哲学"，而不过是回到有限性、开放性，即恢复生命与存在的本来面貌罢了。他对德国观念论的研究使我们看到了后者乃至整个近代哲学的一些根本缺陷，在学术史上无疑居功厥伟。下面分别简单讨论一下这一研究对于德国观念论和海德格尔本人思想的意义，以及它可能的局限。

对于德国观念论而言，海德格尔的研究提供了一种完整的范式。综合海德格尔这一研究的两个主要阶段来看，他在德国观念论三大家思想的出发点方面，强调他们的整体关联（Zusammenhang）和亲缘性，而在他们的方法论、思想展开方式和对形而上学的意义等方面则强调各自的特殊性与独立性，并不认为他们相互之间有一种隶属关系，也不认为费希特或谢林的早期思想的意义仅仅是为黑格尔哲学作了准备。除此之外，更重要的是,这种研究范式主张在"存在史"的视角下,以"存在"和"真理"为两个主导线索,分别研究三位哲学家在近代哲学史和形而上学史中的地位。因此,和前文提到的另外两种更流行的研究范式相比较,它既看到了三位思想家的亲缘性,又看到了他们各自的独立性,这就避免了平行论和整体发展论偏颇的毛病;尤为可贵的是,它以一种强劲的"存在史"思想为主导,由此既能显示出三人的思想特色,也能反过来表明近代形而上学和整个西方形而上学的一些缺陷。但海德格尔并不主张简单地说什么"德国观念论的破产"[①],因为它与当前的存在仍然是活生生地关联在一起的。

对于海德格尔自身思想的发展而言,无论是前期从康德出发,还是后期从尼采出发来看待德国观念论,后者都为他的"形而上学史"构想提供了一个最典型的范例。他曾说:"一般而言,近代哲学的一个基本特征就是操作方式(Vorgehens)和每一种态度(Haltung)的自我保障(Selbstsicherung)。"[②]也就是说,近代哲学习惯于在选择某种对待世界的操作方式(包括理论、实践乃至虚无化态度)后,全面性地通过在一切对象上推行这种方式,来保障这种方式本身,这在客观上就将人和事物双方都封闭起来了,与它们的存在本身隔绝开了。这正是海德格尔对形而上学进行批判的关键之处。而整个近代哲学中,最系统、最明晰地体现这种特征的就是德国观念论。

当然,海德格尔的德国观念论研究还有一些缺陷:

---

① C. Strube, "Die ontologische Wiederentdeckung des deutschen Idealismus", S. 120.

② M. Heidegger, Hegel, S. 79.

（1）在形式上还不太完备，从上文的介绍可以看出，他并没有系统讨论德国观念论的全部重要文本，而只是从他自身思想发展的需要出发来择取讨论对象。但考虑到海德格尔从来都没有兴趣做一个"专家"，而且他在现有的那些探讨中已经充分亮明了他对德国观念论的看法，读者大可自行将这个看法运用到其他那些未被探讨的文本上去，那么他的研究在形式上的不完备，似乎又无伤大雅了。

（2）在内容上，海德格尔主张在"确定性与有限性"的张力下看待德国观念论，这固然是考察后者的一种很根本的路径，但也带有一种危险，即仍然没有与近代哲学保持足够的距离。海德格尔强调形而上学遗忘了存在，但我们不可以为他提倡的是进入占有存在的状态，他只是要人们体验到这种遗忘本身，不要"遗忘了遗忘"，因为能真切地体验到遗忘本身，便已经是进入存在了。近代哲学念念不忘人以理性的姿态投入世界之中，但海德格尔反复告诫人们，这恰恰是打着存在的旗号远离了存在，以理性的自我确定性代替了存在的真理。话说回来，尽管这种解读方式看到了德国观念论与近代哲学自身没有看到的一些根本问题，但依然是通过与它们的"争辩"在批判它们，我们是否还需要补充一些中世纪乃至古代哲学看待理性、主体等问题的角度？或许海德格尔在他的中世纪哲学和古代哲学研究中不乏对这些问题的探讨，但至少在他的德国观念论研究中，他并未系统引入那些探讨，而是和德国观念论一道，多少仍然采取了主体由内而外地观察世界的方式，连"确定性"（Gewissheit）这个概念也是采取这种视角而得到的。这个问题在他"折回"之前表现得尤为明显，至于"折回"之后，是否完全免除了这种方式，笔者对这一点仍然有所保留——这或许涉及西方思想本身的界限问题，是对海德格尔的一种苛责了。

（3）由内容方面的缺陷带来的一个结果是，海德格尔有以黑格尔（以及尼采）往回投射的嫌疑。这样虽然可以产生比较平整划一的"形而上学史"，但对于中世纪与近代、古代与中世纪之间的一些关键区别，却着墨不够，容易让人误认为不存在那样的区别。对于这个问题，学界目前尚处于试探阶段，还没有形成定论，因此还有相当大的讨论空间。

（原文发表于《哲学门》2014年第2辑，略有修改）

*

本书翻译的分工如下：第一部分、第二部分第一篇由庄振华完成；其余部分由李华完成。全书由赵卫国校对。另外，散见于全书中的拉丁文字句大部分由李华译出，鲍姆加登和沃尔夫的两个拉丁文长句子由中国人民大学哲学学院讲师雷思温博士译出，部分希腊文的翻译承蒙海德堡大学哲学系博士候选人易刚先生襄助，在此一并致谢。

感谢徐晔老师与陈越老师为组织出版丛书付出的辛劳，以及任洁老师与西北大学出版社诸位编辑的详细校正和耐心审读。

由于译者初涉海德格尔译事，错谬之处在所难免，尚祈方家指正。

著作权合同登记号：陕版出图字 25-2013-233

图书在版编目（CIP）数据

德国观念论与当前哲学的困境 /（德）海德格尔著；庄振华，李华译 . —西安：西北大学出版社，2016.2
（精神译丛 / 徐晔，陈越主编）
ISBN 978-7-5604-3760-6

Ⅰ.①德… Ⅱ.①海… ②庄… ③李… Ⅲ.①哲学 - 研究 - 德国 Ⅳ.① B516

中国版本图书馆 CIP 数据核字（2015）第 273369 号

德国观念论与当前哲学的困境
[德] 马丁·海德格尔 著
庄振华 李华 译　赵卫国 校

出版发行	西北大学出版社
地　　址	西安市太白北路 229 号
邮　　编	710069
电　　话	029-88302590
经　　销	全国新华书店
印　　装	陕西博文印务有限责任公司
开　　本	889 毫米 ×1194 毫米　1/32
印　　张	15.375
字　　数	320 千
版　　次	2016 年 2 月第 1 版　2023 年 5 月第 3 次印刷
书　　号	ISBN 978-7-5604-3760-6
定　　价	76.00 元

本版图书如有印装质量问题，请拨打电话 029-88302966 予以调换。

DER DEUTSCHE IDEALISMUS (FICHTE, SCHELLING, HEGEL) UND DIE PHILOSOPHISCHE PROBLEMLAGE DER GEGENWART

By Martin Heidegger

Copyright © Vittorio Klostermann, Frankfurt am Main 1997.

Chinese simplified translation copyright © 2016

By Northwest University Press Co., Ltd.

ALL RIGHTS RESERVED

Re 精神译丛

第一辑
*从莱布尼茨出发的逻辑学的形而上学始基　　海德格尔
*德国观念论与当前哲学的困境　　海德格尔
*正常与病态　　康吉莱姆
 孟德斯鸠：政治与历史　　阿尔都塞
 论再生产　　阿尔都塞
*斯宾诺莎与政治　　巴利巴尔
*词语的肉身：书写的政治　　朗西埃
*歧义：政治与哲学　　朗西埃
*例外状态　　阿甘本
 来临中的共同体　　阿甘本

第二辑
*海德格尔——贫困时代的思想家　　洛维特
*政治与历史：从马基雅维利到马克思　　阿尔都塞
 论哲学　　阿尔都塞
*赠予死亡　　德里达
 恶的透明性：关于诸多极端现象的随笔　　鲍德里亚
*权利的时代　　博比奥
 民主的未来　　博比奥
 帝国与民族：1985—2005年重要作品　　查特吉
*政治社会的世系：后殖民民主研究　　查特吉
*民族与美学　　柄谷行人

Re 精神译丛

第三辑

哲学史：从托马斯·阿奎那到康德	海德格尔
试论布莱希特	本雅明
否的哲学	巴什拉
论拉辛	巴尔特
马基雅维利的孤独	阿尔都塞
写给非哲学家的哲学入门	阿尔都塞
康德的批判哲学	德勒兹
无知的教师	朗西埃
野蛮的异端：斯宾诺莎形而上学和政治学中的力量	奈格里
狄俄尼索斯的劳动：对国家形式的批判	哈特 奈格里

（加*者为已出品种）